I0128791

EX LIBRIS
PREMOREL HIGGONS

DICTIONNAIRE UNIVERSEL

DE

LA NOBLESSE DE FRANCE.

DICTIONNAIRE UNIVERSEL

DE

LA NOBLESSE DE FRANCE.

Cet Ouvrage contient un article analysé sur toutes les Familles nobles du Royaume, mentionnées dans le P. Anselme . l'Armorial-Général de MM. d'Hozier; le Dictionnaire de la Noblesse, publié, avec privilége du Roi, par M. de la Chesnaye-des-Bois; le Tableau historique de la Noblesse, par M. de Waroquier; les Généalogies des Mazures de l'Ile-Barbe, par le Laboureur: les Généalogies d'André du Chesne ; les Nobiliaires de Chorier, de l'abbé Robert de Briançon, de Pithon-Curt, Meynier, dom Pelletier, Guichenon. Artefeuil, Louvet, le marquis d'Aubais, Blanchard, Palliot, Wlson de la Colombière , et dans les recherches officielles de Bretagne, Champagne, Normandie, Bourgogne, Picardie, Limosin, Guienne, etc., enfin de toutes les provinces de France.

Par M. DE COURCELLES,

Ancien magistrat, chevalier et historiographe de plusieurs ordres , éditeur de *la continuation de l'Art de vérifier les Dates*, et auteur de *l'Histoire généalogique et héraldique des Pairs de France*, *des grands dignitaires de la couronne*, etc. , etc., et du *Dictionnaire historique et biographique des généraux français*, *depuis le onzième siècle*, *jusqu'en* 1820.

TOME QUATRIÈME.

A PARIS,

AU BUREAU GÉNÉRAL DE LA NOBLESSE DE FRANCE,
RUE S.-HONORÉ, Nº. 290, PRÈS L'ÉGLISE S.-ROCH.

1821.

Cet Ouvrage se trouve aussi :

Chez **ARTHUS BERTRAND**, libraire, rue Hautefeuille, à Paris.

DICTIONNAIRE UNIVERSEL

DE

LA NOBLESSE DE FRANCE.

N.

DE NAGU, marquis de Varennes, par érection du mois de décembre 1618; ancienne maison de la province de Bourgogne, distinguée par de nombreuses illustrations et d'éminents services, ayant donné deux lieutenants-généraux des armées du Roi, des gouverneurs de places, un chevalier du Saint-Esprit, un capitaine-colonel des gardes suisses de la reine douairière d'Espagne, mort en 1730, et plusieurs officiers supérieurs, décorés de l'ordre royal et militaire de Saint-Louis; des chevaliers de l'ordre de Saint-Jean de Jérusalem, et deux comtes de Lyon, en 1529 et 1637. Cette maison, qui a joui des honneurs de la cour, le 4 mars 1765, en vertu de preuves faites au cabinet des ordres du Roi, remonte, par filiation, à Jean de Nagu, seigneur de Magny, marié, vers 1300, avec Jeanne *d'Egletine*, dame de Varennes, en Beaujolais, fille et héritière de Hugonin d'Egletine, chevalier. Les principales alliances de la maison de Nagu sont avec celles de Amy, du Blé-d'Uxelles, de Damas-Verpré, du Hamel de Melmont, Hostun-Gadagne, du Lieu de la Rigaudière, des Loges, Mitte de Miolans, de Montainard-Montfrin, de Montsholon, etc.

Armes : d'azur, à trois losanges rangées d'argent.

IV.

NAMY, seigneurs de la Forêt ; famille originaire de Thisy, en Beaujolais, anoblie, au quinzième siècle, par les charges de judicature de la ville de Lyon.

I. Jean *Namy*, Ier. du nom, licencié en droit, fut père de :

   1°. Jean, qui suit ;
   2°. Louis Namy, vivant en 1412 ;
   3°. Bonne Namy, femme de Pierre Faye, seigneur d'Espeisses, l'an 1436.

II. Jean *Namy*, IIe. du nom, licencié ès-lois procureur du Roi en la sénéchaussée de Lyon, fit son testament le 16 février 1412, dans lequel il nomme ses enfants, savoir :

   1°. Oudard Namy, mort sans lignée ;
   2°. Jean, dont l'article suit ;
   3°. Charles Namy, substitué à Jean ;
   4°. Denis Namy, légataire de cent écus d'or. Il fut religieux et sacristain de Notre-Dame de l'île Barbe, l'an 1440 ;
   5°. Béatrix Namy,
   6°. Guillemette Namy, } légataires de leur père, le 16 février 1412.
   7°. Jacquette Namy,

III. Jean *Namy*, IIIe. du nom, acquit la terre de la Forêt, qui fut connue depuis sous le nom de la Forêt-Namy, et testa le 21 juillet 1531. Il fut père de :

   1°. Antoine Namy, marié, le 23 janvier 1536, avec Gilberte de Damas, dont il n'eut point d'enfants ;
   2°. Jean, dont l'article suit ;
   3°. Jacqueline, *alias* Philiberte Namy, épouse de noble Perceval de la Balme, dont elle était veuve l'an 1541 ;
   4°. Catherine Namy.

IV. Jean *Namy*, IVe. du nom, seigneur de la Forêt-Namy, l'un des cent gentilshommes de la maison du Roi ; dénombra, l'an 1539, sa terre de la Forêt-Namy, et le 21 août 1340, il épousa Barbe de Damas, sœur de Gilberte. Il en eut deux fils :

   1°. Jean, dont l'article suit ;
   2°. Claude Namy, seigneur de Peyses.

Ve. Jean *Namy*, Ve. du nom; servit très-utilément le Roi Henri IV, durant les guerres de la ligue, et mérita les bonnes grâces de ce prince. Il épousa, le 16 mai 1580, Anne *de Montjournal*, fille de Claude, seigneur de Sindré, et de Françoise de l'Aubespin. Leurs enfants furent :

1°. Claude, dont l'article suit ;

2°. N.... Namy, qui avait obtenu une prébende dans la cathédrale de Lyon, mais qui décéda avant d'avoir fait ses preuves.

VI. Claude *Namy*, seigneur de la Forêt, fut déclaré noble, par arrêt du mois de juin 1635, rendu par MM. de Chapponay et Guérin, maîtres des requêtes, nommés par le Roi, pour le régâllement des tailles. Il épousa Gabrielle *de Damas*, fille de François, seigneur du Breuil, dont il eut une fille unique :

VII. Charlotte *Namy*, mariée à Pierre *d'Albon*, seigneur de Curis et de Saint-Marcel, fils de Claude, et de Benigne de Damas.

Armes : d'azur, à la fasce d'or, accompagnée de trois étoiles du même.

NANCE, paroisse située à deux lieues et demie de Lons-le-Saulnier, qui a donné son nom à une maison d'ancienne chevalerie, éteinte depuis plus de deux siècles, et dont était Ferri de Nance, seigneur de Lessot, père de Philiberte de Nance, femme, le 6 novembre 1518, d'Aimé d'Andelot, seigneur de Préssia, fils de François d'Andelot, seigneur de Pressia, et de Claudine de Rochebaron.

Armes : de gueules, à la fasce d'argent, à la bande de sable, brochante sur le tout. *Aliàs*, d'argent, au chef de gueules, à la bande d'azur, brochante sur le tout.

NARDIN, famille de Besançon, qualifiée noble depuis le quatorzième siècle, éteinte au dix-septième. *D'or, au croissant d'azur ; au chef du même, chargé de trois étoiles d'or.*

DE NAVAISSE, seigneurs du Puy-Sanières, en

Dauphiné; famille qui remonte à Jean de Navaisse, dont le fils, Urbain de Navaisse, vivait l'an 1434. Il épousa Angeline *de Sucto*, aliàs *de Boulogne*, dont il eut Antoine de Navaisse, qui s'allia avec Lucrèce *de Franc*, et fut père d'Antoine de Navaisse, seigneur du Puy-Sanières.

Armes : d'or, au lion de gueules ; au chef d'azur, chargé de trois rencontres de taureau d'or. Devise : *In Domino confido.*

DE NAY, comtes DE RICHECOURT, par lettres du 10 mars 1722 ; famille distinguée du duché de Lorraine, qui, selon D. Pelletier, auteur du Nobiliaire de cette province, remonte à François de Nay, ou Nasi, originaire d'Italie, anobli par le grand-duc Charles, à la prière de Claude de France, son épouse, le 15 octobre 1560. Il fut le bisaïeul de François de Nay, IIᵉ. du nom, créé comte romain par Innocent X, en 1644. Cette famille, alliée à celles de Bourcier, Didelot, de Cusançon, de Platel, du Plateau, de Royer, de Taillefumier, de Tisson-Crescentin, de la Tour-en-Voivre, etc., a donné quatre conseillers d'état, dont l'un fut président des conseils de Toscane, et chevalier grand-croix de l'ordre de Saint-Etienne, et deux chambellans de l'empereur, dont l'un fut ministre plénipotentiaire en diverses cours.

Armes : d'azur, à deux masses d'armes d'argent, ayant la poignée et le pommeau d'or, passés en sautoir.

NEDONCHEL ; terre seigneuriale située dans le Boulonnais, mais enclavée dans l'Artois, à trois lieues et demie de Saint-Pol-sur-Ternoise. Elle a donné son nom à une maison, également ancienne et illustre, qui en remonte la possession jusqu'au douzième siècle. Cette maison a l'avantage bien peu commun parmi celles de nom et d'armes, de posséder encore la terre qui lui a donné le nom. Cette même terre a été décorée du titre de marquisat, par lettres-patentes du mois de septembre 1723, registrées au parlement de Flandre, au mois de novembre suivant.

Godefroi, seigneur de Nedonchel, chevalier, vivant en 1199, et époux d'Alète *d'Humières*, est le premier sujet de cette ancienne maison depuis lequel la filiation soit directement établie. On compte parmi ses descendants, dont plusieurs ont été décorés de la chevalerie, un grand chambellan du duc de Bourbon, mort en 1336 ; un gouverneur de Crèvecœur, mort avant 1289 ; deux capitaines de compagnies d'écuyers (Guillebert et Coquard de Nedonchel, frères), qui servirent Eudes, duc de Bourgogne, contre Robert d'Artois, en 1340 ; un gouverneur d'Aire, au seizième siècle, et plusieurs officiers supérieurs dans les armées de nos Rois. Les principales branches de cette maison sont :

1°. Les seigneurs de Nedonchel, de Ligny, de Burbures, de Becuquesne, etc., fondus, à la fin du quatorzième siècle, dans la maison d'Humières ;

2°. Les seigneurs de Garbecq, éteints au commencement du quinzième siècle ;

3°. Les seigneurs de Liévin et du Quesnoy, fondus, au milieu du seizième siècle, dans la maison de la Viefville-Mamez. De cette branche sortit le rameau des seigneurs de Sevelinghe, éteint au dix-septième siècle, duquel sont sorties plusieurs chanoinesses et une abbesse-comtesse de Denain ;

4°. Les seigneurs de Hannescamps, barons de Bouvignies et de Ravensberg, vicomtes de Staples, marquis de Nedonchel, existants.

Ces différentes branches se sont alliées directement aux maisons d'Aire, d'Anthoing, d'Aubigny, d'Assignies, de Baudart, de Berghes, de Beuvry, de Bournel-Thiembronne, de la Clite, de Croix-d'Heuchin, de Douay, de Habarcq de Haverskerque, de Hennin, de Lagnicourt, de Lens-Recourt, de Lannoy, de Mailly, de Massiet, d'Ollehain, d'Ostoove, d'Ostrel-Lières, du Petit-Rieux, de Quinchy, de Ruymont, de Sailly, de Sainte-Aldegonde, de Tenremonde, le Vasseur de Capendu, de Wavrin, de Wignacourt, etc., etc.

Armes : d'azur, à la bande d'argent.

NÉEL, seigneurs de la Caillerie et de Longparcs ; famille ancienne de la province de Normandie, connue depuis Regnauld Néel, prévôt de la confrérie fondée en l'église de Saint-Patrice de Bayeux, vivant en 1528. Cette famille fut anoblie par lettres de 1665, confirmées le 3 février 1666, et en février 1667, par lettres-patentes, registrées le 22 juillet 1668, dans la personne de Jacques Néel, seigneur de la Caillerie, conseiller-élu à Bayeux. Les alliances des seigneurs de la Caillerie et de Longparcs, formant les deux seules branches connues de cette famille, sont avec celles d'Argouges, de Blachet, le Breton de Lorinelle, Cheradame, Couespel de Castillon, le Couvert de Coulonces, Enquerran de Molières, d'Hermerel de Secquemont, Garsailles de Fontaines, Langlois de Saint-Patrice, le Maigre de Valleris, du Mont de la Vallée, Onsouf du Taillis, Osber du Theil, Suhard, de Cronay et de Loucelles, etc.

Armes : d'argent, à trois bandes de sable.

NÉEL, seigneurs de Caïron et de la Bouillonnerie, dans l'élection de Valognes, en la même province, famille anoblie en 1574.

Armes : d'azur, au soleil d'or, accompagné en chef de trois étoiles du même, et en pointe d'un croissant d'argent.

DE NEUBLANS. La maison de Neublans, en Franche-Comté, éteinte au milieu du treizième siècle, dans celle de Rye (1), était une ancienne et illustre race de chevalerie, qui avait pris son nom d'une terre considérable, située à une petite distance de la rive gauche du Doubs, à cinq lieues de Dôle. Le premier dont les chartes fassent mention, est Gautier, sire de Neublans, qui, l'an 1080, signa l'élection de l'archidiacre Gautier à l'évêché de Châlons. Gautier II, sire de Neublans, sans doute fils du précédent, assista à une donation que fit Renaud III, comte de Bourgogne, à l'église de St-Benigne de Dijon, avant l'an 1148.

Huguenin, sire de Neublans, affranchit ses sujets de main-morte, en 1256. Il n'eut qu'une fille, Perronne

----

(1) Dunod de Charnage, dans ses *Mémoires pour servir à l'histoire du comté de Bourgogne*, p. 79, pense que la maison de Rye, placée par de grandes illustrations au rang de la noblesse de haut baronnage, était elle-même issue des seigneurs de Neublans. Il est certain du moins que l'héritière de cette maison en porta tous les biens dans celle de Rye, au milieu du treizième siècle.

de Neublans, mariée, en 1265, à Guillaume de Rye, auquel elle porta la terre de Neublans et tous les biens de sa maison.

Armes : de sable, à la croix ancrée d'argent.

DE NESMOND, en Angoumois, maison illustrée par des emplois éminents dans le sacerdoce, dans la haute magistrature et dans les conseils et les armées de terre et de mer de nos Rois. Elle est originaire de la ville d'Angoulême. François Nesmond, l'un de ses auteurs, était échevin de cette ville en 1570, et son frère, autre François Nesmond, exerçait la même charge, attributive de noblesse, en 1574. François Nesmond, l'aîné, forma la branche des seigneurs de Saint-Dysan, de la Salle et de Malhon, fondus par alliance, en 1705, dans la maison de Harcourt. Jean Nesmond, frère de François, fut la tige des barons de Chezac, de la Grange et des Etangs, éteints en 1756. De cette branche sortit, au deuxième degré, celle des seigneurs de la Pougnerie, qui s'est perpétuée jusqu'à nos jours. François Nesmond le jeune, frère de François et de Jean, devint la souche des seigneurs de Brie, marquis de Nesmond, existants, et Jacques de Nesmond, autre frère des précédents, fonda la branche des seigneurs de Boisrond, éteints à la fin du dix-huitième siècle. Ces diverses branches, alliées aux maisons d'Abzac, d'Appelvoisin, de Benac de Caignac, de Beauharnais, Boucherat, de la Breuilhe, de Carnaux, de Cercé de Goret, Châteigner de la Rocheposay, de la Chetardie, Desmier, de Gilbert, Harlot de Lassion, Forbin-Janson, Harcourt, de l'Huys d'Asthe, Janvier de la Pouguière, Jargillon, de Lamau, de Lambertie, de Lamoignon, de Metivier, de Montgon de Préverault, de Redon, de la Rochebeaucourt, de Rochemont, de Rochechouart-Mortemart, du Rousseau de Ferrières, de Saint-Palais, de Sausson, de Ternes, de Tryon de Montalembert, du Verdier, de Villetté, de Volvire, etc., ont produit deux présidents à mortier, et deux premiers présidents au parlement de Bordeaux, un président à mortier au parlement de Bretagne, un premier président au parlement de Paris, qui s'acquit beaucoup d'honneur et de réputation dans les négociations de la fronde; plusieurs présidents à mortier au même

parlement; trois conseillers d'état, trois maîtres des requêtes ordinaires de l'hôtel du Roi; un intendant en Limosin, mort en 1672; plusieurs ambassadeurs et diploma-
tes distingués; un gentilhomme ordinaire de la chambre
du Roi, capitaine de gendarmes, et nombre d'officiers
de tous grades, la plupart morts au champ d'honneur.

André, marquis de Nesmond, lieutenant de vaisseau
le 15 novembre 1662, capitaine, le 1er. janvier 1667,
chef d'escadre, le 6 février 1688, lieutenant-général
des armées navales, le 1er. janvier 1693, commandeur
de l'ordre royal et militaire de Saint-Louis, le 9 novembre 1700, chevalier de l'ordre de la Toison d'or,
mort à la Havane, commandant le vaisseau *le Ferme*,
en 1702, servit avec la plus grande distinction dans
toutes les guerres maritimes de son tems. Il illustra son
nom dans l'expédition de Carthagène, où il débarqua
le 15 avril 1697, avec le célèbre Pointi. Ils emportèrent
la ville d'assaut, démolirent toutes les fortifications, et
rentrèrent victorieux à Brest, le 29 août suivant, avec
un butin estimé dix millions. Le marquis de Nesmond
enleva encore aux Anglais trois vaisseaux richement
chargés, au mois de mai 1698. Dès l'an 1695, il s'était
signalé dans un combat qu'il avait livré aux Anglais,
où, quoique fort inférieur en nombre, il battit et fit
prisonnier le chevalier de Schaqueville.

François-Théodore de Nesmond, évêque de Bayeux
en 1661, mort le 7 juin 1715, doyen des évêques de
France, a laissé dans son diocèse de grands souvenirs
de piété et de vénération. Ce ne fut qu'après la mort de
ce vertueux prélat, que l'on sut qu'il faisait à l'infortuné roi Jacques II une pension de trente mille livres.
Son neveu, Henri de Nesmond, évêque de Montauban,
puis d'Alby, et enfin, de Toulouse, reçu à l'académie
française en 1710, à la place du célèbre Fléchier, évêque
de Nîmes, fut nommé prélat-commandeur de l'ordre
du Saint-Esprit, en 1727, et présida plusieurs fois les
états de Languedoc. On a de ce prélat plusieurs discours
académiques, lettres pastorales, harangues et sermons
pleins d'éloquence et de facilité. Le roi Louis XIV, qui
faisait un cas particulier de ses lumières, l'honora de
sa bienveillance. Un jour qu'il harangua ce prince, la
mémoire lui ayant manqué, le roi le rassura avec bonté
et lui dit: « Je suis bien aise, monsieur de Nesmond,

que vous me donniez le tems de goûter les belles choses que vous me dites ». Un curé s'accusait un jour à ce prélat de s'être trouvé à un repas de noces, et pour atténuer son tort, il s'étayait de l'exemple de Jésus-Christ aux noces de Cana. — Ce n'est pas le plus bel endroit de sa vie, répondit l'évêque.

Armes : d'or, à trois cors de chasse de sable, liés de gueules.

DE NETTANCOURT, seigneurs de Nettancourt, comtes de Vaubecourt, par lettres du 13 avril 1635 (1); barons d'Orne et de Fresnels, comtes d'Haussonville, marquis de Vaubecourt, etc., illustre et ancienne maison de chevalerie de Champagne, qui a pris son nom du bourg et château de Nettancourt, situé près de Bar-sur-Ornain, en Lorraine, sur la petite rivière de Cher. Elle figure, depuis près de sept siècles, parmi la haute noblesse de cette province, et a été jurée dans les chapitres de Remiremont, de Bouxières et d'Epinal. Elle a produit un grand nombre de personnages, qui sont parvenus aux premières dignités militaires. Ses premiers auteurs, connus depuis Dreux de Nettancourt, bienfaiteurs de l'abbaye de l'Isle, en Barrois, en 1215, ont constamment tenu un rang distingué dans les conseils et les armées des ducs de Bar. Plusieurs se rendirent garants des traités de paix ou d'alliances faits par ces princes, et d'autres armèrent et équipèrent des troupes à leurs frais pour les suivre à la guerre. Cette maison a formé plusieurs branches principales; 1°. les seigneurs, puis comtes de Vaubecourt, d'Haussonville et de Choiseul, substitués en 1605, aux nom et armes d'Haussonville, éteints au commencement du dix-huitième siècle; 2°. les seigneurs de Passavant, marquis de Vaubecourt, existants; 3°. les seigneurs de Bettancourt, barons de Fresnels, existants; 4°. les marquis de Nettancourt, éteints au commencement du dix-huitième siècle. Ces diverses branches ont donné des chambellans des ducs de Lorraine, des conseillers d'état, un grand nombre de mestres-de-camp et de colonels, la plupart distingués par des actions de

_____

(1) Elles sont datées du château de Vaubecourt, où le roi Louis XIII était logé.

IV. 2

valeur ; trois lieutenants-généraux des armées du Roi,
dont l'un fut tué dans une sortie qu'il fit au siége de
Verceil, en 1705; trois maréchaux de camp, un chevalier du Saint-Esprit ; deux commandeurs de Saint-
Louis et un brigadier d'infanterie, mort à Augsbourg,
d'une blessure qu'il avait reçue au combat de Donawert,
le 3 juillet 1704. Cette maison compte aussi des personnages marquants dans la prélature, entr'autres un
évêque de Montauban. Elle a fait les preuves pour les
honneurs de la cour en 1746, 1749 et 1757, au cabinet
des ordres du Roi.

Ses alliances directes sont avec les maisons d'Amelot
de Gournay, d'Angennes de Montlouet, des Armoises,
d'Aspremont, de Baillivy, Bardin de Condé, de Custine,
d'Estaing, de Fresnels, de Goujon de Thuisy, de Gour-
nay-Gournay, d'Haussonville, de Hautoy de Racecourt,
de Lenoncourt de Blainville, de Livron, de Mailly,
Mouchet de Battefort, de Nicey, Poussart de Fors, de
Rarecourt, de Saint-Astier, des Salles, de Savigny,
Toignel-d'Espence, de Vassinhac d'Imécourt, le Vergeur de Saint-Souplet, de Watbois du Metz, etc., etc.

Armes : de gueules, au chevron d'or. Supports : deux
griffons. Cimier : un chien issant d'or, colleté de gueules.

La branche d'*Haussonville* écartelait des armes de cette
illustre maison.

DE NEYRIEU (*de Neriaco*), sieurs de Domarin, en
Dauphiné, originaires du Bugey; famille qui remonte
filiativement à Richard de Neyrieu, lequel vint s'établir
en Dauphiné l'an 1400. Ses descendants se sont alliés
aux maisons de Pollod, de Torchefelon, etc. *D'azur, à
l'agneau pascal d'argent, accompagné de trois étoiles du
même.*

NICOD, en Franche-Comté ; famille éteinte, qui avait
été anoblie en 1539, et dont était Etienne Nicod, pro-
fesseur en l'université de Dôle, au seizième siècle. Gilbert Cousin, son contemporain, en fait mention, comme
d'un homme de lettres d'une érudition peu commune,
et Gollut, dans l'avis qui précède ses Mémoires, le met
au rang des plus savants hommes du pays et même de son
tems. Françoise Nicod, sa fille et son héritière, épousa

Guillaume *de Saint-Mauris*, conseiller au parlement de Dôle.

Armes : d'azur, à trois besants d'or ; au chef du même, chargé d'une aigle éployée de sable.

DE LA NIEPCE, seigneurs d'Anneville, Duplis, de Jeufosse ; famille ancienne, originaire de Normandie, qui a été maintenue dans son ancienne extraction, par arrêt du conseil d'état du Roi, du 11 août 1667, sur titres filiatifs remontant à

I. Jean DE LA NIÈPCE, Ier. du nom, écuyer, sieur de la Bardouillère, marié, vers l'an 1470, avec demoiselle Jeanne *du Bos*.(1) ; de ce mariage est issu :

II. Richard DE LA NIÈPCE, écuyer, sieur d'Anneville, marié avec damoiselle Catherine *de Blainville* (2), qui était veuve de lui en 1516, époque où elle partagea les biens de Jean de Blainville, son père, avec ses co-héritiers. Le lot de terre qui lui échut, situé dans la paroisse d'Ouainville, au Hamel du Tot, fut partagé, un siècle plus tard, en 1615, par les descendants de ladite Catherine de Blainville et de Richard de la Nièpce ; elle épousa en secondes noces, Louis Baudry. Elle eut de son premier mari :

1°. Pierre Ier., dont l'article suit ;

2°. Louis de la Nièpce, écuyer, qui, l'an 1539, céda et transporta à Pierre de la Nièpce, écuyer, sieur d'Anneville, son frère aîné, tous ses droits aux successions, tant de Jean de la Nièpce, leur aïeul, que de Richard de la Nièpce, écuyer, sieur d'Anneville, et de damoiselle Catherine de Blainville, leurs père et mère. Il avait épousé Marion *Esnault* (3) fille, de N.... Esnault, qui lui fit un don en faveur de ce mariage, le 8 juillet 1529. Il eut pour fils, Richard de la Nièpce,

---

(1) *Du Bos* : D'argent, à trois frênes arrachés de sinople.

(2) *De Blainville* : D'azur, à la croix d'argent, cantonnée de vingt croisettes recroisetées et fichées d'or.

(3) *Esnault* : D'argent, à la croix ancrée de sable.

écuyer, époux de Marguerite *Denis* (1), et père
d'Etienne de la Nièpce, écuyer, qui s'allia avec
Robine *le Maître* (2), dont est issu :

Pierre de la Nièpce, sieur des Roquettes,
maintenu dans sa noblesse par arrêt du
11 août 1667.

III. Pierre DE LA NIÈPCE, Ier. du nom, écuyer, sieur
d'Anneville, lieutenant-général de Caudebec, assista
l'an 1546, aux assises de Cany. Il épousa damoiselle
Barbe *Lachéré*, dont il eut :

IV. Pierre DE LA NIÈPCE, IIe. du nom, écuyer, sieur
d'Anneville, élu de Montivilliers. Il épousa, 1°. damoiselle Catherine *Hardy* (3) ; 2°. damoiselle Marie *du
Fou.* Il eut pour fils :

1°. Pierre II dont l'article suit ;
2°. Charles de la Nièpce, écuyer, sieur de Meuvaines, marié 1°. avec Jeanne *Besnard'* (4) ;
2°. avec Catherine *le Gris* (5). Ses enfans furent :

Du premier lit.

a. Charles de la Nièpce, écuyer, vivant en
1666.

Du second lit.

b. Nicolas de la Nièpce, écuyer, seigneur de
Meuvaines, père, entr'autres enfants, d'Antoinette de la Nièpce, mariée en 1673, avec
Nicolas *de la Rivière* (6), écuyer, seigneur
du Mesnil-Galle.

---

(1) *Denis* : D'argent, a trois aiglettes au vol abaissé
de sable.

(2) *Le Maître* : d'argent, à trois merlettes de sable.

(3) *Hardy* : De gueules, au chevron d'or, accompagné de quatre lionceaux affrontés d'argent.

(4) *Besnard* : D'argent, à la feuille de varech, de
gueules, accostée de deux croissants d'azur.

(5) *Le Gris* : D'argent, à la fasce de gueules.

(6) *La Rivière* : D'argent, à trois tourteaux de sable.

c. Jean de la Nièpce, écuyer,
d. Nicolas de la Nièpce, écuyer, } vivants en 1666.

V. Pierre DE LA NIÈPCE, IIIe. du nom, seigneur d'Anneville, élu de Montivilliers, fut conservé par sentence de 1625, dans la rente de 2 sous 6 deniers et un chapon, à prendre sur une masure sise à Anneville, rente qui avait été cédée par le nommé Clatot, à Richard de la Nièpce, écuyer, son bisaïeul ; il épousa damoiselle Françoise *Godefroy* (1), dont il eut :

1°. Charles, dont l'article suit ;

2°. André de la Nièpce, écuyer,
3°. Adrien de la Nièpce, écuyer, } vivants en 1667.

VI. Charles DE LA NIÈPCE, écuyer, seigneur d'Anneville, épousa, par contrat de mariage du 2 septembre 1685, Adrienne *Cavelier*. Il fut maintenu dans sa noblesse, conjointement avec ses frères, et Pierre de la Nièpce, sieur des Roquettes, Charles, André et Adrien de la Nièpce, ses cousins, le 11 août 1667. Charles eut pour fils :

VII. Thomas DE LA NIÈPCE, écuyer, sieur Duplis, qui épousa, par contrat de mariage du 1er. janvier 1733, Marie-Gabrielle *Haley de Clerbourg*. Il eut pour fils :

VIII. Pierre-Thomas DE LA NIÈPCE, écuyer, seigneur Duplis et de Courcelles ; il épousa, par contrat de mariage du 18 juillet 1757, Marie-Madelaine *de Chalange*, dont il eut trois fils ·

1°. Joseph-Pierre, dont l'article suit ;

2°.Jean-Baptiste-André-Félix, dont l'article viendra ;

3°. Eléonor-Gabriel-Thomas de la Nièpce, écuyer, mort sans avoir été marié.

IX. Joseph-Pierre DE LA NIÈPCE, écuyer, sieur Du-

(1) *Godefroy* : D'azur, à la fasce coupée, émanchée de gueules et d'argent, accompagnée en chef de deux croissants d'or, et en pointe d'une étoile du même.

plis de Jeufosse, était aux pages de la petite écurie du Roi en 1774, d'où il sortit en 1775, pour entrer dans le régiment de Piémont. Il émigra en 1792, et mourut à la suite de son émigration. Il épousa, par contrat de mariage du 12 décembre 1783, demoiselle Anne-Rosalie-Adélaïde *Fenestre*, dame de Montauroux, dont il eut :

1°. Amédée-Joseph-Alexandré de la Nièpce, dont l'article suit ;

2°. Annette-Pauline de la Nièpce, mariée à Ladislas *Lemarchand*, écuyer, chevalier de l'ordre royal de la Légion-d'Honneur, par contrat de mariage du 29 juillet 1814.

X. Amédée-Joseph-Alexandre DE LA NIÈPCE de Jeufosse, écuyer, est capitaine commandant au régiment de Strasbourg, artillerie à pied, et chevalier de l'ordre royal de la Légion-d'Honneur.

IX. Jean-Baptiste-André-Félix DE LA NIÈPCE-DUPLIS, écuyer, fils puîné de Pierre-Thomas, chevalier de l'ordre royal et militaire de St-Louis, élevé à l'école militaire de Tiron, en est sorti pour entrer dans les gardes-du-corps, qu'il n'a quittés que pour émigrer. Il épousa, par contrat de mariage du 13 avril 1790, demoiselle Marie-Louise *de Ponville*, fille de monsieur de Ponville, seigneur du Coudray, près Evreux, et autres lieux.

Armes : D'azur, au chevron d'or, accompagné en chef de deux roses d'argent, et en pointe d'un gland versé du second émail.

NOBLE DU REVEST, en Provence ; famille anoblie par lettres patentes du 20 décembre 1655 ; confirmées par d'autres lettres du 17 février 1672, dans la personne de Jean Noble, seigneur du Revest, fils de Melchior. Cette famille a pour tradition d'être issue de l'ancienne maison de Nobili de Lucques.

Armes : Parti d'or et d'azur ; au chef d'argent, chargé d'une aigle de sable.

DES NOBLES, seigneurs de Besplas et de Saint-Amadou, en Languedoc et au pays de Foix ; famille ancienne, originaire de Lucques, où elle est connue au rang des nobles, ainsi qu'à Orvietto, Florence, et autres villes célèbres d'Italie, sous le nom de *Nobili*. Jacques des Nobles, citoyen Lucquois, depuis lequel elle établit sa filiation, eut des lettres de chevalerie du duc de Ferrare, en 1474. Son petit-fils obtint des lettres de naturalisation pour lui et ses frères, en 1579. Jacques des Nobles fut reçu chevalier de Malte en 1647. Les alliances principales de cette famille sont avec celles de Castel, d'Auberjon, d'Orbessan, de la Prune et de Senaux.

Armes : Ecartelé, aux 1 et 4, partis d'or et d'azur, chargés d'une aigle éployée, partie de sable sur or, et d'argent sur azur ; au 3 d'azur ; au 4 d'argent.

NOMPÈRE DE CHAMPAGNY ; famille originaire du Forez, qui remonte à Jean Nompère, qualifié noble homme, dans son testament du 4 septembre 1540, où l'on voit qu'il avait deux fils et une fille, de Jeanne Busson, son épouse. Ses descendants ont constamment porté les armes, soit au ban et arrière-ban de la noblesse du pays, soit en qualité d'officiers de divers grades dans les armées de nos Rois, où la plupart ont servi d'une manière bien distinguée. Ils ont contracté des alliances directes avec les familles d'Aurillon de Chastel, de Bersac de Talent, des Boucauds de Joux, Burlet, Chamerlat, Courtin de la Mothe-Saint-Vincent, de Foudras, Mathieu de Bachelard, de Montcorbier de Pierrefitte, de la Mothe, de Neufville, Pajot de la Font, Perrin, Ponssac de la Faye, Quarré, de Rostaing-Vauchette, de la Salle de Genouilly, des Verchières de Lentigny, etc., etc.

Cette famille a formé deux branches : 1°. celle des seigneurs de Pierrefitte et de Champagny ; 2°. celle des seigneurs de Rongefer et de la Huchette, éteints à la fin du dix-septième siècle. La première, qui fut maintenue dans sa noblesse par arrêt du conseil d'état du Roi, du 12 septembre 1670, est représentée de nos jours par Jean-Baptiste de Nompère de Champagny, duc de Cadore, ancien ministre des relations extérieures, grand officier de l'ordre royal de la Légion-d'Honneur, nommé pair de France par l'ordonnance royale du 5 mars 1819.

Armes : D'azur, à trois chevrons brisés d'or.

LE NORMAND ; famille du Dauphiné, originaire de l'Ile-de-France. Elle prouve sa filiation depuis Robert le Normand, qui vint s'établir à Montélimart, en 1522. *D'azur, à la fasce d'argent, surmontée d'une tête d'aigle arrachée du même.*

DU NOTAIRE, en Dauphiné. Laurent du Notaire, auteur de cette famille, époux de Jeanne-Emeraude de Beroard, fut pourvu de l'office de correcteur en la chambre des comptes de Dauphiné, par lettres du mois d'août 1595, et y fut reçu le 12 du mois de décembre suivant.

Armes : D'azur, au lion d'or, lampassé et armé de gueules, accompagné en pointe d'un cœur du même, duquel sort une fleur à quatre feuilles d'argent, tigée de sinople, et une flamme à trois pointes de gueules.

DE NOVIANT. Etienne de Noviant fut procureur en la chambre des comptes de Paris, vers l'an 1470. Jeannette de Noviant, sa fille, était veuve de Jacques Olivier, seigneur de Leuville, procureur au parlement de Paris, et tutrice de leurs enfants, le 5 mai 1488.

Armes : D'or, à trois bandes de gueules, celle du milieu chargée de trois molettes d'éperon d'argent.

LE NY-DE KERSAUZON, maison ancienne et distinguée de la province de Bretagne . qui remonte à :

I. Salomon LE NY, écuyer, marié, 1º avec Marguerite *de Coetlez* ; 2º avec Susette, dame *de Kersauzon.* Il eut du premier lit :

　　1º. Hervé Iᵉʳ. qui suit;
　　2º. Nicolas le Ny, qui, l'an 1418, accompagna le duc de Bretagne dans son voyage à Rouen ;
　　3º. Jehan le Ny, qui servait, en 1420, au nombre des écuyers de la compagnie de Jean de Penhouet, chevalier, amiral de Bretagne;
　　4º. Amice le Ny, femme de Jean *de Chef-du-Bois.*

II. Hervé LE NY, Iᵉʳ du nom, sieur de Coetlez, qualifié sénéchal de Cornouaille dans des lettres de noblesse, accordées par Jean, duc de Bretagne, le 9 juin

1426, à Daniel Gouz de Plouzinec, avait épousé, avant 1405, Béatrix *de Trefilly*, dont il eut :

III. Salomon LE NY, IIe du nom, écuyer, sieur de Coetelez, époux de Jeanne *de Rouazles*, et père de :

1°. Hervé III, seigneur de Coetelez et de Treby, qui a continué la postérité ;

2°. Yves le Ny, qui plaidait, le 11 octobre 1454, contre Alain de Vannes ;

3°. Béatrix le Ny, mariée, 1°. au mois d'août 1450, avec Alain *Foucault* ; 2°. avec Alain *de Kerodic* ;

4°. Amice le Ny, femme de Jean *du Bois*.

Cette ancienne famille, qui a donné plusieurs magistrats au parlement de Bretagne, et s'est alliée aux maisons d'Audren de Lezy, de Bidé de la Grandville, le Borgne de Lesquifiou, de Coetanscours, du Gars, de Kerauflec, de Kergournadech, de Kerhoent, de Kerraoul, de Lesven, du Poulpy, de Rosmadec, de Salis-Samade, de Tournemine, etc., etc., a été déclarée noble d'ancienne extraction, et le chef de la branche aînée, maintenu dans la qualité de chevalier, par quatre arrêts, rendus en la chambre de la réformation de la noblesse de Bretagne, des 26 juillet 1669, 5 août 1670, 7 novembre de la même année, et 28 janvier 1671.

Armes : Ecartelé, aux 1 et 4 d'argent, à l'écusson d'azur en abîme, accompagné de 6 annelets de gueules, 3, 2 et 1, qui est de LE NY ; aux 2 et 3 de gueules, à la tête et cou de lièvre d'or, qui est DE KERSAUZON.

O.

D'O (1), marquis de Franconville, par érection du mois de juin 1619, renouvelée par lettres-patentes du 16 juillet 1699 ; maison d'ancienne chevalerie, qui a

_____

(1) Les maisons d'O de Franconville, et d'Y de Sérocourt, sont les seules connues en France dont le nom soit exprimé par une seule lettre.

IV. 3

pris son nom de la terre seigneuriale d'O , ou de Saint-Martin d'O , bourg de 206 feux , situé à une lieue et demie de Seez, et à deux d'Argentan, qui est passée par acquisition dans la maison de la Guesle , vers la fin du seizième siècle , et successivement dans les maisons de Séguier et de Montagu. Cette dernière l'a possédée à titre de marquisat.

La maison d'O établit sa descendance depuis Robert, seigneur d'O , chevalier , qui céda à l'abbaye de Saint-Evroul le droit de présentation à la cure de Saint-Martin d'O. Cette cession fut faite à la prière de Henri II , roi d'Angleterre et duc de Normandie , qui la confirma, après l'avoir souscrite, avec Froger, évêque de Seez, qui occupa, le siége de cette église depuis 1158 jusqu'en 1184. On compte parmi les descendants de Robert d'O, presque tous décorés de la dignité de chevaliers bannerets ou de chevaliers bacheliers, un écuyer et échanson de Charles Ier. , duc de Bourbon et comte de Clermont, en 1446 ; des sénéchaux héréditaires du comté d'Eu; des conseillers et chambellans de nos rois ; des chevaliers de l'ordre de Saint-Michel ; un capitaine des gardes écossaises du roi François Ier. ; des premiers gentilshommes de la chambre ; des conseillers au conseil privé; des gouverneurs de provinces ; deux chevaliers du Saint-Esprit ; des capitaines de cent et de cinquante hommes d'armes ; un lieutenant-général des armées navales, grand croix de l'ordre royal et militaire de Saint-Louis ; un brigadier des armées du Roi, etc. , etc. Les alliances immédiates de cette illustre maison sont avec celles d'Angennes-Maintenon ; le Baveux, du Bec de Vardes, Blosset de Carrouge , de Brancas-Lauraguais , de Clermont-Gallerande , de Clermont-Tallart , d'Espinay du Bois-Gueroult, Girard de Bazoches , de Harcourt, l'Hopital-Vitry , d'Illiers de Manou, de Madaillan de Lassay , de Monceaux d'Auxy , de Montfaucon-Saint-Mesmin , d'Orgemont, Perrien de Crenan , le Prévôt de Grandville , du Quesnel de Coupigny , Quieret d'Ancerville , le Sénéchal d'Auberville , Tiercelin de Sarcus , de Vendôme , de la Vieuville de Rugles , de Villequier-Clervaux , de Villiers-l'Ile-Adam , etc.

Armes : D'hermine , au chef denché de gueules.

ODART DE RILLY ; très-ancienne maison de la province de Touraine, qui a donné un grand fauconnier et grand panetier de France, sous le règne de Charles VII, dans la personne de Jacques Odart, seigneur de Cursay, de Maulevrier et du Moulin de Celles, fils de Guillaume Odart, seigneur de Verrières et de Cursay, qui fut élu, le 12 mai 1430, arbitre d'un différent que Marie de Beauçay, sa belle-mère, veuve de Guillaume de Chaunay, avait contre Jean Odart, seigneur de Champdoiseau. Guillaume Odart avait épousé Jeanne d'Ausseure, veuve de Joachim de Clermont, seigneur de Dampierre, et fille aînée de Jean, seigneur d'Ausseure, et de Marie de Beauçay. Jacques Odart, leur fils unique, vivait en 1498 avec Charlotte de Preuilly, son épouse. Ses enfants et descendants se sont alliés aux maisons des Aubus, de Bouchard d'Aubeterre, de la Brunetière, d'Estampes Sallebris, de Maumont, de Tonnay-Boutonne, le Petit de la Vauguyon, le Roux de la Roche des Aubiers, la Voirie, etc.

Armes : D'or, à la croix de gueules, chargée de cinq coquilles d'argent.

ODOART DE VILLEMOISON, seigneurs de Hazey et de Boissoger, en Normandie. Cette famille, originaire du Dauphiné, a pour auteur Pierre Odoart, vivant en 1426. Il eut deux fils: Jean, conseiller au parlement de Paris, et Pons, conseiller en l'échiquier de Rouen. Le premier a continué la branche de Dauphiné, éteinte depuis près de deux siècles ; et Pons a formé la branche de Villemoison, en Normandie, qui s'est aussi éteinte depuis environ 150 ans, dans la personne de Charlotte et Anne Odoart de Villemoison, filles de Jacques, et de Marguerite de Colombat. De cette branche est sorti le rameau des seigneurs de Hazey et de Boissoger, maintenu le 27 janvier 1668.

Armes : De gueules, à trois molettes d'éperon d'or ; au chef du même, chargé d'un lion léopardé de sable.

ODOIN (1), seigneurs de Janeyriac et de la Bastie ;

_____

(1) Et non *Odin*, comme on a mis par erreur dans le tome II de cet ouvrage.

famille ancienne de Dauphiné, qui remonte filiative-
ment à Joffrey Odoin, époux de Claudine Favet, avec
laquelle il vivait en 1483. Il eut pour fils, Antoine
Odoin, qui testa l'an 1531, et fut père de François
Odoin. Ce dernier comparut en armes à l'arrière-ban
convoqué l'an 1542, et fut seigneur de Janeyriac. Claude
Odoin, son frère, a continué la lignée, étant père de
Jules Odoin, sieur de Janeyriac, époux d'Anne de Co-
lomb, dont le fils, Antoine Odoin, épousa, l'an 1587,
Louis d'Avène, et eut pour enfants :

> 1°. Claude Odoin, seigneur de Janeyriac, marié
> avec Catherine Fleury ;
> 2°. Balthazar, religieux en l'abbaye de Saint An-
> dré de Vienne ;
> 3°. François, chanoine en celle de Saint-Pierre de
> la même ville.

Armes : De sable, à trois casques d'argent.

OLIVET, barons de Choie en 1767 ; famille de
Franche-Comté, anoblie dans la personne d'Antoine
Olivet, conseiller au parlement en 1719, frère de
l'abbé d'Olivet de l'académie française. Ils étaient fils
de *M. d'Olivet*, conseiller au parlement de Besançon,
et de Marguerite Thoulier ; ce qui a induit en erreur
l'auteur de l'article de l'abbé d'Olivet, dans le Dictionnaire universel historique, tome XIII, page 55,
lorsqu'il nomme ce savant Joseph *Thoulier d'Olivet*, le
premier nom étant celui de sa mère, et non le sien.

Cette famille est éteinte. Elle a produit un maréchal-
de-camp, et un président à mortier au parlement.

OLIVIER, marquis de Leuville, par érection du
mois de juin 1650 ; famille noble, originaire du pays
d'Aunis. Elle remonte, dans l'Histoire des grands officiers de la couronne, à Jacques Olivier, seigneur de
Leuville et du Coudray, près de Chartres, né au Bourgneuf, près la Rochelle, qui vint à Paris et fut procureur au parlement. Il vivait en 1481, et était mort le
5 mai 1488. Son petit-fils, François Olivier, président
au parlement de Paris, le 12 juin 1543, chancelier de
France le 8 avril 1545, fut un magistrat éloquent, ju-
dicieux et intègre, d'un courage inflexible et d'une
force d'esprit, qui ne se relâchaient jamais dans ce qu'il
devait à son Roi et à sa patrie. L'empereur Ferdinand

avait député un ambassadeur vers François II, pour lui demander la restitution de Metz, de Toul et de Verdun. Cet ambassadeur avait déjà gagné la plupart des membres du conseil ; mais le chancelier Olivier, qui y présidait, déconcerta leurs mesures, en proposant de faire trancher la tête à quiconque favoriserait les prétentions de l'empereur. Ce vertueux magistrat mourut à Amboise, le 30 mars 1560. Sa postérité s'éteignit, en 1671, dans la personne de Charles Olivier, marquis de Leuville, baron de la Rivière, cornette de chevau-légers, décédé à l'âge de 22 ans, sans enfants de Marguerite de Laigue, son épouse. Les autres parentés immédiates de cette famille sont avec les maisons et familles de l'Aubespine-Châteauneuf, Balsac de Montagu, Barillon de Murat, du Bois de Fiennes, de Boislève de Persan, le Bossu de Monthion, de Cerisay de la Rivière, Chabannes-la-Palice, Chauvigny de Blot, Crevant de Bauché, le Hardy de la Trousse, Heroust de Carrières, Hurault du Marais, Lhuillier de Boulencourt, Lopin de Morangis, de Maigné, de Monchy-Senarpont, Morant du Mesnil-Garnier, de Mornay-Villarceaux, de Noviant, Rapouel de Varastre, le Roux de Bourg-Théroude, Ruzé d'Effiat, de Sainte-Maure de Nesle, de la Salle, de Savary-Lancosme, Tueleu de Cely, de Valaine, Vitel de Lavau, etc., etc. On compte dans cette illustre famille un premier président au parlement de Paris, en 1517, chancelier du duché de Milan en 1521, père du chancelier de France, magistrat distingué par ses hautes vertus et ses lumières ; un chevalier de l'ordre du Roi ; deux gentilshommes ordinaires de la chambre ; un capitaine de 50 hommes d'armes des ordonnances ; un lieutenant-général des armées ; un évêque d'Angers en 1532 ; un évêque de Lombès, mort après 1571 ; un cardinal du titre de Saint-Sauveur, mort à Rome en 1609, etc.

Armes : Écartelé, aux 1 et 4 d'azur, à 6 besants d'or ; au chef d'argent, chargé d'un lion issant de sable, lampassé et armé de gueules, qui est D'OLIVIER ; aux 2 et 3 d'or, à trois bandes de gueules, celle du milieu chargée de trois molettes d'éperon d'argent, qui est DE NOVIANT.

OLLIVIER, sieurs du Pavillon, de la Blairie et

des Barres, en Bretagne, famille qui descend de Jean Ollivier de la Bougnière, élu échevin de la ville de Nantes, en 1663, dont le fils Jean Ollivier, sieur du Pavillon, gentilhomme ordinaire de MONSIEUR, duc d'Orléans, fut confirmé dans sa noblesse, en 1691, et fit registrer ses armoiries à l'Armorial général de Bretagne, le 13 septembre 1697.

Cette famille subsiste en plusieurs branches : 1º. les sieurs du Pavillon, établis à Nantes; 2º. les sieurs de la Blairie et des Barres, établis à Fougeray, et dont nous allons parler :

Joseph-Augustin Ollivier de la Blairie, capitaine de cavalerie, chevalier de Saint-Louis, a épousé Marthe-Anne-Françoise de Thiange; de ce mariage sont issus :

  1º. Augustin Ollivier de la Blairie, officier dans les armées royales de Bretagne, tué au combat de Guer, en 1796;
  2º. Fidèle-François-Marie Ollivier de la Blairie, chef de bataillon, chevalier de l'ordre royal et militaire de Saint-Louis, chevalier de l'ordre royal de la Légion-d'Honneur.

François-Jean-Anne Ollivier des Barres, colonel de cavalerie retraité, chevalier de l'ordre royal et militaire de Saint-Louis, frère de Joseph-Augustin, existe à Fougeray, veuf et sans enfants.

Armes : D'argent, à l'olivier, arraché de sinople, sur un monticule du même.

D'ORCHAMPS ; maison d'origine chevaleresque de Franche-Comté, qui a pris son nom d'un grand village, avec prévôté, situé sur la rive droite du Doubs, à deux lieues et demie de Dôle. Chevalier, dans son histoire de Poligny, tome II, pag. 445, fait connaître cette maison depuis Pierre d'Orchamps, bailli d'Aval, en 1325, sous la reine Jeanne de Bourgogne, et capitaine-gouverneur du château de Poligny. Cet historien pense que les d'Orchamps sont une branche de l'illustre maison de Poligny; mais il n'allègue aucune preuve à l'appui de cette assertion. Il paraît avoir fondé cette conjecture sur ce que plusieurs descendants de Pierre d'Orchamps ont ajouté à leur nom celui de Poligny;

mais il est encore plus présumable qu'ils n'ont employé ce dernier nom que pour désigner leur domicile dans cette ville. Cette famille paraît même avoir perdu dans les quatorzième et quinzième siècles, beaucoup de son ancienne illustration. Elle paraît s'être éteinte peu après l'an 1530.

Armes : De gueules, au chevron d'or, accompagné de trois étoiles du même.

D'ORCHAMPS, dans la même province. La paroisse d'Orchamps-en-Vennes, située dans un pays montagneux à 5 lieues et demie d'Ornans, et à même distance de Besançon, a donné son nom à une très-ancienne maison, éteinte dans la famille Chifflet, qui en a relevé le nom. Léonard et Claude d'Orchamps furent confirmés dans leur noblesse le 12 avril 1549.

Armes : De gueules, à la bande engrêlée d'or.

D'ORCIÈRES, en Dauphiné. Claude d'Orcières, seigneur d'Orcières et de Montorsier, premier auteur connu de cette famille, fit son testament l'an 1522. Il fut père d'Anselme d'Orcières, auquel ses actions de valeur méritèrent le surnom de *Brave*. François d'Orcières, l'un de ses descendants, vivant en 1671, fut l'un des plus célèbres avocats du parlement de Dauphiné.

Armes : Coupé d'argent et de gueules ; à l'ours en pied de sable, tenant une couronne d'or, brochant sur le tout.

D'ORFEUILLE, marquis et comtes d'Orfeuille, seigneurs de Foucaud, de Saint-Georges, etc. ; maison issue d'ancienne chevalerie, qui tire son nom de la seigneurie d'Orfeuille, en la paroisse de Gourgé, en Poitou. Son existence est constatée dans cette province depuis le douzième siècle, et elle prouve, par titres, une filiation suivie depuis Girault d'Orfeuille, écuyer, seigneur d'Orfeuille, qui, le 29 juin 1406, épousa Marie Faydie, dame de la Guillotière, terre qu'elle apporta en dot à Girault d'Orfeuille. Ce dernier avait deux oncles, Girault et Jean d'Orfeuille, qui furent successivement abbés de l'abbaye de Saint-Jean-d'Angely, l'un , depuis l'an 1376 jusqu'à 1408, et l'autre , depuis 1408 jusqu'en 1416.

Charlot d'Orfeuille , fils de Girault , était seigneur de Foucaud , terre que ses descendants ont possédée jusqu'à l'époque de la révolution. Cette maison , qui subsiste en deux branches principales , a donné un maréchal-de-camp , des gouverneurs de places et des officiers supérieurs, décorés de l'ordre royal et militaire de Saint-Louis , et de celui de Saint-Jean de Jérusalem , dit de Malte.

Elle s'est alliée directement aux maisons et familles d'Adam de Puiraveau , d'Allouhe, d'Archiac , d'Authon de la Rigaudière, d'Availles, Aymer de la Chevalerie , de Billaud , de Brosse , de Bosquevert de Vaudelaigne, Cossé de la Chausseraye , Chapot de la Rochette, Chevalier de la Frapinière, de Chevreuil de Romefort , de Choiseul-Beaupré , de Clervaux , de la Couture de Renou , Daitz de Mesni , Dauzy de l'Estortière , de l'Estang, Gay de Fontenelles , Gigou de Vesançay , de Gilier , de Greaume , Jourdain de Boistillé , de Jousseaume , de Kéating , Levesque de Tourtron , de Luain de Puizant , de Montberon , de Montferrand , Palustre de Fondvilliers , Petit-Creux de la Guissonnière , Pidoux de Pollié , du Pin de la Guérivière , de Pons du Breuil-Coiffault et de la Guenottrie, de Rayti , Robert de la Gennerie , des Roches-Saint-Mars , Thibaut d'Allerit , Vasselot de Chasteigner , de Dannemarie et de la Chize , Vernon de Bonneuil , Villedoin , Volvire , etc. , etc.

Armes : D'azur, à trois feuilles de chêne d'or.

D'ORIVAL à Besançon. Richard d'Orival , conseiller au parlement en 1674, était fils d'un avocat et petit-fils d'un médecin , qui prenaient le titre de nobles. *De gueules , à trois fasces d'or.*

D'ORLÉANS , en Normandie; famille issue de Jean d'Orléans, de la ville de Rouen, anobli par lettres-patentes du 7 juin 1368. Sa descendance a été maintenue lors de la dernière recherche en 1668.

Armes : D'azur, à la croix d'argent , chargée de cinq coquilles de sable , et cantonnée de quatre lionceaux du second émail.

ORLÉANS. *Liste des gentilshommes qui ont comparu et ont été admis à voter à l'assemblée de l'ordre de la noblesse du bailliage d'Orléans, convoqués par le Roi, au mois de mars 1789, pour l'élection des députés aux états-généraux du royaume.*

Messieurs ;

Alix (Jean-Louis-Antoine), écuyer, seigneur d'Outreville.

Alix, écuyer, fils mineur, à cause de son fief du Grand-Brouville.

Baguenault (Gabriel), écuyer, seigneur de Puchesse.

Baguenault (Pierre-Marin), écuyer, sieur d'Honville.

Baguenault (.Charles-Joseph), écuyer.

Baguenault de Beauvais, damoiselle, veuve de messire Charles Cahouet de Neuvy, à cause de son fief de Marolles.

Bertheau (Marie-Louis-François), écuyer, seigneur de Moigneville.

Bertheau (Louis), écuyer, seigneur de Bois-Sully.

Baucheron de Boissoudy (Pierre-René), écuyer.

Bezançon (Jean-François), écuyer, chevalier de l'ordre de Saint-Louis, ancien capitaine de grenadiers au régiment Royal-Piémont.

Bigot (Pierre-Irenée), chevalier, seigneur de la Touanne, Bacons, etc.

Bobus (Marie-Anne), damoiselle, veuve de messire Louis-François Thouron de Moranzel, écuyer, ancien contrôleur des bâtiments du Roi.

Bouchet (Gatien), écuyer.

Bourgeois de Boynes (Étienne-Ange), chevalier, conseiller du Roi, son avocat au Châtelet de Paris.

Boyetet (Charles), écuyer, seigneur des Grand et Petit Domainville.

Cahouet (Robert-Joseph-Marie), écuyer, seigneur de la ville et châtellenie de Saint-Gilles-sur-Vic, en Poitou, du Gaméreau, Neuvy et autres lieux, premier lieutenant au 1er. régiment des chevau-légers, lieutenant de nos seigneurs les maréchaux de France, au département d'Orléans.

IV. 4

Carraud (Félix-Jean-Baptiste), écuyer, chevalier de l'ordre de Saint-Louis, président, trésorier de France au bureau des finances de la généralité de Bourges.

Charpentier (Jacques), chevalier, seigneur de Bois-gibault, président de la cour des aides de Paris.

Clairambault (Albert), comte de Vandeuil, cheva-lier, seigneur de Saint-Germain-le-Grand, près de Neuville-aux-Bois.

Colas de Brouville-Malmusse (Louis), écuyer, sei-gneur de Faucheta.

Colas de Brouville (Pierre), écuyer, seigneur de Lumeau.

Colas de Brouville (Louis), écuyer, secrétaire de l'assemblée.

Colas de Brouville de la Noue (Etienne), écuyer.

Colas de Malmusse (Michel-Jacques), écuyer.

Colas des Ormeaux (Charles), écuyer.

Colas de Brouville (Robert), chevalier, procureur du Roi aux eaux et forêts du duché d'Orléans.

Colas des Francs (Pierre-François), écuyer.

Crignon de Bonvalet (François - Anselme), écuyer.

Crignon-Sinson (Anselme), écuyer.

Crignon de Bonvalet (François-Raimond), écuyer, conseiller au Chatelet d'Orléans.

Crignon de Bonvalet (Jean-Anselme), écuyer.

Crignon de Bonvalet (Aignan), écuyer.

Crignon de Bonvalet (Robert-Prosper), écuyer.

Crignon (Anselme), écuyer, seigneur d'Auzouer.

Cugnot de Lépinay (Clément), écuyer, seigneur châ-telain de Vieuvique et autres lieux.

Curault (Barthélemy-Joseph), écuyer.

Curault (dame Marie-Henriette), damoiselle, veuve de Messire Jacques-Michel du Saussay, chevalier.

Curault (Pierre-Augustin), écuyer, lieutenant-gé-néral du bailliage d'Orléans.

D'Alès (Louis-Hugues, vicomte), chevalier, seigneur de Corbet.

D'Arsac (Gabriel), chevalier, marquis de Ternay, che-valier de l'ordre royal et militaire de Saint-Louis.

D'Aspremont (Louis-Joseph, comte), chevalier, ca-pitaine au régiment Royal-Normandie.

Daussy (Jean-Antoine), chevalier, seigneur des Cou-tures, la Roche et autres lieux.

Daussy (Jean-Louis, baron), chevalier, seigneur de Bardy, Senives – lès – Pithiviers, et autres lieux, écuyer de main de MONSIEUR, frère du Roi, ancien chévau-léger de la garde du Roi.

Dauvergne (Jacques-Amable), chevalier, colonel de cavalerie, chevalier de l'ordre royal et militaire de Saint- Louis.

De Barville (François – Louis), chevalier, seigneur d'Hamonville, chevalier de l'ordre royal et militaire de Saint-Louis, lieutenant au régiment des gardes françaises.

De Barville (Michel-Alexandre), chevalier, seigneur de Reuilly, ancien capitaine des grenadiers royaux de l'Orléanais, chevalier de l'ordre royal et militaire de Saint-Louis.

De Barville (Alexandre-Pierre), chevalier, seigneur de la Bretaiche, lieutenant au régiment d'Auvergne, infanterie.

De Beziade (Claude – Antoine), chevalier, seigneur d'Avaray, maréchal des camps et armées du Roi, lieutenant-général de l'Orléanais, grand bailli d'épée d'Orléans. maître de la garderobe de MONSIEUR, frère du Roi, gouverneur des villes de Beaugency, Neufchâteau, etc.

De Bezigny (Adrien-Jules-Gauthier), chevalier, président honoraire au parlement, et dame Marie-Anne le Mairat, damoiselle, veuve de messire François-Léon le Gendre, chevalier, comte d'Onz en Bray.

De Bizemont (André-Gaspard-Parfait, comte), chevalier, capitaine à la suite du régiment du Maine, infanterie, chevalier de l'ordre de Saint-Lazare et de Notre-Dame-du-Mont-Carmel, ancien écuyer du Roi.

De Blessebois (Joachim-Joseph-Constant), écuyer, ancien officier au régiment d'Orléans, infanterie.

De Bourbon (Louis-Jean-Marie), très-haut et très-excellent prince monseigneur le duc de Penthièvre.

De Brachet (Etienne-Claude), chevalier, officier au régiment des Chasseurs de Picardie, seigneur de Ménainville, chevalier de l'ordre de Saint-Lazare.

De Chambon (Gaspard-Louis), marquis de Chambon, maréchal des camps et armées du Roi.

De Combault (dame Marie-Etiennette), damoiselle, veuve de messire Louis-Albert-Gabriel de Villevieu.

De Commargon (Jacques-François), écuyer, seigneur de Prés.

De Coué (Charles-René-Valentin, marquis), chevalier, mestre-de-camp de cavalerie, chevalier de l'ordre de Saint-Louis, à cause de la baronnie et châtellenie de la Ferté-Lovendal.

De Courcelles (Louis-Gaillard), chevalier, seigneur du Poutel.

De Crépin de Billy (Alexandre-Jean-Maclou), chevalier, écuyer de main de la Reine, capitaine au régiment de la Reine, cavalerie.

De Creuy (dame Elisabeth-Jacqueline), veuve de messire Antoine-Michel de Tourtier, chevalier, maréchal des camps et armées du Roi, chevalier de l'ordre royal et militaire de Saint-Louis, comme tutrice de ses enfants mineurs.

De Cugnac (Marie-Pierre-Antoine), chevalier, marquis de Dampierre, chevalier de l'ordre royal et militaire de Saint-Louis, baron d'Huisseau.

Dedeley (Nicolas-Louis-François), baron d'Acheres, chevalier, président en la chambre des comptes à Paris.

De Drouin (Florisel-Louis), comte de Rocheplatte, chevalier, officier de carabiniers.

De Demery de la Chenaye (Jacques), chevalier.

De Flandres (dame Marie-Françoise) de Brunville, dame de St.-Luperce, et veuve de messire François-Pierre du Cluzel, chevalier, marquis de Mont-Pipeau, baron de Chéray, intendant de la généralité de Tours, comme tutrice de son fils, officier au régiment du Roi, infanterie.

De Fouchat de la Faucherie (Anne-Pierre), chevalier, ancien officier au régiment de Bassigny.

De Gallifet (Louis, vicomte), chevalier, seigneur de la Cour, ancien major du régiment de la Reine, cavalerie, chevalier de l'ordre royal et militaire de Saint-Louis.

De Gaudart du Bignon (Jean-François), chevalier, capitaine au bataillon de garnison de Provence.

De Gaudart d'Allaines (Antoine-Marguerite), chevalier, lieutenant en premier au régiment de la Sarre, infanterie.

De Gaudart d'Allaines (Maximilien·), chevalier,. lieutenant en premier au régiment d'Orléans.

De Gauvignon de l'Epinière (Charles), seigneur de
de Béon.

De Givès de Creusy (Pierre), chevalier.

De Gogué (Georges-François), chevalier, ancien
sous-brigadier des gardes-du-corps.

De Gravelle (Louis-Augustin), écuyer, seigneur du
Grand-Tonfon.

De Grémion (Adrien), écuyer, garde-du-corps du
Roi.

De Guibert (François-Apolline, comte), chevalier,
maréchal des camps et armées du Roi.

De Guillaume de la Grange (Charles-Pierre), chevalier, seigneur de la Molaville.

De Laage de la Mothe (Pierre-Alexandre), écuyer.

De Laage de Meux (Antoine-Rose), écuyer.

De Laage de la Rochetterie (Jean-Baptiste), écuyer.

De Laage de Meux (Jérôme), écuyer, conseiller-secrétaire du Roi et de ses finances, honoraire.

De la Barre (Etienne-Nicolas), écuyer, ancien officier des mousquetaires.

De la Borde (Jean-Joseph), marquis de la Borde,
vidame de Chartres.

De la Fons de Luz (François-Elie), écuyer, seigneur
de Luz, conseiller honoraire au châtelet d'Orléans.

De la Fons (Marc), écuyer, seigneur d'Izy, chevalier
de l'ordre royal et militaire de Saint-Louis, ancien
capitaine au régiment de la Marche Prince, infanterie.

De la Gueule de Coinces (René-Louis), écuyer, seigneur de Coinces, conseiller au châtelet d'Orléans.

De la Luzerne (César-Henri, comte), ministre de
la marine.

De Lambert (Honoré-François), chevalier, lieutenant-colonel de cavalerie, prévôt général de la maréchaussée de l'Orléanais, chevalier de l'ordre royal
et militaire de Saint-Louis.

De Lambert (Honoré-François), chevalier, seigneur
de Rosay, capitaine au régiment Royal-Picardie,
cavalerie.

De Lamoignon (Guillaume) de Malesherbes, chevalier, ministre d'état.

De la Molaire (Bernard-Joseph), écuyer.

De Lange (Marie-Paul-François), écuyer, seigneur du Coudray et de Jouy-le-Pottier en partie.

De Languedoue (Louis – Henry – Marie), chevalier, ancien officier au régiment de Flandre, infanterie.

De la Taille (Jean-François), chevalier, seigneur de Guigneville, ancien capitaine au régiment de la Marine.

De la Taille (Jacques – Hector), chevalier, seigneur de Marsinvilliers, des Essarts et autres lieux, chevalier de l'ordre royal et militaire de Saint-Louis, lieutenant-colonel commandant du bataillon de garnison du régiment de Provence, et lieutenant de nosseigneurs les maréchaux de France.

De la Taille-Tretainville (Achille-Hector), chevalier.

De la Taille (Georges-Hector), chevalier, seigneur du Boulay, Brainvilliers et Lolainville.

De Laubespine (Charles-François, comte), brigadier des armées du Roi, à cause de dame Madelaine-Henriette de Béthune de Sully.

De Launay (dame Louise), damoiselle, veuve de messire Louis-Parfait-François de Villerot.

De Laval (Anne–Alexandre–Marie–Sulpice–Joseph), duc de Montmorency, maréchal des camps et armées du Roi.

De la Vergne (Claude – Philippe), chevalier, baron de Loury, seigneur de la Roncière, duc Bourgneuf et autres lieux.

De Leyssinl (François-Charles-Louis, marquis), chevalier, ancien capitaine de cavalerie au régiment des cuirassiers du Roi.

De Loynes de Gautray (Claude), chevalier, seigneur de la Motte-Vailly, Saint-Cyr et autres lieux, chevalier de l'ordre royal et militaire de Saint-Louis.

De Loynes de Milbert (Marie – Hector), chevalier, seigneur de Moleon.

De Loynes d'Autroche de Morett (Louis), chevalier, brigadier des armées du Roi, chevalier de l'ordre royal et militaire de Saint-Louis.

De Loynes d'Autroche (Claude), chevalier, seigneur de la Porte et autres lieux, chevalier d'honneur au bailliage d'Orléans.

De Loynes d'Autroche (Jean – Jacques), chevalier, seigneur des Marais, lieutenant au régiment des gardes françaises, chevalier de l'ordre royal et militaire de Saint-Louis.

De Loynes (Daniel), chevalier, seigneur de Mazères et autres lieux, chevalier de l'ordre royal et militaire de Saint-Louis.

De Lonlay (Jean-Baptiste-Louis-Edouard), chevalier, lieutenant des grenadiers au régiment de Normandie, seigneur de Saint-Lubin , etc.

De Loubbes (Louis-François), chevalier, baron du Sault.

De Luker (Edouard-Jean, marquis), chevalier, né en Bretagne et membre des états de cette province , demeurant à Beaugency, chevalier de l'ordre de Saint-Louis.

De Marpon (Charles-Henry), chevalier, seigneur de Saint-Aignan-le-Gaillard.

De Martel (Charles-Marie-Jean-Elisabeth), chevalier, marquis de la Porte-Martel.

De Maussabré (Jean-Isidore), chevalier, seigneur du Coudray-Gaillard et la Motte-Ferolle, capitaine des chasseurs de Lorraine, chevalier de l'ordre de Saint-Louis.

De Mazière (dame Louise-Jeanne-Luce), damoiselle, veuve de messire Gabriel Dumont, chevalier, maréchal des camps et armées du Roi, chevalier de l'ordre de Saint-Louis.

De Mondran (Louis-Joseph), chevalier, grand-maître des eaux et forêts au département de Rouen.

De Montaudouin (Thomas-Tobie), écuyer, capitaine de cavalerie au régiment de colonel-général, seigneur châtelain de Cornay.

De Montboissier - Beaufort (Charles-Philippe-Simon), baron, maréchal des camps et armées du Roi, premier baron Dangeau, au Perche.

De Monthion (Jean-Christophe-Louis-Augustin), marquis de Chambry, maréchal des camps et armées du Roi.

De Montmorency - Luxembourg (Anne - Christian), comte de Luxembourg, duc de Beaumont, marquis de Bréval , etc.

De Neveux (François), chevalier, seigneur du Plessis-Drouin.

De Neufcarre (Hélène-Henriette-Marie), damoiselle,

De Neufcarres (Jean-René-Augustin), chevalier capitaine au corps royal d'artillerie, chevalier de l'ordre
de Saint-Louis, seigneur de Montvilliers.

De Nossan (Abel-Alexis-François, comte), marquis de
Pierrecourt.

De Paris (Jean-Siméon), écuyer, seigneur du Puits,
Volsoy, Boucard.

De Paris (Jean-Simon), écuyer, chevalier, seigneur
du Puis, paroisse de Lyons sur la Rousse, en So-
logne.

De Passac (Louis), chevalier, lieutenant de nos seigneurs les maréchaux de France aux départements
d'Orléans et Beaugency.

De Passac (Michel), chevalier.

De Pestre (Joseph-François-Xavier), comte de Senef,
baron de la Ferté.

De Pleurre (Charles-César-Auguste), chevalier non-
profès de l'ordre de Saint-Jean de Jérusalem, capitaine au régiment de colonel-général.

De Potterat (Etienne-Claude, marquis), chevalier.

De Prés (Jacques-François), marquis de Fains, chevalier, seigneur de Charbonnières, commandant du
bataillon royal Roussillon, chevalier de l'ordre royal
et militaire de Saint-Louis.

De Prunelé (Augustin-Marie-Etienne, vicomte), chevalier, seigneur de Créneaux, capitaine au régiment
de Bourbon, dragons.

De Prunelé (Jules-Etienne-Honoré, marquis), baron
châtelain de Molitard, seigneur de Moléon, Giron-
deille et autres lieux.

De Radin (dame Marie-Louise-Françoise), damoiselle,
veuve de messire Claude du Lac, chevalier, seigneur
de Montizambert.

De Rancourt de Villiers (Edme-Lin-Clet), écuyer.

De Rochechouart (Louis-Etienne-Jules-César, comte),
mestre-de-camp attaché au régiment d'Armagnac,
infanterie, chevalier de l'ordre de Saint-Louis.

De Rohard (Alexandre-Jean), chevalier, ancien cornette au régiment de mestre-de-camp, dragons, ancien mousquetaire de la garde du Roi, officier au régiment de royal Auvergne.

De Romand du Rivet (Laurent), écuyer, capitaine de
cavalerie et lieutenant de la maréchaussée d'Orléans.

De Rosset (Charles-François), comte de Tourville.

De Rostaing (Charles-Antoine-Marie-Germain, marquis), chevalier de l'ordre royal et militaire de St.-Louis et de celui de Cincinnatus.

De Sailly (Armand-Léon), chevalier.

De Salvert (Henri-Etienne), chevalier, officier au régiment de l'île de France.

De Saint-Martin (Etienne, comte), seigneur du Titre, etc., colonel d'infanterie, lieutenant en premier des gardes françaises.

De Saint-Mesmin (damoiselle, Catherine-Thérèse-Anne).

De Saint-Pol (Ursin), major de cavalerie, chevalier de l'ordre royal et militaire de Saint-Louis.

De Saint-Pol (Louis-Jacques), chevalier, seigneur des grand et petit Reuilly, etc.

De Saint-Pol (Nicolas-François), chevalier, ancien capitaine au régiment de Poitou, infanterie.

De Sampigny (Louis-Charles, comte), chevalier de l'ordre royal et militaire de Saint-Louis, seigneur de Saint-Solin de Clesdon.

Deschalarts (Louis-Germain), écuyer, ancien officier au régiment de Rouergue.

De Serent (Armand-Louis, marquis).

Destu (Philibert-Marie), chevalier, comte d'Assay, major en second au régiment de Cambresis, infanterie, seigneur du Vot et autres lieux.

Desvaux (Nicolas-Jacques), chevalier, baron d'Oinville, seigneur de la Melleraye, chevalier de l'ordre de Saint-Louis.

De Tascher (Pierre-Jean-Alexandre), chevalier, ancien capitaine, commandant de dragons, chevalier de l'ordre de Saint-Louis.

De Thiville (Joseph-Gaston-Jean-Baptiste, comte), chevalier, seigneur de Pré-le-Fort.

De Thiville (damoiselle Gastonne-Louise-Catherine; et Marie-Antoinette-Austreberte de Peris, damoiselle.

De Tilly de Blaru (dame Marie-Anne), damoiselle, veuve de messire Louis-Victor-Jacques de Pellerin de Saint-Loup, écuyer, seigneur de Longuevaux.

De Toustain (Louis), chevalier, seigneur de Baudrivilliers, ancien officier.

IV. 5

De Toustain (Jean), chevalier, ancien capitaine de cavalerie, chevalier de Saint-Louis.

De Tristan (Nicolas-Marie), chevalier, ancien lieutenant-colonel du régiment de Boulonnais, chevalier de l'ordre royal et militaire de Saint-Louis.

De Troyes (damoiselle Marie-Françoise), de Montizeaux.

De Vasconcelles (Réné-François), chevalier, seigneur de Pièce-Pavillon, Tête-Noire.

De Vasconcelles (Louis-François), chevalier, seigneur de la Houssaie, de Nouville et autres lieux.

De Vélard (Louis-Gaspard), chevalier, seigneur de Chaussy.

De Vernezon (Claude-François), chevalier, seigneur des Forges, du Grand Ronzay, Guignedame, la Haute-Cour.

De Vhiou (madame Marguerite-Françoise-Geneviève), dame de Barville, veuve de messire Simon-Claude, marquis des Grassins, ancien colonel du régiment des Grassins.

De Viart (damoiselle Charlotte), damoiselle.

De Viart (damoiselle Magdeleine), damoiselle.

De Vidal (Marie-Casimir), chevalier, marquis, sous-lieutenant des gardes-du-corps de Mgr. le comte d'Artois, chevalier de l'ordre de Saint-Louis.

De Vièvre (Michel-Louis), chevalier.

De Vièvre (François-Léon), chevalier, ancien capitaine d'infanterie.

De Vigny (Hilaire-Auguste), chevalier, chef de brigade au corps royal d'artillerie, chevalier de l'ordre royal et militaire de Saint-Louis.

De Villedieu (dame Marie-Louise-Gabrielle), damoiselle, veuve de messire Pierre-Augustin Bigot; chevalier, vicomte de Morogues.

D'Orléans (très-haut, très-puissant, et très-excellent prince, monseigneur Louis-Philippe-Joseph), duc d'Orléans, premier prince du sang.

D'Orléans (demoiselle Madeleine.)

D'Orléans de Traçy (dame Euphrasie), damoiselle, veuve de messire Louis de Clinchamp, chevalier.

D'Orléans (Jacques-Guillaume, comte), chevalier.

D'Orléans (Pierre, vicomte), chevalier, major des vaisseaux du Roi, chevalier de l'ordre de St.-Louis

Dounant de Grand-Champ (Jean-François-Marie), écuyer.

D'Outremont de la Minière (Anselme), chevalier, conseiller au parlement.

Dubois (dame Rénée-Rose), veuve de messire Jules-Gabriel de Bosmay, écuyer.

Dubruel (Louis-Anne, marquis), chevalier, seigneur de Barmoncher les Chênes.

Dubuisson (Charles-Nicolas), chevalier, seigneur de Blazville.

Dufaur de Pibrac (Daniel-Prix-Germain, comte), chevalier, ancien mousquetaire de la garde du Roi.

Dugaigneau de Château - Morand de Champvallins (Alexandre-Charles), écuyer, maître des eaux et forêts du duché d'Orléans, seigneur de Marmone, Lahare et l'Aubespine.

Du Gaigneau (Alexandre-François-Marie), écuyer, capitaine au corps royal du génie.

Dulac (Amable-Joseph), chevalier, seigneur de Mont-Isambert, major des vaisseaux du Roi, chevalier de l'ordre royal et militaire de Saint-Louis.

Dulac (César-Auguste), chevalier, ancien capitaine au régiment de la Sarre, chevalier de l'ordre de Saint-Louis.

Dumaits de Goimpy (Louis-Pierre), chevalier, ancien chevau-léger de la garde ordinaire, seigneur du fief du Colombier de Domainville.

Dumont (Gabriel), chevalier, capitaine au régiment d'Armagnac, infanterie, seigneur du Verger.

Dupont (Paul-René), chevalier, comte de Veillene, seigneur de Cerqueux, chevalier de l'ordre royal et militaire de St.-Louis.

Dupont (dame Elisabeth), veuve de messire Jean-Joseph Gastebois, écuyer, seigneur de Talsy.

Dupré de Saint-Maur (Nicolas), seigneur de Brinon.

Durand de Pizieux (Réné-Ursin), chevalier, lieutenant au régiment Dauphin, cavalerie.

Duris de Châtignonville (Charles-François), chevalier, colonel d'infanterie.

Duroux (Antoine - Pierre - Joseph), chevalier, seigneur Desguets.

Duroy d'Hautérive (Pierre-Bacon), chevalier, seigneur de Fontenailles-Coneriez.

Dusausay (Pierre), chevalier, officier au régiment Royal-Roussillon, infanterie.

Dusausay (Guillaume), chevalier, seigneur du vicomté de Messas.

Duteil (Joseph-Claude-Marie-Madeleine), chevalier, seigneur de Noriou et la Chenaye, ancien capitaine commandant au régiment de Chartres, infanterie, chevalier de l'ordre royal et militaire de St.-Louis.

Egrot du Lude (André-Jérôme), chevalier, ancien brigadier de la première compagnie des mousquetaires de la garde du Roi, chevalier de Saint-Louis, seigneur du Lude.

Foucher de Lasseray (Jean), écuyer.

Fougeroux (Auguste-Denis), écuyer, seigneur de la Châtellenie de Bondarroy, et de Nainvilliers près Pithiviers.

Fougeroux (André), chevalier, seigneur de Secval, chevalier de l'ordre royal et militaire de Saint-Louis, brigadier des armées navales, ancien capitaine des vaisseaux du Roi.

Gaillard de Courcelles (Louis), chevalier, seigneur du Poutil.

Garnier de Farville (Benoît-Pierre) , chevalier, seigneur de Beauvilliers, Lièvreville, Gerilly et autres lieux, lieutenant-colonel d'infanterie, commandant du bataillon provisoire de Royal-Auvergne, chevalier de Saint-Louis, lieutenant de roi de la ville de Chartres.

Gauvignon de Bazonnières (Augustin-Louis), chevalier, lieutenant au régiment d'Auxerrois.

Girauldon (Marie-Anne-Olympe), veuve de messire Pierre-Simon-Etienne-Toussaint-Alix, écuyer, trésorier de France à Orléans.

Gourdineau (Etienne), prêtre, curé de Monçay.

Gourdineau (François – Henri), écuyer, seigneur de Chaudry.

Grimoult de Villemotte (Jacques-Jean-Baptiste-Philippe-Louis), chevalier, écuyer du Roi.

Gruau de Gravelle (Jean-Philippe-Isaac), de Creverseaux, chevalier.

Guyon (Jacques-Madeleine), chevalier, marquis de Guercheville.

Guyon (Armand-Jacques-François), chevalier, comte de Guercheville.

Hardouineau (Philippe), chevalier.

Hardouineau (Philippe-Louis-César), chevalier, capitaine de cavalerie.

Hardouineau (Michel-Philippe-Etienne), chevalier, capitaine de cavalerie.

Hébron (dame Marie-Anne-Catherine), damoiselle, veuve de messire Christophe-François Chabot.

Hotman (Jean-Alexandre), chevalier, seigneur de Fontenay-sur-Conie, Mortanon et autres lieux, ancien capitaine au régiment de Chartres, infanterie, chevalier de l'ordre royal et militaire de Saint-Louis.

Hue (Nicolas-Thomas), chevalier, comte de Miroménil, seigneur de Latingy.

Huet d'Arlon (Zacharie-Nicolas), chevalier, seigneur de la Jonchère, Montbautier.

Huet de Froberville (Claude-Jean-Baptiste), chevalier, seigneur de Rouilly.

Huet d'Ambrun (Antoine-Pierre), chevalier.

Jogues de Guedreville (Augustin-Guillaume), écuyer, seigneur de Poinville et de Germonville.

Jousse (Marie-Madeleine), damoiselle, veuve de messire Charles Tassin, écuyer.

Kerguelin (dame Catherine-Marie-Anne), veuve de messire Louis-Charles Poillot de Marolles, chevalier, seigneur d'Auvilliers.

Lainé (Joseph), chevalier, seigneur de St.-Péravy-la-Colombe et autres lieux.

Lainé (Gabriel), chevalier, seigneur de Sainte-Marie.

Lambert de Cambray (Jacques-François), écuyer, maître particulier des eaux et forêts, du duché d'Orléans, seigneur d'Aigrefin.

Lambert (Charles-Jacques), chevalier, seigneur de la Riffaudière.

Lambert de Villemarre (Charles), écuyer, ancien capitaine d'infanterie, chevalier de l'ordre royal et militaire de Saint-Louis, seigneur de Launay.

Lambert (demoiselle Charlotte), damoiselle.

Lambert (Augustin-Charles-Pascal), chevalier conseiller du Roi, maître des requêtes, seigneur de Chamérolles, et autres lieux.

Lambert (Charles-Henry), écuyer, lieutenant au régiment de Noailles, dragons.

Lambert de Villemarre (François-Jean-Baptiste), chevalier, seigneur des Eaux, ancien capitaine d'infanterie au régiment d'Orléans, chevalier de l'ordre royal et militaire de Saint-Louis.

Lamirault (Louis-François), écuyer, seigneur de Cottainville.

Le Bascle (Jean-Louis-Marie), comte d'Argenteuil, chevalier, lieutenant général de la province de Champagne, mestre-de-camp de cavalerie, chevalier de Saint-Louis.

Le Begue d'Oizeville (Jacques-Louis), écuyer, seigneur du Cortail, Champ-Fleury.

Le Clerc de Douy (Jacques-Simon), écuyer, seigneur de Douy, Guignonville-Saint-Félix, Ormoyonville et autres lieux, conseiller au châtelet d'Orléans.

Le Clerc de Lesseville (Anne-Charles-Guillaume), chevalier, conseiller au parlement.

Le Coigneux (Jacques-Louis-Guy), chevalier, marquis de Bellabre.

Le Forestier (Henry), chevalier, comte de Moberg.

Le Grand de Melleray (Louis), chevalier, seigneur de Checy et autres lieux, chevalier de l'ordre royal et militaire de Saint-Jacques.

Le Juge de Loigny (Charles-Louis), chevalier, ancien capitaine, commandant au régiment de Piémont, chevalier de l'ordre royal et militaire de Saint-Louis.

Le Morhier (Jean-Alexandre), Devilliers, ancien capitaine au régiment royal, artillerie.

Le Noir (Louis-Samuel), écuyer.

Le Vavasleur (dame Marie-Jeanne), dame de Barmainville, Hérouville et la Colombe, veuve de messire Antoine-Maximilien, marquis d'Abos.

L'Homme-Dieu-du-Tranchant (Louis-François) chevalier, seigneur du Puits-au-Corps.

L'Huillier (Antoine-François-Jacques), écuyer, seigneur de Ligny.

De Longueau de Launay (Jean), écuyer, chevalier de l'ordre royal et militaire de Saint-Louis.

De Longueau de Saint-Michel (François-Léon), chevalier.

Longuet (Charles-François), écuyer.

Martin (dame Marie-Anne), veuve de messire Denis-Jacques-Joseph Pellerin, damoiselle.

Masson (Antoine-Honoré), chevalier, seigneur de Dry, du Gouet et autres lieux.

Masson de Joinville (Alexandre-Clément), écuyer.

Massuau (dame Elisabeth), veuve de messire François-César-Henri Prouvansal de Saint-Hilaire, écuyer, chevalier de l'ordre royal et militaire de Saint-Louis.

Massuau de la Borde (Augustin-Clément), écuyer, ancien maire, seigneur d'Ozereaux.

Mengin (Philippe-Martin), chevalier, seigneur de Montmiral et de la Bazoche-Gouet, grand audiencier de France.

Merault (dame Michelle-Pétronille), comtesse de la Grève, veuve de messire Antoine-Lambert Masson, chevalier, comte de Meslay le Vidame.

Michel (Jean-Clément), chevalier.

Michel de Grilleau (Charles), chevalier.

Midou (Claude-Louis), chevalier, seigneur de l'Ile.

Miron de Saint-Germain (Jacques-Philippe), écuyer.

Miron-Raguenet (Amy-Pierre), écuyer.

Miron-Seurrat (Charles-Euverte), écuyer.

Miron-des-Hauts-Champs (Nicolas), écuyer.

Miron (Pierre-Philippe-Jean), écuyer, seigneur de Poisioux et du Coudray.

Miron (Jean-Charles), écuyer, seigneur de Soulere.

Miron de la Motte (Jean-Euverte), écuyer.

Miron des Bordes (Pierre), écuyer.

Montmerquer de Bazoncourt (Isaac-Nicolas-Louis), écuyer, seigneur de Cuissy, ancien capitaine au régiment de la Couronne.

Nouel de Buzonniere (Louis-François), écuyer.

Ouvrard de la Bazilière (dame Marie-Anne-Victoire), veuve de messire Louis-Claude Tessier, écuyer, président au présidial de Blois.

Pajot de Marcheval (Christophe), chevalier, conseiller du Roi en son conseil d'état.

Parseval (Pierre-Charles), comte de Briou, lieutenant des gardes du Roi.

Patas de Mesliers (Léon-Hector), écuyer, lieutenant criminel au Châtelet d'Orléans, seigneur d'Alon et de Buissonoy.

Pellerin (Denis-Louis-Jacques-Joseph), écuyer.

Pellerin de Livernière (Marie-Barthelemy), écuyer.

Pellerin de la Grand-Maison (Etienne-Claude), écuyer.

Phelippes (Clément-Nicolas-Léon), comte de Faronville, chevalier, ancien capitaine au régiment du Roi, chevalier de l'ordre royal et militaire de Saint-Louis.

Phelippes (Anne-Léon-Henri), prêtre, doyen de Saint-Marcel, conseiller de grand'chambre au parlement de Paris.

Picot (dame Anne-Françoise-Adelaïde) de Combreux, damoiselle, épouse séparée, quant aux biens, de messire Auguste Picot, comte de Dampierre, chevalier, major en second des chasseurs de Normandie.

Picot de Dampierre (dame Emilie-Louise), damoiselle, veuve de messire René de Brizay, chevalier, comte de Brisay.

Pillot (Claude-Anne-François), chevalier, comte de Trevières et du Port-David, grand messager juré de l'université de Paris.

Pochon de Beauregard (André-Hector), chevalier.

Poitevin (dame Madeleine), damoiselle, veuve de messire Charles Clairambault de Vandeuil, chevalier.

Poulain (Louis-René), chevalier, seigneur de Brustel, des Cailloux, ancien capitaine au régiment de Béarn.

Poullard du Boille (François), écuyer, ancien chevau-léger de la garde du Roi, seigneur du Boiller, de Celle, de Champ, paroisse de Montmiral et Melleray.

De Prouvansal (Augustin-François), écuyer, seigneur d'Acoux et Javercy.

Randon de Malboissière (Charles-Joseph), écuyer, chef d'escadron de dragons, seigneur de Sully.

Robethon de Bethonvilliers (Charles-Pierre), chevalier, seigneur de Bethonvilliers-Coheclem, de la Rivière et de Charbonnière, capitaine-exempt des gardes suisses de Mgr. le comte d'Artois.

Robillard (dame Louise-Charlotte), damoiselle, veuve de messire Jean-François Jacque du Coudray, écuyer, ancien commandant pour le Roi an fort Ternelle, île de Minorque, chevalier de l'ordre de Saint-Louis.

Rocheron (Augustin-Charles), chevalier, et damoiselle Anne-Marie-Henriette Rocheron, enfans mineurs de messire Pierre-Augustin Rocheron, chevalier, vicomte d'Amoy.

Rocheron de Praville (dame Jeanne-Marie-Anne).

Rolland (Barthelemy-Gabriel), chevalier, comte de Chambaudouin, seigneur des paroisses d'Erceville, Allainville, Charmont et autres lieux, président au parlement de Paris.

Rousseau (Louis-François), chevalier, comte de Chamoy, baron d'Authon, comte de Charbonnière et autres lieux, major du régiment, mestre-de-camp cavalerie, chevalier de l'ordre de Saint-Louis.

Rousseau (Marie-Pierre-Nicolas), écuyer, seigneur de Bel-Air.

Roussel d'Inval (Joseph), chevalier, ancien lieutenant de cavalerie, ancien page de S. A. S. Madame la duchesse d'Orléans.

Sabrevas ou Sabrevois (Jacques-Henri), chevalier, colonel au corps royal d'artillerie.

Seurrat (Isaac), écuyer; Seurrat (Jacques-Robert-Narcisse), écuyer; Seurrat (Aglaé-Suzanne-Elisabeth), damoiselle mineure.

Seurrat (Joseph-Robert), écuyer, seigneur de Guilleville, Ormeville, Montgevin, Montvilliers et autres lieux, ancien maire de la ville d'Orléans.

Seurrat (Jacques-Isaac), écuyer, seigneur des Grands-Vezelles, Meraville, Villecoulon et autres lieux, conseiller au bailliage d'Orléans.

Sinson (Louis-Joseph-Guillaume), écuyer.

Sinson de la Houssaye (Louis), écuyer, trésorier de France à Rouen, depuis le 15 juillet 1762.

Sinson (Pierre-Clément), écuyer, seigneur de la baronnie d'Auneux.

Sinson (Guillaume-Christophe-François de Salles), et Claude-René Sinson, son frère, écuyer, pour leur fief indivis d'Herbelay.

Tassin de Charsonville (Charles-François), chevalier, grand maître des eaux et forêts du département d'Orléans.

Tassin de Moncourt (Pierre-Augustin), écuyer.

IV.   6

Tassin de Villiers (Guillaume-Alphonse), écuyer.

Tassin de Montaigu (Pierre-Aignan-Stanislas (chevalier, capitaine au régiment de Colonel-Général, cavalerie.

Tassin de Beaumont (Louis-François-Regis), écuyer.

Tassin (Prosper-Guillaume), écuyer, seigneur de Villepion, procureur du Roi au bailliage et siége présidial d'Orléans.

Tassin (Pierre-François), écuyer.

Tournay (Alexandre-François), écuyer, seigneur de Cossotes, paroisse de Chevilly, conseiller en la chambre des comptes de Paris.

Tourtier (Charles-Guillaume), chevalier, seigneur de Gelou, lieutenant des maréchaux de France au bailliage d'Orléans, chevalier de l'ordre royal et militaire de Saint-Louis.

Tourtier de Villefavreux (Antoine), chevalier.

Tourtier (Jean-Baptiste-Claude), chevalier, seigneur du Portail-Saint-Sigismond, ancien capitaine d'infanterie.

Tourtier (dame Françoise), veuve de messire Henri-Gabriel Curault, écuyer, seigneur de Malmusse, lieutenant-général au châtelet d'Orléans.

Tourtier d'Auzouer (Jean-François), chanoine de l'église d'Orléans.

Vandebergue de Villebouré (Georges), écuyer.

Vandebergue (Robert), écuyer, seigneur de Villiers.

Vandebergue (Isaac), chevalier, lieutenant de cavalerie.

Vigneau (damoiselle Perrette-Marie), veuve de messire Gaston-Joseph de l'Enfermat.

ORSANS, ancienne châtellenie située à trois lieues de Baume-les-Dames, en Franche-Comté, a donné son nom à une illustre race de chevalerie, éteinte à la fin du seizième siècle. Elle comptait parmi ses premiers ascendants Lambert, seigneur d'Orsans, mentionné dans une charte de l'église métropolitaine de Besançon, de l'an 1088. Elle a possédé, depuis l'an 1435 jusqu'en 1547, l'office de maréchal héréditaire de l'archevêché de Besançon ; a donné un échanson de Philippe le Bon, duc de Bourgogne ; un chambellan du duc Charles, tué devant

Beauvais, en 1472, étant maître de l'artillerie de ce prince ; un bailli du Charolais, en 1580, et a contracté ses alliances directes dans les maisons d'Achey, de Boigne, de Clairon, du Châtelet, de Chauvire, de Dompré, de Grammont, de Grandvillars, de Haraucourt, de Lalleman, de Lambrey, de Lantenne, de Leugné, de Mandres, de Marmier, de Méligny, de Monthureux, d'Oiselet, de la Palu-Saint-Julien, de Pierrefont, de Poligny d'Evans, de Thuillier, de la Tour-Saint-Quentin, de Vaudrey, de Vellefaux, etc.

Armes : D'argent, au sautoir de gueules.

ORYOT, comtes d'Aspremont, en Lorraine. Cette maison, qui a donné un grand nombre d'officiers supérieurs, des conseillers-d'état des ducs de Lorraine, deux grands louvetiers du duché de Bar, et un maréchal-de-camp du Roi de France, mort en 1793, a pour auteur Maubert Oryot, chevalier, seigneur de Pagny-sur-Saône, vivant vers l'an 1350. Nicol Oryot, issu de Maubert, au cinquième degré, ignorant la condition de ses ancêtres, et attendu que ses titres se trouvaient adirés, eut recours à des lettres de noblesse, qui lui furent accordées le 27 octobre 1601, et registrées en vertu d'un mandement du duc Charles, du 22 février 1604 ; mais les titres de cette maison ayant été retrouvés et produits à la chambre des comptes de Lorraine, en 1754, elle fut maintenue dans son ancienne extraction par arrêt de cette chambre, sur les mêmes preuves, remontées au milieu du quatorzième siècle ; titres qui ont également été produits en 1760, pour l'admission de Jean-Baptiste Oryot d'Aspremont dans l'insigne chapitre des chanoines comtes de Lyon, où il est mort en 1786. Cette maison a contracté ses alliances directes dans celles d'Armur de Senonville, d'Aspremont-Tillombois, de Bar de Houdelaincourt, du Blé, l'Escamoussier, de Godignon, Hurault, Millet d'Estouf, le Moleur, de Menonville, du Puy d'Avrainville, Raulet d'Ambly, Rehès d'Issoncourt, Rollin, de Saint-Baussan, de Saint-Maurice, de Saint-Remy, etc., etc.

Cette maison a pour chef actuel :

XIV. François-Hyacinthe, comte *Oryot d'Aspremont* ;

chevalier, seigneur de Savonnières, en Voivre, et de
la tour forte de Menoncourt, commandeur de l'ordre
de Saint-Etienne de Toscane, chambellan de l'empereur
d'Autriche et du grand-duc de Toscane, général-ma-
jor des armées impériales, marié, en 1790, avec Mar-
guérite-Madelaine d'Ourches, chanoinesse du chapitre
de Laveine, dame de la croix étoilée de l'impératrice
d'Autriche, fille de messire Pierre, comte d'Ourches
et d'Emelle. De ce mariage sont issus :

> 1°. Louis-François-Joseph, comte Oryot d'Aspre-
> mont, lieutenant de cavalerie.
> 2° Marie-Geneviève-Joséphine Oryot d'Aspre-
> mont, mariée, par contrat signé du Roi et de la
> famille royale, au vicomte de Nettancourt-Vau-
> becourt, officier supérieur dans la garde royale.

La généalogie de cette maison est imprimée dans le
Nobiliaire de Lorraine, par D. Pelletier, pag. 604, et
dans le tom. XII du Nobiliaire universel de France, par
M. de Saint-Allais, pag. 196.

Armes : Ecartelé, aux 1 et 4 de gueules, à trois croissants d'or, qui est D'ORYOT ; aux 2 et 3 de gueules, à
la croix d'argent, qui est D'ASPREMONT.

OSMOND, en Normandie. Cette maison, que ses
services distingués, ses belles alliances et de nombreuses
illustrations placent au rang des plus considérables de
cette province, prouve surabondamment une ancienneté filiative de plus de cinq siècles, à partir de Jean
Osmond, écuyer, seigneur de la Roque, de Creuilly
et d'Assy, vivant en 1361 ; mais l'ancienneté du nom
d'Osmond remonte bien au-delà de cette époque. Du
Moulin, dans son Histoire générale de Normandie,
imprimée à Rouen, en 1631, et dédiée à Henri d'Orléans, duc de Longueville et d'Estouteville, gouverneur de la province, rapporte : « Qu'en l'an 1031,
» comme Robert le Magnanime ou le Libéral, sixième
» duc de Normandie, chassoit un jour le cerf dans la forêt
» de Lihons, un Drengot Osmond tua un Guillaume
» Ripostel, en vengeance de ce qu'il s'étoit vanté, en
» présence du prince et de ses courtisans, d'avoir abusé
» de sa fille ; que ce meurtre, commis en la présence

» du prince, auquel chacun est obligé d'honneur et
» d'obéissance, ayant été blasmé de tous, et Dren-
» got, ne prévoyant plus de seureté pour lui dans la
» Normandie, s'en alla avec ses enfants, nesveux et
» quelques cavaliers, premièrement en Bretagne, de
» là en Angleterre, et enfin au royaume de la Pouille,
» où le prince de Bennevent (lors bien empêché
» par les Sarrazins d'Afrique, qui tous les ans des-
» cendoient dans son pays, et contraignoient ses sub-
» jets, et les Grecs habitués dans la Calabre, à leur
» payer de grands tributs) les reçut à bras ouverts, et
» avec tant d'affection qu'il leur donna une ville pour
» demeurer, et pour en jouir comme de leur propre ;
» qu'ainsi, Osmond fut le premier des Normands qui
» prit habitude dans ces cantons-là. »

La maison d'Osmond a formé deux branches principales :

1°. Les seigneurs d'Aubry le Pantou, de Beuvilliers,
du Mesnilfroger, de Médavy, marquis d'Osmond (par
érection du mois de mars 1719).

2°. Les comtes de Boitron (par érection du mois de
janvier 1720).

Ces deux branches ont donné plusieurs personnages
marquants, soit dans les armées de nos Rois, soit dans
la prélature, où elle compte, entr'autres, 1°. Charles-
Antoine-Gabriel Osmond de Medavy, comte de Lyon
en 1743, sacré évêque de Comminges le 1er avril 1764 ;
2°. Antoine-Eustache, baron d'Osmond, qui remplaça
son oncle sur le siége épiscopal de Comminges en 1785 ;
a été nommé évêque de Nancy en 1802, et archevêque
de Florence en 1810. Il occupe aujourd'hui le siége épiscopal de Nancy.

René-Eustache, marquis d'Osmond, chef de la
branche aînée, lieutenant-général des armées du Roi,
a été ambassadeur de France près S. M. Britannique,
et créé pair de France le 17 août 1815.

Parmi les alliances directes de cette maison, on distingue celles qu'elle a contractées avec les d'Anisy,
Bagnard de Guerres, Bernard d'Avernes, Bertin de
Vaudeloges, Bouquetot de Millouet, Bouvet de Lou-
vigny, de Bures, Cardevaque d'Havraincourt, Doynel
de Montescot, Fouques de Manetot, de Hautemer de

Valsemé, de Heudreville, de Laval de Tartigny (branche de Montmorency-Laval) de Mallart de Boitron,
Mallet de la Nobletière, du Mesnil du Coudray, de Pardieu de Maucomble, de Raveton de Vitré, de la Rivière
du Mesnil, Rouxel de Médavy, le Roi de la Liévrerie
et du Homme, de la Rue de Bernières, de Sabrevois,
de Saint-Pierre, de Seran, etc., etc.

Armes : De gueules, au vol fondant (ou renversé)
d'hermine. Supports : Deux licornes. Cimier : Un hibou.
Devise : *Nihil obstat.*

D'OSSARY, en Lyonnais. Cette famille tire son origine de Martin d'Ossary, élu échevin de la ville de
Lyon, en 1612.

Armes : D'azur, à deux oies d'or en chef, et un croissant d'argent en pointe.

OUTREQUIN, à Paris, famille de Normandie, dont
la souche est originaire de Hollande. Elle a pour auteur.

I. Pierre *Outrequin*, directeur-général de tous les pro-
jets, plans et embellissemens de Paris, anobli par lettres patentes du mois de mai 1761, registrées aux cours
de parlement, des comptes, actes et finances, les 4 juin,
8 et 21 juillet 1761, et 8 mai 1764. Louis XV lui avait
aussi accordé le cordon de Saint Michel. Il avait épousé
Marie-Louise-Victoire le Guay, dont il laissa :

1°. Jean, qui suit :
2°. Jean-Baptiste-Augustin Outrequin.

II. Jean *Outrequin*, écuyer, fut reçu conseiller secrétaire, greffier en chef civil, criminel, et garde des archives de la cour des aides de Paris, le 8 février 1765. Il
mourut en 1799. Il avait épousé Marie-Agnès-Adélaïde
Binet, fille de Claude Binet, écuyer, conseiller du Roi,
et commissaire receveur-général, contrôleur des saisies
réelles de la ville de Paris, et d'Anne Roger. De ce mariage sont issus :

1°. Claude-Jean-Louis, qui suit :
2°. Alexandre-Philippe-Prosper Outrequin, de St-
Léger, receveur-général du département de la
Loire, marié avec demoiselle Hyacinthe de la Ri-
vière, de laquelle il a eu Esther Outrequin de
St-Léger, mariée avec Gaspard-Antoine-Samuel

Bichard de Soultrait, chevalier, chef de bataillon, capitaine de la garde royale et chevalier de l'ordre royal de la Légion-d'Honneur ;

3°. Adélaïde-Jeanne-Charlotte Outrequin.

III. Charles-Jean-Louis *Outrequin*, écuyer, chevau-léger, surnuméraire de Sa Majesté Louis XVI, en 1787, a épousé Esther-Jeanne Chachereau, morte en 1812, sans laisser de postérité.

Armes : D'argent, à cinq loutres de sable, 2, 2 et 1.

D'OUVRIER, seigneurs de Bernet, en Languedoc. Cette ancienne famille est connue depuis Guillaume d'Ouvrier, élu capitoul de Toulouse, en 1383. Rigal d'Ouvrier, docteur, remplissait la même charge, en 1541.

I. Gabriel d'*Ouvrier*, docteur, capitoul de Toulouse, en 1610, fut père de :

II. Pierre d'*Ouvrier*, capitoul en 1636, qui eut pour fils :

III. Jean-Jacques d'*Ouvrier*, seigneur de Bernet, maître des ports et chemins en Languedoc, baptisé le 11 septembre 1638, maintenu dans sa noblesse en vertu des priviléges du capitoulat de Toulouse, le 12 avril 1669.

Armes : D'or, au chevron de gueules, chargé de sept merlettes du champ, et accompagné de neuf épis de blé de gueules, liés trois à trois.

P.

PAJOT, comtes d'Onz-en-Bray, par érection du mois de juillet 1702, marquis de Villers, seigneurs de Villeperrot, de Marcheval et de Juvisy. Des emplois considérables dans la haute magistrature, des services militaires dans des grades supérieurs, et de nombreuses et belles alliances ont assigné à cette maison un rang distingué parmi les familles illustres du royaume. Elle subsiste aux sixième et septième degrés de filiation en trois branches : 1°. les comtes d'Onz-en-Bray, et marquis de

Villers, qui ont donné deux contrôleurs généraux et un intendant général des postes et relais de France; un maréchal de camp, un gouverneur d'Arles, en Provence, et plusieurs magistrats et officiers distingués; 2°. les seigneurs de Marcheval, dont sont sortis un conseiller en la cour des aides, plusieurs officiers, un receveur général d'Alençon, en 1742, un maître des requêtes en 1749, intendant de Limoges en 1756, puis de Grenoble en 1761, conseiller d'état en 1783, massacré dans la révolution, au mois d'avril 1792; ayant laissé deux fils, l'un maître des requêtes en 1815, ancien avocat général au parlement de Grenoble, père d'un fils et d'une fille, et l'autre ancien officier aux gardes françaises, avec rang de lieutenant colonel, et chevalier de l'ordre royal et militaire de Saint-Louis; 3°. les seigneurs de Juvisy, barons d'*Orgerus*, qui ont donné un receveur général d'Alençon, puis lieutenant de roi du Toulois, et des capitaines de cavalerie, de dragons et d'infanterie. Une quatrième branche, dite des seigneurs de Noizeau, qui a donné un maître des comptes, en 1709, un intendant de Limoges en 1724, de Montauban, puis d'Orléans en 1740, s'est éteinte en 1759. Les alliances immédiates de cette famille sont avec celles d'Allain de la Bertinière, Auget de Monthyon, Bidal d'Asfeld, Bocquet de Saint-Simon, de Bois-Jourdain, le Boistel, de Caputo, à Naples, de Chaulnes, de Chaumont, de Clermetz de la Mérie, le Clerc de Lesseville, Delpech de Cailly, le Doulcet de Pontécoulant, de Flesselles, le Gendre de Lormoy, Guyon du Chesnoy, Hallé d'Airval, le Gay de Tilly, Langlois de Courcelles, Langlois de Motteville, de Mailly de Charneuil, de Montferrand, Moreau de Plancy, Oger de Villers; Phelippes de la Houssaye, Rouillé d'Orfeuil, Rutant de Morainville, de Senneville, de la Tour du Pin-la-Charce, Valliet d'Arnouville, de Versoris d'Agy, etc. etc.

Armes: D'argent, au chevron d'azur, accompagné de trois têtes d'aigle de sable, becquées et arrachées de gueules. Couronne de marquis. Supports: Deux aigles au vol abaissé.

DE PARDESSUS, maison d'ancienne chevalerie du comté de Bourgogne, branche puînée de l'illustre maison de Poligny, qui, ayant tenu à fief durant plusieurs siècles, une des premières charges du comté, désignée sous le nom de seigneur Pardessus des Saulneries, place importante qui donnait la surintendance et le commandement général des salines. La tradition de toute la province porte qu'elle a pris son nom de cette charge. Guy de Pardessus, chevalier, et Gérard, son frère, damoiseau, furent témoins de divers hommages rendus par Guillemette de Commercy, et Jean de Châlons. L'on trouve dans le Cartulaire de Châlons, Jean, Eudes et Hugues de Pardessus, chevaliers en 1280 et 1290, et dès-lors une multitude d'autres seigneurs de ce nom, ainsi qu'aux archives de l'officialité, des abbayes de Dijon et des chapitres nobles de Migette, Murbach, Lure et autres, où elle fut reçue depuis l'an 1400. Elle a fourni grand nombre de chevaliers et hommes d'armes, dans les armées de Bourgogne, aux quatorzième et quinzième siècles ; fit, à ces époques, diverses fondations pieuses, et s'allia toujours aux plus anciennes maisons de chevalerie du pays, jusqu'à l'époque de son extinction, au dix-septième siècle.

Armes : De gueules, au chevron d'argent, qui est de *Poligny* ; brisé de trois coquilles du même.

PARIS. *Liste des gentilshommes de la prévôté et vicomté de Paris, convoqués en 1789, pour la nomination des députés aux États-généraux du royaume.*

Messieurs

D'Aguesseau de Fresnes.
Le duc d'Aiguillon.
D'Ainnery.
Le comte d'Ambrugeac.
Amiot.
Andrieu de Chetainville.
Le chevalier d'Anglejean.
Angot.
Anjorrant.
Anisson Duperron.
Le comte Archambault de Périgord.

Le comte d'Aspremont.
Aubert, chevalier de Rassay.
Le duc d'Aumont.
Le chevalier d'Auteuil.
Le vicomte d'Auteuil.
Le chevalier de Baillon.
Le marquis de Barrin.
Le vicomte de La Barthe.
Le comte de Baschi Ducaila.
Le Bas Du Plessis.
Basyre.

Basly.

Le marquis de Bassom-
pierre.

Le comte de Bavière de
Grosberg.

Le comte de Beaumont.

Beaurecueil.

De Beneech.

De Beaurepaire.

Le vicomte de Béthune.

Berthier (père).

Berthier (fils).

Le comte de Béthisy.

Le vicomte de Béthisy.

De Blaire.

Le Blanc de Verneuil.

Le Blond.

De Bois-Neuf.

Le vicomte de Boisse.

De la Boissière.

Bonneau.

Le président de Bonneuil.

Le comte Boson de Tal-
leyrand.

Boucher d'Argis.

Le président de Bouffret.

Boula de Coulombiers.

Le marquis le Boulanger.

Le marquis de Boullainvil-
lers , président.

Le marquis de Bourzac.

Boyer.

De Bretignières.

De Brevannes.

Brières de Surgi.

Le prince de Broglie.

Le comte de Broglie.

De Brou.

Broutin.

Le marquis de Bullion.

Gerard de Bussous.

Le comte de Busançois.

Colin de Cancey.

Le vicomte de Canoway.

Le baron de Cap-de-Ville.

De Carbonnières.

Carré.

Le duc de Castries.

Le duc de Caylus.

Le marquis de Chaban-
nais.

Le comte de Chabrillant.

Chaillon de Joinville.

Le marquis de Champigni.

De Chanorier.

De Chaulaires.

Le Chanteur.

De Chapuis.

Le comte de la Charce.

Charpentier.

Cherin.

Cheverni de la Chapelle.

Le président Choart.

Leclerc de Lesseville.

Leclerc (fils).

Leclerc de Versailles.

Le comte de Clermont-
Tonnerre.

Collet.

Le comte de Combarel.

Le président Cordier de
Montreuil,

De Cotte.

Cottin.

Le comte de Coubert,

Le marquis du Coudray.

De Coulmier.

Le Couteulx du Moscy.

De Courmont.

Courtin d'Ussy,

Marquis de Crillon.

De Crisenoy.

Le comte de Croismare.

Le duc de Crussol d'Uzès.

Le bailli de Crussol.

Le baron de Crussol.

Le duc de Crussol.
De Cuverville.
Le comte de Damas.
Daval.
Daucour.
Davi de Chevigné.
Desmé Dubuisson.
Desponti.
De la Devèze.
Desplat.
Deumère.
Le président Drouin.
Dubois.
Le Duc.
Ducros de Belbeder.
Dudier de Romainville.
Le marquis du Luc.
Dumetz de Rosnay.
Duperier Dumouriez.
Duval d'Espremesnil.
Le baron d'Eaubonne.
Le comte des Ecotais.
Le marquis d'Ecquevilly.
L'Empereur.
Le baron d'Espagnac.
Le comte d'Espinville.
Le marquis d'Esvry.
Le comte d'Esvry.
De Fargès.
Le comte de Faudran.
Le marquis de Favras.
Le chevalier le Feron.
Le Fèvre de Valrenceaux.
Le duc de Fitz-James.
Le Caron de Fleury.
Le chevalier de Fargis.
De Fornier.
Le comte de Foucault.
Le marquis de Fraguier.
Froidefond du Chatenai.
Gabriel de Saint-Charles.
Gallois.
Gaudin.

Gauthier.
Le duc de Gesvres.
Le président Gilbert.
Le chevalier Gilbert d'Herbeley.
Gillet de la Renommière.
Le comte de Gimel.
Le marquis de Gondrecourt.
Gougenot.
Gougenot.
Le vicomte de Gouvello.
Le comte de Gouvernet.
Le marquis de Gouy d'Arcy.
Le marquis de La Grange.
Le chevalier Gueroult de Bois-Roger.
De Gui.
Le duc de Guiche.
Guilloteau de Grandeffe.
Guyet.
Le vicomte d'Hautefort.
Hazon.
Le premier président Hocquart.
Hocquart de Coubron.
Houdiart.
Le comte François de Jaucourt.
De Joguet.
Delaage de Bellefaye.
De Lamy.
Le comte de Lamerville.
Lamoureux.
De Langlet.
Lardier.
Le duc de Laval.
Lavoisier.
Law de Lauriston.
Le chevalier de Lange.
Le marquis de Langlade.
Le prince de Léon.

Le Long.

Lespicier de Villars.

Le marquis de Lesseville.

Leleu de Brimay.

Lempereur.

Le président le Pelletier.

Le président de Leudeville.

Le duc de Levis.

De Lignac.

De Lironcourt.

Loiseau de Beranger.

De Lorimier.

De Louvain.

Le vicomte de Lubersac.

De Lucénay.

Le marquis de Lusignan.

Le comte de Machault.

Le duc de Maillé.

Le baron de Maistre.

Le comte de Marguerie.

Le comte de la Marlière.

Marrier.

Marrier de la Gatinerie.

Mathieu.

De Mecquenem.

De Mecquenem d'Artaise.

Le chevalier de Menil-Glaise.

Le président Mérault.

Le marquis de Merle d'Ambert.

Le marquis de Mesmes.

De Meulant

Le chevalier de la Michaudière.

De Milleville.

Millin Grandmaison.

Millin de Duperreux.

Le comte de la Mire—Mory.

Le comte de Mirepoix.

Le marquis de Mithon.

Le présid. Molé de Champlastreux.

Le chevalier de Moligny.

Prince Joseph de Monaco.

Péan de Monthelon.

Le marquis de Montagu.

De Montcloux.

Le comte de Montfaucon de Rogles.

Le marq. de Montfermeil.

De Montholon.

De Montfleury.

De Monville.

Moreau de la Vigerie.

De la Mouche.

Baron de Moussin.

Le comte de Nantouillet.

Nau.

Nau de Champlouis.

Comte de Nicolaï.

Le vicomte de Noailles.

Noblet.

De la Noue.

Le chevalier d'Oraison.

Le président d'Ormesson, secrétaire.

Osmond.

Parat de Chalandray.

Le comte de Peyre.

Peltier.

Piètre.

Pignol.

Comte de Pierrepont.

Le prince de Poix.

Le marquis de Poterat.

Le comte du Poulpry.

Le baron de Purgoldt de Lowenhardt.

Le comte de Pussignieu.

Le vicomte de Prunelé.

Le comte de Quelen.

Le comte de Querhoen.

Raffard de Marcilly.

Le marquis de Rachaise.

Le marquis de Refuveille.

De Resy.
Robert de Prié.
Robert de Saint-Vincent.
Roualle de Boisgelon.
Le comte de Rougé.
Le comte de Rouault.
Rousseau de Bauplan.
Rouhette.
Le Roy de Bardou.
Le comte de Sainte-Marie.
De Sainte-Marie.
De Saint-Hilaire.
De Saint-Laurent.
De Saint-Roman.
Le marquis de St.-Vallier.
Le chevalier de Saint-Vallier.
Le marquis de Saisseval.
De Scépeaux.
Le comte de Ferrant.
De Salleur de Grizien.
Le comte de Sanois.
De Santeuil.
Savalette de Langes.
De Schouen.
De Semonville.
Dé Soulaigre.
Le comte de Soyecourt.
Stocard.
Tabary.
Taboureau.
Taillepied de Bondi.
Tellès d'Acosta.
De Thésigny.

Thévenin de Margency.
Thierry.
Le comte de Tillières.
Le marquis de Chomé.
Du Tillet.
Du Tillet de Villars.
Marquis de Tissard de Rouvre.
Le Tourneur.
Le marquis de Cravanet.
De Tremauville.
De Trudaine.
Marquis de Turgot.
De Vaisnes.
Le vicomte de Valence.
Le chevalier de la Valette.
Valletean de La Roque.
De Vallière.
De Valmarette.
De Varenne.
De Verduc de Soissy.
Le chevalier de Vibraye.
Le comte de Viella.
Viger.
Le marquis de Vigni
Le baron de Ville-d'Avray.
Le duc de Villeroy.
De Villiers de la Bellangerie.
De Villiers (père).
Le président de Vins.
De Vitalis de Migneaux.
Vivien.
De Vougny.

DE PARISOT, famille originaire de Champagne, établie en Dauphiné depuis 1706, par le mariage de Louis de Parisot avec Marguerite Jordan de Durand ; elle a fourni de tout tems des militaires distingués. De nos jours, en 1779, Louis-André Parisot de Durand de Saillans, et Honoré-Laurent Parisot de la Boisse, frères, sont entrés en qualité de cadets gentilshommes dans le régiment de Champagne, où ils ont servi jusqu'au moment de leur émigration avec les officiers de ce corps ; ils ont fait la campagne de 1792 à l'armée des princes , et les autres campagnes de l'émigration dans le corps des chasseurs nobles de l'armée de Condé, jusqu'au licencîment général. Honoré-Laurent fut blessé en 1796, et obtint quatre ans d'exemption pour la croix de Saint-Louis ; ils furent l'un et l'autre reçus chevaliers de cet ordre par Mgr. le prince de Condé, en 1797, en vertu des ordres du Roi, qui leur a conféré depuis sa rentrée dans son royaume, le grade honorifique de chef de bataillon , avec pension de retraite. Honoré-Laurent de Parisot-Durand de la Boisse est domicilié à Étoile, depuis son mariage en 1802, avec demoiselle Julie Dupont, d'une très-ancienne maison du Vivarais, connue sous le nom de Dupont de Soyon, duquel mariage est provenu Henri-Claude de Parisot de la Boisse, né le 29 septembre 1805.

Armes : D'or, à trois fasces ondées d'azur ; au chef du même, chargé d'une étoile rayonnante d'or.

PASQUIER, marquis de Franclieu, par érection du mois de juillet 1767, famille ancienne et distinguée par une longue suite de services militaires, originaire de l'Île-de-France, et établie en Bigorre depuis le commencement du dix-huitième siècle. Elle prouve l'ancienneté de sa noblesse depuis Robert Pasquier, l'un des 27 écuyers de la compagnie de Hue de Kerautrec, chevalier, en 1356. Elle a donné depuis un grand nombre d'écuyers, d'archers et d'hommes d'armes ; des enseignes de compagnies d'ordonnances ; deux gentilshommes ordinaires de la chambre ; des brigadiers et deux maréchaux de camp des armées du Roi, et plusieurs officiers supérieurs d'infanterie et de cavalerie, décorés de l'ordre royal et militaire de Saint-Louis. Elle est représentée de nos jours par :

Anselme-Florentin-Marie Pasquier, baron de Franclieu, capitaine de vaisseau, chevalier de l'ordre royal et militaire de Saint-Louis (1), a fait la guerre d'Amé-

_____

(1) Son frère puîné, Jean-Baptiste Pasquier, chevalier de Franclieu, chevalier de Malte, capitaine de.

rique. Il a émigré avec son père, au mois de mai 1791,
a été aide-camp de S. A. S. Mgr. le duc de Bourbon,
et s'est trouvé au siége de Maëstricht, en 1793. Il a
épousé Augustine-Eléonore-Jules d'Erard, fille du
comte d'Erard, lieutenant-général des armées du Roi.
Il a eu de ce mariage :

    1°. Marie-Aimé-Louis-Anselme, né le 19 mai
      1804 ;
    2°. Augustine-Fortunée, née en janvier 1802 ;
    3°. Eléonore-Aglaé, née en 1806 ;
    4°. Béatrix-Alphonsine, née en 1809.

Armes : D'azur, au chevron d'or, accompagné en
chef de deux têtes de Maure de sable, tortillées d'argent, et en pointe de trois fleurs appelées paquerettes
d'or, terrassées du même, celle du milieu supérieure.

DE LA PASTURE. La famille de la Pasture est une
des plus anciennes parmi la noblesse du Boulonnais. Sa
filiation a été établie en 1786, par M. Chérin, généalogiste du cabinet des ordres du Roi, depuis Thomas de la
Pasture, écuyer, seigneur de la Pasture et Wierre, vivant en 1304.

  En 1412, Jean de la Pasture, écuyer, seigneur de
Wierre et la Billarderie, petit-fils de Thomas, produisit au duc de Bourgogne ses preuves de noblesse, et
ce prince le reconnut comme noble, et issu de noble
progéniture de père et de mère. Dans cette maintenue
de noblesse, le duc de Bourgogne rappelle les armoiries de la maison de la Pasture, telles que cette maison
les a toujours portées depuis, et comme elles sont mentionnées dans la maintenue de noblesse de M. Bignon,
intendant en Picardie, du 29 août 1699.

  Son fils, Antoine de la Pasture, leva, à ses frais,
une compagnie de cinquante hommes d'armes et fit la

---

dragons, aide-de-camp de S. A. S. Mgr. le duc de
Bourbon, pendant l'émigration, tué devant Kehl, le
7 décembre 1796, avait épousé Mlle. de Reinach, chanoinesse d'Andelot, dont est issu Henri-Anselme Pasquier de Franclieu, né en janvier 1796, chevau-léger,
en 1814.

guerre avec le duc d'Anjou, dont il fut frère et compagnon d'armes.

En 1602, Michel de la Pasture, chevalier, baron de Courcet, seigneur de Wierre, la Billarderie, etc., etc., épousa Madelaine de Monchy d'Hocquincourt, cousine du maréchal d'Hocquincourt.

La noblesse de cette famille, illustrée par des alliances avec les plus anciennes maisons du Boulonnais, est établie par les titres les plus authentiques, et par une filiation non interrompue depuis Thomas de la Pasture, en 1304, jusqu'à Pierre-Antoine-François, marquis de la Pasture-Verchocq, encore vivant, fils aîné de Pierre-François de la Pasture, chevalier, seigneur de Verchocq, Wiove, Offretien, etc., chevalier de l'ordre royal et militaire de Saint-Louis.

Pierre - Antoine - François, marquis DE LA PAS-TURE-VERCHOCQ, issu au onzième degré de Thomas de la Pasture, fut d'abord mousquetaire de la garde du Roi, ensuite capitaine d'infanterie et chevalier de Saint-Louis, fit les preuves de la cour devant M. Chérin, généalogiste des ordres du Roi et fut présenté au Roi et à la famille royale le 27 janvier 1786. De son mariage avec demoiselle Agathe d'Acary, d'une des plus anciennes maisons de Picardie, il a eu trois enfants, savoir :

1º. Pierre-Marie-François de la Pasture, premier page de MADAME, comtesse d'Artois, ensuite officier dans le régiment de Commissaire-général, cavalerie, émigré en Allemagne en 1792, où il servit dans les armées des princes français, mort en Angleterre, où il avait épousé madame veuve Élisabeth Foulkes, née à Ducarel, issue d'une famille noble de Normandie ; de ce mariage est issu : Henri de la Pasture, aujourd'hui officier de cavalerie au service de S. M. britannique ;

2º. Charles-Henri de la Pasture, officier de la marine royale, en 1788, aujourd'hui capitaine de frégate en retraite et chevalier de Saint-Louis, a épousé Jeanne-Charlotte Dedun, propriétaire de la terre d'Irville, dans le département de l'Eure ; en septembre 1815, ce départ-

tement l'a élu membre de la chambre des députés;
3°. Marie-Charlotte-Agathe de la Pasture, reçue
chanoinesse - comtesse du chapitre noble de
Bourbourg, mise en arrestation à la citadelle de
Calais, pendant la terreur, et morte peu de tems
après.

Armes : D'argent, à la bande de sable, chargée de
six losanges d'or.

PASTUREAU, famille ancienne, originaire de
Touraine, qui vint s'établir en Poitou, au treizième
siècle. Elle est connue, par filiation suivie, depuis
François Pastureau de Rimbert, et Guillaume Pastureau de Charay, écuyers, frères, qui passèrent ensemble une transaction en 1552, et fondèrent chacun
une branche. Celle de François Pastureau de Rimbert,
conseiller à Poitiers, élu maire de cette ville en 1571,
s'est éteinte dans le dix-septième siècle. Guillaume
Pastureau de Charay, maire, et capitaine de la ville de
Niort, en 1550, 1568 et 1571, épousa Catherine de
Villiers, fille d'un maire de Niort, de laquelle il eût
six garçons et deux filles, qui partagèrent la riche succession de leurs père et mère, le 13 mars 1583. La postérité de Guillaume s'est perpétuée à Niort jusqu'à nos
jours. Cette branche ayant été taxée pour les francs-
fiefs, elle en fut déchargée par arrêt du conseil-d'état
du Roi du 19 septembre 1696, et reconnue pour avoir
toujours joui de tous les droits et prérogatives de la noblesse.

Armes : D'azur, au chevron d'argent, chargé de sept
aiglettes éployées de sable et accompagné en chef de
deux gerbes d'or, et en pointe d'un mouton du même.

PÉLISSON , en Dauphiné. Geoffroy Pélisson ,
maître ordinaire en la chambre des comptes de Dauphiné, mort dans cette charge, après l'avoir exercée
plus de vingt ans, est l'auteur de cette famille qui
porte pour armoiries : *D'argent, au rencontre de bœuf
d'or*.

PERRENOT DE GRANDVELLE, en Franche-
Comte ; famille qui a pour auteur Pierre Perrenot,
châtelain d'Ornans, anobli au mois d'août 15.. Ni-

colas Perrenot, son fils, fut conseiller au parlement de
Dôle, en 1518; ensuite chancelier de Charles-Quint,
et acheta avec sa femme, Nicole de Bonvalot, la seigneurie de Cantecroix, en Brabant. Elle passa à leur
fils aîné, Thomas Perrenot, chevalier d'Alcantara,
ambassadeur du roi d'Espagne à Vienne, en France et
en Angleterre, en faveur duquel le roi Philippe II l'é-
rigea en comté, en 1570. Thomas Perrenot épousa Hélène de Bréderode, qui le rendit père de François Perrenot, comte de Cantecroix, mort sans enfants, en
1607, ayant institué son héritier Thomas-François
d'Oiselet, fils de Péronne Perrenot, sa sœur, et d'Antoine d'Oiselet, baron de Villeneuve. Antoine Perrenot
de Grandvelle, fils du chancelier, fut cardinal et archevêque de Besançon. Cette maison s'est éteinte dans
celle d'Oiselet.

Armes: D'argent, à trois bandes de sable; au chef
d'azur, chargé d'une aigle éployée d'or.

PERREY; noble et ancienne famille originaire de
Salins, au comté de Bourgogne, qui remonte par filiation à Huguenin Perrey, vivant en 1536. Son épitaphe
se voyait encore, en 1720, sur sa tombe dans l'église
de Saint-Anatoile. Il y est qualifié *noble*, et ses armes
y étaient gravées telles que ses descendants les portent
encore de nos jours. Elle a été décorée du titre de chevalier héréditaire, par lettres-patentes du roi Louis XV,
de l'an 1720, délivrées par le duc d'Orléans, régent de
France, à Pierre-François Perrey, IIe du nom, lieutenant-général à Salins, comme étant issu de bonne et
ancienne noblesse, soutenue par des alliances considérables dans la robe et dans l'épée. Il mourut en 1744,
laissant, entr'autres enfants, Justin-Joseph Perrey,
chevalier, premier président, lieutenant – général à
Salins, marié, l'an 1762, avec Marguerite-Xavière
Drouin de Chassagne, dont sont issus :

    1°. Pierre-François-Joseph Perrey, chevalier, ca-
       pitaine de cavalerie, chevalier de Saint-Louis,
       et depuis sous-inspecteur des forêts à Saint-
       Claude, marié, en 1802, avec Claudine-Agathe
       Roux de Rochelle, fille de Guillaume-François
       Roux de Rochelle, écuyer, capitaine d'infan-
       terie, chevalier de Saint-Louis;

2°. Léonard-Justin-Bernard Perrey, avocat, marié, en 1798, avec Marie-Françoise Bracon;

3°. Henri-Joseph Perrey, officier de cavalerie, chevalier de Saint-Louis, marié, en 1805, avec Anne-Caroline Lurion de l'Egoutail, fille de noble Jacques-Michel Lurion de l'Egoutail;

4°. François-Philippe Perrey, chevalier de l'ordre du Lion de Belgique, secrétaire de la commission chargée de la démarcation des frontières de la France avec les puissances riveraines;

5°. Gabriel-Anatoile Perrey, chevalier des ordres de la Légion-d'Honneur, de Saint-Ferdinand et du Mérite des Deux-Siciles, ancien chef du secrétariat du ministère des affaires étrangères, secrétaire intime de S. A. le prince de Talleyrand, grand-chambellan, marié, en 1815, avec Emma Dickinson, anglaise, fille de William Dickinson, écuyer;

6°. Françoise-Henriette-Victoire-Philippine Perrey, religieuse;

7°. Marguerite-Victoire Perrey.

Armes : De gueules, à quatre losanges d'or en bande, accostées de deux croissants d'argent. Couronne de comte; supports : deux lions.

PERROTIN DE BARMOND, en Berri; famille ancienne connue depuis Charles Perrotin, écuyer, sieur d'Attigny, vivant en 1499. Elle a produit des contrôleurs généraux de la marine, des conseillers d'état, des chevaliers de l'ordre du Roi, etc., etc.

Armes : D'argent, à trois cœurs de gueules.

PERROTIN DE BELLEGARDE, en Dauphiné; famille qui remonte à Mathieu Perrotin, anobli par lettres du mois d'août 1608, vérifiées par arrêt du 26 novembre 1609 : l'un de ses fils fut maréchal-de-camp.

Armes : De gueules, à deux épées d'argent, garnies d'or, passées en sautoir, accompagnées en chef d'un croissant du dernier émail.

PERROTIN DE L'ETANG, en la même province. François Perrotin, frère de Mathieu, dont on vient de parler, fut aussi anobli, par lettres du mois de juin 1612, vérifiées le 27 mars 1614.

Armes : Dè gueules, à la licorne saillante d'argent.

PETIOT DE TAILLAC ; famille originaire du Limosin, qui a pour auteur Jacques Petiot, sieur de la Motte, juge et prévôt de Limoges, qui, en récompense de ses services, reçut des lettres de noblesse le 3 août 1702.

Pierre Petiot, écuyer, conseiller du Roi, président, trésorier-général des finances au bureau de Limoges, et Catherine Balliot, veuve de Pierre Petiot, sieur de Chavagnac, firent enregistrer les armes de leur famille au XVIᵉ. vol. de l'Armorial général, coté Limoges. Elles sont : *D'azur, au chevron brisé d'or, accompagné de trois colombes d'argent; au chef cousu de gueules, chargé de trois étoiles d'or.*

PICOT, vicomtes DE PECCADUC ; famille ancienne de Bretagne, connue, par filiation, depuis Antoine Picot, marié, l'an 1483, avec Marie *des Landes*. Elle a donné plusieurs officiers supérieurs et de divers grades dans les armées de terre et de mer, décorés de l'ordre royal et militaire de Saint-Louis. Elle a été maintenue. dans sa noblesse par une ordonnance de M. de Maupeou, du 10 février 1699 ; par un jugement des commissaires-généraux du conseil, du 4 avril 1715 ; et enfin, par un arrêt du parlement, du 16 janvier 1739. Elle a contracté ses alliances directes avec les familles les plus distinguées de Bretagne, et s'est perpétuée jusqu'à nos jours, en deux branches dans l'ordre qui suit.

PREMIÈRE BRANCHE.

IX. Jean-Marie PICOT, seigneur de Tremart, de Boisbrassu et autres lieux, épousa, le 7 juin 1748, Marie-Gillette-Sainte *de Châteaugiron*, fille de Mathurin-Alain, comte de Châteaugiron, et de dame Gillette de Roger. De ce mariage sont issus :

1°. Henri-François-Marie, dont l'article suit ;
2°. François-Louis-Jean-Marie Picot, ancien offi-

cier de la marine royale, vivant sans postérité;

3º. Joseph-Jean-Baptiste Picot, ancien officier de marine, vivant sans postérité;

4º. Angélique Picot, épouse de messire Louis-Éléonore de Pèrcy.

X. Henri-François-Marie PICOT, entra, en 1775, aux mousquetaires; passa, à la réforme de ce corps, capitaine à la suite de Colonel-Général, cavalerie; épousa, en 1785, demoiselle N.... *de Lunelle*. Il mourut en 1792, laissant plusieurs enfants qui sont établis aux Etats-Unis.

SECONDE BRANCHE.

IX. Pierre-Jean-Baptiste PICOT, chevalier, seigneur de Peccaduc, du Pontlouet et autres lieux; frère puîné de Jean-Marie Picot, seigneur de Tremart, fut conseiller au parlement de Bretagne, et s'allia, par contrat du 4 février 1760, avec dame Angélique-Marguerite *de la Chevière*, dont il eut :

1º. Pierre-Marie-Auguste, dont l'article suit;

2º. Placide-Marie-Fidèle, dit le vicomte de Picot, page, en 1782, de *Madame*, (épouse de S. M. *Louis XVIII*), officier au régiment d'Anjou, émigré en 1791, et mort en 1793, au champ d'honneur, pour la cause des Bourbons;

3º. Henri-René-Marie Picot de Peccaduc, dit le vicomte de Picot. Il a émigré en 1791, a fait partie du cantonnement d'Ath, dans la compagnie de S. A. R. le duc d'Angoulême, et la campagne de 1792, au corps d'armée de S. A. S. monseigneur le duc de Bourbon. Au mois d'avril 1793, il entra au service de la Hollande, dans le régiment d'Orange-Frise, et fit toutes les campagnes suivantes sous les ordres de S. A. S. monseigneur le prince Frédéric d'Orange, et immédiatement après l'occupation de la Hollande, en 1795, il passa au service d'Angleterre, auquel il est resté jusqu'en 1808, époque où il passa dans les troupes allemandes de la confédération du Rhin, avec lesquelles il a fait les cinq dernières campagnes, tant en Catalogne, qu'en

Russie et en Allemagne ; il est rentré en France
à la restauration du trône des Bourbons, après
une absence de vingt-trois ans de sa patrie,
absence passée au service étranger sans interruption. S. M. Louis XVIII a bien voulu le réin-
tégrer dans l'armée française, comme colonel
d'infanterie, grade dans lequel il a fait les deux
dernières campagnes. Il est chevalier de Saint-
Louis et de la Légion-d'Honneur ;

4°. Flavie-Françoise-Marie Picot ;

5°. Lucrèce-Marie-Josephe Picot ;

6°. Angélique-Henriette Picot, dame à l'abbaye
royale de Saint-Georges.

X. Pierre-Marie-Auguste PICOT DE PECCADUC, élève
de l'école royale et militaire de Paris, chevalier de Saint-
Lazare, officier au régiment de Metz, du corps royal de
l'artillerie, émigra en 1791, et se mit sous les ordres de
S. A. S. monseigneur le prince de Condé, au corps
d'armée duquel il fit toutes les premières campagnes, et dès la seconde campagne, il y reçut la croix de
l'ordre royal et militaire de Saint-Louis. Il passa ensuite
au service de S. M. l'empereur d'Autriche, qui daigna
lui faire délivrer des lettres de naturalisation sous le
nom de baron de *Herzogenberg*. Il a fait la campagne de
1813, comme général major, a commandé la ville de
Châtillon, pendant le congrès ; et, à l'entrée des puissances alliées à Paris, S. M. l'empereur d'Autriche le
nomma commandant de cette capitale. Il est grand'croix,
commandeur et chevalier de plusieurs ordres.

Armes : D'or, au chevron d'azur, accompagné de trois
falots allumés de gueules ; au chef du même. Devise:
Nullus extinguitur.

DÉ-PIÉDOUE, seigneurs de la Marre, d'Héritot,
des Chapelles, en Normandie. La famille de Piédoue,
dont le nom se trouve écrit *Pidoë, Pisdoë, Piedoë,
Pisdoüie* dans les anciens titres, est ancienne et origi-
ginaire de la ville de Paris, où, dès le treizième siècle,
elle tenait un rang distingué parmi les plus notables.
Elle s'établit en Normandie, dans la généralité de
Caen, et y est connue avec possessions seigneuriales, et
dans les montres du ban et arrière-ban de la noblesse,

depuis le commencement du seizième siècle. Elle a
pour auteur Guillaume Pisdoë, Ier. du nom, d'une
ancienne famille de Paris, élu prévôt des marchands de
cette ville en 1276, et une seconde fois en 1304, dont
le fils Guillaume Pisdoë fut premier écuyer du corps et
et maître de l'écurie (1) du roi Philippe-le-Long, depuis
le 12 juillet 1316, jusqu'au 3 janvier 1321. Il fut tué
par Nicolas de Vescela, selon des lettres de rémission
que ce dernier obtint pour ce meurtre, en 1329. Jean
Pisdoë, créé maître des comptes le 9 août 1350, et frère
puîné de Guillaume, a continué la descendance de
cette famille, qui a été maintenue dans son ancienne
extraction, par arrêts de la cour des aides, des 24 novembre 1664 et 20 avril 1665, et par arrêts du conseil
d'état du Roi, des 30 juin 1716 et 13 fevrier 1717. Elle
a formé trois branches principales : 1°. les seigneurs de la
Marre et de la Moissonnière, vicomtes d'Evrecy, éteints
au milieu du dix-huitième siècle ; 2°. les seigneurs de
Charsigné et d'Héritot existants ; 3°. les seigneurs des
Chapelles, éteints peu avant la révolution. Toutes ces
branches ont donné des officiers aux armées de nos Rois,
et contracté de belles alliances, entr'autres, avec les
familles d'Aumesnil, de Barat de Beauvoir, le Bernier de
Longpré, Chailly, Cauvigny, Chasot de Saint-Georges,
Fribois de Renauville, Godefroy de Presle, le Harivel,
Heudine de Brucourt, James de Saint-Géor, le Magnan,
Marescot, Marquier de Crux, Morel de Putanges, du
Moustier, Nollent, Petit des Ifs, la Rivière-Romilly,
le Sens, du Thon de Moulineaux, la Tour-Saint-Gau-
dens, du Vernay, etc.

Louis–François de Piédoue, chevalier d'Héritot,
chef de cette famille, chef d'escadron, chevalier de
l'ordre royal et militaire de Saint-Louis, du 2 juillet
1783, né le 28 avril 1742, entré au service dans les
mousquetaires, dès 1756, pensionné le 3 février 1788,
a épousé, par contrat du 15 avril 1792, Thérèse-
Perrine de Malherbe, fille de feu messire Joachim de
Malherbe, seigneur du Plessis, ancien capitaine au
régiment de Carhaix, infanterie, et de feu dame Blan-

(1) Cette charge de la couronne fut connue depuis
sous la dénomination de grand-écuyer de France.

dine-Gabrielle Mauger de la Maugerie. Elle est décédée
à Bavant, le 27 octobre 1808, ayant eu de son mariage :

1°. Ernest-Jean - Louis Piédoue d'Héritot, né à
Caen, le 15 août 1798 ;
2°. Marie-Blandine Piédoue d'Héritot, née le 2
février 1793, mariée, par contrat du 17 septembre
1814, avec Jean-Marie *de Vezeaux de Rancogne*,
inspecteur des postes, veuf, sans enfants, d'Amé-
lie-Françoise-Elisabeth de Cullon-d'Arcy ; fils
de Charles-François de Vezeaux, marquis de
Rancogne, chevalier de l'ordre royal et militaire de Saint-Louis, et de Marguerite-Char-
lotte-Françoise de Boillève.

Armes : D'azur, à trois pieds d'oie d'or.

DE LA PIERRE ; ancienne famille, originaire de
Valleraugue, diocèse d'Alais, en Languedoc.

I. Jean DE LA PIERRE, écuyer, conseiller-secrétaire du
Roi, maison et couronne de France, né le 14 septembre
1716, baptisé par Bord, vicaire de Valleraugue, le
23 du même mois, marié, par contrat passé devant
Carlet, notaire, le 5 juillet 1741, et béni, le 24 octobre
suivant, par Richard, secondaire à Talairac, annexe de
Valleraugue, à mademoiselle Jeanne *Pieyre*, fille et héritière de M. Jean Pieyre, et de dame Suzanne d'Aigoin,
seigneur de la Valette, le Rey, Beauvert, co-seigneur
de Notre-Dame de la Rouvière, Maudagout et autres
lieux, et décédé le 22 juillet 1794, a eu pour enfants
de ce mariage :

1°. François, qui suit ;
2°. Mademoiselle Marie de la Pierre, née le 20 décembre 1742, mariée à noble Antoine-François
de la Cour, sieur de la Becède, sur des pactes
enregistrés le 20 octobre 1768, par Fosguet,
notaire à Valleraugue.

II. François DE LA PIERRE-LA-VALETTE, écuyer, seigneur du Rey, Beauvert, Mars, co-seigneur de Favières,
Notre-Dame de la Rouvière, Maudagout, etc., etc.,
né et baptisé le 17 juillet 1744, par M. Jacomond, curé
de l'église Saint-Castor, à Nîmes, épousa, par contrat

reçu par Martin , notaire à Uzès, le 25 avril 1772 ,
mademoiselle Louise *Verdier* , fille de M. Jean Verdier,
seigneur de Flaux, et de Saint-Hypolite, dudit Uzès.
Ce mariage a été confirmé par l'abbé Rolin , curé de
Valleraugue, aux termes d'un acte, à la suite duquel se
trouve la date des naissances et reconnaissances des enfants issus de ce mariage, d'après l'ordonnance de M. de
Beausset, évêque d'Alais, portant ordre au curé de s'y
conformer. Les enfants issus de ce mariage sont :

1º. François-Louis-Paulin , qui suit ;
2º. Justin-François-Gustave , qui forme la seconde
   branche ;
3º. Marie-Jeanne-Clotilde , née le 27 septembre
   1776 , mariée à noble François de la Cour-Mou-
   caut , devant Teulon , notaire, le 26 avril 1802 ;
4º. Mademoiselle Marie-Virginie-Aglaé de la Pierre,
   née le 19 septembre 1793 , mariée à M. Marie-
   Maurice d'Angliviel, de Valleraugue, par contrat
   passé devant Teulon, notaire, le 9 août 1813. ,

III. François-Louis-Paulin DE LA PIERRE, écuyer, né
le 14 juillet 1782, épousa, par contrat reçu par Dadré
et Gendres , notaires, le 17 mai 1805 , mademoiselle
Louise-Marguerite-Julie *de Bousquet*, fille de feu noble
Louis de Bousquet, de Saint-Hypolite-du-Gard, duquel
mariage sont issus :

1º. Louis-Jean-Amédée-Ernest, né le 24 juin 1808;
2º. Paulin-Gustave-Edmond de la Pierre, né le
   11 février 1811 ;
3º. Mademoiselle Françoise-Louise-Marguerite ,
   née le 23 mai 1806.

SECONDE BRANCHE.

III. Justin-François-Gustave DE LA PIERRE, écuyer,
né, et baptisé par M. Cavalier, curé de Valleraugue,
le 29 juin 1785, épousa, par contrat reçu par Teulon,
notaire, le 22 octobre 1807, mademoiselle Louise-
Solitude-Marie-Eliza *de la Cour*, fille de feu noble
Scipion de la Cour, chevalier de l'ordre royal et militaire de Saint-Louis, et capitaine de grenadiers au
régiment de Médoc; duquel mariage sont issus :

IV. 9

1º. François-Antonin, né le 1er. septembre 1808 ;

2º. Louis-Auguste-Scipion, né le 4 mai 1812 ;

3º. François - Albin - Charles de la Pierre, né le 11 mai 1814.

Jean et François *de la Pierre*, écuyers, père et fils, par acte reçu par Michel, notaire, le 16 avril 1787, firent l'acquisition du château et de la seconde partie de la terre du Rey, avec directe, haute, moyenne et basse justice.

Le 9 mars 1789, ils furent convoqués, comme *nobles*, pour se présenter à l'assemblée des trois ordres de la sénéchaussée de Nîmes, pour la nomination des députés aux états-généraux.

Le 23 avril 1806, par acte reçu par Teulon et Michel, notaires à Valleraugue, noble François *de la Pierre-la-Valette* et dame Louise *Verdier*, son épouse, firent donation de tous leurs biens présents et à venir à leurs quatre enfants, qui, présents à l'acte, acceptèrent la donation.

Jean *de la Pierre*, écuyer, secrétaire du Roi, fut dépouillé, par la révolution, de ses charges, titres et du brevet de ses armoiries, signé d'Hozier, juge d'armes de la noblesse de France; mais à la rentrée de sa majesté Louis XVIII, elle a bien voulu donner en dédommagement, et comme un témoignage de sa bienveillance, à François *de la Pierre-la-Valette*, la noblesse héréditaire, par lettres-patentes du 2 mai 1818, ainsi que les mêmes armoiries, qui furent accordées par sa majesté Louis XVI, à Jean *de la Pierre*, secrétaire du Roi, lesquelles sont dessinées, timbrées et coloriées à la marge des patentes.

François *de la Pierre-la-Valette*, écuyer, se présenta le 20 juin 1818, à la cour royale de Nîmes, pour y prêter le serment de fidélité au Roi et obéissance aux lois du Royaume, lequel serment et lettres de noblesse furent enregistrées à ladite cour.

François *de la Pierre-la-Valette*, écuyer, avec l'intervention de ses deux fils, a fait transcrire ses lettres de noblesse dans les registres de Michel, notaire, le 2 juillet 1818.

Armes : D'or, au chevron de gueules, accompagné de

trois losanges du même, posées 2 en chef, 1 en pointe ; l'écu timbré d'un casque de profil, orné de tous ses lambrequins d'or et de gueules.

PINGRÉ, en Picardie et en Dauphiné ; famille originaire de cette première province, qui a pour auteur Henri Pingré, seigneur du Sauchoy, annobli en 1594, en considération des services importants qu'il rendit, en contribuant à la reddition de la ville d'Amiens à l'obéissance du roi Henri IV. Antoine Pingré, seigneur du Sauchoy, et Philippe Pingré, sieur de Marseaux, furent maintenus en la possession de leur noblesse, par lettres du mois de mars 1646, vérifiées par la cour des aides de Paris, la même année. Le premier fut encore maintenu dans sa noblesse par jugement de M. Bignon, intendant en Picardie, du 9 mai 1699. Il était alors âgé de soixante-quinze ans, et n'avait qu'une fille d'Angélique de Blottefière, son épouse, nommée Charlotte Pingré, femme d'Antoine de Rune, écuyer, seigneur de Warsy.

De cette branche ou d'une autre famille était François Pingré, seigneur de Farinvilliers, fils de Henri Pingré, secrétaire du Roi, en 1634 ; et ce dernier, fils de Henri Pingré, Ier. du nom, et de Marie de Louvencourt. François Pingré fut reçu conseiller au grand conseil, le 8 septembre 1648, honoraire le 8 mai 1684, et mourut au mois de février 1706.

Pierre Pingré, conseiller à la cour des aides, fut sacré évêque de Toulon, le 12 janvier 1659, et mourut le 3 décembre 1662.

Alexandre-Guy Pingré, chanoine régulier et bibliothécaire de l'abbaye de Sainte-Geneviève, fut élu en qualité d'associé libre, par l'académie royale des sciences, élection que le Roi approuva au mois d'avril 1750. Il fut nommé par Sa Majesté, pour aller à l'île Rodrigue, dans l'Océan Éthiopique, observer le passage prochain de Vénus devant le disque du soleil, et fut présenté au Roi, le 7 octobre 1760. Ce prince lui accorda la survivance de la place de géographe de la marine, au mois de février 1763. Il est mort membre de l'institut, le 1er. mai 1796, à l'âge de quatre-vingt-cinq ans ; ce fut un des plus célèbres astronomes de son siècle. Les savants religieux bénédictins de la congrégation de St-Maur, auteurs de l'Art de vérifier les Dates, lui doivent leurs calculs sur la chronologie des éclipses. Il a aussi publié un grand nombre d'ouvrages et de mémoires sur l'astronomie et la géographie.

Armes : D'argent, au pin de sinople, fruité de gueules, et surmonté d'une grive de sable.

DE PINS, en Languedoc. La maison de Pins (de Pinos, en catalan, *de Pinibus*, en latin), titrée, l'un des *neuf barons* de Catalogne et barons de Caucaillères, occupe dans l'histoire un rang éminent par l'ancienneté, l'éclat et les alliances.

M. de Marca, parlant de la distinction des anciens barons au-dessus du reste de la noblesse, lorsque ce titre n'était donné qu'aux grands vassaux ou grands dignitaires de la couronne, observe, que les barons de *Pins* et de *Moncade* appartenaient à cette classe de barons, plus élevée que le reste de la noblesse.

La maison de Pins, issue de Gausserand de Pins, l'un des *neuf*, connus depuis sous le nom des *neuf barons de Catalogne* (*Marinœus Siculus, de Rebus hispanicis*, lib. 9, p. 371), qui, tous germains d'origine et aussi distingués par leur valeur que par leur naissance, vers l'an 714, et sous Pépin, roi de France, entrèrent les premiers en Espagne, pour combattre les Maures, et commencèrent, contre ces barbares, la guerre sainte qui, après une longue suite de générations, devait détruire leur puissance en Espagne (1).

_____

(1) *Anno christianœ septingentesimo decimo quarto, Mauris Hispaniam misere vastantibus, homo quidam genere nobilis, cui nomen erat Ogerius, quem Pipinus, Galliœ rex, Guianœ provinciœ suœ prœfecerat, novem viros Germanicœ gentis ud se vocat*, sanguine claros *et* virtute probatos, *quibus erant nomina hœc* : Galcerandus *Pinus,* Dapifer *Moncada,* Guillermus *Cervera,* Guillermus Raymundus *Cervello,* Hugo *Mataplana,* Petrus *Alemanus,* Raymundus *Anglesola,* Gisbertus *Ribellis,* Berengerius Rogerius *Cerillus* :

Qui cum audissent Hispaniam Mauris crudeliter oppressam, et christianum nomen jam deficere cœpisse; christianœ religionis amore flagrantes, et luudis avidi, convocatis aliis œquitibus, cum exercitu parvo, sed tamen forti, celeriter in

L'Histoire, en consignant les exploits des *neuf barons* (*ibid*) contre les Maures, établit leur domaine primordial dans les distributions des terres, qui leur furent faites par Charlemagne, après qu'ils eurent achevé la conquête par de la province de Taragone (1).

Les terres concédées par cette distribution à Gausserand de Pins, l'un des *neuf* (*ibid*), formèrent la baronnie de son nom, appelée baronnie de Pinos.

Charlemagne honora les neuf barons du titre de princes : *quos etiam viros principes appellari jussit* (*ibid.*).

Les mêmes monuments rapportent, qu'après la victoire d'Urgel (2), qui assura aux *neuf barons* (*ibid*) la conquête de la province de Taragone, par l'entière défaite des

---

Hispaniam venerunt, ad quos per saltus Pyrenæos venientes, christiani omnes qui supererant, et in fide permanserunt statim se se contulerunt....

(1) *Ad Urgelli campos magnâ potiti victoriâ pervenerunt. Ubi commisso prælio campestri tres Maurorum reges occiderunt*, Faragam toleti, superim fragæ et Alfae Segobricensem.

Tum Carolus imperator et summus pontifex, intellectâ causâ de novem *viris quos antè nominavimus, et cognitâ virtùte mirabili, magnâ lœtitiâ gavisi fuerunt, adeò ut in montibus ubi tunc erant, ecclesiam statim œdificaverunt sub honore nominis sancti Andreæ...... Agitque cum summo pontifice, ut a numero* novem *virorum qui primùm venerant in Hispaniam, eamque contrà Mauros tueri cœperant, in honorem* novem *ordinum angelorum, in hâc provinciâ tarraconensi,* novem *cathedrales ecclesias institueret. Cui summus pontifex justa petenti liberaliter omnia concessit, et sequentes ordinavit ecclesias,* etc.

Verùm enim verò non contentus institutis ecclesiis, imperator Carolus, qui ut magnus nomine dicebatur, sic erat et animo splendidus, potens et liberalis, instituit etiam a novem *viris in eâdem provinciâ,* novem *comites quod potestates vocarentur, et vice comites totidem ;* novem *nobiles, quibus adjunxit alios* novem*, qui vulgò* Valvassores *appellantur, quorum tituli nominaque ponuntur inferiùs,* etc.

(2) *Illis prætereà* novem *viris, qui primùm venerant in Hispaniam, singulis dominia singula distribuit, qui nunc ii sunt quos vulgò* barones *appellamus, et dominia* baronias.

armées maures, et la mort de trois de leurs rois, qui
périrent dans le combat, Charlemagne, voulant que
la mémoire des exploits des *neuf barons* et la gloire de
leur nom fût éternelle, demanda au pape et obtint
que, conformément à leur nombre de *neuf*, la province
de Taragone eût *neuf* églises cathédrales (1); et il
coordonna lui-même les divisions et les dignités civiles
de cette province, selon le nombre des *neuf barons*. Et
afin que dans la suite il ne fût fait aucun changement
à ce qu'il avait statué, Charlemagne confirma, par son
testament, tous les droits, honneurs et domaines des
neuf barons.

Les *neuf* barons avaient leur souveraineté indépendante, et ne relevaient pas des comtes de Barcelonne :
y no reconcian dominio a ninguno de los condes. (*Annales
de la Corona de Aragon Zurita*, p. 6.)

Depuis cette époque et dans l'ordre des événements,
qui comprennent la suite des guerres contre les Maures,
tous les monuments de l'histoire se réunissent pour
consacrer, dans la maison de Pins, la perpétuité des
mêmes titres, noms et surnoms et mêmes terres, jusqu'à Gausserand de Pins, *l'un des neuf barons de Catalogne*, qui, en 1185, se fixa en France et forma la
branche de la maison de Pins, en Languedoc, dont la
filiation suivie jusqu'au vicomte de Pins, a été établie
dans les preuves de la cour, en 1788, par M. Chérin,
généalogiste du Roi.

Quos etiam viros principes *appellari jussit, sicut et comites*
potestates.

(1) *Quibus peractis rebus, imperator Carolus, quemadmo-
dùm suprà demonstravimus, Mauris a Navarrá et Aragoniâ
ferè totâ depulsis in Galliam reversus, in humanis esse
desiit. Qui tamen priusquàm discessisset a vitâ, Ludovico
filio qui ei successurus erat in regnis,* testamento verboque
præcepit, *ut quoad fieri posset, christianœ religionis fidei
non deesset, et omnia quœ statuerat de* novem *virorum
dominiis, et reliquis dignitatibus in provinciâ Terraconensi
cœptis conficeret, et in perpetuum confirmaret. Quam rem
Ludovicus, Galliœ rex, patre mortuo velut et patri filius
obsequens, et christianœ religionis admodum studiosus, et
libenter suscepit, et plenius adimplevit, etc., etc., etc.,* de
rebus hispanicis Lucii Marinæi Siculi, Lib. 9, p. 371.

M. de Marca observe que, l'an 1170, Guillaume de Moncade épousa Marie, cousine d'Alfonse, roi d'Aragon et souveraine du Béarn et autres pays ; et que de ce mariage, après une longue suite de générations, est venu, par Jeanne, reine de Navarre et princesse de Béarn, sa bisaïeule, Louis XIV, d'immortelle mémoire. (*Marca Hispanica*, *fol.* 245, *art.* 12.)

Gausserand de Pins, *l'un des neuf barons de Catalogne*, fils de Pierre-Gausserand de Pins et de Bérangéle de Moncade, fait prisonnier l'an 1147, au siége d'Almérie, où les Maures perdirent plus de trente mille hommes, fut miraculeusement délivré par saint Étienne. (*Hist. des Maures*, *par Bleda*, p. 367.)

Le roi des Maures, Aben-Gumada, avait demandé pour sa rançon, *cent mille doubles d'or*, *cent pieces de soie de Thoir, ou Tauris, cent chevaux blancs, cent vaches laitières et cent jeunes filles.*

Gausserand de Pins, *l'un des neuf barons de Catalogne*, chef de la branche de la maison de Pins, en Languedoc, se signala contre Simon de Montfort. Il fut un des arbitres dans le traité de paix conclu en 1185, entre Raymond, comte de Toulouse, et Alphonse, roi d'Aragon. (*Hist. générale de Languedoc.*)

Bernard de Pins, son fils, épousa en 1220, N...., sœur du comte de Comminges, selon l'acte de partage fait par son fils, Odon de Pins, avec Bertrand, comte de Comminges, l'an 1294, auquel il assista avec son frère, qui suit. Bernard donna son nom à l'une des terres qu'il eut par ce mariage. Cette terre était encore dans la maison de Pins à l'époque de la révolution.

Gausserand de Pins, chevalier-banneret, avait accompagné saint Louis dans sa première croisade, l'an 1247, à la tête de cinq chevaliers, vingt écuyers, cent hommes de pied et leur suite.

Guillaume-Raymond de Pins, seigneur de Caumont et de Taillebourg, signa le traité de paix entre Henri, roi d'Angleterre et Raymond, comte de Toulouse, l'an 1248.

Gautier de Pins fut présent à la ratification du traité entre saint Louis et Jacques, roi d'Aragon, l'an 1258.

Guillaume-Raymond de Pins fut présent à l'hommage d'Arnaud-Othon, vicomte de Lomagne, à Alfonse, comte de Toulouse, en 1251.

Gausserand de Pins, en l'année 1262, fut témoin et signa le contrat de mariage de Pierre, infant d'Aragon, avec Constance de Sicile. (Hist. du Languedoc, tom. 3, pag. 66, 434, 464, 483, 490, 556.)

Odon de Pins, frère de Bernard de Pins et de Gausserand de Pins, chevalier-banneret, fut élu grand-maître de l'ordre de Malte l'an 1294.

Gérard de Pins, lieutenant-général de l'ordre de Malte, pendant la vacance du magistère, remporta, l'an 1321, une signalée victoire contre Orcan, fils d'Ottoman, sultan des Turcs.

Roger de Pins fut élu grand-maître de l'ordre de Malte l'an 1355.

L'Histoire a consigné les alliances de la maison de Pins avec les rois d'Aragon, de Mayorque et de Minorque et de Navarre, avec les comtes de Foix, de Comminges, d'Armagnac, etc. (*Chroniques d'Espagne, Carbonell., p.* 52 ; *Hist. de Languedoc, tom. IV, p.* 152 ; *Marca hispanica, p.* 245 ; *Chroniques des Maures d'Espagne, Bleda, p.* 367.)

Dans le commencement du douzième siècle, Pierre-Gausserand de Pins épousa Bérangèle de Moncade. Nous avons dit que Guillaume de Moncade, par son mariage avec Marie, de la maison royale d'Aragon, l'an 1170, devint le chef de la maison des rois de Navarre, dont la succession finit dans la personne de Jeanne d'Albret, reine de Navarre, bisaïeule de Louis XIV.

Gausserand de Pins, frère de Bernard, chevalier-banneret, épousa Saure, fille de Jacques 1er., roi de Mayorque, et d'Esclarmonde de Foix.

Dans le quatorzième siècle, Amanieu de Pins (dit encore Gausserand-Anissant), épousa Régine *de Goul*, nièce du pape Clément V, l'an 1327.

Barthélemi de Pins, son fils, épousa, l'an 1362, Talasie *d'Albret-Navarre*.

La maison de Pins a donné, dans le seizième siècle, des chevaliers de l'ordre du Roi, des officiers-généraux, un ambassadeur à Venise et à Rome.

SACRUM POPULUM QUIS REDIMET SAPIENTIA PATRIS QUÆ REDEMIT

Lith. de G. Engelmann.

Jean de Pins, évêque de Rieux et ambassadeur à Rome, dirigea les négociations de Boulogne, l'an 1516, et conclut le concordat de Léon X, avec François Ier. Il a laissé des écrits en latin fort remarquables par l'élégance et la pureté du style. Le cardinal Sadolet appelait Jean de Pins, *vir magnus autoritate et nomine.* Epist. 57.(*Erasm. Cecironianus, p.* 849,*t. I, édit. de* 1540.)

La maison de Pins, qui a constamment joui dans l'ordre de Malte, de la plus haute considération, depuis son établissement à Rhodes, jusqu'à l'époque de la révolution, a donné à l'ordre deux grands-maîtres, un lieutenant-général, pendant la vacance du magistère, et un grand nombre de chevaliers.

La branche de la maison des Pins d'Espagne (dite de Pinos), occupe parmi les maisons titrées de ce royaume, un rang distingué.

Elle reconnaît également pour son chef, Gausserand de Pins, l'un des neuf barons de Catalogne, chef de la maison des Pins du Languedoc, qui s'établit en France l'an 1185, auquel elle paraît s'attacher par Gausserand de Pins, l'un de ses fils, chevalier-banneret, et frère d'Odon de Pins, grand-maître, et de Bernard de Pins, dont la filiation suivie jusqu'au vicomte de Pins, fut établie dans ses preuves de la cour, en 1788, par M. Chérin, généalogiste du Roi.

Les neuf barons de Catalogne avaient leurs armes particulières; ils adoptèrent des armes communes lorsqu'ils entrèrent en Espagne, pour combattre les Maures: c'était une croix, portant, sur l'une et l'autre de ses branches, pour devise, ces quatre lettres: S. P. Q. R., pour dire: *Sacrum populum quis redimet : sapientia patris quæ redemit.*

Les barons de Pins avaient pour armes : trois pommes de pin ; et pour devise: *Dieu et de Pins-Despuès dios la cese de Pinos.*

DE POINTES, *aliàs* GEVIGNEY. Ces deux familles, de Franche-Comté, se sont réunies dans le quatorzième siècle. *D'or à trois lionceaux naissants de sable.* Voyez GEVIGNEY.

DE POISIEUX, en Dauphiné. L'illustre et ancienne maison des seigneurs du Passage, paraît avoir pris son nom d'une terre située près de Belley en Bugey, et s'être transplantée en Dauphiné dès le douzième siècle, tems où vivait Ame de Poisieux, époux d'Agathe de Virieu, qui, l'an 1184, maria sa fille, Bernardine de Poisieux, avec Barthelemy de Chapponay, fils d'Hector, seigneur de Chapponay, et de Madeleine Aleman.

François *de Poisieux*, seigneur de Thorenc, fut présent à l'acte de prise de possession du Dauphiné par Charles, fils de France, (depuis Charles V) le 16 juillet 1399.

Gui *de Poisieux* fut archevêque de Vienne et chancelier de Dauphiné en 1457. Antoine de Poisieux l'avait précédé sur ce siége archiépiscopal, et l'an 1460 Thomas de Poisieux était évêque de Laon.

Cette famille chevaleresque, éteinte depuis près de deux siècles, a donné un lieutenant-général des armées du Roi, des capitaines de cinquante hommes d'armes, des ordonnances, des gouverneurs de provinces et de places de guerre, des conseillers d'état, etc., et s'est alliée dans les maisons de la Balme-Vertrieux, de Billy, de Flotte, de la Roche, de Galles, de la Buisse, de Grolée-Viriville, d'Haplaincourt, de Laure, de Monteynard, de Saulx, etc., etc.

Armes: De gueules, à deux chevrons d'argent, surmontés d'une divise du même.

DE POLIGNY. Cette maison, éteinte de nos jours, était de la plus ancienne chevalerie, et des plus considérables du comté de Bourgogne. Elle tirait son nom de la ville de Poligny, où elle possédait de grands fiefs, avec cette châtellenie, depuis l'an 1100, et vraisemblablement bien avant cette époque; car on la voit dès son origine revêtue des premières charges et dignités du comté. Elle a été la souche directe et masculine de plusieurs maisons chevaleresques, qui, en quittant le nom primordial pour prendre celui de leurs apanages, ainsi qu'on le pratiquait dans les tems reculés, en ont du moins conservé les armes pleines, en y ajoutant quelques légères brisures. Telles sont entr'autres les maisons d'Arlay, Molprel, Visemal, Pardessus, Reculot, etc. Plusieurs généalogistes ont avancé qu'elle était issue des souverains de Bourgogne. Depuis Savaric de Poligny, chevalier, vi-

vant en 1133, elle a tenu, en fief, la charge de prévôté ou lieutenant du comté, et celles de premier
écuyer, de veneur, de maître de l'écurie (maréchal
alors), célerier, maître d'hôtels, des comtes, et de
capitaines et châtelains de Poligny. Hue de Poligny
fut bailli-général, puis connétable du comté en 1259
et 1265, et c'est depuis lui que cette maison établit
sa filiation suivie. Elle se distingua dans les tournois,
notamment Pierre de Poligny qui eut le prix de celui de
Vincellis, en 1511, et également dans les armées de
Bourgogne, auxquelles elle fournit grand nombre de
chevaliers, hommes d'armes, et de capitaines de marque,
notamment Jean de Poligny qui commandait une division à la bataille de Gavre, en 1450, où il fut tué. Elle
fut admise de toute ancienneté dans tous les grands chapitres de Lorraine et dans tous ceux du comté de Bourgogne, auxquels elle donna plusieurs abbesses, depuis les quatorzième et quinzième siècles, et fut également reçue de
toute ancienneté à Malte, et depuis plus de deux siècles
dans l'ordre des chevaliers de *St-Georges*.

Ses alliances directes sont avec les maisons d'Achey,
d'Andelot, d'Arguel, de Bauffremont, de Bouton-Sa-
vigny, de Chantrans, de la Chassagne, de Goux, de
Laubespin, de Lézay-Marnésia, de Mangerolts, de
Mentconis, de Montfort, de Montjeu, de Montrichard,
de Nans, de Neufchâtel, d'Oiselet, de Plaine, de Pontarlier, de Ray, de Sainte-Croix, de Salins, de Salvaing,
de Savigney, de Scey, de Toulongeon, de Vaudrey, de
Vaulchier, de Vautravers, de Villette, etc., etc.

Armes : De gueules au chevron d'argent.

DE POLIGNY ; seigneurs de Poligny ; famille du
Dauphiné, et qui a pour auteur Jean de Poligny, dont
le fils, Pierre de Poligny, épousa, l'an 1517, Marguerite
d'Orcières. Elle a donné un gouverneur de la ville de
Gap, lieutenant de la compagnie d'hommes d'armes du
connétable de Lesdiguières. Cette famille ne paraît avoir
aucun rapport de parenté avec l'ancienne et illustre maison de Poligny. *De gueules, à trois chevrons l'un sur l'autre
d'argent ; au chef d'or ; chargé d'un renard passant de
gueules.*

DU PONT DE COMPIEGNE, noblesse ancienne, ori-

ginaire de Béarn, qui suivit le roi Henri IV, lorsque ce-
prince vint conquérir sa couronne, et s'établit en l'Ile-
de France, où elle a formé deux rameaux, l'un établi de
nos jours, et avant la révolution, près de Bar-sur-Aube;
et l'autre à Fontainebleau. Elle compte parmi ses premiers ascendants, ainsi qu'on le voit dans le tom. XV
p. 419 du Dictionnaire in-4°. de la noblesse, par M. de la
Chenaye des Bois, Arnaud du Pont, damoiseau, qui vivait en 1292, ainsi qu'il paraît par un titre original de
1304. Il eut pour fils Guillaume-Arnaud du Pont, chevalier, qui, l'an 1310, paraît au nombre des principaux
seigneurs de la cour du vicomte de Béarn. On voit ensuite Jean du Pont, chevalier, qui servit avec la noblesse
de Guienne et de Gascogne contre les Anglais, en 1338;
Guillaume-Garsias du Pont, aussi chevalier, qui porta
les armes contre les mêmes ennemis en 1360 et 1368;
Arnaud du Pont, qui était l'un des écuyers de la compagnie d'hommes d'armes d'Arnaud-Guillaume de Béarn,
et se trouva, en armes et chevaux, pour combattre les Anglais en 1375, 1376 et années suivantes; Pierre-Arnaud
du Pont, écuyer, servant sous le comte de Foix en 1430,
et aux siéges de Dax et de St-Sever vers 1442; Tolet du
Pont, écuyer, qui porta les armes dans les guerres de
Bretagne et de Bourgogne en 1460, 1461 et 1462, sous
Odet d'Aydie, comte de Comminges, depuis maréchal
de France.

Cette maison a donné plusieurs gentilshommes ordinaires de la vennerie de nos rois, des capitaines chefs
du vol des oiseaux, et plusieurs officiers supérieurs.

Charles *du Pont*, marquis de Compiègne, fit toutes
les campagnes de son tems, et se trouva aux batailles de Ramillies en 1706, d'Oudenarde en 1708; de
Malplaquet en 1709; à l'attaque d'Arleux en 1711; à
l'affaire de Denain, aux siéges de Douay, du Quesnoy et
de Bouchain en 1712; de Landau et de Fribourg en 1713;
à tous les siéges de l'armée d'Italie; aux batailles de
Parme et de Guastalla de 1733 à 1736; à la prise de
Prague en 1741; au combat de Sahay, à la défense et à
la retraite de Prague en 1742; à la bataille de Dettengen
en 1743; aux siéges de Menin, d'Ypres et de Furnes en
1744; fut créé brigadier d'infanterie le 29 juin de cette
année; combattit au siége de Fribourg, à celui de Tournay, à la bataille de Fontenoy, aux siéges de Den-

dermonde, d'Oudenarde et d'Ath en 1745; à ceux de
Bruxelles et de Mons, à la bataille de Raucoux en 1746; à
celle de Lawfeld en 1747; et obtint, le 9 janvier 1748, le
gouvernement de Bar-sur-Aube, en quittant le régiment
du Roi. Il mourut le 22 novembre 1757, âgé de 66 ans,
étant capitaine en chef du vol de la chambre du Roi,
charge qui fut supprimée à son décès. Il avait épousé le
7 mars 1745, Anne-Jeanne-Louise, née comtesse du
Hautoy, dame de la Croix-Étoilée, fille de Pierre-Paul-
Maximilien comte du Hautoy, conseiller-d'état du duc
Léopold, grand sénéchal de Lorraine et de Barrois,
grand bailli de Bassigny, et de Magdeleine-Bernarde de
Saint-Ignon. De ce mariage sont issus:

1º. Charles-Joseph, dont l'article suit;
2º. Charles-Léopold-Joseph du Pont, de Compiègne, chevalier de Malte, le 17 août 1758,
officier au régiment Royal-Lorraine, cavalerie;
3º. Deux demoiselles, chanoinesses de Salles.

Charles-Joseph, marquis DU PONT DE COMPIEGNE,
né à Nancy, le 18 avril 1748, a servi au régiment du
Roi, infanterie, dont il devint second major, avec brevet de colonel en 1788. Au licencîment de ce régiment,
M. du Portail le désigna pour commander celui du duc
d'Enghein; mais le marquis de Compiègne refusa ce
commandement pour émigrer. Il rejoignit le corps de
Condé, avec lequel il fit toutes les campagnes de l'émigration jusqu'à l'époque du licencîment. Il a été nommé maréchal de camp par S. M. Louis XVIII, en 1814,
et est chevalier de Saint-Louis du mois de janvier 1784.
Il a épousé Marie-Louise d'Allonville, fille d'Edme-
François-Marcel, marquis d'Allonville, officier aux
gardes françaises. De ce mariage sont issus trois enfants:

1º Victor du Pont, comte de Compiègne, lieutenant-colonel du régiment des dragons de la
Seine, du 23 juin 1814, chevalier des ordres de
St-Louis et de la Légion-d'Honneur, marié avec
mademoiselle de Tilly-Blaru, fille de M. le marquis de Tilly-Blaru, dont il a une fille;
2º Arnaud-Henri du Pont de Compiègne, chevalier de l'ordre de St-Jean de Jérusalem, dit de
Malte, du 23 juillet 1785, tué à la bataille de Raab,
le 14 juin 1809;

3º N..... du Pont de Compiègne, mariée à M. le comte de Buat.

Armes : De sable ; au lévrier d'argent, bouclé et colleté de gueules ; au chef d'or, chargé d'une aigle issante d'azur.

DE PONTANIÈS, seigneurs de Soulon, en Languedoc ; famille ancienne, issue de noble Raymond de Pontaniès, qui vivait en 1318. Elle a formé des branches principales ; celle des seigneurs de Sales, de Molières, de Courbatiès, fondue, l'an 1591, par alliance, dans la maison de Turenne d'Aynac. La seconde, dite des seigneurs de Soulon, subsiste encore de nos jours. Cette famille a formé de bonnes alliances, et a servi avec distinction.

Armes : D'or, au lion léopardé de gueules ; au chef d'azur, chargé de trois étoiles d'argent.

PONTOISE. *Liste des gentilshommes convoqués à l'assemblée de la châtellenie de Pontoise pour l'élection des députés aux états-généraux, en 1789.*

Monsieur, frère du Roi, seigneur de Pontoise, l'Isle-Adam, etc., représenté par M. le grand-bailli, président, fondé de sa procuration.

Monseigneur le prince de Conty, seigneur de Stors, représenté par M. de St-Morys.

M. Antoine-André-Michel Savarin, écuyer, seigneur de Marestan, capitaine de cavalerie, représenté par M. du Boullet de Bonneuil.

M. François-Jacques de Grouchy, chevalier, seigneur de Sagy, etc., en son nom et comme fondé de la procuration de madame de Maupeou, tutrice de M. Gilles-Charles de Maupeou, comte d'Ableiges, son fils.

Messieurs Jules-Pierre Combault de Canthère, écuyer ; Pierre Combault de Dampont, écuyer, seigneur d'Ws, d'Amours, etc., représentés par M. Bertrand de la Maison-Rouge.

M. le marquis de Verdière, maréchal des camps et armées du Roi, seigneur en partie de la terre d'Ws.

M. Jacques de Monthiers, chevalier, seigneur du Fay, Mardalin, etc, représenté par M. le comte de Barbahtane, fondé de sa procuration, et de celle de madame la comtesse d'Emery.

M. le comte de Lameth, chevalier de l'ordre royal et militaire de Saint-Louis, en son nom et comme fondé de la procuration de M. le marquis de Gouy, lieutenant-général des armées du Roi, seigneur de Marines, baron de Chars, etc., et de M. Gauthier de Montgeroust, seigneur de Montgeroust.

M. le baron de Crussol, maréchal des camps et armées du Roi, seigneur de Commeny, représenté par M. de Guillerville.

M. Claude Baron, écuyer, seigneur de Neuilly, représenté par M. le comte du Coudray,

Madame la comtesse de Feuillet, veuve de M. le marquis de la Force et de Caumont, représentée par M. de Goussancourt.

M. de Manneville de Belledalle, chevalier, seigneur du Fay - aux - Anes et de Mardalin, et madame veuve Pierre-Emmanuel de Crussol, représentés par M. Aulas de La Bruyère.

Madame Marie-Félicité-Gabrielle Molé, veuve de M. le duc de Cossé-Brissac, représenté par M. le grand bailli, fondé de sa procuration.

M. le comte de Balincourt, maréchal des camps et armées du Roi, seigneur du marquisat de Balincourt, etc., représenté par M. de Montbayen.

M. Anne-Pierre de Clermetz, écuyer, en son nom et comme fondé de procuration de madame la comtesse de Balincourt.

Madame Hyacinthe-Madelaine de Léaumont, veuve de M. Bouvet de Losier, écuyer, chevalier de Saint-Louis, au nom et comme tutrice de ses enfans mineurs, seigneurs du fief des Cobilles à Cergy, représentée par M. Antoine-Nicolas Perrot.

M. Ambroise-Gédéon de Myr, chevalier, seigneur des fiefs de Butel, etc., en son nom et comme fondé de procuration de M. Louis de Myr, chevalier, seigneur du fief de la Laire.

Madame Elisabeth-Thérèse de la Corée, veuve de M. Henry-Jérôme Péricart, chevalier, représentée par M. le vicomte de Franclieu.

M. le marquis de Laris de l'Escalopier, chevalier de

Saint-Louis, seigneur du fief de Nourard, représenté par M. le comte de Chevigné.

M. François-Léonard Deslions, chevalier, en son nom et comme fondé de la procuration de madame la marquise de Brisay, veuve de M. le marquis de Brisay.

Madame Bochard de Champigny, veuve de M. Henri-Pomponne Louis de Montenay, tutrice de sa fille mineure, représentée par M. Randon de la Tour.

M. le comte de Bannes, maréchal des camps et armées du Roi, chevalier de Saint-Louis, seigneur d'Amblainville, représenté par M. Le Boulanger.

M. le comte de Poulprix, au nom, et comme fondé de procuration de madame la marquise de Poulprix, sa mère, pour le fief de Cléry Saint-Liébaud.

M. Bernard-Laurent-Pelletier de Villeneuve, écuyer, seigneur du fief de Montmort.

M. Jean-Baptiste-Paulin-Hector-Edme Rossin, écuyer, seigneur de la chatellenie d'Hénonville.

M. Florimond, comte de Mercy-Argenteau-Crisqué, seigneur d'Eragny, etc., représenté par M. de Saint-Prist.

M. Charles-Simon Millet, chevalier seigneur d'Estouteville, etc., représenté par M. le comte du Coudray.

PONT-L'ÉVÊQUE, PONT-AUDEMER, et PONT-DE-L'ARCHE. *Liste des gentilshommes du bailliage de Pont-l'Évêque, Pont-Audemer et Pont - de - l'Arche, convoqués en 1789, pour l'élection des députés aux États-généraux du royaume.*

BAILLIAGE DE PONT-L'ÉVÊQUE.

Messieurs,

Le comte de la Rivière-Pré-d'Auge, chargé des procurations de M. de Robillard et du comte d'Angerville.

Le comte de Brancas, chargé de procuration de M. le Jumel.

Le marquis de Pardieu;

Le vicomte Dauvet, chargé des procurations de madame la comtesse d'Enoncourt et du vicomte de Bizemont.

Le comte de Nocey, chargé de la procuration de M. de Clarbec.

Le Goueslier, chargé de la procuration de M. de Vauborel.

Vauquelin de la Brosse, chargé de la procuration de madame Demire.

Rioult de Victot.

De la Roque de Brilly, chargé des procurations de MM. de la Roque, de Surville et de la Roque d'Estrées.

Le chevalier D'Anisy, chargé des procurations de Messieurs D'Anisy de la Roque, et d'Herval de Vasouy.

De Mannoury de Putot.

Le chevalier de Mannoury de la Brunetière.

Duval de l'Escaude, chargé des procurations du prince de Vaudemont et de M. de Pavyot.

De Cacheleu, chargé de la procuration du comte de Cauvigny et de M. de Bacheleu.

Huë, comte de Grais, chargé des procurations de madame la baronne de Cregny.

De Mancel de Secqueville, chargé des procurations de MM. de Paris et de Longueval.

Labbey de la Roque, chargé des procurations de madame Lefort de Bonnebosc, et de M. Dubosc de Bourneville.

Le chevalier Daniel de Graugues, chargé de la procuration de M. Daniel de Graugues.

Dupin de Chastel.

De Bonnechose.

De Boistard de Prémagny, chargé des procurations de MM. Gallye de Perdreville et de Bouillonney.

Le Court de Presle, chargé des procurations de messieurs de Drumart et Desandret de Trianon.

Le vicomte du Mesnil-Durand, chargé de la procuration de M. de Bonnechose.

BAILLIAGE DE PONT-AUDEMER.

Messieurs,

Le marquis d'Estampes.

De Vivefay, chargé des procurations du prince de Lambesc, et du duc d'Harcourt.

IV. 11

De Colleville, chargé des procurations de MM. Duval de l'Escaude et d'Esteville.

De Pillou de la Tillais.

De Pillou du Boscregnoult.

De Fréville de La Haye, chargé de la procuration de M. de la Londe.

Le chevalier de Fréville.

De la Houssaie du Rougemontier, chargé de la procuration de M. Le Carpentier de Margat.

De la Houssaie de la grande Houssaie.

Le Bienvenu du Busc, chargé des procurations de madame de Franqueville et de M. Chesnard de Boussey.

Le chevalier le Bienvenu.

Duval d'Angoville, chargé des procurations de MM. Dumoncel de la Noé, et Duval de Cerqueux.

D'Orieult de Saint-Samson, chargé des procurations de MM. Poisson de Franqueville et de madame d'Arclais.

De Morceng, chargé des procurations de M. de Crieu de la Boissière et de madame de la Houssaie du Trembley.

Grenier d'Ernemont, père.

Hallé de Candos, chargé des procurations de madame Hallé de Candos, du comte de Viels-Maisons et de M. de Bonnet.

Despagne de Bostennay.

Le Roy de Lyvet, chargé des procurations de MM. de Marguerie, de Courcy et Delamare-Duteil.

De la Roque du Framboisier, chargé des procurations de mesdames de Marguerie, de Cretin, et de Coulonges.

Le président de la Bunodière de Courville.

Routier des Certelles.

Dufour de Quetteville, chargé des procurations de MM Desbayes de Manerbe, et Le Carbonnier.

De Trousseauville, chargé des procurations de mesdames Duperrier, marquise du Belloy et Deshommets de Martainville.

D'Houel de la Pommeraye, chargé de la procuration de M. Hécamps de Coltot.

Le Vavasseur, conseiller au parlement.

Gannel-du-Mont, chargé de la procuration de madame Gannel du Haistray.

Duquesne, chargé des procurations de MM. Duquesne de la Marre, et du chevalier Duquesne.

De Grosourdy de Saint-Pierre, chargé des procurations de MM. de Monregard, comte de Médavi, et du vicomte de Coulaincourt.

De Bellemare de Saint-Cyr, chargé de la procuration de mademoiselle Thirel de Boscbenard.

Scott.

Droulin de Faveril, chargé de la procuration de M. de la Marche de Manneville.

Thyrel, chevalier de Siglas, chargé de la procuration de M. Thyrel de Siglas.

Duval Poutrel.

Le comte d'Estampes, chargé de la procuration de M. Bertout, marquis d'Heudeville.

Le chevalier de Benouville, chargé des procurations de mesdames Duquesne de Pavyot, et Duquesne de Franqueville.

De Manneville du Romois.

Deshommets, marquis de Martainville, chargé des procurations du duc de Charost et du comte de Charost.

De Cacheleu de Frévent, chargé des procurations de MM. de Quincarnon et Duquesney-Deslondes.

De la Houssaye de Trouville.

Le Boullenger, chargé des procurations de madame Le Boullenger du Belloy et de M. Arvillon de Sozay.

Dumaine, chargé de la procuration de madame de Thouroudé d'Aptot.

Le chevalier de Sens, chargé de la procuration de M. Legris de Prémanoir.

De Pellagars de la Rivière, chargé des procurations de la comtesse de Choiseul-Gouffier et de madame Grout de Saint-Paer.

Charlemaigne de Bellelonde.

De Giverville-Saint-Maclou.

De Giverville du Fort.

Dupin-Duparc, chargé de la procuration de MM. de Labbey frères.

De Corneille, chargé de la procuration de M. le Corneille de Beauregard.

De Colombel, chargé de la procuration de madame Frant-de-Berruyer.

Le président de Bailleul.

Le Fréville de Lorme.

De Hiérosme de Tourlaville.

BAILLIAGE DE PONT-DE-L'ARCHE.

Messieurs,

Le marquis de Poutraincourt, chargé des procurations
de madame Mauviel de Belloy et de M. le marquis de
Becdelièvre.
De Banville.
Guyot, comte d'Anfreville, chargé des procurations de
M. de Dedun d'Ireville et de madame de Bimorel de
Villequier.
De Cernay.
Dyel de Vaudroque, sieur de Limpiville.
De Lux, chargé des procurations de MM. Le Baillif de
Cocherel et de Guenet de Saint-Just.
De Campion de Montpoignant, chargé des procurations
de MM. Baconnière de Salve et Le Diacre de St-Cyr.
Le Pelletier.
Langlois de Criquebeuf.
Le Vaillant de Jeucourt.
Des Douits de Saint-Mars.
De la Faye.
Le comte de Martel, chargé des procurations de M. le
comte de Martel de Hécourt et de madame Roussel
de Lesseville.
Landry.
Le chevalier de Lux.
De Lux de Landemare.

LE POURCEAU; famille ancienne, de la province de
Bretagne, qui a pour auteur Jean le Pourceau, vivant
l'an 1430. Ayant rendu des services signalés à Jean VI,
duc de Bretagne, comte de Montfort et de Richemont,
en levant et équipant, à ses frais, des corps armés tant
par terre que par mer, ce prince, pour lui en témoigner
sa reconnaissance, lui envoya des lettres de noblesse, où
il est dit que Jean le Pourceau est noble et d'ancienne
lignée, ayant toujours vécu noblement lui et les siens de
tems immémorial.

Pierre le Pourceau de la Rueneuve a été déclaré noble
par arrêt de la chambre de la réformation de la noblesse

de Bretagne, du 3 juillet 1669, en prouvant, par ti-tres, sa descendance directe dudit Jean le Pourceau.

Cette famille subsiste de nos jours en deux branches, savoir : le Pourceau de Mondoret et le Pourceau de Tréméac.

Armes : D'azur, à trois dauphins d'argent ; couron-nés d'or, et une étoile du même en cœur.

DE PRÉAUX ou DE PREAULX , grande et jadis puissante maison de chevalerie , de haut parage et baron-nage de Normandie, qui a pris son nom de la sirerie et baronnie de Préaux , située à une lieue et demie de Rouen. Elle a pour premier auteur connu Robert le Danois, prince de Danemarck, gouverneur et régent en Normandie, lequel reçut le baptême à Rouen, l'an 912, avec son parent Rollon, premier duc de Norman-die. Heudeberge , héritière de la première race des sires de Préaux, fille d'Ingelran II, sire de Préaux, épousa vers 1160, Osbert II, seigneur de Cailly, près de Rouen, d'une maison des plus considérables de la Normandie, à qui elle porta la sirerie de Préaux. Leurs descendants en ont perpétué le nom et les armes , et se sont alliés aux plus grandes maisons du royaume, entr'autres à celles de Bourbon, de Lusignan la Marche, d'Estouteville, de Malet de Graville , du Bec-Crespin, et autres. Une branche, dite de Priaulx, subsiste encore en Angleterre de nos jours, où elle s'était fixée dès l'an 1400, d'abord à Guernesay, puis au comté de Southampton. On peut consulter la filiation suivie de cette branche, rapportée dans le tome XVIII du Nobiliaire de France, d'après une attestation en forme du collège héraldique de Lon-dres, du 9 juin 1818, signé: EDMUND LODGE, *Lancaster*. Le chef de cette branche, qui forme trois rameaux, pris au degré de cette généalogie, est:

XXII. Thomas PRIAULX, troisième du nom, écuyer, vivant en 1770. Il épousa Rebecca le Marchant, fille de Jean le Marchant, écuyer. De ce mariage sont issus:

    1°. Carteret *Priaulx*, écuyer, magistrat, vivant en 1818. Il a épousé Marie le Marchant, fille de Jean, dont il a eu:

a. Carteret-Jean-Priaulx, écuyer ; *b.* Jean
Priaulx , mort à six ans ; *c.* Hélène-Rebecca
Priaulx ; *d.* Jeanne-Marie Priaulx ; *e.* Ma-
thilde Priaulx , mariée à Jean Carey, écuyer,
fils d'Isaac ; *f.* Marie-Anne Priaulx, femme
de Josué-Carteret *Gosselin*, fils de Josué.

2°. Thomas *Priaulx*, écuyer, marié avec Anne
Lihou , de laquelle il a eu :

a. James Priaulx, écuyer; *b.* Thomas Priaulx,
écuyer ; *c.* Lœtitia Priaulx ; *d.* Françoise
Priaulx, demoiselle ; *e.* Emma Priaulx ; *f.*
Eliza Priaulx; *g.* Anne Priaulx ; *h.* Louise
Priaulx; *i.* Julie Priaulx ; *j.* Marie Priaulx ,
épouse de M. Williams Brock, fils de
Henri ;

3°. Jean *Priaulx*, écuyer.
4°. Antoine *Priaulx*, écuyer, marié , 1°. avec
Marthe Gore ; 2°. avec Catherine Lihou. Ses
enfans sont :
a. Josué Priaulx , écuyer; *b.* Osmond-Beau-
voir Priaulx, écuyer ; *c.* Henri-Saint-Geor-
ges Priaulx, écuyer ; *d.* Grâce Priaulx ;
e. Elisa Priaulx ;
5°. Elisabeth Priaulx , mariée à Thomas-Saint-
Georges Armstrong, écuyer, de Castle Garey ,
au comté de Kings ;
6°. Anne Priaulx.

Armes : De gueules , à l'aigle d'hermine.

PRÉCIPIANO ; maison antique et illustre , de race
chevaleresque , originaire de Gênes, ainsi qu'il est constaté par nombre d'enquêtes et de diplômes authentiques,
émanés des autorités suprêmes de cette république ,
dans lesquels on décerne à ses membres la qualification
de magnifiques seigneurs; l'un entr'autres portant qu'Ambroise Précipiano , chevalier, seigneur gênois , fils de
François Précipiano et de Ferdinande Doria , et époux
de Marguerite Spinola, est issue d'une des plus illustres
maisons d'Italie, et par les mères , de celles de Doria ,
Montferrat, et autres puissantes et illustres.

François de Précipiano, aussi recommandable par ses talens militaires et ses connaissances dans l'art des fortifications, que par sa haute naissance, fut demandé par Charles-Quint, à son oncle, le célèbre amiral André Doria, pour le charger du commandement des places fortes, sous le titre de capitaine général des forteresses du comté de Bourgogne. Ce prince lui fit don de la baronnie de Soye ; et François de Précipiano acheta, en outre, celles de Cuze, Gondenans, etc.

Dès son établissement, il fut accueilli de la haute noblesse du pays, qui l'admit aussitôt dans son corps illustre des chevaliers de St.-Georges, où furent reçus successivement tous ses descendants. Ces derniers s'allièrent constamment aux plus grandes maisons, et entrèrent dans tous les principaux colléges ou chapitres de noblesse des deux Bourgognes, de Lorraine et d'Allemagne, auxquels ils donnèrent plusieurs abbesses. Cette maison, qui, dans l'église comme à la cour et dans le militaire, avait occupé les premières places et dignités, s'éteignit, au XVIIIe siècle, dans la maison de la Rochelle, Hubert Joseph, comte de Précipiano, dernier de son nom, n'ayant point laissé d'enfants de son mariage avec Jeanne de Saint-Mauris Châtenois, chanoinesse de Remiremont. Cette maison comptait dans sa lignée des conseillers d'état, des chambellans, des lieutenants-généraux, et des généraux de bataille très-distingués au service du roi d'Espagne et de l'empereur ; notamment Achille, comte de Précipiano, colonel de 2,000 Allemands, et général de bataille, tué à Leipsick, en 1642, à qui l'on attribua le gain de la bataille de Thionville, où il fit prisonnier, de sa propre main, le marquis de Feuquierres, général du roi de France ; plusieurs colonels et mestres-de-camps de régiments d'infanterie et de cavalerie, et des gouvernemens de places fortes, notamment Luxembourg, Dôle, la citadelle de Besançon et Faucogney ; elle a donné dans la prélature un archevêque de Malines, un évêque de Bruges, un primat des Pays-Bas, et des grands archidiacres, hauts doyens, abbés, grands prieurs et chanoines, etc.

Armes : De gueules, à une épée d'argent à l'antique, garnie d'or, posée en fasce. Devise : *Dieu et mon épée.*

LE PREVOST, barons de Malval et d'Oysonville,

marquis du Barail, et vicomtes de Villers-Hélon ; seigneurs de Malassise, d'Herbelay, de Saint-Germain, d'Amboile, etc. ; maison également recommandable par son ancienneté, ses alliances, et les nombreux services qu'elle n'a cessé de rendre à nos Rois dans leurs conseils, dans l'administration de la justice, et dans le commandement de leurs armées. Elle est originaire de la ville de Paris, où elle est connue dans la haute magistrature, depuis le commencement du quatorzième siècle, époque à laquelle vivait Yves le Prévost, conseiller au parlement. Elle a produit un grand nombre de personnages, qui ont rempli la même charge avec la plus grande distinction, et en outre un intendant des finances, un président aux enquêtes, un chancelier du dauphin, depuis Charles IX, un maître d'hôtel ordinaire du roi Louis XIV, trois conseillers d'état, maîtres des requêtes ordinaires de l'hôtel du Roi, sept maîtres en la chambre des comptes, un chevalier de Malte, reçu et 1535, tué à la prise de Zoara, en 1552, un mestre-de-camp de cavalerie, gouverneur de Brisach, trois lieutenants-généraux et un maréchal-de-camp des armées du Roi, dont les services distingués se trouvent consignés dans le *Dictionnaire historique des généraux français*, et dans le tome XVIII du *Nobiliaire de France.* Cette maison établit sa filiation suivie depuis Jean le Prévost, écuyer, seigneur de Malassise, près d'Etampes, qui vivait sous le règne du roi Charles VII, avec Jeanne de Bellevoye, son épouse, dame de Villermain, près de Beaugency. Leurs descendants ont formé plusieurs branches, dont la seconde, dite des marquis du Barail, est la seule subsistante de nos jours. La première, dite des barons de Malval et d'Oysonville, dont est sorti le rameau des seigneurs de Grandvillers et de Brou, éteint après 1579, s'est éteinte, en 1688, dans la personne de Charles, *aliàs* Paul le Prévost, baron d'Oysonville, seigneur de Brevans et de Vaubesnard, gouverneur de la ville de Brisach ; la troisième, dite des seigneurs de Malassise et d'Amboile, dont sont sortis le rameau d'Herbelay, éteint en 1653, et le rameau de Saint-Germain et de Vannes, éteint après 1622, a fini dans la personne de Nicolas le Prévost, seigneur d'Amboile et d'Estrelles, maître des comptes, mort le 8 octobre 1630, ayant un fils du même nom, qui le prédécéda.

Ces diverses branches ont contracté leurs alliances directes dans les maisons et familles d'Allegrain, d'Amours, du Barail, Baugy, Brulart de Sillery, Campagne, Camus de Pontcarré, Cauchon de Faverolles, Champereux, le Clerc du Tremblay, du Drac, Le Fèvre de la Boderie et Le Fèvre d'Ormesson, de Hacqueville, Jobal de Pagny, Lotin de Charny, le Mairat, d'O de Villars, Ribier de Clerbourg, Sanguin de Roquencourt, Sohier, Sublet, Vivien de Saint-Marc, etc.

VIII. Louis-Jacques-Charles LE PRÉVOST, marquis du Barail, lieutenant-général des armées du Roi, mort le 4 juin 1773 (fils de Louis le Prévost du Barail, vicomte de Villers-Hélon, lieutenant-général des armées, mort en 1734, et petit-fils de Pierre le Prévost, sieur du Barail et d'Essey, maréchal de camp du 13 août 1656), avait épousé, en 1749, Henriette *Orry de Fulvy*, fille de Jean-Henri-Louis Orry de Fulvy, conseiller d'état, intendant des finances (frère de M. Orry, contrôleur général des finances) et de son épouse Henriette-Louise-Hélène Pierre de Bouzies, et de M. Orry, qui remplit le même ministère en Espagne, sous Philippe V. De ce mariage sont issus :

1°. Louis-Philibert-Gabriel, dont l'article suit ;
2°. Charles le Prévost, chevalier du Barail, capitaine au régiment de Vivarais, retraité, chef de bataillon, qui a émigré, est rentré en France en 1806, et est mort, sans enfants, en 1819 ;
3°. Charlotte le Prévost du Barail, épouse de M. de *Ponteil*, vivante en 1820.

IX. Louis-Philbert-Gabriel LE PRÉVOST, marquis du Barail, lieutenant-général des armées du Roi, chevalier de l'ordre royal et militaire de St-Louis, a donné des preuves de son dévouement à la cause légitime, à la Guadeloupe, où il a servi jusqu'en 1793 ; a servi ensuite avec distinction dans l'armée anglaise, et a commandé une brigade de grenadiers émigrés, avec laquelle il a concouru à la conquête de la Martinique, de Sainte-Lucie, de la Guadeloupe et îles dépendantes, et n'est rentré en France qu'après le retour de S. M. Louis XVIII. Lors du retour de Buonaparte en 1815, il a émigré en

IV.　　　　　　　　　　12

Angleterre avec sa famille, et est rentré en France après la chute de l'usurpateur. Depuis le mois d'avril 1816, il a été employé en qualité de grand prévôt du département de Lot-et-Garonne, jusqu'à la suppression des cours prévôtales, qui eut lieu au mois de mai 1818. Il a été promu au grade honorifique de lieutenant-général des armées, par ordonnance du Roi, du 10 janvier 1821. Il a épousé, 1°. en 1775, Victoire *de Garnier*; 2°. Marie-Louise *Michel*, veuve de M. de Bellevue. Ses enfants sont :

Du premier lit :

1°. Adélaïde-Joséphine-Henriette le Prévost du Barail ;

2° Antoinette-Victoire le Prévost du Barail, mariée à Philippe-Toussaint-Réné *de Garnier*, son oncle ;

Du second lit :

3°. Jean-Baptiste le Prévost, vicomte du Barail, né au bourg des Trois-Rivières, en Bas-Canada, le 7 août 1795, qui servit dans les gardes du corps, compagnie de Grammont, et est passé depuis sous-lieutenant dans le troisième régiment d'infanterie de la garde royale;

4°. Alexandre-Jacques le Prévost, chevalier du Barail, né à Montréal le 27 décembre 1803, à présent élève de l'école royale militaire de Saint-Cyr;

5°. Henriette-Charlotte le Prevost du Barail, née à Albani, Etats-Unis d'Amérique, le 4 octobre 1807, élève dans la maison royale de Saint-Denis.

Armes : Echiqueté d'or et d'azur ; au franc-canton d'or, chargé d'un griffon de sable : à la bordure de gueules, chargée de huit besants d'or.

LE PRÉVOST D'IRAY ET DU BOIS-DE LA HAYE, noble et ancienne famille, originaire de Bretagne, établie en Normandie depuis la fin du quinzième siècle. Elle remonte par filiation à Henri le Prévost, écuyer, époux de Jeanne de Villers, et père de Jean le Prévost, écuyer, marié, en 1500, avec Louise de Villeray. Leur descendance a constamment suivi le parti des armes ; et contracté de belles alliances. Elle subsiste en deux branches.

PREMIÈRE BRANCHE.

IX. Jean-Jacques LE PRÉVOST, chevalier, vicomte d'Iray, seigneur de Chauvigny, présentateur de la chapelle Saint-Jacques de Chauvigny, né au Puy, le 31 mars 1743, reçu garde du corps de Sa Majesté, compagnie de Villeroy, en 1758, chevalier de l'ordre royal et militaire de Saint-Louis ; a émigré en 1791, et a fait la campagne suivante à l'armée des princes français, en qualité de maréchal des logis des gardes du corps. Il est rentré dans ce corps, en 1814, en qualité de sous-lieutenant, avec rang de colonel, et par lettres-patentes du 9 mars 1815, S. M. Louis XVIII lui a conféré le titre héréditaire de vicomte. Il a épousé, le 17 mai 1762, Anne-Françoise-Geneviève *de Berment*, de laquelle sont issus :

1°. Louis-Jacques, garde du corps du Roi, mort en émigration, en 1800, à Leipsick ;
2°. Chrétien-Siméon, dont l'article suit :
3°. Toussaint-Alexandre, élève à l'école militaire de Tiron, officier au régiment de Soissonnais, en 1789, émigré en 1791, a fait trois campagnes à l'armée de Mgr. le prince de Condé ;
4°. Geneviève-Julie, chanoinesse d'Arras ;
5. Marie-Anne-Françoise, chanoinesse du même chapitre ;
6°. Henriette-Scholastique, née en février 1773, mariée ;
7°. Marie-Félicité, née en septembre 1778, mariée.

X. Chrétien-Siméon, vicomte LE PRÉVOST D'IRAY, né le 13 juin 1768, chevalier de l'ordre de Saint-Jean de Jérusalem, gentilhomme ordinaire de la maison du Roi, inspecteur général de l'université, a publié (en 1802 et 1804) un *Tableau comparatif de l'histoire ancienne, à l'usage des écoles publiques*, in-folio ; et en 1805, un *Tableau comparatif de l'histoire moderne*, faisant suite au premier. On a aussi de lui *Manlius Torquatus*, tragédie représentée au théâtre de l'Odéon, en 1798, et le premier volume de l'*Histoire de l'Egypte*, *sous le gouvernement des Romains*, in-8°., Paris, 1816. Il a épousé, 1°. Marie-Charlotte *Martin des Fontaines*, fille d'un auditeur des comptes; 2°. Marie-Alexandrine *le Bouyier de Monhoudou*, fille de messire le Bouyer de Monhoudou, ancien mousquetaire du Roi. Ses enfants sont :

Du premier lit :

1°. Alexandre-Hector-Edmond le Prévost d'Iray, mort au mois d'août 1809 ;
2°. Antoinette-Marie-Christiane le Prévost d'Iray;

Du second lit :

3°. Julie-Anasthasie le Prévost d'Iray.

SECONDE BRANCHE.

VIII. Louis-Léon-Charles LE PRÉVOST DU BOIS DE LA HAYE, chevalier, né en 1735, reçu garde du corps du Roi en 1757, retiré lieutenant de cavalerie en 1768, avait épousé, en 1764, demoiselle Françoise-Elisabeth-Henriette *du Mellet de Maillebos*, fille de François-Henri du Mellet de Maillebos, et de Françoise-Adrienne Foucques de la Pillette. De ce mariage est issu :

IX. Louis-François-Roch LE PRÉVOST DU BOIS DE LA HAYE, chevalier, né en 1765, garde du corps du Roi, vivant.

Armes : De gueules, à deux fasces d'argent, accompagnées en chef de trois croissants, et en pointe de trois besants, deux et un, le tout du même. Devise : *Votum deo regique vovit.*

DE PROVENCHÈRES, maison ancienne et d'origine chevaleresque, qui tirait son nom des seigneurie, château fort et village de Provenchères, dans les montagnes du comté de Bourgogne, au bailliage de Baume. L'on trouve des traces d'un grand nombre de donations et fondations faites dès le commencement et dans le courant du douzième siècle, par Renaud, Thiébaud, Viviens, Regnier et Pierre de Provenchères, chevaliers, etc.; aux abbayes de Corneux, Clairfontaine et Lieu-Crois-

sant. On en trouve grand nombre aussi des siècles suivants à l'officialité et à la chambre des comptes, et autres
dépôts, constatant que cette maison avait de grandes possessions, de belles et de grandes alliances, et beaucoup
de chevaliers, écuyers et hommes d'armes distingués
dans les armées de Bourgogne. Une des principales
branches de cette ancienne maison s'établit en Lorraine
vers 1400, et y prit rang à la cour et aux assises des états
dans le corps illustre de l'ancienne chevalerie, ainsi qu'il
est rapporté dans l'ouvrage intitulé : Disssertation sur l'ancienne chevalerie de Lorraine et les hérauts d'armes. On
juge de la considération dont elle y jouissait, par une ci-
tation de l'auteur de la Généalogie imprimée de la maison
des Salles, qui, pour prouver combien la charge d'écuyer
tranchant des ducs était honorable, énonce que Pierre de
Provenchères, gentilhomme de nom et d'armes de la plus
pure noblesse de Lorraine, possédait la même charge
en 1499. Cette branche a donné plusieurs grands officiers
de la maison des ducs, et l'une et l'autre branches,
éteintes dès long-tems, avaient été jurées dans les chapitres et corps de noblesse de Bourgogne et de Lorraine.
  Armes : D'argent, à la croix engrêlée de sable.

PUSEL DE BOURSIÈRES, en Franche-Comté.
Jean-Georges Pusel acheta, en 1690, le fief d'Ainville.
Il demanda la permission de le posséder, en exposant
qu'il n'était pas noble; il obtint cette permission, et
la fit enregistrer à la chambre des comptes de Dôle.
Claude Pusel, son frère, donna sa requête à la chambre des comptes, en 1699, pour être relevé contre cet
arrêt de dérogeance; il produisit des titres, dans lesquels
son père et son aïeul, docteurs ès-droits, avaient pris
le titre de noble; il obtint un arrêt, qui le maintint
dans cette possession. Cette famille a donné deux conseillers au parlement, et trois capitaines au service du Roi.
  Armes : D'azur, à trois fasces ondées d'or.

DE PUTTECOTTE, en Normandie. La maison de
Puttecotte, dont le nom est alternativement orthographié, dans les titres, *Putecoste*, *Putecotte*, et *Puttecoste*,
a été maintenue, comme issue de noble et ancienne extraction, par jugement des commissaires départis par le
Roi, pour la recherche des faux nobles, dans la pro-

vince de Normandie, du 27 août 1666. Cette maison s'est divisée en deux principales branches, existantes de nos jours, et dont nous donnerons ici l'état actuel.

BRANCHE AÎNÉE.

Louis-Pierre-César *de Puttecotte de Reneville*, écuyer, lieutenant–colonel de l'armée royale, chevalier de l'ordre royal et militaire de Saint-Louis, né à Vaudeloges, le 29 juin 1768, maire en la commune de Notre-Dame-de-Fresnay; a fait la campagne de 1792, dans la coalition de Normandie, sixième compagnie; à l'armée de S. A. S. Monseigneur le duc de Bourbon; à l'armée anglaise, au régiment de Loyal-Emigrant, commandé par M. le comte (aujourd'hui duc) de la Châtre; celles de 1793, 1794, 1795; le 28 juillet, prisonnier à Quiberon pendant deux mois. Le 28 septembre, entré à l'armée royale de Basse-Bretagne, commandée par les généraux Georges Cadoudal et Mercier, dit la Vendée, dans la division Bonfils-de-St-Loup, nommé capitaine aussitôt de la compagnie de Plouay; a fait la campagne de 1796 jusqu'à la pacification, sous les ordres de M. le comte de Bourmont, département de l'Eure; celle de 1797 à l'armée de M. le comte de Frotté, division de Lamberville, département de l'Eure; celle de 1799, alors nommé lieutenant-colonel.

SECONDE BRANCHE.

Louis-Charles *de Puttecotte de Reneville*, écuyer, garde-du-corps, fut présenté à la cour au commencement du règne du vertueux Louis XVI, et y fut qualifié du titre de marquis de Reneville, de celui de colonel de cavalerie, et au tems prescrit, fut décoré de la croix de Saint-Louis.

Au commencement de la révolution, cette famille subsistait en cinq membres: deux de la première branche, et trois de la seconde, qui ont émigré.

Armes: D'argent, au chevron de gueules, accompagné en chef de 6 roses, posées 2 et 1 en chaque canton, et en pointe d'un lionceau, le tout du même émail.

Q.

QUATREBARBES, illustre et ancienne maison de chevalerie établie en Anjou et au Maine, originaire de cette première province. Elle a pour premier auteur connu Fouques Quatrebarbes, chevalier, seigneur de Jallais en Anjou, vivant en 1180. Sa descendance, qui s'est alliée aux maisons d'Aménard de Bouillé, d'Auvers, le Bascle, de Blaison, du Bois de Denazé, du Bois de Saint-Père, de Bonnaire, de Forges, de Bonvoisin, de Bouillé, Bousseau de Meurs, de Brée du Fouilloux, de Brézé, de Brie de Brochassac, Bureau de Cervon des Arcis, de Champagné, de Chartres, de Chazé de Vallières, de Cheorchin, de Chourses-Malicornes, Cibel des Pins, Clerambault-la-Plesse, de la Corbinaye, de Cordon de Boisbureau, de la Croix de la Brosse, l'Enfant de Varennes, de la Foucheraye, Frezeau de la Frezelière, Gervaiseau de Chalancy, le Gros de Lausserie, du Goesclin, Guiard du Tremblay, Guillaud de la Guillaumière, d'Ingrande de la Jaille, Le Jeune de Manteaux, de la Lande de Boisrenier, de Landevy, de Lencelles, le Maire, de Martigné, Megret de Saugié, de la Membrolle, de Menon de Turbilly, de Montejean, de Pannart de Saint-Paul et du Port-de-Miré, Le Pauvre de Lavau, du Plessis-Châtillon, de Préaulx, de Quelin de Saint-Bihy, Ridouet de Sancé, de la Rivière, des Rugiers d'Oches, du Rossigneul, de la Roussardière, Rouxellé de Saché, de Ruellan, de Saint-Offange, de Savonnières la Bretêche, Thibault de Poussay, de Théval, de Thorigné, la Tour-Landry, de Vaige, de Valeau des Touches, de Vauquelin de Mézières, de Vaux du Plessis-Greffier, des Veaux de la Tour-Emond, de Verger, de la Voue, etc. : a donné des chevaliers bacheliers, des hommes d'armes, des chambellans de nos rois, des conseillers d'état, des gentilshommes ordinaires de la chambre, des gouverneurs de places, un chevalier d'honneur de la duchesse d'Orléans, chevalier des ordres du Roi en 1688, et un ambassadeur en Angleterre au 16e. siècle. Cette maison a formé, entr'autres branches, 1o. les seigneurs de la Touche-Quatrebarbes, d'Ampoigné et de la Motte Cheor-

chin, dont le dernier fut tué à la bataille de Verneuil,
en 1424; 2°. les seigneurs de Bouillé-Loichon, éteints
au milieu du quinzième siècle; 3°. les seigneurs de la
Bizollière et du Cérisier, qu'on croit s'être éteints vers la
fin du dix-septième siècle; 4°. les seigneurs de Vallières
et de Courtaudon, éteints vers 1540; 5°. les seigneurs de
Meurs et de la Rongère, éteints peu après en 1536;
6°. les seigneurs de Saint-Denis du Maine, du Plessis-Bro-
chardière, titrés marquis de la Rongère, éteints en
1703; 7°. les seigneurs de la Roussardière et d'Argen-
ton, titrés marquis de Quatrebarbes, existants; 8°. les
seigneurs de Chasnay, de Fontenailles et de Monceaux;
9°. et les seigneurs des Pins et de Chartres.

Armes: De sable, à la bande d'argent, accostée de deux
cotices du même.

DU QUESNEL, marquis de Coupigny. Cette maison
est une des plus anciennes et des plus distinguées de la
province de Normandie. On fait remonter son origine
à Hultre, Hubert ou Robert, comte de Ri, qui délivra,
dit-on, Guillaume, duc de Normandie, depuis roi
d'Angleterre, surnommé le Conquérant, de la conspi-
ration de Gui de Bourgogne, qui avait des prétentions
sur ce duché. On ajoute que cet Hubert eut trois fils.
De l'un, nommé Geoffroi, on fait descendre Richard
du Quesnel, marié avec Gertrude de Molines, et mort
en 1140; Geoffroi, son second fils, passa, avec Richard
Cœur-de-Lion, en la Terre-Sainte, en 1191.
Cette maison a contracté des alliances illustres, et
compte une longue série de services distingués, ayant
produit nombre de capitaines d'hommes d'armes, des
chevaliers de l'ordre du Roi, des gentilshommes ordinaires de la chambre et plusieurs officiers-généraux.

Armes: De gueules, à trois quintefeuilles d'hermine.

DE LA QUEUILLE (1), marquis et comtes de la

_____

(1) Ce nom est plus communément orthographié *la
Queilhe et la Queulhe*, dans des actes originaux et monuments historiques des treizième, quatorzième, quinzième et seizième siècles.

QUEUILLE, en Auvergne. La maison de la Quéuille réunit tous les caractères de la haute noblesse, savoir : l'ancienneté chevaleresque, de grandes possessions, une longue continuité de services militaires dans des grades supérieurs, et d'illustres alliances. Elle paraît avoir pris son nom d'un bourg situé à cinq lieues de Clermont, et à même distance de Pontgibault. Cette seigneurie était du domaine de l'ancienne maison de Rochefort-d'Aurouse, seigneurs d'Aurière, qui florissait au douzième siècle, et tirait elle-même son origine, au sentiment de D. Coll., de l'illustre maison de Murat de Cayres, des vicomtes de Murat. La maison de la Queuille prouve sa descendance directe et non interrompue, depuis Aymoin de Rochefort, qui, l'an 1245, reconnut tenir en fief de Robert, comte de Clermont, dauphin d'Auvergne, la terre de la Queuille (*de la Colha*), ainsi que celles de Rochefort et de Servières ; et l'an 1262, le même Aymoin rapporta la terre de la Queuille, en arrière-fief, au prince Alfonse. Il eut pour fils Bertrand de la Queuille, chevalier, qui, l'an 1285, assista à un traité entre Bertrand de la Tour et Dauphine, femme d'Aymeric de la Roche, sa sœur, et fit un échange de terres avec la maison d'Auvergne, en 1288. Il est dénommé dans le contrat de mariage de Malthide Dauphine, avec Guillaume Comptour d'Apchon ; fut nommé, l'an 1286, exécuteur du testament d'Alixène, comtesse de Clermont, et assista, l'an 1269, au contrat de mariage de Robert Dauphin, avec Isabelle de Jaligny (1).

Gérard de la Queulhe (*de la Cueilla*), chanoine-comte de Brioude, en 1281, pouvait être frère de Bertrand, ou du moins son très-proche parent. Un sujet du même nom fut encore reçu dans ce chapitre noble, de 1433 à 1481 ; et Guyot de la Queuille était chanoine-comte de Lyon en 1473.

La maison de la Queuille a fait les preuves au cabinet des ordres du Roi, pour l'obtention des honneurs de la cour, au mois de mai 1780. Ces preuves remontent

---

(1) Voyez Baluze, Hist. de la maison d'Auvergne, preuv., pag. 273, 280, 291, 294 et 519.

au même Bertrand de la Queuille, chevalier, dont on vient de parler, lequel fut un des bienfaiteurs de l'abbaye de la Chaize-Dieu, au diocèse de Clermont, et fonda, par son testament, un hôpital au lieu de la Queuille. Ses descendants, décorés, pour la plupart, de la chevalerie, dans les quatorzième et quinzième siècles, ont donné des gouverneurs de places et des chefs dans les armées du dauphin et des comtes d'Auvergne et de Clermont; un conseiller et chambellan de Jean II, duc de Bourbon, deux chevaliers de l'ordre du Roi; un mestre-de-camp de cavalerie, exempt des gardes du corps du Roi, lieutenant-général au gouvernement de Bourgogne; un maréchal-de-camp; un brigadier, et un aide des camps et armées du Roi, et un grand nombre d'officiers supérieurs et de tous grades, notamment dans la cavalerie.

Jean de la Queuille, seigneur de Florat, chevalier de l'ordre de Saint-Michel, avant l'institution de celui du Saint-Esprit, gentilhomme ordinaire de la chambre des rois Henri III et Henri IV, capitaine de cinquante hommes d'armes des ordonnances, sénéchal et gouverneur d'Auvergne et conseiller d'état, s'est rendu célèbre dans l'histoire par son dévouement à nos Rois, durant les guerres de la ligue. Lors de l'avénement du roi Henri IV au trône, il sut conserver à son obéissance la ville de Clermont; remporta un avantage considérable sur les rebelles, le même jour que ce prince gagna la bataille d'Yvri (14 mars 1590), et les chassa de la ville d'Issoire, où ils avaient bâti une citadelle; avantages qui, selon les historiens (1), décidèrent de la supériorité des armes du Roi dans la province d'Auvergne. Ce monarque lui témoigna la satisfaction qu'il avait de ses services, par un bon de 12,000 livres, somme alors très-considérable.

Les alliances directes et principales de la maison de la Queuille, sont avec celles d'Amanzé, de Bourbon-Busset, de Cambis de Velleron, de Chabannes-Pissac,

---

(1) De Thou, tom. XI, pag. 134 et suiv. Chronologie Novennaire, tom. Ier, pag. 337 et suiv.; et Davila, tom. II, pag. 738.

de Châteauneuf du Drac, de Cros, de Cruzy-Marcillac, de Damas de Marcilly, d'Ebrard de Saint - Sulpice, d'Escars de la Vauguyon, de Florat, de Gadagne, de Giac, de Langhéac, de Lastic-Saint-Jal, de Lévis-Cousan, de Mareschal-Méximieux, de Montboissier de Beaufort-Canillac, de Montmorin, de Pierre-Buffière-Châteauneuf, des Plas, le Prestre de Vauban, de Ricard de Genouillac, de Rochefort-d'Ailly et de Rochefort-Saint-Angel, Rollat de Brugeac, de Roncheval, du Saix de Scorailles, de Stuart d'Aubigny, de Ventadour, etc., etc.

Armes : De sable, à la croix engrêlée d'or.

QUINGEY, petite ville de Franche-Comté, située sur la rivière de Louve, à cinq lieues et demie de Dôle et à quatre d'Ornans, qui étendait sa juridiction sur un grand nombre de fiefs et terres considérables, a donné son nom à une illustre et ancienne maison de chevalerie, éteinte au commencement du seizième siècle, et dont était Simon de Quingey, inhumé à Bellevaux, sous une tombe, au milieu de la nef, qualifié chevalier et bouteiller du comte de Bourgogne : son épitaphe est sans date, mais on doit la supposer au moins du treizième siècle, sur la fin duquel on a cessé d'avoir des comtes résidants au pays. Etienne de Quingey avait épousé Guillemette, fille de Renaud d'Arlai, chevalier, et Jean de Quingey, Béatrix, fille de Hugues de Vaucelles, aussi chevalier, suivant des testaments de l'an 1356 et 1360, Eudes et Guy de Quingey, chevaliers, sont nommés exécuteurs du testament d'Hugues de Vaites, de l'an 1368. Eudes de Quingey, chevalier, était bailli - général du comté de Bourgogne et du conseil étroit du duc Philippe-le-Hardi. Il avait épousé Jeanne de Saint-Georges, veuve de Jean de Chissé, chevalier, dont une fille, nommée Guillemette, mariée à Otte de Vaites. Cette dame nomma exécuteur de son testament, daté de l'an 1383, Jean de Quingey, chevalier, père de Pierre, qui suit.

Pierre de Quingey, chevalier, sieur audit lieu et seigneur de Montboillon, avait épousé Clauda de Montrichard, suivant le testament de cette dame, de l'an 1440. Il est aussi nommé dans le testament d'Alexis de Quingey, sa sœur, veuve d'Hugues de Lantenne, chevalier, daté de l'an 1449.

Simon de Quingey, son fils, chevalier, seigneur de Montboillon, reçu à Saint-Georges en 1457, avait été élevé page du duc Charles. Il fut employé, par ce prince, en différentes négociations, envoyé ambassadeur à la cour de France, auprès de Louis XI, et chevalier d'honneur au parlement de Bourgogne, de même que Jean, son fils, père de Jacqua de Quingey, héritière et la dernière de sa famille.

Armes : D'azur, à la croix d'argent, chargée de cinq coquilles de gueules.

QUINOT, famille noble de Champagne, qui remonte à Nicolas Quinot, qui reçut un contrat de vente, le 20 mai 1533, en qualité de clerc notaire juré, établi à Piney, fait par Catherine le Maréchal. Il a la même qualité dans le terrier de la seigneurie de Règes, passé devant lui et Simon Hardi, Étienne le Maréchal et Pierre Gonthier, aussi notaires à Piney. Nicolas Quinot est qualifié écuyer, dans un acte de 1547, le premier cité dans la production faite par ses descendants, par-devant M. de Caumartin, intendant en Champagne, au mois de décembre 1667.

Les alliances directes sont avec les familles de Vienne, Jacquinot, Cossart, le Marguenat, Fauveau et Simon.

Armes : D'azur, au chevron d'or, accompagné de trois étoiles du même, et surmonté d'un croissant d'argent.

QUINTIN, seigneurs de Kergadiou, en Bretagne. Cette famille, maintenue par trois arrêts rendus en la chambre de la réformation, le premier, le 20 juillet 1669, au rapport de M. de la Bourdonnaye ; le second, le 20 août suivant, au rapport de M. de Lopiac, et le troisième, des 5 et 7 août même année, remonte à Richard Quintin, de la ville de Nantes, anobli par charte du 6 septembre 1487. Ses descendants ont contracté leurs alliances directes, avec les familles le Bigot, de Coatulan, de Keraudry, le Galezé de Marchallac, de Kersaingilly, de Launay, Lesparler, de May, Nouel,

Pensornou , Toulcouet , de Kerneguen , Tournemouche , Turmelin , etc.

Armes : D'argent , au lion morné de sable , accompagné de trois molettes d'éperon du même.

R.

DE RABAUDI, famille ancienne, originaire de Gênes, transplantée en Languedoc, vers le commencement du seizième siècle.

I. Nicolas DE RABAUDI , Ier. du nom , fut pourvu de l'office de conseiller au parlement, par provisions du Roi, du 12 mars 1597 ; il est nommé dans les lettres-patentes de Louis XIII, qui confirment les officiers de ce parlement, datées de Paris, le 27 novembre 1610 (1). Il résigna son office en faveur de son fils , qui suit :

II. Pierre DE RABAUDI , conseiller au parlement de Toulouse , sur la résignation de son père , du 10 décembre 1629 , et par provisions du Roi , du dernier du même mois, s'en démit lui-même en faveur de son fils.

III. Nicolas DE RABAUDI , IIe. du nom , conseiller au parlement de Toulouse , sur la résignation de son père , du 15 janvier, et par provisions du Roi, du 20 février 1670. Il avait été élu capitoul de Toulouse , en 1658 , et mourut dans l'exercice de sa charge de conseiller, au mois de juillet 1693. Il eut pour fils :

IV. François DE RABAUDI , seigneur de Montoussin, marié, par contrat du 4 septembre 1691 , avec Françoise *de Bouzignac*. Il fut déchargé de la taxe des francs-fiefs, par ordonnance de M. d'Herbigny , intendant à Montauban , du 10 juillet 1693 , et maintenu comme issu de noble race et lignée, par jugement de M. de Lamoignon, intendant en Languedoc , du 30 septembre 1700. Sa postérité , qui s'est perpétuée jusqu'à nos jours , en

(1) Histoire générale de Languedoc, par D. Vaissète, tom. V, preuves, colonne 355.

deux rameaux, s'est constamment vouée au service militaire, notamment dans les gardes du corps du Roi, où elle a eu l'occasion de donner des preuves de dévouement à l'auguste maison de Bourbon, à l'époque de notre funeste révolution, qui l'a dépouillée de toute sa fortune.

Le baron de Rabaudi de Montoussin, chef de la branche aînée, décédé en 1818, a laissé plusieurs enfants.

François-Marguerite de Rabaudi, chef de la seconde branche, chevalier de l'ordre royal et militaire de Saint-Louis, a un fils, qui sert dans la marine royale, et est aujourd'hui employé en Chine par le gouvernement; il est chevalier de Saint-Louis et officier de la Légion-d'Honneur.

Armes : De gueules, au lion tenant une palme, le tout d'or; au soleil du même, mouvant du premier canton.

DE RABAUDI, seigneurs de Grèses, autre famille du Languedoc, dont était Pierre de Rabaudi, seigneur de Grèses, secrétaire du Roi, père de Françoise de Rabaudi, qui épousa Simon *de Brail - Merville*, et fut mère de Pierre-René de Brail-Merville, reçu chevalier de Malte en 1659.

Armes : D'azur, au chevron d'argent, accompagné en chef de deux étoiles d'or, et en pointe d'un pélican du second émail.

RACLET, barons de Merey, en Franche-Comté, famille éteinte, anoblie par une charge de conseiller au parlement, en 1609. Cette famille a donné un major de dragons.

Armes : De gueules, au serpent dragoné d'or.

RAMEY, seigneurs d'Arfeuilles, de Sugny et de Grenieux, dans le Forez et en Champagne; famille qui a pour auteur Claude Ramey, écuyer, seigneur d'Arfeuilles, exempt des gardes du corps du Roi, lequel prit la qualité d'écuyer, comme officier commensal du Roi, qui, en outre, lui accorda des lettres de son conseiller honoraire au bailliage de Montbrison, le

29 mai 1674. Jean Ramey, fils du précédent, seigneur d'Arfeuilles, de la Brosse et de Montloup, conseiller du Roi au bailliage et sénéchaussée du Forez, épousa, le 2 octobre 1674, demoiselle Madeleine *Chaslon*, fille de Jean Chaslon, bourgeois de Montbrison. Cette famille compte parmi ses descendants plusieurs capitaines et autres officiers de divers grades, dont deux décorés de l'ordre royal et militaire de Saint-Louis.

Armes : D'azur, à la bande d'argent.

DE REYNAL, au pays des Landes; famille originaire de la province de Guienne, qui prouve sa noblesse et sa filiation depuis 1598. Elle compte sept générations de services militaires non interrompus dans les grades de lieutenant, de capitaine, de major d'infanterie et de cavalerie. Deux de ces officiers sont morts au service par suite de blessures. Antoine de Reynal, ancien major de cavalerie, chevalier, de l'ordre royal et militaire de S.-Louis, reçu par S. A. S. le prince de Condé, en présence de l'armée, au quartier-général de Mulheim, le 25 août 1795, a assisté à l'assemblée de la noblesse convoquée en 1789, pour la nomination des députés aux états généraux du royaume; émigré en 1791, il a fait toutes les campagnes à l'armée des princes et à celle de Condé; il s'est trouvé à toutes les affaires, où la cavalerie a été employée, où il a servi avec honneur, se distinguant, par son zèle et par son courage, en digne et loyal gentilhomme, ainsi qualifié par les certificats de leurs altesses royales monseigneur le duc d'Angoulême, monseigneur le duc de Berri, son altesse sérénissime monseigneur le prince de Condé, et de monseigneur le comte de Vergennes, sous lequel il a fait la campagne de 1792, dans la compagnie de l'institution de Saint-Louis, aux ordres des princes, frères du Roi; il est pensionné du Roi, inscrit au trésor royal, en récompense de ses services militaires, membre de l'association paternelle des chevaliers de Saint-Louis et du Mérite militaire, établi de l'agrément du Roi.

Joseph-Augustin de Reynal, fils du précédent, et d'Isabelle T' Kint de Reynal, capitaine d'une compagnie de grenadiers de la garde nationale d'élite du département des Landes, prouve les plus grandes alliances

depuis 741 ; ainsi qu'il conste par sa généalogie maternelle, et par arrêt du conseil d'état du roi Louis XVI,
sa majesté y étant, tenu à Saint-Cloud, le 24 mai 1788,
fol. 12, où l'on voit qu'il descend, par sa mère, en
ligne directe de Louis IV d'Outremer, ainsi que de
Charles de France, oncle de Louis V, dernier des Rois de
la seconde race. Cet arrêt est signé de Loménie, comte
de Brienne.

Armes : D'or, à la bande ondée de gueules, accompagnée de dix glands de sinople.

DE RAYNALDY, ou RENALDY, en Languedoc ;
famille ancienne, distinguée dans la magistrature, qui
remonte, par preuves filiatives, à Gabriel de Renaldy,
époux de Jeanne *d'Alricy*, mort en 1554. Elle a formé
trois branches : la première s'est fondue, en 1652, dans
la maison du Buisson-d'Aussonne ; la seconde, dite des
seigneurs de Marmont et de Saint-Sauveur, s'est éteinte
vers la fin du dix-huitième siècle ; la troisième, dite
des seigneurs d'Arjac, subsiste encore de nos jours. Ces
diverses branches sont alliées directement aux familles
de Garrigues, de Durrieu, de Maritan, de la Roque-
Boullhac, de Campmas, de Cahuzac, de Rouffiac, de
Fumel, de Pommairols, d'Imbert, de Roux, de la
Salle, etc.

Armes : D'argent, au renard rampant de gueules,
posé sur une terrasse de sinople.

DE RECHIGNEVOISIN-DE-GURON, en Poitou.
Cette maison, dont l'ancienneté remonte à l'an 1321,
s'est divisée, indépendamment de la branche aînée, en
trois autres branches : les seigneurs de Guron ont formé
la seconde branche ; les seigneurs des Loges, la troisième, et les sieurs du Riadou, la quatrième, dont on
ne trouve pas la jonction avec les autres branches.
Elle a pris son nom d'une terre située sur les frontières
du Poitou et de la Marche, et son surnom d'une
alliance contractée avec Catherine Martin, dame de
Guron, le 1er. mai 1402, par Guillaume de Rechignevoisin, écuyer, seigneur de Guron, auteur du premier
degré de cette famille, depuis lequel sa filiation soit
établie. Pierre de Rechignevoisin, écuyer, héritier des
seigneuries que possédait Guillaume, son père, avait

épousé demoiselle Jeanne *de la Celle*, qui ne vivait plus le 18 juillet 1482. Cette maison, qui a toujours suivi le parti des armes, a produit des descendants qui se sont illustrés par l'importance de leurs services. Gabriel de Rechignevoisin, commandant à Lusignan, gentilhomme ordinaire du Roi, capitaine de cinquante hommes d'armes de ses ordonnances, et gentilhomme d'honneur de la reine mère, Catherine de Médicis, jouissait de la confiance de cette princesse, qui lui écrivait le 18 janvier 1587, de conduire à Niort, où elle se trouvait alors, le plus d'hommes de sa compagnie, ainsi que le plus de gentilshommes de ses voisins ou de ses amis qu'il pourrait réunir pour servir près d'elle en qualité de garde et d'escorte, dont elle avait besoin pour sa sûreté. Le cardinal de Richelieu, ministre de Louis XIII, et Sa Majesté elle-même, qui connaissaient toute l'étendue des talents dont Jean de Rechignevoisin faisait preuve chaque jour, et comme homme de guerre, et comme diplomate distingué, l'honoraient particulièrement de leur estime, et lui écrivaient souvent de la manière la plus affectueuse ; ce qui le faisait jouir d'une grande considération et d'un grand crédit à la cour. Le même Jean de Rechignevoisin conserva au duc de Mantoue, en 1629, la place de Cazal, dans laquelle il s'enferma onze mois, pour sa défense ; il rendit au Roi de grands services dans la guerre contre les religionnaires, ayant négocié avec succès la reddition de ceux de la ville de Montauban. Enfin, cette famille a produit plusieurs autres gentilshommes ordinaires de la chambre de nos Rois, beaucoup d'officiers très-distingués de divers grades et de diverses armes, dont un capitaine de chevau-légers et gouverneur des ville et citadelle de Merrans, en 1635 ; enfin, un évêque de Comminges, en 1671.

Les alliances directes de la maison de Rechignevoisin, sont avec les maisons et familles d'Albin de Valzergues, d'Anché, d'Angoulême de Puyrasceau, de la Beraudière-d'Ursay, de Berlaymont, de Besdon-d'Oyre, Bonnin du Cluzeau, de Brillac de Choisy, de Brisson, Bruneau de la Martinière, de Castellane, de la Celle, Chevalier de la Richardière, de Choisy de Berthemy, Couraud de la Rochechevreux, Darot de Boisdane, d'Elbêne de Quinçay, de l'Estang de Rusles, l'Evêque de Boisgrolier, Favreau de l'Espine, de Fay, Fleury du Bois de Luché, Frotier de la Messelière, Garnier de la Rochevineuse, Golsten de Dam, Guérin de la Maisonneuve de Teil, Jourdain de Maisonnay, Jousserant de Lairé, Juliot de la Pénisière, de Lescours, de Marconnay, Marrois de Saint-Vivien, de Massif, de Nolay de Lespau, de Nossay, de Parthenay, du Pin de la Guérivière, de Puygiroult, Richier de Lavau, du Rieu de Villepreau, Rousseau de la Boissière, Rousseau de Fayolles, Vander-Myle, de Vérinne, de Vivonne d'Yteuil, etc., etc.

Armes : De gueules, à la fleur de lys d'argent.

DE RIDOUET, seigneurs de Sancé, etc., en Anjou. L'ancienneté de la noblesse de cette famille, remonte au quatorzième siècle, lorsque vivait Jean Ridoüet, seigneur de Sancé, auteur du premier degré, et père d'Antoine Ridoüet, écuyer, seigneur de Sancé, lequel était marié avec demoiselle Jeanne *le Maire*, le 11 décembre 1420 ou 1429. On distingue parmi les descendants de cette maison, un gentilhomme ordinaire de la chambre du prince de Conty, et un de celle du roi d'Angleterre (ce second gentilhomme, était chevalier de l'ordre de Saint-Michel, en 1631); un brigadier des armées, lieutenant-général d'artillerie, décoré de l'ordre royal et militaire de Saint-Louis; un commissaire provincial de l'artillerie, commissaire ordinaire de cette arme à la citadelle de Metz, en 1706, et un colonel du corps de l'artillerie et du génie, directeur en chef pour l'artillerie, à Verdun, en 1757, décoré, comme l'avant-dernier, du même ordre royal et militaire de Sàint-Louis. Les alliances de cette famille, sont, entr'autres, avec celles de Begon de la Rochefroissard, le Breton de Chanceaux, de Bronne, le Clerc de Juigné, Cresson de Bellefons, Faultrier de Corval, de Lancrau de la Saudraye, de la Joyère, le Maire, Marqueron, Quatrebarbes de la Rongère, de Soucelles, le Vasseur-d'Ailliers, etc., etc.

Armes : De sable, à trois triangles d'or en fasce, accompagnés de trois molettes d'éperon du même.

DU RIEU DES RIVES et DE LA COUTURE, famille ancienne, originaire de la ville de Périgueux, dont la filiation remonte à Pierre *du Rieu*, sieur des Rives, anobli au mois de juin 1653, en récompense de ses nombreux services militaires, et de ceux de son frère. Il avait servi sous les ordres du duc de Montauzier, lieutenant-général pour le Roi, et du sieur de Saint-Abre, maréchal-de-camp; s'était trouvé dans toutes les actions qui eurent lieu contre les rebelles, notamment aux combats de Monclar, à l'enlèvement du comte de Châteauneuf, à la prise de Montguyon, contre le comte de More; au siége de Montançès, où il fut fait prisonnier avec le sieur d'Argence, par Baltazar, qui les traita avec rigueur. Ces lettres-patentes, confirmées par d'autres du mois de mai 1674, portent que Pierre du Rieu, dans ces guerres désastreuses, eut ses maisons ruinées et ses bestiaux enlevés. Son frère Jean du Rieu, sieur de Lespinasse, avait servi plusieurs années en qualité de lieutenant dans le régiment de Rambures, et mourut au siége de Gravelines.

Cette famille n'a pas cessé, depuis cette époque, et de père en fils, de suivre la carrière des armes, soit dans les gardes du corps, soit dans les mousquetaires ou gendarmes de la garde du Roi.

Jean du Rieu fut réformé maréchal-des-logis de la compagnie des chevau-légers de la garde, au mois de janvier 1776, avec le brevet de colonel. Deux de ses neveux, MM. du Rieu de la Couture, chevau-légers de la garde, l'un, en 1763 et l'autre, en 1765, ont émigré, et fait la campagne de l'armée des princes, dans la première compagnie noble d'ordonnance, le premier, en qualité de porte-étendart, et le second, qui servait en celle de brigadier, passa ensuite dans la cavalerie noble de l'armée de monseigneur le prince de Condé, où il fit les campagnes depuis 1795, jusqu'au licenciement définitif.

Armes: Ecartelé, aux 1 et 4 d'azur, à trois étoiles d'argent; aux 2 et 3 d'azur, à trois épées d'or flamboyantes et rangées. L'écu timbré d'un casque taré de front, et orné de ses lambrequins. Supports: deux griffons.

DU RIEU DE MAISONNEUVE. On croit devoir donner ici quelques notes supplémentaires à cet article, inséré tome II de cet ouvrage, pag. 236 et suivantes. A la pag. 240, degré X, n°. 3, Pierre du Rieu l'aîné, ajoutez : né à Caissec, en Périgord, le 28 avril 1739, garde du corps du Roi, compagnie de Noailles, le 18 avril 1757 ; enseigne au régiment de Flandre, le 12 mars 1761 ; lieutenant au régiment de Savoie Carignan, le 15 décembre 1761 ; lieutenant des grenadiers, le 24 juin 1774 ; capitaine le 15 juin 1776 ; capitaine commandant, le 23 avril 1782.

Il faut ajouter à l'article d'Antoine, qui forme le XIe. degré, l'arrêt suivant, extrait des registres du conseil d'état du Roi.

Sur la requête présentée au Roi étant en son conseil, par les sieurs Antoine du Rieu, seigneur de Meynadier (lisez *Maynadié*), paroisse de Sérignac, en Agénois, ancien officier au régiment de Vermandois, contenant : qu'il prouve sa noblesse d'extraction, par des titres qui constatent la possession la plus suivie ; que cette possession n'a jamais été interrompue n'y troublée ; que la preuve en remonte bien au-delà de l'époque exigée par les réglements ; qu'elle présente des services continuels, qui la rendent très-distinguée. Pourquoi ledit sieur du Rieu de Meynadier a supplié Sa Majesté de vouloir bien le maintenir dans sadite noblesse d'extraction. Vu ladite requête, ensemble les titres qui y étaient joints, ouï le rapport et tout considéré, le Roi étant en son conseil, a maintenu et maintient ledit sieur du Rieu de Meynadier dans sa noblesse d'extraction ; veut qu'il en jouisse ainsi que ses enfants et descendants, nés et à naître en légitime mariage ; fait défenses de les y troubler en aucune manière. Fait au conseil d'état du Roi, Sa Majesté y étant, tenu à Versailles, le trente-un janvier mil sept cent quatre-vingt-quatre.   *Signé* LOUIS.

Signé GRAVIER DE VERGENNES.

Indépendamment de Marie du Rieu, fille d'Antoine, mentionnée, pag. 241, il a laissé encore un fils, qui suit :

XII. Louis DU RIEU DE MAYNADIÉ (1), écuyer, qui

_____

(1) On a mis quelquefois *Maynadie*, par erreur.

a émigré, à fait les campagnes de l'armée de Condé et a été nommé chevalier de Saint-Louis. Il a épousé Marie *du Cour de Thomazeau*, dont il a un fils, nommé François du Rieu de Maynadié, né le 10 février 1810.

CINQUIÈME BRANCHE.

X. Noble Jean DU RIEU DE MAISONNEUVE DE LAUQUE, écuyer, fils de Michel du Rieu de Maisonneuve et de Marie Caillot, mentionnés pag. 241, eut entr'autres enfants :

1°. Noble Pierre, qui suit ;
2°. Henriette du Rieu de Maisonneuve de Lauque.

XI. Noble Pierre DU RIEU DE MAISONNEUVE DE LAUQUE, écuyer et ancien capitaine de grenadiers au régiment d'Angoulême, et chevalier de l'ordre royal et militaire de Saint-Louis.

RIOULT DE BOIS-RIOULT. La noblesse militaire de cette famille fut confirmée par lettres-patentes du mois de mai 1766, par lesquelles il appert qu'elle tire son origine de Jean Rioult, vivant en 1463 ; mais que sa filiation n'a pu être établie jusqu'à l'époque de l'obtention de ces lettres-patentes, par la perte que cette famille a faite de ses titres, incendiés, l'an 1753, dans la maison du sieur Jourdain, commis de M. d'Hozier, juge d'armes de France, auquel elle les avait confiés pour être mis en ordre, et établir sa généalogie, malheur dont le sieur Jourdain fut la première victime, ayant été lui-même brûlé dans son lit. Ces mêmes lettres rapportent plusieurs actions honorables pour cette famille, parmi les services qu'elle a rendus à nos Rois ; faits dont on donnera ici une courte analyse, puisée dans le texte même des susdites lettres-patentes.

I. Pierre RIOULT DES VALLÉES, céda, par acte du 5 décembre 1692, tous ses biens à ses quatre fils, afin, porte cet acte, d'encourager leur zèle et leur affection au service du Roi. Ces fils sont :

1°. N.... Rioult, garde du corps du Roi, tué à la bataille de Malplaquet ;

2°. N.... Rioult, capitaine de cavalerie, qui reçut plusieurs blessures à l'affaire de Nimègue ;

3°. N.... Rioult, mort lieutenant de cavalerie.

4°. Jean-Louis, qui suit.

II. Jean-Louis RIOULT DE MORENCOURT, servit près de quarante ans, tant sur mer que sur terre. Il eut trois fils :

1° Adrien-Gabriel, dont l'article suit ;

2°. Pierre-Paul-Philippe de Rioult de Boishébert, qui, l'an 1742, fut fait lieutenant, et était, en 1766, capitaine de grenadiers au régiment de Vermandois ; se trouva à l'expédition de Minorque ; fut du détachement employé sur l'escadre de M. de la Gallissonnière, et eut part à la victoire que ce chef d'escadre remporta sur les Anglais. Il est mort sans avoir été marié ;

3°. Isaïe-Louis Rioult de Villaunay, qui, l'an 1742, entra lieutenant au régiment de Vermandois, où il était capitaine de grenadiers, en 1766. Il se trouva avec ce régiment à la bataille de Saverne, aux siéges de Fribourg, de Mons, de Saint-Guilain, de Charleroy et Maestricht ; à la bataille de Raucoux, et dans toutes les actions où ce régiment fut employé. Il se distingua particulièrement au siège de Mahon, où, étant employé sous M. de Beauvau, à une fausse attaque, il fit un feu si vif et si soutenu, qu'un détachement anglais, commandé pour soutenir la véritable attaque, reçut un contre-ordre, et fut employé à repousser le sieur de Villaunay, qui par cette diversion, contribua beaucoup à la conquête de cette place importante. Il perdit, dans cette action, soixante-six hommes des cent qu'il commandait, ainsi que beaucoup de travailleurs, qu'il avait engagés à prendre les armes des soldats qu'il avait perdus. Son capitaine et son lieutenant furent tués, et lui-même fut blessé de deux éclats de bombe. Il laissa deux fils :

a. N.... Rioult d'Avenay, général de brigade de cavalerie, tué au passage de la Piave, en Italie, n'ayant point été marié ;

b. Adrien Rioult de Villaunay, père d'une fille.

III. Adrien-Gabriel RIOULT DE BOIS-RIOULT, lieutenant de milice par brevet du 1er. janvier 1734, entra
dans les gardes du corps du Roi, en 1737, et passa dans
la compagnie de Luxembourg, le 8 mai 1752. Il fut
fait capitaine de cavalerie, le 4 mars 1753, et chevalier
de l'ordre royal et militaire de Saint-Louis, le 3 janvier
1756. Il se distingua dans la plupart des actions de
guerre de son tems, et notamment à la bataille d'Et-
tingen, où il reçut plusieurs blessures considérables. Il
mourut à sa terre du Chesne, près Lisieux, le 3 novembre 1782, laissant un fils qui suit, de son épouse,
mademoiselle *Froudière*.

IV. Adrien RIOULT DE BOIS-RIOULT, qui, le 4 octobre 1779, entra cadet-gentilhomme au régiment Royal-
Normandie, cavalerie; y fut fait sous-lieutenant, le 24
juillet 1784; capitaine, le 3 février 1788, et était capitaine commandant dans le même régiment, lorsqu'il
quitta le service à l'époque de la mort de Louis XVI, en
1793. Il avait épousé, par contrat du 3 vendémiaire an VI,
(24 septembre 1797), enregistré à Thiberville, le 4 juin
1814; demoiselle Pauline *Rondel*, dont est issu:

Auguste Rioult de Bois-Rioult.

Armes : D'argent, à l'aigle éployée de sable; à la
bordure engrêlée d'azur.

DE ROCHE, dans les Cevennes, seigneurs d'Elgeren,
de Saleil, de Montillet et de Saint-Amat, famille ancienne et distinguée, originaire du Bourbonnais, établie
dans le Languedoc, depuis le commencement du seizième siècle. Elle a donné plusieurs officiers supérieurs,
décorés de l'ordre royal et militaire de Saint-Louis, et
s'est alliée aux maisons d'Izarn de Villefort, de Portalis,
de Rocher de Grandval, de Bondurand, de la Montagne,
de Valentin de la Croix, d'Aiguebelle, de Pontier-
Ponperdu.

Armes: D'azur, à la bande d'or, chargée d'un lion de
sable, lampassé et armé de gueules, et accostée de deux
rochers d'argent; au chef d'or, chargé de trois étoiles
du champ.

DE ROCHE, seigneurs de Blausac, de Montaran,

d'Aigalliers, en Languedoc, très-ancienne maison, originaire d'Uzès, qui, lors de la recherche, fut maintenue par M. de Bezons, intendant en Languedoc, sur preuves remontées à Bertrand de Roche, co-seigneur de Blausac, qui vivait le 20 octobre 1539. Cécile-Madelaine de Roche, dame de la baronnie d'Aigalliers et de la seigneurie de Montaran, épousa Guillaume d'Abadie, seigneur de Villeneuve-lès-Montréal et de Tonens, dont la descendance s'est perpétuée jusqu'à nos jours.

Armes : D'azur, à la bande d'or, chargée d'un lion de sable, lampassé et armé de gueules, et accompagnée de deux rochers d'argent.

DE LA ROCHE, seigneurs de Launay et de Kerandray, maison ancienne et distinguée de la province de Bretagne, qui compte parmi ses premiers auteurs, Geoffroy de la Roche, chevalier, nommé dans le traité de mariage d'Alain de Rohan avec Agnès d'Avaugour, de l'an 1288; dans une vente faite à Josselin de Rohan, par Eudon de Kervasic, l'an 1300, et dans un accord passé en 1301, entre Olivier de Rohan et Tiphaine, veuve de Henri de Corlé. L'an 1308, il servait dans les guerres de Saintonge, avec Pierre Augier, chevalier, bachelier (1). Cette famille a été maintenue dans sa noblesse d'extraction par arrêts des 7 juin 1669 et 14 juin 1670. Elle s'est alliée aux maisons d'Ausquer, de Botmarech, le Borgne-Lesquifiou, du Coetlosquet, le Goff, le Gallon-Pompoulon, Gouarac, Keraudry, Lannion, la Rivière, etc.

Armes : De sable, semé de billettes d'argent; au lion morné du même, brochant sur le tout : la première billette, vers le chef, brisée d'une moucheture de sable.

DE LA ROCHE-BERNARD. Cette maison, éteinte depuis près de cinq siècles, était de l'ancienne chevalerie de baronnage du duché de Bretagne. Elle a pris son nom d'une ancienne châtellenie, depuis ville, au

_____

(1) Mémoires pour servir de preuves à l'histoire de Bretagne, tom. Ier., col. 1083, 1138, 1174 et 1218.

diocèse de Nantes, à trois lieues de la rive gauche de la Villaine, possédée, dès l'an 990, par Bernard, seigneur de la Roche-Bernard, père d'Alain, vivant l'an 1027, et de Simon Ier. de la Roche-Bernard, qui, l'an 1026, souscrivit la donation faite par Geoffroi Ier., duc de Bretagne, de Belle-Isle, au monastère de Redon. La même année, Simon de la Roche-Bernard fonda l'abbaye de Saint-Gildas-des-Bois ; fit une donation, l'an 1032, à l'abbaye de Redon, et rappelle son père, dans cet acte, où se trouve aussi nommément cité Rivallon de la Roche-Bernard, frère de Simon, dont on parlera plus bas.

Bernard II, seigneur de la Roche-Bernard, chevalier, se dit fils de Simon, dans une donation qu'il fit le 6 des calendes d'avril de l'an 1063, à l'abbaye de Redon. Il souscrivit, immédiatement après Raoul de Fougères, le jugement prononcé par le duc de Bretagne et les barons, l'an 1089, sur le différent des moines de Redon avec les chapelains du duc.

Rivallon I, seigneur de la Roche-Bernard, est nommé avec ses trois fils, Bernard, Guchenoc et Judicaël de la Roche-Bernard, dans l'acte de la fondation du prieuré de Pontchâteau, faite vers l'an 1090, par Hélie, seigneur de Pontchâteau. Rivallon assista aux obsèques de la duchesse Constance, décédée le 13 août 1090. Ce seigneur eut encore un fils, Rivallon II, seigneur de la Roche-Bernard, qui, avec Alain, son fils, souscrivit l'acte d'une fondation faite l'an 1132, au monastère de Redon, par Olivier de Pontchâteau.

Simon II, fils de Bernard II, seigneur de la Roche-Bernard, souscrivit, l'an 1108, un don fait par Josthon, vicomte de Porhoët, au prieuré de Saint-Martin-de-Josselin ; et l'an 1112, une donation faite par le duc Conan III, à l'abbaye de Redon, pour l'entretien de son père.

Josselin Ier., seigneur de la Roche-Bernard, fit une donation, l'an 1116, au prieuré de Pontchâteau. Dans cet acte, il nomme Agathe, sa femme, Olivier, son fils, Agnès, sa sœur et Hilaire, sa nièce, et rappelle, comme défunte, Ysoldis, sa fille. Il épousa, en secondes noces, Mahaut, dame de Montfort, qui lui apporta en

IV.   15

dot tous les droits qu'elle pouvait avoir sur le tiers de cette terre. Il en eut deux fils, Alain et Guillaume, qu'Olivier de la Roche-Bernard nomme dans une donation qu'il fit vers 1199, à l'abbaye de Saint-Gildas-des-Bois. Alain est rappelé dans un accord passé, le lundi après l'Ascension de l'an 1285, entre Raoul de Montfort et Alain de Montauban. Guillaume paraît avoir eu pour fils, autre Guillaume de la Roche-Bernard, chevalier, qui fut présent, en 1252, à la fondation de l'abbaye de Prières, faite par le duc Jean le Roux.

Eudon Ier., seigneur de la Roche-Bernard, fit, l'an 1149, un accord avec les religieux du monastère de Redon.

Jarnogon, seigneur de la Roche-Bernard, fit la guerre contre Geoffroi d'Angleterre, duc de Bretagne, auquel il fut contraint de livrer son château pour gage de sa soumission, l'an 1177.

Josselin de la Roche-Bernard, IIe. du nom, se croisa l'an 1239, et fit, avant de partir pour la Terre-Sainte, une donation à l'abbaye de Blanche-Couronne. On voit, par cette donation, qu'il était alors marié avec Etienne, dont il ne dit pas avoir eu d'enfants.

Eudon II, seigneur de la Roche-Bernard, chevalier, a cette qualité dans un titre scellé de son sceau, du mois d'avril 1279. Il épousa Hermine *de Lohéac* (1), fille et unique héritière de Guillaume III, sire de Lohéac, auquel elle succéda l'an 1290. Elle fut mère de :

1°. Bernard, sire de la Roche-Bernard et de Lohéac, qui reconnut, en 1292, devoir à l'armée du duc de Bretagne, trois chevaliers pour sa terre de Lohéac; et trois autres chevaliers pour sa terre de la Roche-Bernard. Il mourut sans lignée avant le mois de septembre 1305;

2°. Péan, dont l'article suit.

(1) La maison de Lohéac, fondue par ce mariage dans celle de la Roche-Bernard, qui en releva le nom, était jadis l'une des plus illustres et des plus florissantes du duché de Bretagne. Elle avait pour premier auteur connu, Hervé, seigneur de Lohéac, vivant l'an 992, du tems du duc Geoffroi. Cette maison portait de *contre-vair*.

Péan, dit *de Lohéac*, seigneur de la Roche-Bernard, épousa Isabeau *de Laval*, fille de Gui IX, sire de Laval et de Vitré, vicomte de Rennes, et de Béatrix de Gavre. Elle mourut l'an 1322. Son mari, qui lui survécut, embrassa le parti de Charles de Blois, contre Jean de Bretagne, comte de Montfort-l'Amaury, et fut tué au siége de la Roche-Derien, le 20 juin 1347.

Jean, *aliàs*, Eon de Lohéac, son fils, lui succéda dans les sireries de Lohéac et de la Roche–Bernard, de Peonlan, de Brécilian, de Néant, de Campzillon et autres terres. Il épousa Béatrix *de Craon*, fille d'Amaury III, sire de Craon, de Sablé, de Chantocé et d'Ingrande, et de Béatrix de Roucy, sa seconde femme. De ce mariage sont issus :

1°. Guillaume de Lohéac, qui mourut avant son père et sans avoir été marié, le 26 novembre 1356, et fut inhumé aux Cordeliers d'Angers ;

2°. Isabeau, dame de Lohéac, de la Roche-Bernard, etc., mariée, l'an 1364, à Raoul de Montfort, VIIe. du nom, sire de Montfort et de Gaël, dont postérité ; elle mourut le 4 octobre 1400 ;

3°. Catherine de Lohéac, mariée à Renaud de Thouars, seigneur de Pousauges ;

4°. Marguerite de Lohéac, première femme de Guillaume, sire de Montauban ;

5°. Autre Marguerite de Lohéac, dame de la châtellenie de Feugaret, mariée à Jean, sire de Malestroit et de Largouet. Elle mourut en 1412.

Armes : D'or, à l'aigle éployée de sable, becquée et membrée de gueules.

DE LA ROCHE-SAINT-ANDRÉ, illustre et ancienne maison de chevalerie de la province de Bretagne, dont l'existence est constatée par une longue continuité de services militaires, depuis le milieu du onzième siècle. On voit, parmi ses premiers ascendants, Juhel et Norman de la Roche (*de Rupe*), qui, vers l'an 1070, souscrivirent la fondation du prieuré de Donges, faite par Friold, vicomte de Donges (1). Olivier de la Roche

---

(1) Mémoires pour servir de preuves à l'histoire de Bretagne, par D. Morice, tom. I, col. 436.

fut présent, l'an 1143, à une donation faite au monastère de la Sainte-Trinité de Savigné, confirmée par
Raoul, seigneur de Fougères. Il fut l'un des principaux
seigneurs et barons bretons qui, l'an 1163, signèrent
la charte que le même Raoul, seigneur de Fougères,
donna en faveur du bourg de Rillé (1). Olivier de la
Roche, chevalier, fut fait prisonnier, l'an 1173,
dans la tour de Dol, avec quantité d'autres seigneurs,
par le roi d'Angleterre, Henri II, lequel s'empara de
tout le pays au nom de Geoffroi, son fils, qui avait
épousé Constance, fille du comte de Bretagne. Olivier
était sans doute fils du seigneur de la Roche, qui,
l'an 1132, fut présent à la donation que fit Olivier de
Pontchâteau, de la terre de Brengoen, aux moines de
Redon, dont il avait profané l'église, en 1127, et en-
vahi et pillé les terres (2). Olivier vivait encore en 1184,
époque à laquelle il fut témoin de la fondation de l'abbaye de Bonrepos, faite par Alain III, vicomte de Rohan,
et Constance de Bretagne, son épouse (3).

Robert de la Roche et Juhel, son frère, vivaient en
1155. Le premier devint sénéchal de Fougères (4).

Eudon, seigneur de la Roche, paraît, l'an 1202, dans
l'acte portant don d'une foire à l'abbaye de Beauport,
par Conan de Bretagne (5).

Alain de la Roche fut un des barons qui, l'an 1203,
furent convoqués et assistèrent aux états de Bretagne,
tenus à Vannes, pour députer vers le roi de France,
touchant le meurtre commis sur la personne d'Artur de
Bretagne, par Jean-Sans-Terre, roi d'Angleterre (6).
Il servit en qualité de chevalier, sous le roi Philippe-
Auguste, en 1205, contre le même Jean-Sans-Terre.
Alain de la Roche, l'an 1218, souscrivit une donation

_____

(1) Mémoires pour servir de preuves à l'Histoire de
Bretagne, par D. Morice, t. I, col. 583, 653.
(2) Histoire de Bretagne, par le même, tom. I,
pp. 92, 992.
(3) Mémoires pour servir de preuves, etc., etc.,
col. 697.
(4) Ibid., col. 623, 774.
(5) Ibid. 797.
(6) Histoire de Bretagne, tom. I, pp. 132, 134.

faite au monastère de Blanche-Couronne, par Eudon, seigneur de Pontchâteau. Il est nommé parmi les seigneurs qui furent présents, l'an 1225, à la fondation de la ville de Saint-Aubin-du-Cormier, par le duc de Bretagne, Pierre Mauclerc ; et prend la qualité de chevalier, dans l'acte d'une donation qu'il fit au mois de mai 1246, aux chevaliers du Temple (1).

Guillaume, seigneur de la Roche, vivait en 1267 ; et Eon de la Roche fut présent, le 10 janvier 1276, au changement du bail en rachat fait par le duc Jean le Roux (2).

Gui, seigneur de la Roche, servit, en 1285, dans les guerres que Philippe-le-Hardi fit à Pierre, roi d'Aragon, qui avait fait massacrer tous les Français qui étaient en Sicile, le jour de Pâques 1282, et avait usurpé le royaume sur Charles de France, comte d'Anjou (3).

Geoffroi de la Roche, écuyer, fut l'un des trente gentilshommes bretons qui, sous Jean de Beaumanoir, maréchal de Bretagne, combattirent contre trente gentilshommes anglais et allemands, commandés par Bembro. Ce combat où la victoire, long-tems indécise, demeura aux Bretons, et connu dans l'histoire sous le nom de *combat des Trente*, fut livré le 27 mars 1351 (4). Geoffroi de la Roche, dans un intervalle que les champions prirent pour se raffraîchir et reprendre haleine, dit à Beaumanoir, que, s'il était chevalier, il combattrait plus courageusement. Pour le satisfaire, ce général l'arma chevalier sur-le-champ, et lui rappela les hauts faits d'armes de ses ancêtres, surtout ceux de Budes de la Roche, son père, qui s'était tellement distingué dans les guerres contre les Sarrasins d'orient, que sa réputation volait par toute l'Europe et dans tout l'orient.

L'histoire de Bretagne a consacré une foule de services distingués, rendus par cette famille aux ducs de Bretagne et à nos Rois, depuis la réunion du duché à la

_____

(1) Mémoires pour servir de preuves, etc., etc., col. 838, 854, 929.

(2) Hist. de Bretagne, tom. I, pag. 206.

(3) Ibid., pag. 209.

(4) Ibid., pp. 280, 281.

couronne. Elle a été maintenue *dans son origine cheva-leresque* par arrêt de la chambre, établie pour la réfor-mation de la noblesse., du 28 février 1669 (1). De la branche de Bretagne est sorti le rameau des seigneurs des Ganachères, établi en Poitou, depuis l'an 1505. Cette branche, connue également sous le nom de la Roche-Saint-André, n'a pas acquis moins d'illustration dans les armes, et plusieurs de ses membres se sont acquis de la célébrité dans la marine royale. L'un entr'autres, Gilles *de la Roche-Saint-André* (fils de Julien) fut fait chef d'escadre des armées navales de Louis XIV, che-valier de son ordre et gentilhomme de sa chambre et chevalier de l'ordre de Christ de Portugal, qui lui fut conféré pour avoir préservé Lisbonne d'un bombarde-ment de la part des Anglais. Les belles actions de Gilles de la Roche lui méritèrent la confiance de son Roi et la considération de plusieurs souverains étran-gers. Ce fut lui qui le premier planta la croix dans l'île de Madagascar. Il commandait alors le vaisseau *la Lune*. Il mourut sur les côtes de Galice, commandant le vaisseau du Roi *le Jules*, en l'escadre de M. le duc de Beaufort,

---

(1) Quatre autres familles de la Roche furent main-tenues par la même chambre dans leur *noblesse d'extrac-tion* : 1°. les seigneurs de la Motte-Mongermont, sur preuves remontées à Vincent de la Roche, vivant en 1494, avec Gillette le Cour, son épouse, et dont les armes sont : *D'argent, au chevron de gueules; à la fasce du même, brochante sur le tout*, arrêt du 23 octobre 1668 ; 2°. les seigneurs de la Bisinays, de la Lehardière et de la Marchays, alliés aux maisons de Penhouet, de Col-lobel, du Hil, Garreau de la Noë, d'Espinay, etc., etc., par arrêt du 10 février 1669, dont les armes sont : *D'ar-gent, au griffon, de gueules, langué, armé et vilené de sable*; 3°. les seigneurs de Launay et de Kerandraon, dont nous parlerons plus loin ; 4°. les seigneurs de la Mohonnière et de la Fontaine, maintenus par arrêt du 23 août 1670, dont les alliances principales sont avec les maisons de Pinel, Botherel, la Lande, Leziart, Porcon, Baillif, etc., et les armes : *D'or, à la fasce d'azur*. La seule maison de la Roche-Saint-André fut alors maintenue dans la qua-lité *de chevalier*.

grand-amiral de France, et fut enterré à Vigo, dans l'église des pères Saint-François, au mois de juin 1668. Il avait épousé, en 1653, Gabrielle-Brigitte *d'Escoubleau de Sourdis*, fille de Jacques-René d'Escoubleau, seigneur de Courtry, et de dame Berland de la Gastière, son épouse. Il en eut trois enfants, entr'autres :

Louis-Gilles *de la Roche-Saint-André*, capitaine des vaisseaux du Roi, chevalier de St-Louis, qui servit avec distinction pendant quarante ans. Il épousa, en 1699, Charlotte de *Saint-Légier*, dont il eut :

> 1º. Joachim, abbé de l'abbaye royale de Villedieu, grand-vicaire de l'évêque de Dax ;
> 2º. Charles de la Roche, qui suit ;
> 3º. Pélagie de la Roche-Saint-André, mariée à Louis-Charles du Chaffault, lieutenant-général des armées navales, commandeur de Saint-Louis.

Charles *de la Roche-Saint-André* servit d'abord dans la marine royale, que le mauvais état de sa santé l'obligea de quitter. Sa retraite ne rendit pas sa vie moins active. Il fut en grande considération dans sa province par la connaissance profonde qu'il acquit des lois et coutumes du pays. Il épousa, 1º. Henriette-Marguerite *de Goullard* ; 2º. mademoiselle *d'Escorches de Sainte-Croix*. Ses enfants furent :

Du premier lit.

> 1º. Charles-Henri, dont l'article suit ;
> 2º. Victor-Alexandre de la Roche-Saint-André, officier de la marine royale, puis sous-lieutenant au régiment d'Hector, dans l'expédition de Quiberon. Il eut une cuisse cassée à l'affaire du 16 juin 1795, et fut massacré par les républicains ;

Du second lit.

> 3º. Charles-Henri de la Roche-Saint-André, officier au régiment de Viennois, infanterie. Il émigra et fit la campagne à l'armée de monseigneur le duc de Bourbon. Admis en la compagnie des élèves de la marine, régiment d'Hector, dans l'expédition de Quiberon, il obtint, avant les grands désastres, la permission de rejoindre

l'armée de M. de Charette, et quitta Quiberon
avec M. le baron de Vasselot. Il fut blessé dans
l'armée de Charette et laissé pour mort. Rétabli
de sa blessure, il passa en Angleterre, chargé
d'une mission; rentra en France et servit constamment la cause du Roi dans la Vendée, sous
M. le comte de Susannet, son ami depuis l'en-
fance. En 1815, il se rangea sous les drapeaux
du même général, et lorsque celui-ci reçut le coup
mortel, son cheval ayant été tué sous lui de
plusieurs balles, M. de la Roche–Saint–André
lui donna celui qu'il montait et lui rendit les
derniers devoirs. Il a été nommé lieutenant-
colonel à la disposition du ministre de la guerre,
et décoré de la croix de Saint-Louis. Il a épousé
mademoiselle Caroline de Terves, dont sont
issus :

    a. Emilie de la Roche–Saint–André;
    b. Élisabeth de la Roche–Saint–André;
    c. Léontine de la Roche–Saint–André.

    4°. Marie-Louise de la Roche–Saint–André, épouse
    de M. le chevalier de la Rochefoucauld de Puy-
    rousseau, dont sont issus quatre enfants.

Charles-Henri *de la Roche–Saint–André*, maréchal de
camp, fut fait d'abord aspirant de la marine royale, en
1777, et successivement garde de la marine, enseigne,
lieutenant de vaisseau; fit en ces qualités toutes les
campagnes de la guerre d'Amérique et assista à sept
combats sur mer. Émigré en 1792, il a fait la campagne
de l'armée des princes dans l'escadron de la marine, en
qualité de lieutenant au régiment d'Hector. Blessé à
Quiberon, il parvint néanmoins à regagner l'escadre à
la nage, et retourna en Angleterre. Dès qu'il fut rétabli
de sa blessure, il rentra en France avec M. le comte de
Susannet, et fut toujours employé depuis aux armées
royales, dans le Maine, sous les ordres de M. le comte de
Rochecotte, et dans la Vendée, sous ceux de M. le comte
de Susannet. En 1799, il commanda la division de
Montaigu, et fut blessé légèrement à Milais, au mois
de novembre. Au premier retour du Roi, il proposa
ses services comme officier de la marine. On lui envoya
sa retraite, avec le grade honorifique de maréchal de

camp, qui lui fut décerné par la commission nommée pour les récompenses à accorder aux officiers royalistes du dehors et de l'intérieur.

Armes : De gueules, à trois roquets ou fers de lances rompus d'or.

DE ROCHEFORT, comtes et marquis de Rochefort et de Pleuvaut, et de la Boulaye, par érection du mois d'avril 1619, barons et comtes de Luçay, etc., etc. L'illustre et ancienne maison de Rochefort, qui a pris son nom d'un bourg et châtellenie, situé au diocèse de Dôle, en Franche-Comté, n'est pas éteinte, comme on l'a avancé dans le second volume, pag. 252 de cet ouvrage, d'après le tome III (pag. 162) du Dict. généalogique et héraldique, in-12, de la Chenaye-des-Bois; erreur grave que nous nous empressons de rectifier ici sur les propres titres originaux, que nous a produits le chef actuel de la seule branche existante de cette maison d'ancienne chevalerie. On en peut consulter la généalogie détaillée aux pages 413 et suiv. du tome VI de l'Histoire des Grands Officiers de la Couronne, par le P. Anselme. Il résulte des preuves historiques et originales de cette maison, qu'elle a formé quatre branches principales, 1°. les seigneurs de Rochefort, de Labergement et de Longeau, seigneurs et marquis de Pleuvaut et de la Boulaye, barons de Cey, etc., etc.; éteints le 12 avril 1690; 2°. les seigneurs et comtes de Luçay et de Rochefort, seigneurs de Vic-sur-Nahon, Bois-Mortier, etc., éteints au milieu du dix-huitième siècle; 3°. les marquis et comtes de Rochefort; existants; 4°. les seigneurs de la Croizette et de Mareuil, barons de Frolois, éteints au milieu du dix-septième siècle.

Ces diverses branches se sont distinguées par de nombreuses illustrations, soit en servant utilement nos Rois dans leurs conseils ou leurs armées; soit en s'alliant aux plus grandes maisons du royaume. Elles comptent deux chanceliers de France; savoir, Guillaume, seigneur de Rochefort et de Pleuvaut; élevé à cette éminente dignité le 12 mai 1483; mort le 12 août 1492; ce fut un magistrat intègre et expérimenté, qui conduisit avec un égal succès toutes les négociations difficiles dont il fut chargé. Guy de Rochefort, son frère, cultiva, à son exemple, les belles-lettres; la diplomatie et les emplois

IV. 16

de la guerre, où il parvint à la chevalerie. Le Roi l'honora de la charge de chancelier de France, le 9 juillet 1497. Il soutint constamment la dignité de la couronne et de sa charge d'une manière qui a immortalisé son nom, en le plaçant parmi les plus illustres personnages de l'histoire. Il mourut au mois de janvier 1507.

Cette maison a encore produit des chevaliers bannerets et bacheliers, des conseillers et chambellans des ducs de Bourgogne; un maître de l'artillerie des mêmes princes, en 1435, puis gouverneur du Tonnerrois; un premier écuyer tranchant du Roi, qui porta la cornette blanche à la bataille de Pavie, où il demeura prisonnier; il fut depuis ambassadeur de Sa Majesté, à Rome, à Venise, et près le duc de Gueldre; deux panetiers ordinaires du Roi, en 1554, dont l'un fut tué à la bataille de Saint-Quentin, en 1557, portant le guidon de la compagnie du seigneur de Bourdillon; deux capitaines de cinquante, et un de cent hommes d'armes des ordonnances, ce dernier tué à la bataille de Coutras, en 1587; deux conseillers d'état; trois gentilshommes ordinaires de la chambre; cinq chevaliers de l'ordre du Roi, et un chevalier de l'ordre du Saint-Esprit, en 1583, lieutenant-général et gouverneur du comté d'Artois, et des bailliages d'Amboise et de Loudunois; plusieurs autres gouverneurs de places de guerre, et nombre d'officiers de tous grades, et de mestres-de-camp ou colonels de régiments de leur nom, etc., etc.

La maison de Rochefort a contracté ses alliances immédiates dans celles d'Anlezy de Lassay, de Barville-Bois-Landry, de Beauvau, le Bègue de la Borde, Bouton du Fay, de Moisenant et de Corberon, de Brichanteau-Nangis, de Brouilly de Piennes, de Castelnau, de Châteauneuf-Luçay, de Chaugy-Roussillon, de Cléron, de Crévant, l'Evêque de Marconnay, Fouquet de Châlain, de Gaucourt-Cluys, des Hayes d'Espinay, Hotman de Fontenay, Hurault de Wéil, de Livron-Bourbonne, de la Loë, de la Magdelaine-Ragny, de Marolles de la Rochère, de Messemé du Cormier, de Pontaillier, de Prie, du Puy-Vatan, de la Rivière-Chanlemy, de Rougemont, de Roux de Tachy, de Saint-Verain, de Salins-Corrabœuf, de Sautour, de Semur-Tresmont, de Ternant, de Traves, de la Tremoille-Thouars, de Vautravers, de Wourey, etc., etc.

On donnera ici la continuation de la branche des marquis et comtes de Rochefort, en suivant l'ordre numé-
rique des degrés établis par l'historien des Grands-
Officiers de la Couronne.

XI. Dominique DE ROCHEFORT, seigneur de Bois-
Mortier et de l'Allemandière (troisième fils de Claude
de Rochefort, comte de Luçay et de Menetreau, en
Nivernais, chevalier de l'ordre du Roi, et d'Anne de
Brouilly de Piennes, sa première femme), baptisé le
24 septembre 1647, âgé de six ans et demi, fut d'abord
chevalier de Malte; puis, s'étant marié, il partagea avec
son frère aîné, le 10 juin 1686, avec lequel il transigea
le 3 octobre de la même année. Il mourut au mois de
mars 1704, et fut inhumé dans le chœur de l'église de
Luçay. Il avait épousé 1°. Anne *Humblot*; 2°., le 4 mai
1699, Jeanne *du Fresne*. Ses enfants furent,

Du premier lit :

1°. Charles de Rochefort, seigneur de l'Allemandière, mestre-de-camp de cavalerie, exempt des
gardes du corps du Roi, chevalier de Saint-Louis,
né le 11 juillet 1671. Il transigea, conjointement
avec ses cousins, le 7 décembre 1719, avec les seigneurs des Fougis, sur la succession de Charlotte-
Louise de la Loë, marquise de Saint-Gelais. Il
mourut sans postérité;
2°. Anne de Rochefort, née le 12 janvier 1688,
morte à Tours, pensionnaire chez les filles de
Sainte-Marie, le 12 mai 1702;
3°. Elisabeth de Rochefort, née au mois d'avril
1689, morte aux Augustines de Vierzon;
4°. Louise de Rochefort, née au mois de décembre 1691;

Du second lit :

5°. Pierre, dont l'article suit;
6°. Dominique de Rochefort, né au mois de juillet
1702, mort en l'abbaye de Chenoise;
7°. Françoise-Bonne de Rochefort, née le 15 février 1704, mariée le 5 février 1730, à Louis,
comte *de Maillé-Brezé*, marquis de Valon, etc.

XII. Pierre DE ROCHEFORT, né au mois de janvier 1700, fut exempt des gardes du corps du Roi. Il épousa, par contrat du 5 mai 1729, Marie-Angélique *Mauduyt*, dame du Courbat, veuve d'Étienne-Néré de Rochefort, seigneur de Coulanges, son cousin, et fille de François Mauduyt, seigneur du Courbat (1). Ils eurent pour fils :

XIII. Gabriel-Jean-Dominique DE ROCHEFORT, titré marquis de Rochefort, seigneur et baron de Coulanges, etc. né le 1er. novembre 1732, lieutenant des maréchaux de France, devint chef de sa maison par l'extinction de la branche aînée. Il épousa, par contrat du 25 avril 1759, Marie-Anne *de Sarrazin-Laval*, fille d'Henri-Marin de Sarrazin-Laval, seigneur des Portes et de Périgas, et de Catherine de la Saigne de Saint-Georges. Il est mort à Vierzon, le 20 novembre 1816. De ce mariage sont issus :

1°. René-Philibert, marquis de Rochefort, né le 6 janvier 1760, marié, par contrat du 25 février 1783, avec Catherine-Brigitte-Eulalie *Dalmais de la Maisonfort*, fille de Joseph-Antoine, baron de Curnieux, ancien capitaine d'infanterie, lieutenant des maréchaux de France, et de Marie-Cécile Gaudin de la Motte. De ce mariage est issue Marie-Cécile de Rochefort, née le 10 décembre 1783 ;

2°. Claude de Rochefort, mort en bas âge ;

3°. François-Louis, dont l'article suit ;

4°. Jean-Louis de Rochefort, né le 22 avril 1771, mort en bas âge ;

5°. Catherine de Rochefort, née le 5 février 1761 ;

6°. Marie-Joséphine de Rochefort, morte en bas âge ;

7°. N.... de Rochefort, décédée au berceau.

XIV. François-Louis, comte DE ROCHEFORT, lieutenant-colonel, chasseur noble au corps du prince de Condé, et chevalier de l'ordre royal et militaire de Saint-Louis, né le 26 août 1762, a épousé, par contrat

***

(1) Pour tout ce qui précède, voyez le P. Anselme, tom. VI, pp. 416 et 417, édit. de 1730 ; et les titres originaux depuis cette époque jusqu'à nos jours.

du 11 juin 1782, Catherine - Françoise *le Bel de la Voreille*. De ce mariage sont issus :

1º. Claude–Louis–Marie, comte de Rochefort, né le 14 juillet 1790;

2º. Marie–Anne de Rochefort, née le 9 mars 1783, mariée, par contrat du 21 mars 1809, à Nicolas *du Pré de Saint-Maur*, écuyer, maître des requêtes, alors veuf en premières noces d'Agnès-Marie de Rivière, sœur de Charles, marquis de Rivière, pair de France, ancien ambassadeur près la Porte ottomane, et capitaine des gardes du corps de S. A. R. *Monsieur*, frère du Roi. Elle a de son second mariage :

a. Agathe–Zénaïde du Pré de Saint-Maur, née le 20 novembre 1810;

b. Bathilde-Lucianne du Pré de Saint-Maur, née le 30 janvier 1816.

3º. Catherine de Rochefort, née le 1er. août 1785, mariée, par contrat du 23 avril 1816, avec Marie-Adrien *Dalmais*, baron de Curnieux.

Armes : D'azur, semé de billettes d'or; au chef d'argent, chargé d'un lion léopardé de gueules.

DE ROCHEFORT, seigneurs d'Aurière, d'Aurouse, de Moissac et de Saillans, en Auvergne. Le savant D. Coll, dans le Nobiliaire manuscrit qu'il a dressé pour cette province, fait descendre cette maison de Rochefort, d'un puîné des vicomtes de Murat, qui aurait eu en apanage la châtellenie de Rochefort, située à quatre lieues de Pontgibault et à cinq de Clermont.

L'an 1245, Aymon de Rochefort, seigneur de la Queuille, déclara tenir en fief du dauphin d'Auvergne, tout ce qu'il possédait dans la terre et châtellenie de Rochefort. Il était sans doute fils de Géraud de Rochefort, chevalier, qui, l'an 1214, reconnut que les dauphins d'Auvergne lui avaient délaissé plusieurs terres ou fiefs. Un autre Géraud de Rochefort fut présent, en 1275, au partage de Béatrix et d'Yzelt d'Olargues; et l'an 1278, Ythier de Rochefort, seigneur de Mardogne, assista à une transaction passée entre Beraud de Mercœur et Aymar de Poitiers (1). Dès l'an 1469, la terre de Rochefort était possédée par la maison de Chabannes, en faveur de laquelle elle fut érigée en comté, au mois d'octobre 1556.

Aymon de Rochefort eut, entr'autres enfants, Bertrand, seigneur de la Queuille, chevalier, vivant en 1285 et 1303, auteur de l'ancienne et illustre maison de la Queuille, qui s'est perpétuée jusqu'à nos jours.

Bernard et Bertrand de Rochefort, chevaliers, étaient seigneurs d'Aurouse en 1343 et 1364. Agnès, fille de Bertrand de Rochefort, épousa, avant 1350, Guillaume *de Thiers*, seigneur de Volore. Beraud de Rochefort, époux, 1°., de Marguerite *d'Apcher*; 2°, de Guérine *de Dienne*, fille d'Amblard de Dienne, et de Dauphine de Bréon, veuve de Louis d'Aubusson, était seigneur d'Aurouse, en 1374, ainsi que de Saillans, de Feydit, de Clergiat et de Rochemaure. Il mourut en 1380, sans postérité. Catherine de Dienne, sa veuve, avait été dotée par Maurin, seigneur de Bréon et de Mardogne, son oncle, suivant un acte du 13 mai 1365.

On ne doit pas confondre, comme l'ont fait quelques modernes, d'après Moréri, cette maison de Rochefort au Mont-d'Or, éteinte, avec la maison de Rochefort d'Ally, dont on parlera plus bas.

Une branche de la maison de Rochefort, connue sous le nom de seigneurs de Preschonnet, terre qu'elle possédait dès 1214, subsistait encore en 1450, et paraît s'être éteinte peu après. La terre de Preschonnet fut portée par Louise de Rochefort, à Alin le Loup de Beauvoir, son mari, sénéchal d'Auvergne en 1427.

Bernard de Rochefort fut abbé, puis sénéchal de Brioude vers 1256; Itier de Rochefort était doyen du même chapitre, de 1226 à 1275; Pierre de Rochefort dit d'Aurouse, chanoine-comte du même chapitre, en 1288; Raoul, en 1257 et 1280; Bernard, en 1305; autre Bernard et Itier, en 1339; Pierre, en 1362; Guillaume et Radulphe d'Aurouse, *aliàs* de Rochefort, prévôts de Brioude en 1333 et 1370; Pons d'Aurouse de Rochefort,

---

(1) Baluze, Hist. de la maison d'Auvergne, tom. II, pag. 255, 266 et 524.

doyen en 1365 ; Bertrand, Dracon, Jean et Radulphe, chanoines en 1340, 1369, 1373 et 1401, etc.

Armes : Losangé d'or et d'azur ; à la bordure de gueules.

DE ROCHEFORT-D'ALLY, en Auvergne ; grande et illustre maison de chevalerie, qui florissait dès le commencement du onzième siècle, époque à laquelle vivait Antoine de Rochefort, son premier auteur, qui épousa Marguerite, héritière d'Ally. Ils fondèrent, conjointement, l'an 1001, le prieuré de Bonnat, ou de Rochefort, ordre de saint Benoît, comme on le voit dans les Commentaires de Prohet, sur la coutume d'Auvergne, imprimés à Paris, en 1695. Cette ancienne maison paraît avoir pris son nom de la terre de Rochefort, située près Vernières et Blesle. Odelon de Rochefort était seigneur d'Ally, en 1280 ; Jean, en 1295 ; Guigues, chevalier, en 1326 ; Oselet, son fils, après lui ; Hugues et Pons de Rochefort, en 1450.

La maison de Rochefort d'Ally a formé, entr'autres branches, 1°. les barons d'Ally, de Fortanier et de la Rochette, comtes de Jozeran ; 2°. les barons de Saint-Vidal, vicomtes de Beaufort, éteints en 1742 ; 3°. les seigneurs de Prades et de Pradel, dits de la Tour de Rochefort ; 4°. les comtes de Saint-Point et de Montferrand, barons de Senaret, éteints en 1774.

Ces diverses branches ont donné un chambellan du roi Charles VII, en 1453, chevalier de son ordre et conseiller d'état ; un conseiller et chambellan du roi Louis XI, capitaine de quarante lances ; un lieutenant d'une compagnie de cent hommes d'armes du duc de Lorraine, sous François Ier. ; un capitaine de cinquante lances, gentilhomme de la maison du Roi ; un capitaine de cinquante hommes d'armes, gentilhomme de la chambre du duc d'Alençon ; des gentilshommes ordinaires de la chambre du Roi ; un gouverneur de Saint-Jean-de-Lône, chevalier de l'ordre de Saint-Michel, mort en 1668 ; un écuyer des écuries du roi Louis XIV, et aide de camp de M. de Turenne ; plusieurs mestres-de-camp de cavalerie, et colonels d'infanterie ; deux maréchaux de camp, et un grand nombre d'officiers supérieurs et de divers grades. Dans la prélature, la maison de Rochefort compte une longue série de cha-

noines-comtes de Brioude, depuis l'an 1277 ; un évêque
de Bayonne, en 1519, envoyé par Louise de Savoie,
mère de François 1er., en ambassade auprès de la république de Venise. Il prit possession de l'évêché de Toul,
le 12 août 1524 ; fut chancelier et chef du conseil d'Antoine, duc de Lorraine, qui le chargea de diverses négociations importantes auprès de l'empereur Charles-Quint,
et du pape Clément VII ; Enfin un évêque de Châlons-
sur-Saône, mort en 1753.

La maison de Rochefort-d'Ally a contracté ses
alliances directes dans les maisons d'Alleman de Mont-
martin, d'Apchon, de Bar-la-Chassagne, de Belvèzer,
Blanc de Montagu, de Bohan, de Brulart-Sillery, de
Cantoynet, de Chaleyres, Charrier de la Roche-Jully,
Chaslus, de Châteauneuf-Rochebonne, de Chauvigny-
Blot, de Chavagnac, de Domjulien de la Baume, de
Flageat, de Fradet de Bellecombe, de Framont de Grèse,
de Gailhac, de la Garde-Chambonas, de Ginestous,
de Grassy de la Caille, de Ligondès, de Lucinge, de
Machaud de Sales, de Marguerite-Saint-Michel, de
Montboissier, de Montjuzion, de Montmorin, de Pey-
remale, de la Queuille, de Rivoire, de la Roche-Aymon,
de Saint-Ahon, de Saint-Julien, de Saint-Quentin-
Beaufort, de Sebazat de Blausac, de Severac, de Terrier
de Monciel, Testu de Balincourt, de la Tour-Saint-
Vidal, de Veras, de Vergesat, de la Veuhe, de Vogué,
de la Volpilière, etc., etc.

Armes : De gueules, à la bande ondée d'argent, accompagnée de six merlettes du même en orle. Tenants :
deux anges en soutane bleue de diacre.

DE RONCHEROLLES (1). L'aîné de la maison de Roncherolles, premier baron de Normandie, que Louis XIV
qualifie dans ses lettres-patentes de 1692, de très-illus-
tre, tant par sa très-haute noblesse et son ancienne
chevalerie, que par les services rendus à la couronne,
depuis plus de huit cents ans, était conseiller d'honneur
né au parlement de Normandie, ainsi que l'archevêque
de Rouen. Ils y siégeaient immédiatement après les

_____

(1) Notice supplémentaire à l'article inséré au tom. II,
pp. 254 et 255..

présidents, avec voix et opinion délibérative, comme
les pairs au parlement de Paris. La maison de Roncherolles fut maintenue dans cette prérogative, dont elle
jouissait du tems de l'échiquier, et dont elle n'avait
cessé de jouir au parlement, par lettres-patentes accordées à Pierre de Roncherolles, baron de Hugueville
et Pont-St.-Pierre, par le roi Henri III, en 1577, confirmées par Louis XIII, en 1623, et enfin par Louis XIV,
en faveur des marquis de Pont-Saint-Pierre, des marquis de Roncherolles et des comtes de Hugueville,
Planquery et d'Aubeuf, et leurs descendants premiers
nés de leur maison ; lesdites lettres-patentes enregistrées au parlement de Rouen, le 17 avril 1692.

Cette famille a possédé jusqu'à la révolution la terre
de Roncherolles, en franc-alleu, depuis Aimar de
Roncherolles, qui accompagna Charlemagne à Rome,
et dont un fils défendit l'entrée de la Seine contre les
Normands, en 845, à Graville, où il fut tué. Ses
successeurs se titraient sires de Roncherolles, jusqu'en
1652, époque à laquelle cette terre fut érigée en marquisat en faveur de Pierre de Roncherolles, gouverneur
de Bellegarde et Landrecies.

On voit dans l'Histoire de Languedoc, par une lettre
adressée par Saint-Louis à Geoffroi de Roncherolles,
sénéchal de Beaucaire et Nismes, que ce prince l'honorait de sa confiance ; et dans l'Histoire de la maison
de Châtillon, que Louis XI qualifiait Pierre de Roncherolles du titre de son cousin.

DE ROSSEL, barons de Fontarèches ; maison issue
d'ancienne chevalerie de Languedoc, qui compte parmi
ses premiers auteurs, Geraud Rossel, lequel fut un des
témoins de l'accord fait le 3 des ides d'octobre 1231,
entre Raymond VII, comte de Toulouse, et Raymond,
abbé de Gaillac. Cette maison, non moins distinguée
par ses belles alliances, que par l'ancienneté de son origine, a constamment porté les armes, soit aux bans
et arrière-bans, soit dans les différents corps de troupes
de nos Rois. Elle a donné des écuyers et des hommes
d'armes, des capitaines de cent hommes de guerre, un
colonel breveté par Louis XIV, un chef de bataillon,
et plusieurs capitaines ; dont trois entr'autres furent
décorés de l'ordre royal et militaire de Saint-Louis.

IV. 17

La terre de *Brugairette*, au diocèse d'Uzès, fut érigée en *baronnie*, par lettres-patentes du mois de mai 1644, en faveur de Jacob de Rossel, seigneur d'Aigalières. Le titre de cette baronnie, affecté dans la suite à la terre d'Aigalières, passa, par alliance, dans la maison de Brueys; mais le titre de baron s'est conservé dans celle de Rossel, qui, indépendamment de ce titre, a acquis la baronnie de Fontarèches, à deux lieues et demie (modernes) d'Uzès, qu'elle possède encore.

Armes : D'argent, à la bande de gueules, accompagnée de deux quintefeuilles du même.

ROUEN. *Liste des Gentilshommes du bailliage de Rouen, convoqués en* 1789, *pour l'élection des députés aux États-Généraux du royaume.*

Messieurs,

Le marquis de Mortemart, président, chargé des procurations de M. le baron de Breteuil et de madame la marquise de Nagu.

Le marquis de Charleval, doyen.

Le marquis d'Herbouville, chargé des procurations du duc d'Orléans et du duc de Sully.

Du Mesniel, marquis de Sommery, chargé des procurations de M. le prince de Condé et de madame la comtesse de la Myre.

Du Bosc, comte de Radepont, chargé des procurations du duc de Penthièvre et de M. le marquis de Radepont.

Le comte de Trie, chargé des procurations de MM. le Petit de Montfleury et le Moine de Bellisle.

Le comte de Blangy, chargé des procurations de M. le comte de Boufflers, et de madame la comtesse de Barville.

Bigot, doyen des présidents.

Le marquis de Belbeuf, chargé des procurations de MM. de la Myre, comte de Mory, et Coignard de Saint-Etienne.

Le marquis d'Estoutteville, chargé des procurations de madame la présidente de Torcy, et de M. le baron de Boniface.

Le marquis de Marguerit.

Le Carpentier de Combon.

Le président de Frondeville, chargé des procurations de MM. de Grecourt et de la Houssaye.

Haillet de Couronne.

De Moy, chargé de la procuration de madame de Moy.

Hérambourg, conseiller au parlemeut, chargé de la procuration de madame d'Epiney de Ranfeugères.

Le président d'Oissel.

Le marquis de Seignelay.

Le marquis de Giffard.

Chapais de Marivaux, chargé des procurations de madame Chauffer de l'Epiney, et de M. le président de Saint-Victor.

De Belbeuf, avocat-général, chargé des procurations de MM. le comte de Vintimille, et du Val de Bonneval.

Le Roux, baron et vidame d'Esneval, président à mortier du parlement, chargé des procurations de MM. Boissel et du chevalier de Pommereu.

Le président de Rouen de Bermonville.

Berthot de Boscheroulde, chargé des procurations de M. de Sainte-Honorine, et de madame de Quetteville.

Le président de la Londe, chargé des procurations de MM. le marquis de Champigny, et du Val de Bonneval.

Le président de Coquereaumont.

Baillard de Guichainville.

Le Danoys des Essarts.

Midy de la Grainerais, chargé de la procuration de M. de la Londe.

Rondel de Parfontaine, chargé des procurations de M. Thillaye-de-Leaupartie, et de mademoiselle de Mestais.

Le Bienvenu, chevalier du Bourg.

De Brossard, comte de Grosmenil.

Lepecq, chargé des procurations de madame de Marolles, et de M. de Thibouville.

Lallemant-le-Conterey de Branville.

Du Boscguerard, chargé de la procuration de M. de Mallortie.

D'Houdemare de Vandrimare.

Jourdain du Verger.

Renard.

Martin de Boisville du Vornier.

Le Cavelier de Maucomble.

Langlois, chevalier de Louvres.

Le Pesant de Boisguilbert, chargé des procurations de M. le marquis de Bouville et de madame la comtesse de Bouville.

Le chevalier Baillard-d'Iquelon, chargé de la procuration de M. Foulques de la Pilette.

De Merval, chargé de la procuration de madame Judde de Grainville.

Le Mareschal de Fauville, chargé des procurations de MM. Labbey, de la Roque et de Beaurepaire.

Le chevalier de Chailloué, chargé de la procuration de M. Foulques de la Pilette.

De Saint-Saen.

Midy-Dande, chargé des procurations de MM. de Planterose, et le Faucheux des Aunois.

De Coquereaumont.

Le Begue, comte de Germigny, chargé des procurations de madame la marquise de Conflans, et de M. de Valerquin.

D'Herambourg, chargé des procurations de MM. le Coq de Saint-Clou, et le Coq de Saint-Etienne.

Le chevalier de Romé.

Costard, chargé de la procuration de M. de l'Estanville.

De Thiboutot.

Le comte de Courcy, chargé des procurations de MM. de Cairon, et de Tesson de Monteille.

Bigot de Sommesnil, président à mortier du parlement.

Guyot d'Etaville, chargé des procurations de madame le Prévot, et de M. Guyot d'Ectot.

Aubery de Folleville.

De Létang.

De Pinsun de Lompré.

De Paix-de-Cœur de Roumare.

Du Val de Bruñville.

De Paix-de-Cœur du Bouley.

Du Val de Beaumets, chargé des procurations de MM. Menard et de Franqueville.

Le Jaulne.

Le comte de Toustain, chargé des procurations de MM. le baron d'Harambure et de Toustain de Limezy.

Du Bosc, comte de Vitermont, chargé des procurations

de MM. le marquis de Vitermont, et du chevalier
de Vitermont.

De Saint-Quentin.

Fermanel.

De la Bunodière de Saint-Georges.

Le chevalier d'Osmond, chargé de la procuration de
M. de Bonardi.

Grandin de Raimbouville, chargé de la procuration de
M. Framboisier de Beaunay.

Cavelier des Clavelles.

Drouet des Fontaines.

De Benouville, chargé des procurations de MM. Godefroy de Senneville, et de Belhomme de Glatigny.

Dupré du Veneur.

Lallemant le Couterey, père.

Le Seigneur de Saint-Léger, chargé de la procuration
de M. Dufaï.

De Pommeraye, chargé des procurations de madame la
comtesse de Montenay, et de madame de Vistrouil de
la Surie.

De Villequier.

Delespron d'Anfreville.

Chrestien de Fumechon, chargé de la procuration de
M. de Bosmelet.

Lallemant le Couterey, fils.

Froterel, chargé de la procuration de MM. de Caumont
et Baillard des Gastines.

Le chevalier Picquet de la Houssiette, chargé de la
procuration de M. Picquet de la Houssiette.

Le Jaulne de Salmonville, chargé des procurations de
MM. Du Four de Longuerue et de Benpelot.

Chapais.

De Vaudétard.

Despommares, fils, chargé de la procuration de M. Despommares.

Le Vignier de Dampierre.

Le marquis de Fautereau.

De Biard.

Du Lac de Montereau.

De Sainte-Marie, chargé de la procuration de M. le
Coq de Beuville.

Yvelin de Béville.

Le président de la Granderie.

Le Moyne de Boisgautier, chargé de la procuration de M. le comte de Tristan.

De Grente de Sahurs chargé des procurations de madame de Clieu-d'Erchigny, et de M. de Boscoursel.

Le chevalier Bigot.

Huger.

De la Vache, baron de Saussay.

Chauffer de Toulaville, chargé de la procuration de M. de Guilbert.

De la Rue de Rucqueville.

De Courselles.

Le chevalier de Venderetz.

Du Val de Varangeville, chargé de la procuration de M. de Mauduit de la Rosière.

Le Vavasseur, chargé des procurations de MM. l'Estorey de Boulogne, de Feray et de madame de Feray.

Le Febvre, chargé des procurations de MM. de Louvel de Janville et de mademoiselle de Guenes.

Quesnel.

Garvey, chargé de la procuration de M. Garvey.

Le Petit de Bellaunay.

Langlois de Jainville.

Du Héquet.

Cabeuil du Vaurouy, chargé de la procuration de M. le Couteulx de Canteleu.

Grenier d'Ernemont, fils, chargé de la procuration de M. de Mornay.

Du Boscage de Bléville.

Grenier de Cauville.

Le Boullenger de Bosgouct.

Le chevalier de Saint-Ouen de Sancy, chargé de la procuration de M. Duchesne.

Bigot de Bolleville.

Le Sens de Folleville, président à mortier du parlement, chargé des procurations de MM. le Sens, comte de Lion, et le Sens de Folleville.

Gruchet de Soquencè, chargé des procurations de MM. le comte de Maulevrier, et Jaquier de Viels-Maisons.

De la Granche, chargé de la procuration de madame d'Estouteville.

Le chevalier le Noble.

Le Chevalier des Clavelles.

De Francamp.

Thorel de Bonneval, chargé de la procuration de M. Thorel de Saint-Martin.

Dagier de Rufosse.

Henriqués Du Fayel, chargé de la procuration de M. Henriqués Du Fayel.

Auzanet.

Glatigny.

De Malherbe de Saint-Laurent.

Le chevalier Odoard.

Bourtainville.

Le Cavelier de Saint-Jacques.

Le chevalier Cavelier de Saint-Jacques.

Varni de Saint-Ouen, chargé de la procuration de madame Morin, et de M. le comte de Marie.

D'Hugleville, chargé des procurations de MM. Morin de Croixmare, et d'Hugleville.

Le chevalier Auzanet.

De Saint-Ouen-d'Ernemont.

Le Mercier, secrétaire, chargé de la procuration de M. Guérin de Marcouville.

Lambert-d'Herbigny.

ROUSSELOT DE CHEVRY. Suivant le procès-verbal d'appel des nobles possédant fiefs dans l'étendue des bailliages de Melun et Moret, fait en l'assemblée des états de la noblesse réunis à Melun par ordre du Roi, le 6 mars 1789, est comparue Angélique-Françoise Rousselot, dame de Chevry, en Sereine, de Vaux-sur-Lunain et autres lieux, fille et unique héritière de messire Jean-Nicolas Rousselot, écuyer, conseiller du Roi en son châtelet et présidial deParis, seigneur de Chevry et Vaux. Ladite demoiselle Rousselot, alors mineure, représentée par le procureur fondé de messire Jacques Charpentier, chevalier, seigneur de Boisgibault, conseiller du Roi en ses conseils, président en la cour des aides de Paris, son tuteur honoraire.

Armes : D'argent, au chevron d'azur, accompagné de trois coquerelles de sinople.

ROUSSILLON, CONFLENT et CERDAGNE. *Liste de messieurs les gentilshommes convoqués en* 1789, *pour*

la nomination des députés de la noblesse, aux Etats-
Généraux, dans les comtés de Roussillon, Conflent et
Cerdagne.

Messieurs,

D'Oriola, président d'âge.

Le baron d'Ortaffa, chevalier, colonel d'infanterie, président élu.

De Nucia, procureur syndic provincial secrétaire de la noblesse.

D'Argiot, seigneur de la Ferrière, chevalier, ancien colonel, commissaire.

Le marquis d'Oms, chevalier, commissaire.

Le chevalier de Rocheblave chevalier, commissaire.

De Matheu-Bon, commissaire.

De Naro, commissaire.

De Blay, commissaire et scrutateur.

De Noguez d'Albert, commissaire.

De Bosch, commissaire.

De Coma-Jordy, commissaire et scrutateur.

De Coma-Serra, commissaire, et député aux Etats-Généraux.

De Vuandricourt, ancien officier, scrutateur.

Le chevalier de Montferré, chevalier, député aux Etats-généraux.

Le marquis Du Vivier de Lansac.

Le marquis d'Oms.

Le chevalier de la Ferrière.

Le chevalier de Palmarole, officier de cavalerie.

Le chevalier d'Anglada.

Le président d'Anglada.

D'Oms-Texidor.

De Vilar.

De Vilar-Boisambert.

De Campredon.

De Reart-d'Oms.

D'Oms de Copons.

De Pastor.

De Giblé.

Le marquis d'Aguilar.

Le comte d'Aguilar.

D'Esprès.

Le vicomte d'Albaret.

De Candy-Nobet.

De Candy-Joly.

D'Aubermesnil.

De la Houlière.

D'Aspres-Boaça.

De Boaça.

Le comte de Ros.

Le marquis de Gleon.

Le chevalier de Sabater.

Joseph de Jaubert.

Emmanuel de Jaubert-St.-Malo.

Louis de Jaubert-St.-Malo.

François de Jaubert-Saint-Malo.

Antoine de Jaubert.

De Bordas.

De Cassus, aide-major de Collioure.

De Cassus, major de Parts de Mollo.

major du régiment de Languedoc.
De Jaubert, aide-major de Perpignan.
Coll de Vivés.
De Riu.
De Riu, cadet.
De Miquel de Riu.
Du Hault-Temps-d'Esbor-des.
De Roigs, aîné.
De Roigs-d'Otres.
Le chevalier de Roigs, capitaine au régiment de Médoc.
De Sampso.
Le baron de Durfort, capitaine de vaisseau.
L'abbé de Durfort.
De Bourde-Ville.
De Laboissière.
Du Vivier, seigneur de Sarraute.
François de Pontich.
Paul de Pontich.
François de Comta.
Félix de Ribas.
J. de Cavaller.
François de Bombes.
Jacques de Bombes.
S. de Bombes.
De Parron.
De Guardia.
De Guardia, fils.
De Boixo.
De Balanda.
De Dulçat.
De Raymond.
De Raymond, fils.
De Noguer-d'Albert.
De Noguer Pagès.
Joseph de Blay.
Jean de Blay.
IV.

De Namby-Artigües.
De Rovira-Jaubert.
Antoine de Raymond.
De Boixo de Thuïr.
De Pontich-Pélisser.
De Costa Serradell.
André de Costa.
De Gobert.
D'Escaillar.
Le comte de Saint-Marsal.
De Barrera-Noël.
De Barrera-Delhom.
De Capriol, seigneur de Saint-Hylaire.
De Rear-Miquel.
Auguste de Selva.
Joseph de Selva.
Du Vivier, seigneur de Teysac.
De Pagès.
De Tamarit.
De Banyuls, marquis de Montferré.
Le comte de Montferré.
De Guanter-Barescut.
De Coma-Montredon.
De Céllés-Prast.
D'Ax, seigneur de Cessales.
De Jordy-Grau.
De Perpynia.
De Romeu-Sunier.
Noguer de Belissendy.
De Bordas-Mauran.
De Barescut du Vernet.
Du Verney.
De Vilar-d'Ams.
De Rovira-Ribas.
Jacques de Batle.
De Batle-Reynald.
De Boquet.
De Noëll, baron de Vilaro.
De Maria-Carbonell.
D'Esprès de Tamarit.

De Rovira-Bonet.

De Varo.

De Varo-Cellès.

De Vobet-Massia.

De Riubanys.

D'Oms-d'Armangau.

De Gonzalvo-Reynes.

De Brugnera-Texidor.

D'Amat.

Antoine d'Amat.

Ducup de Saint-Paul.

Le chevalier Ducup.

Antoine Ducup.

De Pallarès-Barrera.

De Pallarès-Roger.

De Terrena.

De Barescut Dulçat.

De Godiffroi.

De Camporells-Delpas.

De Gelcen.

De Capot.

Alex. de Capot.

De Montagnas.

De Bonet-Salleles.

De Bonet-Grau.

De Rocha.

De la Chapelle.

Chevalier de la Chapelle.

De Magny, ancien capitaine.

Chevalier de Magny, id.

De Brugnera-Margonet.

Chevalier d'Ortaffa.

De Cagariga.

De Gazaniola.

Delfau.

De Massia.

De Maria-Candy.

De Vamby.

De Boixo-Noëll.

Du Barry de Lassus.

Le chevalier d'Ax de Cessales.

De Miro, baron de Riu-Noguer.

LE ROUX, seigneurs du Chastelet, de la Thieuloie, de Puisieux-au-Mont, de Puisieux-au-Val et d'Acheville, en Artois. Claude le Roux, auteur de cette famille, qui a formé deux branches, était natif de Béthune et bourgeois d'Arras. Il recréanta sa bourgeoisie et prêta serment pour cet effet, le 22 février 1498. Il servit en qualité d'homme d'armes, dans les armées de l'empereur Charles V, qui l'anoblit et toute sa postérité, par lettres du 14 avril 1527, confirmées au mois de juin 1531. Jean le Roux possédait à Haillicour les mêmes biens qui avaient appartenu à Claude le Roux, son père, précédemment cité, et on le présume être le même Jean le Roux, bourgeois d'Arras, dont la veuve nommée demoiselle Nicolle le Conte, fit un codicile à Arras, le 22 juillet 1551, et mourut avant le 27 septembre de la même année.

Armes : Ecartelé, aux 1 et 4 d'argent, à la fasce de gueules, surmontée de trois coqs de sable, membrés et crêtés de gueules; au 2 et 3 d'or, à la bordure engrêlée de gueules, à la fasce du même; à l'écusson d'argent, brochant sur le tout, chargé de trois fleurs de lys de gueules, surmontées d'un lambel d'azur. Cimier : une fleur de lys de gueules entre un vol du même.

LE ROY DE MACEY, seigneurs et patrons de Macey, d'Espas, de Brée, de la Brumanière, le Noyant, de la Lorinière, du Chastellier, du manoir de Bian, de la Sansonnière des Braizelles, de Montlévart, de la Porte, de la Fontaine, de la Chapelle des Hogues, etc., en Normandie. Cette famille a formé deux branches, la branche aînée des seigneurs d'Espas et de Macey, et la seconde branche des seigneurs de Brée et de Noyant. Elle remonte sa filiation à Guillaume le Roy, écuyer, seigneur d'Espas et en partie de Macey, qualifié du titre de noble dès l'an 1470; il avait épousé demoiselle Catherine *Meillart*, morte ainsi que son mari, avant le 1er. juin 1499. Guillaume eut pour fils, Pierre le Roy, Ier. du nom, écuyer, seigneur en partie de Macey et d'Espas, marié, le 25 avril 1491, avec mademoiselle Marguerite *Foulange*. Cette famille a donné plusieurs capitaines et et autres officiers, et s'est alliée aux familles le Champenois de Beaubuisson, du Chastellier, de Closmesnil de Colvain, de Courtarvel, Davy de Menneville, Girard de la Barre, Goyon de Marçay, du Hallay de Valnelles, de Mahé, de Montsautel, de Neufville, de Boisguillaume, Perrault, Philippes de Forges, du Pontavice, le Porcher, de Querally de Taillerot, de Royers de la Brisolière, de Saint-Martin, de Signy, Tardif de Vauclair, de Verdun de Margotin, du Vivier de Moron et de Campigny, etc.

Armes : D'argent, à trois roses de gueules, boutonnées d'or.

DE ROZET, seigneurs et barons de la Garde-en-Calvère, etc., en Quercy. L'ancienneté du nom de Rozet remonte à l'an 1263; mais la filiation suivie de cette famille, ne s'établit que depuis noble François de Rozet, vivant en 1350, qui, d'après le rapport des tems, paraît être fils d'Arnaud de Rozet, chevalier, qui existait le 4 octobre 1322. François eut pour fils noble Raimond de Rozet, damoiseau, seigneur de la Garde-en-Calvere, lequel fit une transaction en 1442, et fut marié le 9 février 1460, avec demoiselle Bernade *des Lacs*, qualifiée dans l'acte de son mariage : *La honesta dona Bernada Daylax heretier universal que es de la nobla Galharda de Sermet sa muyre.* Cette famille compte au nombre de ses descendants, un capitoul de Toulouse, gentil-homme ordinaire de la chambre du Roi, en 1569 ; des officiers supérieurs et plusieurs capitaines, dont trois étaient décorés de l'ordre royal et militaire de Saint-Louis. Les alliances directes de cette maison, sont avec celles de la Boissière de las-Bouygnes, de Cardaillac, de Corneilhan de Mondenard, de Crugy - Marcillac, de Cours de Pauhac, de la Dugnie, du Falgua, de Foclarin de Roquefère, de la Gelhie de Carcès, de Gontaut de Grumat, du Gout, de Grouze de Saint-Martin, de Guiscard de la Coste, de Haly, de Lauzières, Thémines, du Lion de Burniquel, Louvet de la Tour, de Luzech, Pellerin, de Rabastens, Raffin de Péricard, de Tilh, du Tilhet - d'Orgueil, de la Tour, etc. *D'azur, au lion d'or, armé, couronné et lampassé de gueules, tenant une hache d'armes aussi d'or.*

S.

DE SAILLANS. L'ancien château de Saillans, au diocèse de Clermont, en Auvergne, a donné son nom à une illustre et ancienne race de chevalerie, qui en remontait la possession jusqu'à la fin du dixième siècle, tems auquel vivait Guy, père d'Etienne, seigneur de Saillans, l'an 1020. Après ce dernier, on trouve Raimond de Saillans, en 1199 ; Bérenger, seigneur de Saillans, chevalier, en 1285 ; Astorg de Saillans, sei-gneur de Mauriac, marié, vers 1400, avec Catherine d'Urfé, fille d'Arnold d'Urfé, Ve. du nom, seigneur de la Bastie, chevalier, et de Madelaine d'Histrie, dite d'Espagne ; Antoine de Saillans, seigneur de Saint-Julien-sur-Champels, en 1451, châtelain de Noschers en 1477 ; Amblard de Saillans, en 1543, et enfin, Jean, seigneur de Saillans, père de Péronelle de Saillans, mariée, par contrat du 9 février 1564, avec Paul du

Prat, seigneur de Bousde et de Chavagnac, fils d'Anne
du Prat, seigneur de Veyrières, et de Gabrielle de
Chaylus.

Cette maison a donné neuf chanoines, comtes de
Brioude, savoir : Willelme de Saillans, en 1256;
Hugues, de 1250 à 1280 ; autre Hugues, de 1316 à
1342 ; Jean, en 1394 ; Durand, en 1491 ; Louis, de
1488 à 1509 ; Robert, en 1491 ; Annet, de 1491 à
1531, et Jean de Saillans, de 1531 à 1538.

Il existait encore au dix-septième siècle, une branche
de Saillans, seigneurs de Brisenod, en Vivarais, dont
était Catherine de Saillans, qui épousa, vers l'an 1490,
Guillaume de Francoules, co-seigneur de Saillans, en
Provence. La noblesse de ladite Catherine de Saillans
fut jurée dans les preuves de Mansuet de Meaux, son
petit-fils, reçu chevalier de Saint-Jean de Jérusalem,
au grand prieuré de Saint-Gilles, en 1544.

On ignore si cette dernière famille du Vivarais est
une branche de la maison de Saillans, en Auvergne.
Les Saillans-Brisenod portaient : *D'azur, au château à
trois tours d'or, ouvert de sable; au chef d'argent, chargé
d'un lion issant d'or.*

DE SAILLANT, ou DE SAILLANS, seigneurs du Hamel
et d'Herbigny, en Champagne, noblesse ancienne et
militaire, originaire de Provence, qui s'est établie d'abord
en Picardie, dans la personne d'Annibal de Saillans,
nommé chevalier de l'ordre du Roi, avant l'institution
de celui du St.-Esprit (créé en 1578). Il a cette qualité et
celle de seigneur du Hamel, dans un contrat d'obligation,
passé à son profit par Louis Guérin, par-devant Postel
et Pellot, notaires royaux à Péronne, le 22 juin 1551.
Annibal épousa Claude de Séricourt-d'Esclainvilliers,
dont il eut Josué et Marie de Saillans. Josué fut capitaine d'une compagnie de cent chevau-légers; il épousa,
le 14 août 1596, damoiselle Eléonore de Parthenay, qui
le rendit père de François de Saillans, écuyer, seigneur
du Hamel et de Mussancourt, lieutenant de cavalerie
dans le régiment de Cœuvres ; il épousa, le 19 janvier
1622, damoiselle Antoinette d'Ainval, de laquelle il
eut Ferry, qui suit, Louise, non mariée et Eléonore,
épouse de Philippe-François d'Artaise, écuyer, seigneur
de Noyelles. Ferry de Saillans, écuyer, seigneur du

Hamel et d'Herbigny en partie, demeurait à Herbigny, élection de Reims, lorsqu'il fut maintenu dans sa noblesse, par M. de Caumartin, intendant en Champagne, au mois de décembre 1668. Il avait épousé, le 23 février 1660, damoiselle Anne d'Alendhuy, fille de Christophe d'Alendhuy, écuyer, seigneur du Champ de la Grange, et de damoiselle Jeanne de Saint-Quentin. Leurs enfants furent Pierre, Louis, Marthe et Suzanne de Saillant.

La seigneurie d'Herbigny était encore possédée par cette famille à l'époque de la révolution. Elle subsistait alors en quatre frères et quatre sœurs, savoir :

1°. François-Louis, comte de Saillant, né à Herbigny, entré volontaire au régiment de Bouillon, le 15 février 1757 ; fut fait cornette des volontaires du Hainault, le 8 mars 1759 ; lieutenant d'infanterie, le 1er. janvier 1760, sous-aide-major, le 11 décembre 1768 ; capitaine, le 13 juillet 1771, chevalier de Saint-Louis, le 1er. juin 1772, obtint, en considération de ses services, une pension de quatre cents livres sur les affaires étrangères, le 1er. juin 1772. Il fit la campagne de 1757, au Hâvre-de-Grâce, où il fut blessé à la cuisse ; celles de 1759, 1760, 1761 et 1762, en Allemagne, celles de 1769 et 1770, en Corse ; fut détaché en Pologne, sous Dumouriez, en 1771, 1772 et 1773, et fut fait prisonnier de guerre au château de Cracovie. Il est décédé ;

2°. N.... de Saillant, lieutenant-colonel commandant les chasseurs du Roussillon, chevalier de Saint-Louis, gentilhomme de la chambre de *Monsieur*, (aujourd'hui S. M. Louis XVIII), mort glorieusement, commandant le camp de Jalès, en 1791, où il avait été envoyé par *Monsieur*.

3°. N.... de Saillant, vicaire-général et grand-archidiacre du diocèse de Sagon, en Corse, pensionné du Roi, de douze cents livres, sur l'abbaye de Montmoreau, décédé ;

4°. Jean-François, chevalier de Saillant, né à Herbigny le 18 décembre 1749, ancien capitaine d'infanterie au régiment de Beauvaisis, chevalier de Saint-Louis, ancien aide-major de la place de Calvi, en Corse, retraité après vingt-huit ans et demi de service, vivant :

5°. N.... de Saillant, religieuse décédée ;
6°. N.... de Saillant, abbesse de l'abbaye royale du Parc-aux-Dames, décédée ;
7°. N.... de Saillant, abbesse de l'abbaye royale de Notre-Dame de Nevers, décédée ;
8°. N.... de Saillant, élevée à la maison royale de Saint-Cyr, décédée.

Armes : Vairé d'or et d'azur ; à la bande de gueules, brochante sur le tout.

SAIN, famille originaire de la ville de Châtellerault, en Poitou, qui a pour auteur René Sain, pourvu de la charge de secrétaire du Roi, maison, couronne de France et de ses finances, le 6 mai 1515. Ses descendants ont formé trois branches principales : 1°. les seigneurs de Bois-le-Conte, des Arpentis, de Saint-Médard-d'Evres, établis à Tours, depuis 1599 ; 2°. les seigneurs de la Baronnie et de la Noue, à Orléans, éteints au dix-huitième siècle ; 3°. les seigneurs de Prévert et de Ranchoux, établis en Berry. Ces trois branches ont donné nombre d'officiers et de magistrats distingués, dont, entr'autres, un conseiller d'état, et plusieurs prélats recommandables, parmi lesquels on remarque Joseph Sain, né le 21 juin 1633, prêtre, docteur en théologie, directeur du séminaire de la ville de Tours. Il fonda, pour les pauvres ecclésiastiques de ce diocèse, dans sa terre et maison de Bois-le-Comte, un séminaire, sous l'invocation de Saint-Charles (1). On dut aussi à son zèle apostolique la fondation du couvent de la Propagation, ou de l'Union chrétienne, à Tours. Il mourut le 18 octobre 1708, et fut inhumé dans l'église de ce couvent, où se voyaient, avant la révolution, son épitaphe en latin, au-dessus de sa tombe, avec ses armoiries sculptées en bosse.

Les alliances directes de cette famille sont avec celles

_____

(1) Cette terre fut unie depuis au grand séminaire de la ville de Tours (auquel Joseph Sain fit aussi plusieurs dons), lorsque celui de Saint-Charles fut supprimé.

d'Appelvoisin la Châtaigneraye, d'Arquin de Souligny, Baillard, Bérault de Neuzieux, Betoulat, Boisard, Bongars du Mouron, Brécy, Cathelin, Chicoisneau, Cottereau, le Court, Courtiau-d'Arconville, Daën-d'Athée, Forget, Foyal-d'Herbault, Gatian de la Fond, Gauvain, la Haye de la Guignaudière, Hotman de Rougemont, Hurault, du Ligondès, Moran, Patrix, Pelgrain de l'Estang, le Proust, Taschereau de Baudry, Testu de la Roche, du Tronchay de Martigny, Turquant, Varice, Vélar de Châteauvieux, etc.

Armes : D'azur, à la fasce d'argent, chargée d'une tête de maure au naturel, tortillée d'argent, et accompagnée de trois coquilles d'or.

DE SAINT-GERMAIN, seigneurs de Villette, de Jarjaye et de Vaugodemar, en Dauphiné. Cette famille ancienne remonte par filiation à Nicolas de Saint-Germain, dont le fils, Arnoux de Saint-Germain, fit son testament l'an 1385. Jacques de Saint-Germain, fils de celui-ci, seigneur de Villette, de Jarjaye et de Vaugodemar, rendit hommage à Jacques Artaud, évêque de Gap, l'an 1393 et 1398, pour diverses rentes qu'il possédait dans la ville de Gap. *D'or, à la bande d'azur, chargée de trois colombes d'argent, tenant chacune en leur bec une étoile d'or.*

DE SAINT-HUBERT (HUBERT) en Anjou.

I. Georges-Germain HUBERT DE SAINT-HUBERT, marié, 1°. en 1595, avec Barbe *de la Croix* ; 2°. avec Eléonore *de Courtenay*, eut de sa première femme :

II. Georges HUBERT DE SAINT-HUBERT, qui, le dernier décembre 1649, obtint des lettres-patentes de S. M. Louis XIV, énonçant qu'il était issu de la ligne et génération du glorieux saint Hubert d'Ardennes (1),

(1) Mort à Liège en 727. On prétend qu'avant sa retraite, saint Hubert avait été marié, et qu'il avait eu un fils, nommé Froberg. Voyez les Généalogies hist. des maisons souveraines, tom. III, pag. 32 ; et le Dictionnaire historique in-8°., de Prudhomme, tom. VIII, pag. 552.

fils de Bertrand, duc d'Aquitaine. Il épousa, le 25 février 1675, Louise-Andrée *de Savonnières*, fille de feu Charles de Savonnières, écuyer, seigneur de Salvert, et de démoiselle Urbanne de Cheviré. Dans ce contrat, il a la qualité de gentilhomme de la maison du Roi ; ses enfants furent :

1°. Jean-Louis, dont l'article suit ;
2°. Paule-Françoise, mariée à M. du Ballet, chevalier de Saint-Louis, brigadier des Mousquetaires, morte veuve et sans enfants, au couvent des Loges, ordre de Fontevrault, en Anjou, le 25 avril 1743.

III. Jean-Louis HUBERT DE SAINT-HUBERT, né à Paris le 3 décembre 1680, épousa, le 13 octobre 1698, demoiselle Marguerite *Jagots*, fille de messire Etienne Jagots, intéressé dans les affaires du Roi, de laquelle il eut :

IV. Etienne-HUBERT DE SAINT-HUBERT, Ier. du nom, né à Saumur le 30 octobre 1706, marié, le 19 janvier 1735, avec Jeanne *Ysoré de la Varenne*, petite-nièce de monseigneur Jacques Ysoré, archevêque de Tours. De ce mariage sont issus :

1°. Etienne II, dont l'article suit :
2°. Jeanne-Julienne de Saint-Hubert, née à Blou, en Anjou, le 2 juillet 1735.

V. Etienne HUBERT DE SAINT-HUBERT, IIe. du nom, né à Blou, au diocèse d'Angers, le 15 avril 1737, épousa, le 18 août 1765, demoiselle Angélique *Odit*, dont sont issus :

1°. Etienne-Louis-Auguste de Saint-Hubert ;
2°. Etienne-Georges-Alexandre, qui suit :

VI. Etienne-Georges-Alexandre DE SAINT-HUBERT, né le 14 avril 1779, élève de l'école royale militaire de Pontlevoy, en 1789 ; a fait toutes les guerres de la Vendée, est aujourd'hui maréchal des camps et armées du Roi, et chevalier de l'ordre royal et militaire de Saint-Louis. Il a épousé, en 1801, Marie-Hortense *de Hillerin de Boistissandeau*, de laquelle il a :

IV.   19

1°. Adolphe de Saint-Hubert ;

2°. Marie-Adélaïde-Hortense de Saint-Hubert ;

3°. Clara de Saint-Hubert ;

4°. Julie-Aminthe de Saint-Hubert.

Armes : D'or, au chevron d'azur, chargé de trois fleurs de lys d'or, et accompagné de trois roses de gueules. Couronne de marquis. Supports : deux lions.

On peut consulter, pour plus de détails, le tome XII du Nobiliaire de France, où par erreur, pag. 282, on a mis trois quintefeuilles, au lieu de trois roses, aux armoiries.

SAINT-JEAN-D'ANGELY. *Liste des Gentilshommes du bailliage de Saint-Jean-d'Angely, qui, l'an 1789, ont été convoqués pour l'élection des députés aux Etats-Généraux du royaume.*

Messieurs,

De la Laurencie de l'Effort.

Dubois de Saint-Mandé de Competeau.

Dubois de Saint-Mandé de Longeville.

De la Carie.

Jean-Baptiste-François Griffon du Bellay.

Pierre-Honoré Griffon de Pleineville.

Charles Griffon du Champot.

Aubin Griffon de la Richardière.

Bégéon de Sainte-Même.

De Tudes-d'Ebéon.

De Saint-Martin de la Cabourne.

De Chièvre-d'Aujac.

De Susannet de Mour.

De la Tache du Pont-d'Herber.

Chevreuil de Rommefort.

Mesnard de la Tacherie.

Du Bousquet d'Argence.

Turpin de Blansac.

Chevalier du Chausset.

Du Puy-Montbrun.

De Montrillon-d'Archambaud.

De Bourdeilles.

Turpin de Lonfignac.

Frétard de Gadeville.

De Vassogne de Chatanet.

De Jousseran de Molemore.

De Livennes de Balans.

De Rouffignac.

La Laurencie de Charar.

De Blois de Massac.

Du Teil de Fresneau.

Palet de Traisance.

Machapt de Pompadour.

Le Moyne de Sérigni.

De Marigni.

Pandin de Narcillac.

Le Moigne de Puychemin.

Robert-d'Hérisson.

Bidet de Morville.

Masson de la Sausaie.

D'Appelvoisin de la Roche-

Dumaine.

D'Hérisson de la Gache-
terie.

Tison-d'Argence.

Gaston de Coux de Saint-
Hypolite.

De la Chevalerie-d'Echil-
lais.

De Susannet de la Rouil-
lanne.

Le Moyne de Sérigni de
Lirre.

Galliard de Laleu.

De Blénac de Romegoux.

De la Tour de Geai.

Gaudin du Cluseau.

De la Baume de la Galer-
nerie.

Delastre de Bignai.

Chevalier Delastre.

De Saint-Georges de Vois-
sanc.

De Concarré de Montmou-
ton.

De Bobenne de l'Epinière.

De Monbas des Rases.

D'Aubigni de Montmouton

De la Rochecourbon de
Champdolent.

Le Mercier de Janvelle-d'O-
rion.

De Voutron de Béllébat.

De Beauchamp de Champ-
Fleuri.

De Sainte-Hermine de Cou-
longes.

Turpin du Mung.

De Chastenet de Bernéré.

De Ponthieu de Forgettes.

Gaillard de Fief-Gaillard
et Anville.

De Brémon du Brandet.

Du Tilli de Beaulieu.

De Méchinet de la Frédière.

D'Amblimont du Bouquet.

De Brillac de Grandjean.

De Laage du Douet.

Fréteau du Pati de Bussac.

De Sartres de Vénérant.

De St-Mathieu de Cogni.

De Gontaut de Biron de
Brizambourg.

De Goulard de l'Aléard.

Péraudeau de Beaufief.

De Lalande de St.-Etienne.

De la Perrière de Tesson.

Angevin de la Révétison.

Malvin de Montaset de St.-
Symphorien.

Catachart de Saint-Hilaire-
d'Allerit.

De Lescours de Chantoi-
seau.

De Villedon de Jamais.

De la Rochefoucaud de St.-
Félix.

De Cugnac du Bourdet.

Dubois de Courval de St.-
Georges de Rex.

De Bénac de Jouhé.

De Rolland de la Grange.

De Veaublanc de la Ferrière.

De Soulignac des Chaumes.

Le Roux des Tannières.

D'Abzac de Migré.

De la Perrière de Rouaphé.

Mallevaud de Vomoran.

De Chastenet.

Daubenton de Mornai.

De Beauchamp des Basses-
Rivières.

Du Pont du Chambon.

Pandin de Biarge.

Chabot de Marsilly.

De Brouillac de Magné.

De Pindrai de Roumilly.

Le Mesnier de la Roche-Landry..

De Salignac de Fénélon.

De Chambes de la Faye.

De Bearn de Galard.

Amelot de Varaise.

De Saint-Orens de Créssé.

Castin de Guérin de la Magdelaine.

Grousseau de Chapitre.

Daubigny.

Lavernede de Raimhaud.

De Massogne de St.-Simon.

Du Fay de la Taillée.

De Mauclerc de Pairé.

De St.-Quentin de Chambon.

De Beaucorps de la Bastière.

Bouchard-d'Aubeterre.

Guibert de Landes.

Dubois de Landes.

Malat de la Bretinière.

D'Orvilliers de Pérai.

De Cherisey de la Touche.

De Turpin de Jouhé.

Danglards de l'Aleu.

D'Hausen-d'Oriou.

De Courcerac.

Normand-d'Authon.

SAINT-MARTIN. Maison illustre et très-ancienne de race chevaleresque du comté de Bourgogne, qui possédait les château fort et seigneurie de St-Martin , au bailliage de Lons-le-Saulnier, depuis Guy, seigneur de St-Martin chevalier, co-fondateur, avec le comte de la Roche, son suzerain, du monastère du Lieu-Croissant, (appelé depuis les Trois-Rois). Dès le commencement du douzième siècle, on trouve beaucoup de ses descendants aussi chevaliers, bienfaiteurs de cette abbaye, et de celles de Baume, Balerne, Theuley, notamment Simon, Guy, Hugues, Renaud , Richard, etc., en 1130, 1133, 1136, 1140, 1178, 1202, 1209, 1231 ; et grand nombre de chartes et actes des treizième, quatorzième et quinzième siècles ; où se trouvent rappelés des chevaliers et écuyers de ce nom, dans les rôles et revues d'hommes d'armes. Les registres de la chevalerie de St-Georges font, ainsi que les auteurs, également foi , que ces seigneurs ont été reçus dans ce corps illustre dès sa restauration de 1390, savoir : Etienne, en 1390 ; Etienne, en 1445 ; Guillaume, en 1485; Jean , en 1529. Parmi les autres chevaliers distingués qu'a donnés cette maison, on remarque Philippe , écuyer, panetier du duc de Bourgogne, en 1460 ; Gérard, qui accompagna le duc en Guienne, en 1372 ; Guillaume de Saint-Martin, chevalier, qui marcha avec neuf écuyers , combattit vaillamment, et se signala à côté du duc Philippe-le-Hardi, en 1382, à la bataille de Robeque ; Jean , qui accompagna le duc jusqu'aux portes de Paris, en 1413 ; Bernard, fait prisonnier à la bataille près de Mons, en 1421, etc.

La dernière branche de cette maison ne s'éteignit qu'au dix-septième siècle ; toutes contractèrent une suite d'alliances illustres, et entrèrent très-anciennement dans tous les chapitres nobles.

Armes : D'argent, à trois hures de sanglier de sable, allumées et défendues de gueules.

DE SAINTE-MAURE, maison de haut baronnage et d'ancienne chevalerie, de Touraine, qui tirait son nom de la ville et baronnie de Sainte-Maure. Son premier seigneur connu, est Gosselin, surnommé Pictavinus, mentionné dans une charte de Foulques Nera, comte d'Anjou, de l'an 1007. Sa descendance n'a formé que cinq générations. Avoie, dame de Sainte-Maure, fille unique de Guillaume, seigneur de Sainte-Maure, épousa, avant l'an 1190, Guillaume, seigneur de Pressigny, en Touraine, à qui elle porta le riche héritage de sa maison.

Armes : D'argent, à la fasce de gueules.

DE SAINTE-MAURE-MONTAUSIER. Aimeri de Loudun, qui vivait en 1129, est l'auteur de cette antique maison de chevalerie, qui ne le cède en grandeur et en illustration à aucune des plus considérables du royaume, au nombre desquelles l'ont placées ses nombreuses possessions, ses services éminents et ses belles alliances. Foulques de Loudun, fils d'Aimeri, épousa Athénaïs, dame de Pressigny, en Touraine, dont il eut trois fils. Guillaume, le dernier, fut seigneur de Pressigny ; il épousa, avant l'an 1190, Avoie, dame de Sainte-Maure, en Touraine, et prit le nom et les armes de cette riche héritière (1), que ses descendants ont portés depuis lors jusqu'à nos jours.

Cette maison, dont l'origine chevaleresque est consignée dans l'Histoire des Grands-Officiers de la Couronne, et dans les preuves faites au cabinet des ordres du Roi, pour les honneurs de la cour, en 1769 et 1773, a formé huit branches principales, savoir :

_____

(1) Cette maison portait avant une bordure componée.

Les seigneurs de Sainte-Maure, de Pressigny, de Savonnières et de Montcontour, fondus au quatorzième siècle, dans la maison de Craon ;

Les seigneurs de Montgaugier, comtes de Nesle, de Benaon, de Joigny, vicomtes de Pleumartin, barons de Cuverville, etc., éteints en 1576 ;

Les seigneurs d'Origny, barons de Ruère, comtes de Sainte-Maure-Montausier, en Champagne, seule branche existante dans la personne de Louis-Auguste-Marie-César, comte de Sainte-Maure-Montausier, créé pair de France, le 17 août 1815 ;

Les seigneurs, puis marquis de Jonzac et d'Ozillac, éteints en 1677 ;

Les seigneurs et barons de Chaux, éteints vers 1630 ;

Les seigneurs, marquis, puis ducs de Montausier (1), éteints dans la personne de Charles de Sainte-Maure, duc de Montausier, pair de France, lieutenant-général des armées du Roi, nommé en 1668, gouverneur du dauphin, chevalier des ordres du Roi, mort à Paris, le 17 mai 1690. Assemblage rare de toutes les vertus et de toutes les lumières, dirigées par la plus austère probité, le duc de Montausier sera toujours un des plus beaux modèles pour les grands que leurs qualités éminentes et leur savoir appeleront à diriger l'éducation des princes ;

Les seigneurs de la Guiraie, éteints vers 1650 ;

Les seigneurs de Fougeray, barons d'Auger, marquis d'Archiac, éteints en 1763.

Ces diverses branches ont produit un évêque de Meaux, au commencement du treizième siècle ; un chancelier de France ; un vice-amiral ; des chevaliers du Saint-Esprit ; des gentilshommes et chambellans de nos Rois ; des capitaines de cinquante lances et de compagnies d'hommes d'armes des ordonnances ; des che-

_____

(1) Cette baronnie, située en Saintonge, fut érigée en *marquisat*, par lettres du mois de mai 1644 ; puis en duché-pairie, par d'autres lettres du mois d'août 1664, registrées le 2 décembre 1665.

valiers de l'ordre de Saint-Michel, des conseillers d'état,
des généraux d'armées, des gouverneurs de places de
guerre, et un grand nombre d'officiers de tous grades
sur terre et sur mer.

Les alliances directes de cette illustre maison sont
avec celles d'Aisse, d'Amboise, d'Amy de Beauregard,
d'Angennes-Rambouillet, d'Appelvoisin, d'Archiac,
Arnoul de Chantillac, de Barathon, la Baume-Montrevel, du Bari de Gaure, de Beaufils de la Plesse, de
Bellanger-la-Houssaye, de Berbisy, la Boissière de
Rochebrune, du Bos du Mesnil-Simon, Bouchard-
d'Aubeterre, de Bremond-d'Ars, de la Brousse de
Jussac, Buatier, de Carbonnel, de Catélan, Chabot
de Jarnac, de Chalons-Joigny, de Chamborant, de
Châtenet, de Châteaubriant, de Chebrier de la Four-
cheaume, Chesnel de Meux, des Chiens de la Neuville,
de Choisy de Torcy, de Clermont-Dampierre, de Craon-
Sablé, de Crussol-d'Uzès, Davout de Romanet, de
Damoiseau, du Deffand, de Dieuxaide, de Dinteville,
d'Epinay de Segré, d'Esparbèz de Lussan, de l'Espinay
d'Estouteville, Eveillechien, de la Forêt de Beaurepaire,
du Fresne de Rumigny, de Galard-Béarn, de Gillier
de Salles, Grain de Saint-Marsault, de Granet, de
Guerin de l'Etang, de la Guyonnie de Sainte-Colombe,
Hélie de Pompadour, Herlant, Hermand-d'Arcilly,
d'Humières, de la Jaille, de Jussac, de Lanneau, de
Lannes, de Lannoy-Dampierre, de Laval-Loué, de
Lenoncourt, de Léperonnière, de Lombard de Millery,
de Longchamps, de Lur-Saluces, de Luxembourg-
Fiennes, de Moisson, de Montausier, de Montbel
d'Entremont, de Montbeton, de Montendre, de Mont-
soreau, de la Mothe-Cadillac, de la Mothe-Fouqué,
de Noscey de la Forge, Olivier, d'Orgemont, de Pal-
luau, de Pampelune, Paulte-d'Auger, de Poix-Busan-
çois, de Polignac-d'Escoyeux, de Ponthieu, du Pont,
des Porcellets de Maillane, Porée, de Pressigny, de
Prie, du Puch, de Puiseul, du Puy de Cazes, de Ra-
butin, de Rancon, de Reillac de Boideuil, Rezeau de
Chassemenil, de Rieux, de Rochechouart-Mortemart,
la Rochefoucauld-Montbazon, la Roche-Rousse, la
Roche de Soubrain, des Roches, de Saint-Martin de
Prémeaux, de Saint-Yrier, Sauvage, de Salignac de
Rochefort, de Sublaine, de la Touche, le Vasseur de

Coigné, de Vendôme, de Vernon de Melziard, des Vieux, de Zurlauben, etc., etc.

Armes : D'argent, à la fasce de gueules. Tenants : deux sauvages.

DE SAINT-MAURIS-EN-MONTAGNE, maison des plus illustres et des plus anciennes, de race chevaleresque du comté de Bourgogne, qui paraît devoir son nom, ou l'avoir donné à trois villages du bailliage de Baume ; l'un à Châteaufort-sur-le-Dessoubre, dit Saint-Mauris-en-Montagne, contigu au second, dit Cour-lès-Saint-Mauris, peu distant du troisième, appelé Saint-Mauris-sur-le-Doubs ; desquels trois villages et châteaux, cette maison a possédé les fiefs depuis plus de six siècles, et où elle eut de toute antiquité son domicile.

Elle remonte par titres originaux existant encore dans ses archives, sa filiation suivie jusqu'à Richard de Saint Mauris, chevalier, marié à Adeline *de Mont-joye*, maison du haut baronnage, faisant, de concert, avec la maison de St.-Maurice, des dons à l'église, dès le onzième siècle. Richard fut le septième aïeul de Jean III de Saint-Mauris, chevalier, que Jean, comte de la Roche, dota de plusieurs fiefs, et des droits honorifiques sur toutes ses terres (comme son parent, et parce que Jean III l'avait suivi aux croisades), en le mariant, en 1302, à Simonne *de Vennes* (d'une maison baronnale), aussi parente de Marguerite, comtesse de Neufchâtel, laquelle le dota également des fiefs encore possédés en 1790, ainsi que les précédents, par la famille de Saint-Mauris. Les chartes et l'histoire prouvent que les frères et les fils de Jean III furent gentilshommes de la cour et de la maison des ducs de Bourgogne ; et notamment que Richard II, son fils aîné (treizième aïeul des marquis de Saint-Mauris-Chatenois d'aujourd'hui), était un des seigneurs et grands du pays, qui composaient le conseil de régence de Philippe de Rouvres, en 1349.

Cette maison reçue dans l'ordre de Saint Georges, dès l'époque de sa restauration, au quatorzième siècle, a donné à ce corps illustre des gouverneurs, chefs de l'ordre ; et consécutivement, depuis 1390, vingt-sept chevaliers. Elle a formé diverses branches distinguées et désignées sous les surnoms de Chatenois, Sauraget,

Berchenet-sur-le-Doubs, Mathay, Bustal, Sancey, Saulx, Saint-Hyppolite, et dont celle des barons de Chatenois est la seule qui subsiste.

Ces diverses branches ont donné des grands officiers de la maison et des chefs dans les armées des ducs de Bourgogne et de Lorraine ; des généraux et officiers supérieurs distingués aux services de France, d'Espagne, d'Allemagne, de Bourgogne et de Lorraine ; notamment plusieurs lieutenants-généraux, généraux-majors de bataille, maréchaux de camp, sergents-majors de bataille et brigadiers des armées ; des inspecteurs-généraux d'infanterie, de cavalerie et de dragons, majors-généraux et maréchaux-généraux-des-logis ; quatorze colonels, ou mestres de camp d'infanterie et de cavalerie ; un commandant-général des îles du Vent, des gouverneurs et commandants de provinces et de places fortes, etc.

Elle a obtenu les honneurs de la cour, le 12 mai 1789, en vertu de preuves faites au cabinet des ordres du Roi.

Cette maison a possédé plusieurs terres titrées, entr'autres le marquisat de Saint-Mauris, érigé en 1705, celui de Génevrey, et celui de Spincourt (avec la maison de Raigecourt), les comtés de Saulx et de Lambrey, depuis trois siècles ; les baronnies de Chatenois et de la Villeneuve, et plus anciennement plusieurs châteaux-forts importants, puisqu'elle y tenait à sa solde des gentilshommes pour châtelains ou capitaines.

La maison de Saint-Mauris a donné, depuis trois siècles, dix chevaliers et un commandeur de l'ordre de Saint-Jean de Jérusalem, dit de Malte. Elle compte aussi un commandeur et quatorze chevaliers de l'ordre royal et militaire de Saint-Louis.

Chapitres. Cette maison a été reçue, depuis le douzième siècle, dans les chapitres métropolitains de Saint-Jean et de Saint-Etienne, et dès-lors consécutivement dans tous les autres chapitres et corps nobles de sa province, auxquels elle a donné des abbesses, des grands-prieurs et des chefs ; l'a également été dans le haut chapitre de Remiremont, où elle a eu huit chanoinesses de son nom, depuis le seizième siècle ; ainsi que dans ceux de Lyon, Maubeuge, Liège, Guebweiller, Murbach ; elle a aussi donné quatre dames de l'ordre

IV. 20

impérial de la Croix-Etoilée de Marie-Thérèse, etc.

Les alliances directes de la maison de Saint-Mauris-en-Montagne, toutes contractées dans des races d'ancienne chevalerie, sont entr'autres, avec les d'Aigremont, d'Alemand-Molprey, d'Ambly, d'Andelot, d'Antigny, d'Aroz, d'Aubert, de Bauffremont, de Beaujeu, de la Beraudière, de Blandans, de Blicterswick, le Bœuf de Guyonvelle, de Boigne, de Boult, de Breurey, de Bustal, de Champagne, de Clairon-Saffres, de Coinctet-Châteauvert, de Colombier, de Courbessaint, de Crosey, de Cusance, de Damblin, de Diesse, de Durnes, d'Épenoys, d'Eshierres, d'Esnans, de Faletans, du Fourg, de Frohberg, de Gilley, de Gourcy, de Grammont-Granges, de Grivel-Perrigny, du Houx-Vioménil, de Huard, Huot-d'Ambre, de Jasnay, de Jouffroy, de Jussey, de Lallemand-Bellemont, de Leugney, de Ligniville, de Mareuchef, de Méligny, de Mellingen, de Montjoye, de Mont-Saint-Ligier, de Montureux-Ferrette, de Moustier, de Mugnans, de Neuvelin, de Nogent-le-Roy de Noidans, d'Oncourt, d'Orsans, d'Oyembrughe-Duras, de Pardessus, de Poligny, de la Porte, de Précipiano, de Provenchères, de Quadt-l'Andskrone, Quevert de Montjoux, de Raigecourt, de Rénédalle, de Rougemont, de Saint-Vincent, de Saulnot, de Séroz, de Sibricht, de Thuillerre, de Tramelay, de Trévilliers, de Valonne, de Vaudrey, de Vennes, de la Verne, de Villers-la-Faye, de Vy, de Willafans, etc., etc.

Armes : De sable, à deux fasces d'argent. Couronne de marquis. *Cimier* : Un maure issant de carnation, tenant de la main dextre un badelaire, et de la senestre une banderolle, portant pour cri : *Plus de deuil que de joie.* L'écu posé sur deux bannières ou panons aux armes de Saint-Mauris, passés en sautoir. *Tenants* : deux maures de carnation, ceints et tortillés d'argent, ayant chacun un badelaire à la main. Devise : *Antique, fier et sans tache.*

DE SAINT-REMY DE VALOIS, en Champagne,

branche naturelle de la maison de France, formée par Henri de Saint-Remy, fils naturel du roi Henri II, et de Nicole de Savigny, dame de Fontette, de Noë, etc., mariée depuis avec Jean de Ville, chevalier de l'ordre du Roi. Elle fit son testament le 12 janvier 1590, dans lequel elle déclare que le roi Henri II lui avait donné en 1558, pour son fils Henri, *Monsieur*, une dot de trente mille écus sol. Henri III, par lettres du 13 février 1577, lui fit payer cette somme, dont elle donna quittance le 26 du même mois. *Voyez l'Histoire généalogique de la maison de France, par le P. Anselme, tom. I, pag. 136 ; et l'Histoire de France, du président Hénaut, troisième édition in-4°., pag. 314.*

Henri de Saint-Remy, qualifié haut et puissant seigneur, chevalier, baron de Fontette, seigneur de Noë, de Beauvoir, du Châtellier, etc., chevalier de l'ordre du Roi, gentilhomme ordinaire de sa chambre, colonel d'un régiment de cavalerie et de gens de pied, gouverneur de Château-Villain, épousa, par contrat du 31 octobre 1590, haute et puissante dame Catherine *de Luze*, veuve de Claude de Franay, seigneur de Louppy, chevalier de l'ordre du Roi, et fille d'honoré seigneur Jacques de Luze, aussi chevalier du même ordre, et de dame Michelle du Fay. Leur fils unique, René de Saint-Remy de Valois, qualifié haut et puissant seigneur, chevalier, baron de Fontette, gentilhomme ordinaire de la chambre du Roi, capitaine de cent hommes d'armes, mort au mois de mars 1663, a formé deux branches, l'une éteinte dans la personne de Jacques de Saint-Remy de Valois, lieutenant des vaisseaux du Roi, commandant la frégate de Sa Majesté, la *Surveillante*, qui fit ses preuves devant M. d'Hozier, le 6 mai 1776, mort à l'île Bourbon, le 9 mai 1785 ; l'autre subsistante en plusieurs rameaux, dans les environs de Troyes et dans cette ville même.

Premier Rameau.

Jean-Géraud de Valois Saint-Remy, né à Troyes, en 1734, marié en 1756, a eu, entr'autres enfants aujourd'hui vivants :

1°. Charles de Valois Saint-Remy, né à Troyes, le 20 avril 1760, baron de Fontette, père des enfants qui suivent :

A. Henri de Valois Saint-Remy;

B. Charles de Valois Saint-Remy, au service dans le 2e. régiment de la Garde royale;

C. Etienne-Melchior de Valois Saint-Remy; .

D. Elisabeth de Valois Saint-Remy;

E. Adélaïde-Olympiade de Valois Saint-Remy;

F. Marie-Sophie de Valois Saint-Remy.

2°. Nicolas-Jérôme, comte de Valois Saint-Remy, né à Troyes, en 1763, chef de bataillon retraité, chevalier de l'ordre royal et militaire de Saint-Louis;

3°. Pierre-Géraud de Valois Saint-Remy, né à Troyes, en 1767, prêtre, protonotaire apostolique, desservant de Vauchassin et Bercenay-en-Othe, membre du comité cantonnal d'Estissac;

4°. Marie-Madelaine de Valois Saint-Remy, née à Troyes, en 1762;

5°. Etiennette-Thérèse de Valois Saint-Remy.

Deuxième Rameau.

Nicolas de Valois Saint-Remy, né à Troyes, en 1740, frère de Jean-Géraud, ancien capitaine d'infanterie, chevalier de l'ordre royal et militaire de Saint-Louis, mort après 1786, père de:

Pierre-Nicolas de Valois Saint-Remy, pensionné du Roi, qui a deux demoiselles.

Armes : D'argent, à la fasce d'azur, chargée de trois fleurs de lys d'or.

DE SALIES, SALIES-LELME, SALIES-DUHAU, SALINIS; diverses branches d'une même famille, qui, d'après une tradition constamment reçue, et quelques titres fort anciens, est originaire de la ville de Salies, en Béarn; tradition confirmée par un droit sur la fontaine saline de la ville de Salies, dont a joui la branche aînée jusqu'à l'époque de son extinction.

La maison de Salies a rempli les emplois les plus éminents du sacerdoce et de la magistrature; elle compte aussi des services importants dans l'épée. Elle a eu des possessions considérables, entr'autres, celle de Gers, la vicomté de Sadérac et la terre noble de Lelme. Ses différentes lignes se sont constamment alliées à la noblesse la plus illustre de sa province; et dans leurs parentés immédiates, on distingue les maisons d'Espalungue, de Baillenx, d'Esquille, de Blachon, de Momàas, toutes d'ancienne chevalerie.

Gaillard de Salies, évêque de Dax en 1221, eut pour successeur, en 1233, Guillaume de Salies. Arnaud de Salies, évêque de Couserans en 1424 et 1425, siégeait à Lescar en 1427. Jean de Salies-Duhau, abbé de la Nonce, frère de M. Duhau, procureur-général du parlement, fut sacré évêque de Lescar, le 7 décembre 1658, et mourut le 18 avril 1681, âgé de quatre-vingt-sept ans; il était aussi aumônier du Roi.

Henri de Salies, filleul de Henri IV, roi de France, fut un officier célèbre. Pierre de Salies, protégé du grand Condé, arrêta l'armée ennemie dans un fond, avec six cents hommes. Guillaume de Salies fut lieutenant-colonel dans le régiment de Piémont. Il fut l'auteur de la branche de Salinis, établie à Morlàas. Son article suivra.

David de Salies fut avocat-général à la chancellerie de Navarre, avant son union au parlement de Pau, et depuis procureur-général au même parlement. Il assista en cette qualité à l'assemblée générale des notables du royaume, tenue à Nantes, en 1630, et s'y distingua par ses lumières, sa fermeté et son zèle pour le service du Roi et de l'état (1).

De toutes les branches de cette maison, la seule qui subsiste est celle de Salinis, domiciliée à Morlàas, près Pau, vers la fin du dix-septième siècle.

Guillaume de Salies (2) ou Salinis, lieutenant-colonel

(1) Voyez le Dict. généalogique imprimé chez du Chêne, à Paris, édition in-12, de 1761, tome VI ou VII, pag. 353.

(2) Guillaume de Salies changea la terminaison de son nom pour se distinguer de ses frères aînés; c'était assez l'usage dans le Béarn, que les cadets prissent la terminaison latine de leur nom: ainsi, de Cazaux, *Cazalis*; de Bordes, *Bordis*; de Salies, *Salinis*, etc.

du régiment de Piémont et chevalier de Saint-Louis, épousa, le 26 janvier 1690, demoiselle Marie du *Bazagle*, de Morlàas, fille de noble Zacharie de Madaüne, seigneur du Bazagle. De ce mariage naquit :

Noble Pierre de *Salinis*, seigneur du Bazagle, marié, le 15 juillet 1722, avec demoiselle Dorothée de *Momàus*, fille de noble Pierre de Momàas, seigneur de Soulins. De ce mariage il eut :

Noble Louis *de Salinis*, mort capitaine au régiment de Bassigny, sans postérité, et

Noble Guillaume de *Salinis*, seigneur de la Hagède et du Bazagle, marié avec demoiselle Anne de *Camon-Blachon*, fille de messire Antoine de Camon-d'Adou, seigneur de Blachon, et de dame Marie d'Espalungue. Il eut de ce mariage :

1°. Pierre-Paul de Salinis, mort le 15 avril 1790, sans postérité ;

2°. Jacques, qui suit :

Jacques de *Salinis*, seigneur de Bazagle, épousa demoiselle Catherine de *Bousquet*, fille de noble Roch de Bousquet, dont sont issus quatre fils :

1°. Charles de Salinis, garde du corps de S. A. R. *Monsieur*. Il a suivi les princes à Gand, dès le premier jour (25 mars 1815), et n'est rentré qu'avec Sa Majesté.

2°. Philippe de Salinis ;

3°. Louis-Antoine de Salinis, qui a pris la tonsure et l'habit clérical, le 29 juillet 1812 ;

4°. Jean-François de Salinis.

Armes : D'argent, à l'ours au naturel, debout sur un hêtre de sinople, sur lequel il jette du sel avec sa pate ; avec ces paroles en banderole, au tour du hêtre : *Sic sale viresco.*

DE SAMBUCY (1), famille noble d'extraction, originaire d'Italie, dont le nom se confond avec les

_____

(1) Article supplémentaire à la notice insérée, p. 311 du t. II de cet ouvrage.

familles illustres de Bologne, de Padoue, etc., et qui, dans le quinzième siècle, s'établit en France, dans la haute Guyenne (Aveyron), où elle a formé plusieurs branches.

La première est celle de Sambucy, anciens seigneurs de Linas et de Lusençon, etc. Cette famille qui compte déjà en France neuf degrés en ligne directe, et prouve par des titres authentiques, que, sous le règne de Henri IV, elle possédait les seigneuries susdites, a formé des alliances avec les maisons du marquis de Lescure, maréchal des camps et armées du Roi; de M. de Senaux, président au parlement de Toulouse; de M. de Vernic de la Chapelle, dont la mère était issue de la maison de Noailles; du comte de Falgous, de M. A. de Neirac, frère de l'évêque de Tarbes.

De cette branche sont sortis :

1º. Le chevalier de Sambucy du Rocan, reçu dans les cadets gentilshommes, en 1690, chevalier de Saint-Louis, colonel de cavalerie, et qui mourut de ses blessures à Landrecies, en Flandre, où il était commandant. Il avait fait toutes les campagnes de Louis XIV, et s'était trouvé aux batailles d'Hochstedt, de Ramillies, etc., etc. Son père, André Sambucy de Linas, gentilhomme, fit le service entier pour le ban de la sénéchaussée de Villefranche; c'est ce qui est constaté par deux certificats, l'un, du marquis de Monsalès, commandant la noblesse convoquée des sénéchaussées de Villefranche, Rodès, etc, et l'autre du marquis de Crillon, maréchal des camps et armées du Roi, commandant la généralité de Montauban.

2º. Le chevalier de Sambucy Lusençon, dont le frère aîné, Jean-Baptiste, fut mis en possession du titre de comte, et entra dans les cadets gentilshommes, le 20 septembre 1756. Il fut fait successivement garde de la marine et du pavillon; enseigne, lieutenant, capitaine de vaisseau, commandant la compagnie des gardes du pavillon amiral, et en 1787, chef de division des armées navales; il avait reçu antérieurement, les décorations de Saint-Louis, et de Cincinnatus. Nommé brigadier des armées pendant l'émigration, il fut chargé par sa majesté Louis XVIII, d'une mission particulière qui lui valut les témoignages les plus honorables de la part de ce prince.

·Le chevalier de Sambucy a servi pendant quarante-quatre ans, s'est trouvé dans plusieurs combats, a été chargé de plusieurs missions importantes; et a été, en 1816, nommé contre-amiral honoraire.

· 3º. Le comte Charles de Sambucy, neveu du précédent, chevalier de plusieurs ordres, ancien ingénieur en chef, et directeur-général des ponts et chaussées des principautés de Lucques et de Piombino, marié à la comtesse Aurélie de Cattanéo, nièce de l'ancien prince de Lucques. La famille Cattanéo a donné plusieurs doges à la république de Gênes; elle était une des quarante inscrites sur le livre d'or de cette ville.

4º. Le chevalier Joseph de Sambucy, son frère, comte palatin, chevalier de la Légion-d'Honneur, de Malte, etc, et chef de bataillon de la garde nationale parisienne.

La deuxième branche actuellement divisée en deux rameaux, se compose de la famille de Sambucy, baron de Mien, vicomte de Compeire, et de celle de Sambucy, baron de Sorgues.

De la famille de Sambucy, baron de Mien est sorti : Alexandre-Marc-Antoine, qui, étant lieutenant dans le régiment de Lille, en Flandre, fut le premier à monter à l'assaut, lors du siège de Mantoue dans la guerre d'Italie, vers 1750.

Son petit-fils, le chevalier Victor de Sambucy, officier d'infanterie, a fait avec distinction les dernières campagnes du Nord, et a reçu une blessure grave à la bataille d'Eylau.

· Cette famille s'est alliée avec les maisons du marquis de Fajole, de M. de Vignes, seigneur de Colomiers, et de M. le Brun de Rabot. Les deux premières comptent parmi leurs ancêtres grand nombre de conseillers au parlement de Toulouse; la troisième a fourni des ministres justement chéris.

La famille de Sambucy, baron de Sorgues, a eu des alliances avec les maisons du comte de Gamaches, grand d'Espagne, d'Izarn de Villefort, du vicomte de Bonald, du marquis de Saint-Maurice. Il existe trois frères de cette famille; M. de Sambucy, baron de Sorgues, Gaston de Sambucy, chanoine honoraire du chapitre royal de Saint-Denis, maître des cérémonies de la chapelle du Roi, et Louis de Sambucy, chevalier de Malte, ancien conseiller d'ambassade de France à Rome, actuellement secrétaire du sacré collège, etc. Il en a existé aussi deux autres, qui étaient officiers de la marine, dont l'un, le chevalier Hercule de Sambucy, lieutenant de vaisseau, et chevalier de Saint-Louis, avait été grièvement blessé au combat de Chesapeak. L'autre frère, Victor de Sambucy, mourut des blessures qu'il reçut au siège de Gibraltar.

La troisième branche est celle de Sambucy, seigneurs de Vendelover, dont il n'existe plus que dame Henriette de Sambucy, mariée au vicomte d'Albignac, petits-fils du comte de Montboissier, lieutenant-général et cordon-bleu.

Cet article forme le complément de la généalogie de cette maison, imprimée dans le tome 1er, p. 420 du Nobiliaire de France de Mr. de Saint-Allais, et de la notice insérée dans le tome 2 du Dictionnaire Universel de la Noblesse.

Armes : D'or, au sureau de sinople, fleuri d'argent, mouvant d'un croissant de sable ; au chef d'azur, chargé d'un soleil d'or. Couronne de marquis.

DE SARTINE. Antoine-Raimond-Jean-Gaubert-Gabriel de Sartine, chevalier, comte d'Alby, né à Barcelonne, en Espagne, le 12 juillet 1729, d'une famille française ; successivement conseiller au Châtelet, le 15 avril 1752, et lieutenant-criminel, le 12 avril 1755 obtint des lettres de noblesse, le 13 novembre de la même année. Il devint lieutenant-général de police, le 1er. décembre 1759, maître des requêtes, le 9 de ce même mois; conseiller d'état, le 5 octobre 1767, et ministre et secrétaire d'état de la marine, le 25 août 1774. (1)

Il rendit de grands services dans l'importante place de lieutenant-général de police à Paris. Appelé au ministère de la marine, dans des circonstances bien critiques, il garda fort peu de tems le portefeuille de ce département.

_____

(1) Le comte d'Alby a épousé, le 9 juillet 1759, Anne Hardy du Plessis, née à Paris, le 5 septembre 1739, fille d'Etienne Hardy du Plessis, chevalier de St.-Louis, ancien capitaine d'infanterie, et de dame Marie-Bonne de Colabau.

IV. 21

Il quitta la France dans les commencements de la révolution, pour se réfugier en Espagne, et mourut à Tarragone, le 7 septembre 1801. Son fils unique, Charles-Marie-Antoine de Sartine, né à Paris le 17 octobre 1760, et maître des requètes, à l'époque de nos troubles politiques, épousa mademoiselle de Sainte-Amarante, et périt avec elle sur l'échafaud, le 18 juin 1794. Cette jeune femme, qui avait à peine dix-neuf ans, montra le plus grand courage, et dit à ses juges, ou plutôt à ses bourreaux : « Ne croyez pas me punir ! je meurs avec » ma mère et mon mari, je n'ai jamais rien fait ni dit » contre mon pays ; mais j'aime mieux mourir, que de » vivre au milieu de tigres tels que vous. » *Biographie moderne.*

Armes : D'or, à la bande d'azur, chargée de 3 sardines d'argent.

DE SAULNOT ; maison d'origine chevaleresque, du comté de Bourgogne, qui paraît fort ancienne, mais aussi éteinte depuis long-tems. On trouve beaucoup de gentilshommes de ce nom, rappelés avec la qualification de chevaliers, comme bienfaiteurs, ou comme témoins dans des chartes des 12e., 13e. et 14e. siècles, surtout à l'abbaye du Lieu-Croissant. Elle tirait son nom de ses villages, fiefs et maisons fortes de Saulnot. Toutes ses alliances ont été avec des maisons d'ancienne chevalerie, dont plusieurs même de la haute noblesse. L'on trouve aussi plusieurs chevaliers et écuyers de ce nom, dans les rôles d'hommes d'armes des 13e. et 14e. siècles.

Armes : D'azur à deux bars adossés d'argent.

DE SAUVAN, marquis d'Aramon, seigneurs de Valabrègues, de St.-Etienne-des-Termes, de Lenoncourt, en Languedoc ; famille qui remonte par filiation, à :

I. Jean-Joseph SAUVAN, recteur pour le pape, à Carpentras, époux de Jeanne *Jarente*, et père de

II. Noble-Jacques SAUVAN, Ier. du nom, de Valréas, marié, en 1549, avec Madelaine *Jossaud*, fille de Jean Jossaud, conseiller au parlement de Turin. Elle lui apporta en dot des biens situés à Aramon, et il y transporta son domicile. Il eut pour fils:

III. Jean SAUVAN, seigneur de Carsan, marié, en 1597, avec Marie *Fouquet*, fille d'Antoine Fouquet, auditeur de rote, à Avignon. Il eut, entr'autres enfants :

IV. Jacques SAUVAN, IIe du nom, qui fut intéressé dans les fermes du Roi, et y acquit une grande fortune (1). Il fut pourvu, le 27 novembre 1634, d'une charge de secrétaire du Roi, en la grande chancellerie, qu'il résigna peu de tems après; acquit, par décret au parlement de Paris, les terres d'Aramon et de Valabrègues; fut pourvu, le 3 octobre 1648, d'une autre charge de secrétaire du Roi, dont il obtint les lettres d'honneur, le 17 avril 1655. Il avait épousé Madelaine *le Clerc*, fille de Henri le Clerc, seigneur de Fleurigny, gentilhomme ordinaire de la chambre du Roi, dont il a eu :

1°. Jacques-Antoine-Léonor, qui suit;
2°. Claude de Sauvan, seigneur de Lenoncourt;
3°. Jean-Philippe de Sauvan, avocat au parlement de Paris, qui fut maintenu dans sa noblesse, par jugement de M. Phelypeaux, intendant en la généralité de Paris, du 26 novembre 1699, sur le fondement des lettres d'honneur, accordées à son père. Il épousa Jeanne *Carlot*, dont il eut plusieurs enfants.

V. Jacques-Antoine-Léonor DE SAUVAN, seigneur d'Aramon, fut maintenu dans sa noblesse, avec Claude de Sauvan de Lenoncourt, son père, par jugement de M. de Bezons, intendant de Languedoc, du 18 juillet 1669, sur le fondement des lettres d'honneur de secrétaire du Roi de la grande chancellerie, accordées à son père, le 17 avril 1655 (2). Il épousa Anne-Thérèse *de Barbézières*, fille de Charles, comte de Chemeraut, de laquelle il laissa :

(1) Tous les faits qui précèdent, rectifient des allégations absurdes, contenues dans un ouvrage imprimé en 1649, sous le titre de *Catalogue des Partisans*, avec leurs généalogies.

(2) Voyez les pièces fugitives, pour servir à l'Histoire de France, par le marquis d'Aubais, t. II; Jugements sur la Noblesse de Languedoc, p. 278.

IV 21*

VI. Marie-Guillaume-Alexandre DE SAUVAN D'ARA-
MON, né en 1688, présenté en 1698, pour être reçu
page du roi Louis XIV, dans sa grande écurie, et nommé
avant 1704, capitaine au régiment de Berry. Il est l'aïeul
du marquis d'Aramon, pair de France, du 5 mars 1819.

D'une autre branche de cette famille, qui fut anoblie au mois de novembre 1638, était M. le baron
de Sauvan, écuyer de madame la marquise de Pompadour, et depuis exempt des gardes-du-corps dans la
compagnie de Villeroy, le 18 septembre 1764; mestre-
de-camp, le 30 septembre 1774; sous-lieutenant, le 1er.
janvier 1776; lieutenant le 6 mai 1781; brigadier de
cavalerie, le 5 décembre de la même année, qui vivait
encore en 1791.

Armes : de gueules, au lion d'or.

DE SAXI, famille originaire de la ville d'Arles, anoblie par lettres du 16 mai 1654, données en faveur de
François Saxi, qui furent confirmées par d'autres, du mois
de février 1669. Elle a fourni un lieutenant-colonel, un
commandant pour le Roi, à Traerbach, sur la Moselle,
et plusieurs officiers de tous grades. *D'azur, à trois bandes
d'or : au chef d'argent, chargé d'une tête de léopard de
gueules, et soutenu de sable.*

SEIMANDY DE SAINT-GERVAIS, en Languedoc.
Saint-Gervais, ancienne vicomté, située dans le département de l'Hérault, à raison de laquelle le sieur J. P. A.
Seimandy, vicomte de Saint-Gervais, chevalier de
Saint-Louis et maréchal-de-camp, a rendu hommage
au Roi devant la chambre des comptes de Montpellier,
le 20 juin 1783. Ce fut en la même qualité qu'il fût cité
et qu'il comparut à l'assemblée de la noblesse de la sénéchaussée de Béziers, en 1789, et qu'il fut nommé commissaire pour la rédaction des cahiers.

Le Roi, par son ordonnance du 2 février 1821, a
maintenu et confirmé dans son titre le vicomte de Saint-
Gervais, pour en jouir héréditairement.

Armes : d'argent, au dextrochère de carnation, ha-
billé de sable, tenant un rameau de cinq branches de
laurier de sinople. Couronne de vicomte.

SÉROZ, maison ancienne d'origine chevaleresque,

qui tirait son nom de la seigneurie et du village de Séroz, bailliage de Poligny, au comté de Bourgogne, sa plus ancienne possession connue depuis Ponce de Séroz, témoin, avec d'autres seigneurs, d'une charte des sires de Salins, de l'an 1189. On trouve plusieurs gentilshommes de cette maison, chevaliers et hommes d'armes dans les armées de Bourgogne, depuis Jean de Séroz, écuyer, en 1336. Pierre de Séroz, écuyer du duc de Bourgogne, en 1376, fit prisonnier Henry de Chamillart, chevalier, et fut loué et récompensé par le duc, pour lui avoir rendu sa liberté, sans avoir exigé de rançon. Il se distingua aussi à la prise de Pontarlier. Cette maison reçue très-anciennement dans plusieurs chapitres nobles de la province, le fut dans le haut chapitre de Remiremont, en 1600, et dans l'ordre illustre de Saint-Georges, depuis 1522, circonstances qui constatent qu'elle s'allia toujours à de grandes maisons. Elle s'éteignit vers le commencement du dix-septième siècle, dans celle de Saint-Mauris de Salins, dit de Crella.

Armes : De gueules, à la croix ancrée d'argent.

DU SERRE (1) DU RIVAL; maison d'ancienne chevalerie du Dauphiné, qui a pris son nom d'un bourg, situé dans le Gapençois, à trois lieues de Veynes, sur la rive droite de Buech, décoré jadis du titre de baronnie. Les chartes de l'église de Gap justifient cette possession avec le rang que tenaient les barons du Serre parmi la noblesse du haut parage du Dauphiné, depuis le onzième siècle. Leurs descendants ont constamment soutenu l'éclat de leur origine, par une longue série d'officiers distingués, et par de nombreuses alliances avec les maisons les plus anciennes et les plus illustres, entr'autres avec les des Alrics de Vinzobres, d'Auriac, de Belle de Sauret, de Bonne de Lesdiguières, de Castellane-St.-Juers, de

_____

(1) Ce nom s'est orthographié quelquefois *de Serre* et *de Serres*. On peut voir pour ces variations, la critique du Nobiliaire de Provence (manuscrite), l'Histoire de la Noblesse du comtat vénaissin, par Pithon Curt, t. I, p. 41, et l'Histoire des grands officiers de la couronne, t. IV, p. 286.

Ferrus, de Gradenigo, d'Hugues de Beaujeu, d'Inguimbert de Pramiral, de Martin-Champoléon, de Montorcier, d'Ossandon de Puy-Guillaume, de Poligny, de la Roche-Fondevaux, de Roux, de Tertulle de Verfueil, etc., etc. Cette maison a formé deux branches principales : 1°. les seigneurs du Rival, dont on parlera plus bas ; 2°. les barons de Thèze, et seigneurs de Melves et d'Orcières, éteints vers le milieu du dix-huitième siècle. Cette dernière branche a donné un prélat bien recommandable dans la personne de Charles-Salomon du Serre, nommé évêque de Gap, en 1600, mort en cette ville, le 15 mai 1637. Pendant le désordre des guerres civiles, les Huguenots s'étaient emparés des biens ecclésiastiques, et avaient abattu les églises. Charles-Salomon du Serre répara tous ces malheurs. Il retira des mains des réformés, les biens qu'ils avaient envahis ; fit rebâtir la plupart des églises que les calvinistes avaient démolies, et rétablit le culte divin dans tous les villages de son diocèse. Il employa aussi de grandes sommes à la réparation des couvents et de l'hôpital de la ville de Gap, où la mémoire de ce prélat est restée en grande vénération.

Les branches du Rival et de Thèze, avaient pour souche commune, Pierre du Serre, l'un des co-seigneurs de Veynes, qui transigèrent avec les habitants de ce bourg, le samedi d'après la fête de Saint-Martin d'hiver 1296; ce Pierre du Serre était frère d'Isnard, baron du Serre, lequel fut l'un des capitaines qui servirent à la croisade de l'an 1290, et dont le fils, Jean, baron du Serre, transigea avec l'évêque de Gap, en 1316, au sujet des droits qu'il avait au terroir de Serre, et ratifia un acte de l'an 1322, pour le rétablissement de l'église du Serre, brûlée par les hérétiques.

Branche du Serre du Rival.

XII. Charles-Balthazar DU SERRE, seigneur du Rival, de Pui-Guillaume et de la Batisse, (issu au onzième degré de Pierre du Serre, dont on a parlé ci-dessus), épousa, le 23 janvier 1750, Marie-Louise *de Malet de Vandègre*, fille de Gabriel-Marie de Malet de Vandègre, écuyer, seigneur de Vandègre et de Bulhon, et de Claude de Torrant. Il en eut, entr'autres enfants :

1°. Joseph, dont l'article suit :

2°. Jean-Casimir du Serre du Rival, né à Gap, marié le 26 février 1793, avec Marie-Monique *Amidieu-Duclos*, dont il n'a pas eu d'enfants, fille de Jean-Baptiste Amidieu-Duclos, capitaine de dragons, et de Marie-Anne Loucher de Saint-Frais. Il a été capitaine d'infanterie, et décoré de la croix de l'ordre royal et militaire de Saint-Louis.

3°. Claire-Emilie du Serre du Rival, chanoinesse du chapitre noble de Saint-Martin de Salles, en Beaujolais.

XIII. Joseph DU SERRE DU RIVAL, né à Gap le 23 septembre 1737, officier d'un rare mérite, se signala dans diverses actions de la guerre de sept ans, et fut fait chevalier de Saint-Louis à l'âge de vingt-quatre ans, sur le champ de bataille, par M. le prince de Condé, après la victoire de Johannesberg, remportée en 1762, sur le prince héréditaire de Brunswick. Ce fut Joseph du Serre du Rival, qui, dans cette bataille, s'empara des canons, qui, par ordre de Louis XV, furent transportés à Chantilly. Il servit dans les troupes légères de France, jusqu'en 1763, époque à laquelle il passa au service d'Espagne, où il fut nommé capitaine aux gardes-Wallonnes, le 14 juillet 1771. Il a épousé à Algésiras, en Espagne, le 8 janvier 1793, Raimonde *Salaranque*, fille de don Pedro Salaranque, et de Rafaëla Fravega. Il est décédé à Puerto-Réal, (Port-Royal), le 2 novembre 1800, laissant deux demoiselles :

1°. Louise-Claire du Serre du Rival, née à Puerto-Réal, le 1er février 1794.

2°. Jeanne-Marie-Raimonde-Nicolette du Serre du Rival, née à Algésiras, le 6 décembre 1797.

Armes : D'azur, au cerf d'or ; au chef d'argent, chargé de trois roses de gueules, feuillées de sinople. Supports et cimier : trois cerfs d'or.

Cet article complete et rectifie la notice insérée au tome 2, page 332 de cet ouvrage. On peut consulter la filiation de cette maison, dans le tome 18, page 38, du Nobiliaire de France.

SIBUET (1), seigneurs de Saint-Ferréol et de Sèches, en Dauphiné; maison issue d'ancienne chevalerie, dont l'existence est constatée depuis Gullaude Siboud, chevalier, qui se rendit caution le 7 des calendes de juin 1262, de la dot de Blanchette Gaudin, épouse de Berlion d'Hauterive. Noble François Sibuet, damoiseau, fut présent au contrat de mariage de Guillaume de Chastellard, chevalier, avec Béatrix de Murinais, fille de noble Odobert de Murinais, du 15 août 1395.

La noblesse de cette famille a été prouvée dans les révisions des feux de Clermont, des années 1455 et 1461, où furent compris Jean et Pierre Sibuet. Leurs descendants ont donné trois gouverneurs de la ville de Romans, deux gouverneurs de la citadelle de Die, et un chevalier de Malte, dans la personne d'Alexis de Sibeud de Saint-Ferréol, reçu au grand-prieuré de Saint-Gilles, en 1642. Ils ont contracté des alliances avec les maisons de Blanc, Bron la Liègue, Castillon Giraud de Pisnas, Juvent, Marcel de Blain, Moreton de Chabrillant, et autres des plus qualifiées du Dauphiné.

Armes : D'azur, à 3 bandes d'or ; au chef cousu de gueules, chargé d'une fleur de lys d'or.

SOULLIÉ. Jean Soullié, maître chirurgien, et anatomiste royal en l'université de Montpellier, fut anobli par lettres données à Versailles, au mois d'octobre 1722, pour les soins infatigables qu'il se donna pendant la peste qui affligea les villes de Marseille, et d'Aix.

Armes : D'argent, à deux branches, l'une de laurier, l'autre de palmier, de sinople, passées en sautoir et liées de gueules ; au chef d'azur, chargé d'un soleil d'or, cotoyé de deux étoiles du même.

DE STRADA, seigneurs de Sarliève et de Cornon, en Auvergne. Cette famille, originaire de la Bohême, a pour auteur, Jacques Strada, écuyer, marié à Octilie Skinkin de Rosberg, native de Franconie, dont est issu

---

(1). L'orthographe de ce nom a beaucoup varié. On le trouve écrit alternativement, *Sibeud, Sibued, Sibut, Siboud, Syboudi.*

Octavio de Strada, 1er du nom, écuyer, seigneur de Rosberg, qui avait épousé Barbe de Lutzembourg. Elle fut confirmée par lettres-patentes du mois de mai 1641, dans la noblesse qui lui avait été transmise par ce même Jacques Strada, et autorisée à porter les mêmes armes qu'il portait, le tout en considération des lettres-patentes de l'empereur Rodolphe II, du 18 mai 1599, par lesquelles sa majesté impériale reconnaît la noble race d'Octavio de Strada, 2e du nom, *son cher et fidèle courtisan*. Les autres alliances de cette famille sont, entr'autres, avec les Fabrice de Grossain, Hœufft du Croc de Bressoulière, etc, etc.

Armes : D'or, à l'aigle couronnée de sable ; coupé parti au 1 tiercé en fasce de sable, d'argent et de gueules ; au 2 bandé de gueules et de sable.

DE SUAU, sieurs de la Croix, famille du Dauphiné, qui prouve son ascendance depuis Jean de Suau, lequel servit avec honneur Réné d'Anjou, roi de Naples, et comte de Provence en diverses occasions ; ce fut lui qui contribua à rétablir l'autorité du roi Louis XI dans la ville de Gap, que l'évêque avait tâché d'usurper ; Gaspard de Suau, l'un de ses descendants, fit son testament l'an 1545.

Armes : D'azur, à trois chevrons d'argent ; au chef d'or, chargé de trois étoiles de gueules.

DE LA SUDRIE, seigneurs de Puchguizel, en bas Languedoc. Guillaume de la Sudrie, premier du nom, damoiseau, seigneur de Calvairac, testa, le 30 septembre 1451, en faveur de son fils, Raimond de la Sudrie, seigneur de Calvairac, et de sa fille Crédiote de la Sudrie, à laquelle il légua 300 florins d'or pour sa dot. Par son testament, il voulut être inhumé dans l'église paroissiale de Saint-Sauveur, du lieu de Puy-l'Evêque, en Quercy, en la chapelle de Saint Jean-Baptiste, lieu de la sépulture de ses pères. Ses descendants se sont alliés aux familles de Cadrieux, du Puy de la Ichairie, de Vielcastel de Marmignac, de Bonnefons, de Seguy de Périgal, etc, etc. Cette famille subsiste dans la personne du baron de la Sudrie, capitaine retraité, domicilié à Fraissenet-Gelat, près Cahors, et de M. de la Sudrie de Campanes, ancien chef de bataillon retraité, demeurant à la Graulet, près Vic-sur-Losse.

Armes : D'azur, au lion d'or, accompagné de douze besants du même en orle.

LE SUEUR, en Champagne. Charles-Antoine le Sueur, sieur de Givry, chevalier de l'ordre royal et militaire de Saint-Louis, et premier porte-étendart de la compagnie des chevau-légers de la garde ordinaire du Roi, fut anobli par lettres-patentes en forme de charte, données à Paris, au mois de juin 1721, pour services militaires.

Armes : D'azur, au chevron d'or, surmonté d'un croissant d'argent, et accompagné en chef de deux étoiles, et en pointe d'une hure de sanglier, le tout de dernier émail.

DE SUGNY, en Champagne. Le village de Sugny, situé à une lieue de la rive gauche de l'Aisne, et à cinq sud-est de Rethel, a donné son nom à cette ancienne famille, qui possédait encore cette terre au milieu du dix-huitième siècle. Par lettres en forme de charte, datées d'Angoulême, au mois de juin 1526, le roi François 1er établit au village de Sugny deux foires par an. La première pour être tenue le 8 octobre, et la seconde le 10 mai, avec un marché tous les mercredi de chaque semaine; le tout en faveur d'Ogier de Sugny, écuyer; seigneur dudit lieu: Philibert de Sugny, fils d'Ogier, et de Raouline de Beaufort, écuyer, seigneur de Sugny et de Chappes, guidon de cinquante lances des ordonnances du Roi, épousa en premières noces, Jeanne d'Orjault, et en secondes, Barbe de Quiévraing. Cette famille ayant toujours suivi le parti des armes avec distinction, a donné plusieurs officiers supérieurs et autres, et un gentilhomme ordinaire de la chambre du Roi. Elle s'est encore alliée aux maisons de le Danois, de Geoffreville, de Graimberg de Belleau, de Graffeuil, de Haraucourt, de Joyeuse-Grandpré, de Suzennes, Charpentier d'Audron, de Roucy de Maure, etc, etc.

Armes : D'argent, à la bordure d'azur; au bâton noueux de gueules, brochant sur le tout.

DE SUGNY. Il a existé en Franche-Comté une maison de ce nom, également anciennne et distinguée, alliée aux maisons les plus notables de cette province, et éteinte depuis nombre de générations. Dunod, dans son histoire des Sequanais, tome I, pages 148 et 149, de son histoire de l'église de Besançon, cite plusieurs dames de cette maison, reçues dans l'insigne chapitre de Château-Châlons, sur preuves de seize quartiers de noblesse, entr'autres, Marguerite de Sugny, en 1502.

Armes : De gueules, à l'aigle d'argent.

DE SURVILLE, seigneurs de Malval et des Hermestènes, en Vivarais. Famille qui paraît originaire de Normandie, et dont la filiation est établie depuis Antoine de Surville, 1er du nom, co-seigneur de Gras et de St.-Montan, qui avait épousé Mathieu Bège, vivant avant le 13 janvier 1555. Antoine de Surville, 2e du nom, sieur des Hermestènes, de Gras de St.-Montan, etc, et fils du précédent, épousa Catherine de Labeau-Bérard, le 19 mars 1586, et en eut Jean de Surville, seigneur de Gras, des Hermestènes et de Malval, qui, en considération des services qu'il avait rendus au Roi, des pertes qu'il avait soufferfes par les incursions des rebelles de la Gorce, et de ce qu'il avait eu un frère tué en défendant Monts, dans le bas Languedoc, obtint par brevet du 12 mai 1629, la confiscation des biens qui étaient échus à S. M., par la rebellion de Pierre Ozil, habitant dudit lieu de la Gorce. Il épousa, le 26 mars 1613, Blandine de Boni, fille de noble Pierre de Boni, sieur de Larnac de Trolhas, etc, et de Catherine de Porcelet. Il en eut :

François de Surville, écuyer, seigneur de Malval et des Hermestènes, maintenu dans sa noblesse, par M. de Bezons, intendant de Languedoc, le 3 juillet 1662. Il avait épousé, par contrat du 2 septembre 1663, Charlotte de Solignac, fille de François Solignac, sieur de la Grandcourt, et de Charlotte Guérin. De ce mariage sont issus :

1°. Jean-Joseph de Surville, écuyer, seigneur de Malval et des Hermestènes, capitaine, aide-major du régiment d'Artois :

2°. Louise de Surville, reçue à Saint-Cyr, le 17 janvier 1667.

Antoine de Surville, 1er du nom, avait pour oncle paternel, Claude de Surville de la Motte, co-seigneur de Gras et de Saint-Montan, qui fit son testament en faveur dudit Antoine son neveu, le 30 septembre 1535.

Armes : D'azur, à trois roses d'argent; au chef d'hermine.

TAISNE, originaire du Hainault et aux Pays-Bas. Jean Taisne, maire d'Elincourt, et Piérard Taisne, échevin de la même ville, furent présents, chacun en leur qualité respective, à un acte du lendemain de l'Ascension, de l'an 1515, par lequel on constate une vente de six mercaudées de terre, faite par François Pellicorne et Mariette de Sautaing, sa femme, à Esnould Villette, et Jehanne de Catoire, son épouse. (1)

Georges-Charles-Joseph *Taisne*, écuyer, prévôt général des maréchaussées de Bresse et de Bourgogne, épousa, le 23 février 1737, noble dame Marie-Jeanne Préseau, fille de N.... Préseau, seigneur de Potel, demeurant à Avesnes, département du Nord.

Urse-Joseph *Taisne*, leur fils, chevalier de l'ordre royal et militaire de St.-Louis, né à Avesnes, le 2 août 1741, épousa à Bruxelles, le 19 messidor an 9 (28 juillet 1801), dame Caroline-Thérèse Frantzen, fille légitime de feu Charles-Léonard Frantzen, écuyer, et de dame Marie-Catherine-Lambertine Persoens, son épouse, demeurant à Louvain, province du Brabant, royaume des Pays-Bas. Ils ont pour fils :

Charles-Lambert-Anne Taisne, né à Ressay, arrondissement de Charleroy, le 20 thermidor an 10 (7 août 1802.)

Parfait-Philippe *Taisne de Remonval*, frère d'Urse-Joseph, ancien major au régiment de ligne, au service de l'empereur d'Autriche, a épousé Marie-Rosalie-Eugénie *Scorion*, dont est issu :

Jules-Lambert Taisne de Remonval, né à Bruxelles le 26 avril 1814.

Armes : De sinople, à trois croissants d'argent.

DE TALAMER, en Provence. Cette famille fut main-

---

(1) Histoire de Cambray et du Cambresis, par le Carpentier, t. II, preuv. p. 70.

tenue par les commissaires du Roi, le 28 février 1668,
sur preuves remontées à Geoffroy Talamer, notaire et
secrétaire du roi René, comte de Provence. Il reçut, en
cette qualité, le testament de ce prince, fait à Marseille,
le 22 juillet 1477, par lequel René institua son héritier
de ses états de Provence, Charles d'Anjou, duc du Maine,
son neveu, à l'exclusion d'Yolande, sa fille unique, qui
lui avait été enlevée par le duc de Lorraine, et qui l'avait
épousé malgré lui. Geoffroy Talamer reçut aussi le testament de Charles d'Anjou, du 10 décembre 1481, par
lequel ce prince lui fit un legs de mille écus, et institua
Louis XI, roi de France, son successeur, au comté de
Provence. Par un codicille du lendemain, 11 décembre,
Charles d'Anjou confirma Geoffroy Talamer dans la jouis-
sance des greffes de la cour des maîtres rationaux et de
celle de la chambre de raison et de la cour ordinaire de
la ville d'Aix. Les descendants de Geoffroy se sont distingués dans la robe et dans l'épée, et se sont alliés aux
familles de Mainier, de Martin-Villehaute, de Rodulph-
Châteauneuf, de Villeneuve d'Esclapon, etc., etc.

Armes : D'azur, au sautoir de losanges d'or, cantonné
de quatre oies d'argent, becquées et membrées de
gueules.

DE TALLEYRAND-PÉRIGORD, princes de Chalais
et de Talleyrand. Cette maison est à la fois une des plus
anciennes et des plus illustres du royaume. Elle est issue
des anciens comtes de Périgord, sortis des comtes de la
Marche, connus dès avant le milieu du dixième siècle.
Elle a pour auteur Hélie Talleyrand, troisième fils d'Hélie
Talleyrand, V^e. du nom, comte de Périgord, et frère
d'Archambaud Ier. Il fut présent, en 1199, à une donation faite par son père à l'abbaye de Chancelade.

Cette origine, consacrée par plusieurs auteurs de
poids, entr'autres Mézeray et Baluze, a été prouvée au
cabinet de l'ordre de Saint-Esprit, et les preuves en ont
été admises au chapitre tenu dans le cabinet du Roi, à
Versailles, le 1er. janvier 1768.

La maison de Talleyrand a donné un chambellan du roi
Charles VI, un chambellan du roi Charles VIII, premier
maître d'hôtel et chevalier d'honneur de la reine Anne
de Bretagne ; des capitaines de cent hommes d'armes
des ordonnances, des chevaliers de l'ordre du Roi, plusieurs officiers supérieurs, entr'autres un mestre-de-

camp d'un régiment de son nom, deux brigadiers, trois
maréchaux de-camp et quatre lieutenants-généraux des
armées, des gouverneurs de provinces et de places, des
ambassadeurs en diverses cours de l'Europe, avant et depuis la révolution ; deux grands officiers de la couronne,
savoir, un grand-aumônier et un grand-chambellan de
France ; un chevalier des ordres du Roi, deux commandeurs de Saint-Louis, un commandeur et un grand-
croix de la Légion d'Honneur, un chevalier de la toison
d'or ; et des chevaliers de Saint-Louis et de divers ordres
étrangers. Elle a joui des *honneurs de la cour*, de 1737 à
1788, en vertu de preuves faites au cabinet du St.-Es-
prit ; et la branche, aînée de cette maison, a le titre de
prince de Chalais, par la possession de cette terre.

La seigneurie de *Grignols*, en Périgord, fut érigée en
comté, par lettres du mois de septembre 1613, registrées
en la chambre des comptes de Paris, le 11 juillet suivant,
et au parlement de Bordeaux, le 10 janvier 1615. Ces
lettres patentes portent expressément que Daniel de Talleyrand (à qui elles sont accordées) est issu par mâles des
anciens comtes de Périgord.

Le même Daniel obtint, aux mêmes dates, des lettres-
patentes portant érection en *marquisat* de la terre et seigneurie d'*Exideuil*, en Guienne.

La maison de Talleyrand-Périgord, depuis sa sépara-
tion des comtes souverains de Périgord, a formé trois
branches principales : 1º. les *seigneurs de Grignols*,
princes de Chalais, vicomtes de Fronsac, marquis d'Exideuil, barons de Beauville et de Mareuil, grands d'Espagne de la première classe, par diplôme d'érection du
1er. octobre 1714, éteints en 1757 ; 2º. les comtes de
Grignols, comtes, vicomtes et barons de Talleyrand et
de Périgord, princes de Chalais, et grands d'Espagne de
la première classe, par succession en 1757, existants ; 3º.
les princes et ducs de Talleyrand et de Dino, existants. Les
alliances directes de ces diverses branches sont avec les
maisons d'Albret, d'Argy, de Beaupoil-Saint-Aulaire,
de Beynac, de Boves de Rancé, de Brébeant de Landre-
ville, de Calvimont, de Caumont-Lauzun, de Chaban-
nes-Curton, de Chalais, de Chamillart de Cany, de Choiseul-Praslin, de Cosnac, de Courbon-Blénac, de Cour-
lande, de Damas d'Antigny, Foucaud de St.-Germain-
Beaupré, Jaubert de St.-Gelais, de Mailly, de Massen-
come-Montluc, de Messey, de Noailles-Poix, Olivier

de Senozan-Viriville, de Pomiers de Fronsac, de Pompadour, de Pusigneu, de Rochechouart-Mortemart, de Rochefort-Théobon, de St.-Eugène-Montigny, de la Salle, de Salignac, de Taillefer, Thison de la Sauzaye, de la Touche-la-Faye, de la Tour-Turenne, de Tranchelyon, de la Tremoille, de la Vefve de Metiercelin, etc., etc.

Alexandre-Angélique de Talleyrand-Périgord, né le 16 octobre 1738, archevêque, duc de Reims, pair et grand-aumônier de France, créé cardinal et nommé à l'archevêché de Paris, le 28 juillet 1817, est le premier pair de France, compris dans la nomination du 4 juin 1814.

Hélie-Charles de Talleyrand-Périgord, prince, duc de Chalais, grand d'Espagne de la première classe, lieutenant-général des armées du Roi, et Charles-Maurice de Talleyrand-Périgord, né en 1754, prince de Talleyrand, grand-chambellan de France, grand-cordon de la Légion-d'Honneur, chevalier de la toison d'or, membre du conseil privé du Roi, ont été nommés pairs de France à la même promotion, et le comte Augustin-Louis de Talleyrand, né le 19 février 1770, ambassadeur en Suisse, a été nommé pair par l'ordonnance royale du 17 août 1815.

Archambaud-Joseph, duc de Talleyrand-Périgord, lieutenant-général des armées du Roi, a été nommé héritier de la dignité de pair de France et du titre de prince dont est revêtu le prince Charles-Maurice de Talleyrand, son frère, à défaut d'hoirs mâles, par ordonnance du Roi, du 25 décembre 1815.

Armes : De gueules, à trois lionceaux d'or, lampassés, armés et couronnés d'azur.

TARDIF DE BORDESOULLE. Etienne Tardif, baron, puis comte de Bordesoulle, lieutenant-général des armées du Roi, grand-croix de l'ordre royal de la Légion-d'Honneur, grand-croix de l'ordre royal et militaire de St.-Louis, gentilhomme d'honneur de S. A. R. monseigneur, duc d'Angoulême, né à Luzenay, département de l'Indre, au mois d'avril 1771, a été créé comte par lettres-patentes de S. M. Louis XVIII, du 18 novembre 1815. Le détail des services de cet officier-général est rapporté dans le Dictionnaire historique et biographique des généraux français, depuis le onzième siècle, jusqu'en 1820.

Armes : D'azur , au dextrochère armé de toutes pièces d'argent, tenant une épée du même émail , garnie d'or. L'écu timbré d'une couronne de comte.

TARDY DE MONTRAVEL. Cette famille, dont il existe plusieurs branches , en Vivarais , en Lorraine et en Suisse, rapporte une transaction latine de 1316 , entre Aimar et Aulzon de Montravel frères , de l'ancienne maison de chevalerie de ce nom , originaire d'Auvergne, dans laquelle est rappelé le mariage d'Aimar avec Agnès Tardy , fille unique et héritière d'une maison noble du Forez, et où ils sont qualifiés *milites*, avec une autre transaction de 1355 entre *nobilis Memacus Tardy* et *Petrus de Montravel domicillus , ejus nepos*, dans laquelle ce dernier est dit fils d'Aimar de Montravel et d'Agnès Tardy. Elle prouve depuis sa filiation , jusqu'au comte Tardy de Montravel, chef actuel de la branche etablie en Vivarais. Elle a fait des preuves de noblesse en 1721 , pour l'admission de Jean-Louis Tardy de Montravel , mousquetaire du Roi , comme chevalier des ordres de St.-Lazare et du mont Carmel , en 1755. Elle a été maintenue , en 1783, pardevant l'intendant de Languedoc, et a reproduit en entier ses preuves devant la commission du sceau, avant d'obtenir pour le chef de la branche , déjà cité , le titre héréditaire de comte , conféré le 6 décembre 1814, par ordonnance de ce jour , et par lettres-patentes du 23 décembre 1815 , en considération de l'ancienneté de sa noblesse d'extraction et d'origine, et de son dévouement au Roi.

Services. Cette famille a produit successivement des militaires de toute arme , des capitaines de cinquante hommes de guerre , un grand nombre d'officiers supé-rieurs et de chevaliers de St.-Louis , des mousquetaires, des gendarmes de la reine, des commissaires (lieutenants-colonels) d'artillerie , des chevau-légers , dont un briga-dier et un maréchal-de-camp.

Alliances. Ses différentes branches se sont alliées , à des époques réculées, à plusieurs maisons des plus anciennes et des plus recommandables. (voyez Pithon-Curt , le P. Anselme et d'Aubais). Celle du Vivarais , entr'autres alliances directes, en a contracté avec la noble et ancienne maison de Chavagnac, avec celle des Chambarlhac, celle des Harenc et de la Condamine, celle des Luzy-Pélissac, de Cousans, premiers barons du Forez, et de nos jours, avec celle de Montlezun-Ligardes.

La branche de Suisse a formé également des alliances directes avec la maison d'Affry, qui a produit un lieutenant-général et cordon bleu, avec celle de Monténach et récemment avec celle de Chavagnac, déjà citée comme alliée à la branche précédente.

Armes : D'argent, à trois cyprès, arrachés de sinople; au chef de gueules, chargé de trois besants d'or ; les anciennes armes de Montravel sont écartelées d'or et d'azur avec la devise : *Cum eo aut in eo.*

Nota. Cet article était destiné à paraître dans le dictionnaire véridique des origines des maisons nobles de France.

TARTEREAU DE BERTHEMONT ; maison d'ancienne chevalerie, connue dès le douzième siècle dans les provinces de Brie, et de l'Ile-de-France, où elle a possédé les terres et seigneuries de Tartereau, de la Grivelle, Montanglos, Comblaville, Boiseval, le Tremblay, et autres fiefs et seigneuries.

Noble Jean *de Tartereau*, écuyer, seigneur dudit lieu et autres fiefs situés près de Brie-Comte-Robert, en la vicomté de Corbeil, rendit foi et hommage au roi Charles VI, conjointement avec Gilles de Mallet, vicomte de Corbeil, le 5 janvier 1385, pour les susdites terres et seigneuries ; ledit hommage enregistré à la chambre des comptes de Paris.

Cette maison a été maintenue dans son ancienne noblesse d'extraction, par arrêt du conseil-d'état du Roi, en 1666, époque de la recherche de la noblesse. Dès l'an 1551, elle avait été maintenue dans sa noblesse d'extraction, par jugement de la cour des aides de Paris, à cause de la seigneurie de la Villeneuve, appartenante à Philippe de Tartereau, écuyer, seigneur dudit lieu.

Noble Guillaume *de Tartereau*, écuyer, seigneur de la Grivelle, Comblaville, les Ormetaux, de Perdrièle, de Montanglos, vivant en 1460, fut maintenu dans sa noblesse d'extraction, par les commissaires départis par le roi François Ier, à cause des susdites terres et seigneuries; le dit jugement de maintenue fut rendue à Brie-Comte-Robert, le 27 novembre 1516.

IV.   23

En 1580, Nicolas *de Tartereau*, écuyer, seigneur de Boiseval, comparut avec la haute noblesse de la vicomté de Paris, à la rédaction de la coutume faite en parlement à Paris. (*Coutume de Paris de* 1580).

Louis *de Tartereau*, écuyer, seigneur du Tremblay, et des Trois Maisons, gentilhomme ordinaire du roi Henri IV, capitaine de 50 hommes d'armes pour son service, épousa, en 1594, damoiselle Marie de Berthemont, fille de Charles de Berthemont, capitaine des gardes-du-corps de Henri III, roi de Pologne.

Ledit Louis *de Tartereau*, fut gratifié par Henri IV, d'une somme de mille écus, à prendre et percevoir sur la recette des états des trésoriers de l'épargne, en considération de ses services, et des blessures qu'il avait reçues à son service et auprès de sa personne; la dite donation datée de Fontainebleau, le 29 septembre 1593, signée Henri. Une seconde donation fut faite par le Roi, audit Louis *de Tartereau*, seigneur du Tremblay, au camp devant Noyon, etc. des deux tiers des revenus et fruits de tous les héritages, prés, vignes et blés, appartenants aux abbé et religieuses de Ste.-Geneviève-lèz-Paris, assis aux territoires d'Epinay et Chamfprosay, toujours en considération de ses services.

Louis *Tartereau*, seigneur du Tremblay, avait pour mère, Diane *le Picard*, laquelle avait pour aïeul, Guillaume *le Picard*, seigneur de l'Estelang, grand-maître de l'artillerie de France, en 1479; lequel Guillaume était issu de Jean *le Picard*, chevalier, grand-maître des arbalestriers de France, en 1298. (Voyez le P. Anselme, histoire des grands officiers de la couronne, et l'état militaire de France, depuis l'établissement de la monarchie présenté à Sa Majesté Louis XV, par M. de Mau de la Jaisse, de l'ordre de Saint-Lazare, le 26 juin 1734.)

Félix *de Tartereau de Berthemont*, qualifié très-noble seigneur, fils de Louis, et de damoiselle Marie de Berthemont, fut lieutenant pour le Roi de la ville et citadelle de Ham, et gentilhomme de monseigneur le comte de Soissons, premier prince du sang, en 1630. A cette même époque, cette famille a donné une dame d'honneur et un gentilhomme de la maison de Condé. La noblesse d'extraction de cette famille a été certifiée deux fois au Roi, par MM. d'Hozier, juges d'armes de la noblesse de

France, en 1693 et en 1748, pour l'admission à la maison royale de St.-Cyr ; elle a fourni des chevaliers de St.-Louis, depuis l'institution de l'ordre, des officiers supérieurs de cavalerie et d'infanterie.

Anne *de Tartereau de Berthemont*, dame d'honneur de madame la princesse de Condé, épousa en 1630, François de Joumard, marquis d'Argence, et fit ses preuves des huit quartiers maternels exigés pour la réception de son fils Alexandre de Joumard, marquis d'Argence, reçu chevalier de Malte, au grand prieuré de France de l'ordre de Malte, en 1634.

Armes : De gueules, au chevron d'or, accompagné de trois tourterelles du même : cimier, une croix de gueules; devise : *Infractus et fidelis*.

On ne trouve pas d'érection de terre, concernant cette maison : mais elle a le titre de comte dans des brevets militaires, et dans des jugements rendus par les tribunaux et par celui des maréchaux de France.

Cette maison existe en la personne de M. Charles *de Berthemont*, lieutenant-colonel de cavalerie, chevalier des ordres de St.-Louis et de Malte; et en celles de François *de Berthemont*, chevalier des ordres de St.-Louis, et de St.-Lazare de Mont Carmel, et de Dorothée *de Berthemont*, dame de la maison de St.-Cyr.

TAULIGNAN, terre située en Bas-Dauphiné, à une lieue de Grignan, sur la frontière du Comtat Venaissin, qui a donné son nom à une maison d'origine chevaleresque, qui a eu des possessions considérables dans le Dauphiné et au Comtat, entr'autres les seigneuries de Puymeras, des Marches, de Cleoux, du Puy, St.-Alexandre, d'Alcirac, et partie de la ville de Valréas, ainsi que la baronnie de Barrès. Elle a pour auteur Bertrand, seigneur de Taulignan, co-seigneur de Valréas, qui fut l'un des seigneurs qui, l'an 1120, souscrivirent l'acquisition faite par Rostaing, évêque de Vaison, d'une partie des dîmes de Valréas pour la somme de soixante-dix sols valentinois. Il fut l'aïeul de Bertrand II, seigneur de Taulignan, vivant en 1282, depuis lequel la filiation de cette maison est établie. Elle s'est alliée aux maisons les plus considérables du Comtat et du Dauphiné, entr'autres avec celles d'Adhémar, d'Alleman de Champs, d'Astoaud de Mazan et de Murs, de Bertrand, de Bologne – d'Alençon, de

Bouvard de Roussieu, de Castellane-Adhémar, de Fougasse, de Féléon et de Pontchoisy, de Morges de la Motte-Aynard, de Poitiers, du Puy-Montbrun, de Rochemore, de Rosans, de Seguins de Buisse, de Tesselis, de Tholon, de Truchenu, de Vaësc, de Briancourt, de Vassadel, de Vacquieras, etc., etc.

Blonde de Barrès, baronne de Barrès en Vivarais, fut mariée, vers l'an 1380, à Bertrand de Taulignan, IVe du nom, et lui porta en dot cette baronnie. Depuis cette époque, les Taulignan ont toujours pris le titre de barons de Barrès et ont ajouté à leur écu les armes de cette maison, qui étaient d'argent à deux fasces de gueules. Une branche de cette maison existe encore en Vivarais, celle de Barrès du Molard, et porte d'argent à *trois barres* de gueules, etc., au lieu de *deux fasces*, pour se distinguer de l'autre branche. La maison de Taulignan s'est éteinte dans celle de Blégier, qui est aussi fort ancienne dans le Comtat Venaissin, par le mariage de Françoise de Taulignan, baronne de Barrès, avec Joseph-François de Blégiers, seigneur d'Antelon, en 1666, dont la postérité porte les nom et armes de Taulignan. Voyez BLÉGIERS, *au Supplément.*

Armes des Taulignan, barons de Barrès : « Écartelé » aux 1 et 4 de sable à la croix engrêlée d'or, cantonnée » de 18 billettes du même, 5 en chaque canton supérieur, et 4 en chaque canton de la pointe de l'écu, » qui est DE TAULIGNAN, au 2 et 3 d'argent à 2 fasces » de gueules, qui est DE BARRÈS. »

THIBOUST, seigneurs de Bailly, de Thionville, etc. ; famille originaire de la ville de Paris. Elle a pour auteur, Robert Thiboust, seigneur de Bailly et autres lieux, reçu conseiller au parlement de Paris, en 1436; président au même parlement, le 10 mai 1454; mort en 1466. Il avait épousé Jeanne de Jouy, dame de Thionville en Beauce. Leur postérité a donné un autre président et plusieurs conseillers au parlement de Paris, ainsi que des officiers de divers grades aux armées de nos Rois, et s'est éteinte après s'être alliée aux familles de Baillet, Chambon de Soulence, Chartier, Créquy, du Drac d'Ay, de Feugerais, Mazoyer de Villeserain, Nicolaï, Pichon, la Place de Saint-Suplex, Poilloue, Ragueneau, Raguier, la Roque, Teslu et Vaudetar.

Armes : De sinople, à 3 limaçons d'argent.

THIBOUT, seigneurs de Berry, comtes de la Chapelle et des Aulnois; famille originaire de l'Isle-de-France, laquelle remonte à Nicolas Thibout, qui rendit hommage du fief de l'Epine, le 6 octobre 1481, et s'allia, le 28 juin 1491, avec Marie Soutif, qui épousa, en secondes noces, Jacques le Sénéchal. Les descendants de Nicolas Thibout ont donné des magistrats au parlement de Paris, en la chambre du trésor et en la chancellerie; un premier fauconnier et chef du val de la fauconnerie du Roi, par brevet du 12 juillet 1626, un page de S. M., en 1699, et plusieurs officiers supérieurs de cavalerie. Ils se sont alliés aux familles d'Aubelin, de Foubert, du Refuge, de Senneton, Tambonneau, le Verrier, etc.

Louis-Auguste Thibout, comte de la Chapelle-Gauthier, épousa Marguerite-Charlotte de Grécourt, dont il eut, entr'autres enfants,

Louise-Marguerite Thibout de Berry, mariée, le 19 mars 1757, avec Claude-Joseph de Bélot, chevalier, seigneur de Ferreux et de la Motte-Saint-Loup, capitaine du corps royal de l'artillerie et du génie, bailli d'épée, garde des concierges du palais, etc.

Armes : Ecartelé, aux 1 et 4 d'azur, à l'étoile à 8 rais d'or; aux 2 et 3 d'or, à 2 perroquets adossés, becqués et membrés de gueules.

Dubuisson, t. II, p. 109 de son Armorial, donne pour armoiries aux seigneurs des Aulnois : *D'azur, à la fasce d'or, chargée de trois feuilles de sinople, et accompagnée de trois glands du second émail.*

DE THIERRY, barons de Saint-Baussant, en Lorraine.

I. Jean THIERRY, Ier. du nom, natif d'Etain, avocat, puis conseiller en la cour souveraine des grands jours de Saint-Mihiel, fut anobli conjointement avec Thierry, gouverneur des princes de Wurtemberg, et Nicolas

Thierry (1), ses frères, et Regnault Thierry, leur oncle, par lettres-patentes de l'empereur Rodolphe, données à Prague, en 1606. Jean Thierry fut confirmé par autres lettres-patentes de Henri, duc de Lorraine, expédiées à Nancy, le 26 mars 1613, où il est dit expressément, « qu'il est issu de noblesse, du côté de sa mère-grande, » nommée damoiselle Marie Beufvin, fille de nobles » conjoints Regnault Beufvin, prévôt de Saint-Mihiel, » et damoiselle des Ancherins. » Par ces dernières lettres-patentes, Jean Thierry fut autorisé à prendre les armes des Beufvin, qui sont, portent-elles : *D'azur, au chevron d'argent, accompagné en chef de deux étoiles d'or, et en pointe d'un mufle de léopard du même; et pour cimier, un chapeau triangulaire d'or et d'azur, damasquiné et semé de larmes.* Jean Thierry épousa Marguerite *de la Réaulté*, fille de Ferry ou Frédéric de la Réaulté, et d'Élisabeth Barrois. Il fit avec elle reprise, en 1616, de ce qu'ils avaient acquis, à Affléville, d'Antoinette de la Tour, veuve d'Hercule de la Forest. Jean Thierry fut depuis conseiller d'état du duc Charles IV, et intendant de sa maison. Il eut, entr'autres enfants, Charles qui suit :

II. Charles THIERRY, 1er. du nom, seigneur de Saint-Baussant et de Dompremy, lieutenant-général au bailliage de Saint-Mihiel, épousa Marie *Rutant*, fille de Jacques Rutant, seigneur de l'Isle et de Gerbeuville, conseiller d'état, et de Françoise Pierron de Bittainvilliers. Marie Rutant épousa en secondes noces François de Bloise, seigneur d'Amblemont, dont elle n'eut point d'enfants. Elle rendit son premier mari, père de :

1°. Nicolas Thierry de Saint-Baussant, qui fut major du régiment du prince de Commercy au service de S. M. impériale ;
2°. Jean II, qui continue la lignée ;

___

(1) Nicolas fut père d'André Thierry, baptisé à Etain, au mois de juin 1628, qui fut confirmé dans la noblesse concédée à son père, par lettres-patentes du duc Charles IV, du 10 juillet 1665, entérinées en la cour de Saint-Mihiel, par arrêt du 22 mai 1666.

3°. Marie Thierry, mariée à Charles *de Faillonnet*, chevalier, seigneur de Valleroy, fils de Henri de Faillonnet, et de N.... de Gondrecourt.

III. Jean Thierry, IIe. du nom, seigneur de Saint-Baussant, épousa Nicole *Saillet*, fille de Jean Saillet, IIe. du nom, écuyer, lieutenant-général au bailliage de Clermont, en Argonne, puis conseiller d'état, et de Catherine Gerbillon. Il en eut Jean-Baptiste, qui suit :

IV. Jean-Baptiste DE THIERRY, baron de Saint-Baussant, par érection du 9 novembre 1723, doyen des conseillers du bailliage de Saint-Mihiel, épousa Jeanne *de la Morre*, fille de Charles de la Morre, conseiller-auditeur, et secrétaire de la chambre du conseil et des comptes de Bar, et de Marguerite Gilson. Il en eut plusieurs enfants, entr'autres :

    1°. Charles-Nicolas de Thierry, baron de Saint-Baussant, conseiller au parlement de Metz, le 3 septembre 1736 ;

    2°. Robert, qui suit :

V. Robert DE THIERRY, chevalier, épousa Madelaine *de Lavaulx*, dont il eut :

    1°. Charles dont l'article suit,

    2°. François-Gaspard de Thierry des Etivaux, chevalier, colonel de cavalerie, chevalier des ordres royaux et militaires de Saint-Louis et de la Légion-d'Honneur et chevalier de la Couronne de Fer, marié avec Claude-Henriette-Romarine, comtesse *de Faletans de Digoine*. De ce mariage sont issus :

      a. Thérèse-Constant de Thierry ;

      b. Ernest de Thierry ;

      c. Sophie-Isaure de Thierry ;

    3°. Joseph de Thierry, officier.

VI. Charles DE THIERRY, IIe. du nom, chevalier, capitaine d'artillerie, épousa Marie-Louise-Françoise-Catherine-Pierre-Antoinette *de la Ville*. De ce mariage sont issus :

    1°. Charles-Philippe-Hypolite, qui suit ;

2°. Louis de Thierry, chevalier, officier dans l'armée de S. M. britannique ;

3°. François-Charles de Thierry, chevalier, aspirant de de la marine de S. M. britannique ;

4°. James-Charles de Thierry ;

5°, John-William-Augustus-Frédérich de Thierry;

6°. Antoinette – Suzanne – Caroline de Thierry, mariée 1°. à messire Charles – Pierre – Antoine-Henri, vicomte *de Frotté*, mort le 8 juillet 1813, capitaine dans l'armée britannique, dont elle a Georgina de Frotté, née le 26 mars 1809; 2°. à Londres, le 5 janvier 1821, à François *Cardozo Perreira Pinto Taveira*, gentilhomme portugais.

VII. Charles-Philippe-Hypolite DE THIERRY, chevalier, né à Bruxelles le 13 avril 1793, filleul de S. A. R. *Monsieur*, frère du Roi ; a épousé Emily *Rudge*.

DE THOLON (1), seigneurs de Sainte-Jalle, en Dauphiné. La maison de Tholon, éteinte depuis plus d'un siècle et demi, était l'une des plus considérées du Dauphiné, tant par l'ancienneté et la pureté de son origine, que par le rang distingué où l'ont élevée ses nombreuses illustrations. Nostradamus, à la pag. 321 de la 3e. partie de son Histoire de Provence, rapporte, qu'il était de tradition de son tems, que la maison de Sainte-Jalle descendait des anciens seigneurs de Toulon, puînés des vicomtes de Marseille.

Hugues de Tholon, co-seigneur de la ville de Valréas, au Comtat Venaissin, approuva, en 1120, avec les autres seigneurs de cette ville, la vente d'une partie des dîmes de son territoire, faite à *Rostani*, évêque de Vaison, pour la somme de soixante-dix sols, monnaie de Valence. On trouve après lui, Aicard de Tholon et Garcias de Tholon, dans le Nécrologe de l'église de Marseille. Viennent ensuite, dans le même catalogue, Faulquet de Tholon; Geoffroy de Marseille, évêque de Béziers ; Raimond-Bérenger, comte de Provence, mort en 1245, et un autre Aicard de Tholon. Aicard de Tholon, che-

(1) Le nom de cette maison s'est orthographié alternativement *Tolon*, *Tollon*, *Tholon* et *Thoulon*.

valier provençal, est au nombre des témoins qui souscrivirent une transaction passée entre les chanoines de
Marseille et les religieuses de Saint-Sauveur de cette
ville, en 1163. C'est apparemment le même qui se trouve
dans le Nécrologe, avant 1245. On voit encore parmi
les témoins qui signèrent la fondation de l'abbaye de
Saint-Pons-de-Géménos, au diocèse de Marseille, faite
par les chanoines de la cathédrale, en 1205, un Hélie
de Tholon. Raimond de Tholon, prévôt de Forcalquier,
réunit à la mense de son chapitre, du consentement de
Raimond d'Oppède, évêque de Sisteron, les églises de
Notre-Dame, de Saint-Jean et de Saint-Pierre de Forcalquier, en 1318. Tholon de Tholon, gentilhomme
de Forcalquier, signa, avec plusieurs autres témoins,
les articles d'un accommodement proposé à Marseille
par le maréchal Boucicauld, entre Raimond-Roger,
vicomte de Turenne et la reine Marie de Blois, en
1399. Raimond de Tholon, prévôt de l'église de Forcalquier, fut élu évêque de Sisteron, par les suffrages
réunis des deux églises con-cathédrales de Sisteron et
de Forcalquier, pour remplacer Robert de Crapone,
le 24 mars 1436. Un autre Raimond de Tholon, cha-
noine-sacristain de la métropole d'Aix, Louis Pithou et
plusieurs autres chanoines du même chapitre, furent
présents au serment prêté par le roi René, comte de
Provence, pour la conservation de leurs priviléges,
le 19 décembre 1437.

La filiation des seigneurs de Sainte-Jalle et de la
Laupie, en Dauphiné, et de Saint-Julien, au Comtat
Venaissin, remonte à Lancelot de Tholon, écuyer du
roi Charles V et de Charles Ier., dauphin de Viennois,
en 1349.

Didier de Tholon de Sainte-Jalle, issu au cinquième
degré de Lancelot, était chevalier de Saint-Jean de
Jérusalem et grand-prieur de Saint-Gillès, lorsqu'il fut
élu grand-maître de son ordre, le 17 novembre 1535,
à la place de Perrin de Ponte. Il était absent et dans sa
famille à Sainte-Jalle, lorsqu'une députation de vingt-
quatre chevaliers vint lui apprendre son élection. Il ne
jouit pas long-tems de cette dignité ; car, s'étant mis en
route pour se rendre à Malte, il tomba malade à Montpellier et y mourut le 26 septembre 1536.

Faulquet de Tholon, seigneur de Sainte-Jalle, petit-
IV. 24

neveu du grand-maître, fut successivement chevalier de l'ordre du Pape et de celui du Roi, capitaine de cinquante, puis de cent hommes d'armes, gouverneur de la principauté d'Orange, commandant dans la ville de Carpentras, et enfin lieutenant-général au gouvernement de Languedoc. Ce fut un des plus vaillants capitaines des catholiques, et l'un des plus redoutables ennemis de Montbrun, du comte de Crussol et du baron des Adrets, chefs du parti calviniste, en Languedoc, sur lesquels il remporta plusieurs avantages signalés. La branche de ce seigneur s'est fondue par alliance, en 1667, dans la maison de Fortia de Piles ; celle des seigneurs de la Laupie, en Valentinois, et de Saint-Julien, au Comtat, s'est éteinte avant 1716.

Les alliances directes de la maison de Tholon sont avec celles de Bonne de Tallard-d'Auriac, Brotin de Paris, de Caritat, de Chavagnac, du Cheylar, de Claret-d'Esclapon, de Clermont-Montoison, de Combourcier, de Fallet de la Laupie, de Flotte de Montauban, de Forest de Blacons, de Fortia de Piles et d'Urban, Fournier-d'Aultane, de Galiens des Yssars, de Gaste-Lupé, de Grammont-Vachères, de Guiffrey de Glandages, de Joubert, de Lers-d'Aubenas, de Marsane de Saint-Genis, de Morelon-Chabrillant, d'Oradour de Châteauneuf, Pape de Saint-Auban, Pingré d'Arpahon, Pourret, du Puy-Montbrun, de Rémusat, de Rivière de Brueix, de Taulignan, de Thézan-Venasque, de Torchefelon, d'Urre de Molans, etc., etc.

Armes : De sinople, au cigne d'argent, becqué et membré d'or.

THORIGNY. *Etat de la Noblesse du bailliage de Thorigny, convoquée en 1789, pour l'élection des députés aux Etats-généraux du royaume.*

GENTILSHOMMES POSSÉDANT FIEFS.

M. de Marguerie d'Airel, représenté par M. de la Gonnivière-Breuilly, pour son fief d'Airel.
M. d'Amphernet, représenté par M. de la Gonnivière du Butel, pour son fief de Bures.
M. de Banville, pour son fief de Berigny.

M. de Saint-Quentin, pour son fief à Beuvrigny.

M. Ciresme, représenté par M. de Grosourdy de la Verderie, pour son fief de Caumont.

M. de la Valette du Mesnil, représenté par M. d'Amayé, pour son fief de Cahagnes.

M. Bourdon de Saint-Ébremont, représenté par M. de Cauvigny, pour son fief à Condé-sur-Vire.

MM. Pigache, de Mahony, de Gueroult, pour leurs fiefs à Montrabot et Cormolain.

M. de Marguerit de Rochefort, pour son fief de Clouay.

M. de Couvains, représenté par M. de Malherbe, et madame de Boutrand, pour leur fief de Couvains.

Madame Duhomme, représentée par M. Duhomme, pour son fief de Domjean.

M. de la Gonnivière du Butel, pour son fief de Fourneaux.

M. le Chartier, chevalier de la Varinière, pour son fief de Guilberville.

M. Gauthier, représenté par M. de la Motte, pour son fief de la Ferrière-le-Hareng.

M. Hébert de la Vacquerie, représenté par M. le Groult, pour son fief de la Vacquerie.

Madame de Bignon, pour son fief de la Mofle.

M. le Cordier de la Matherbière, représenté par M. le Cordier de la Dorie, pour son fief de le Tourneur.

Madame de Loucelles d'Argouges, représentée par M. le chevalier de Ciresme; et M. le Forestier d'Hérouville, pour leur fief de Litteau.

Madame Gohier de Ciresme, représentée par M. son fils, pour son fief de Lamberville.

M. de Bricqueville de la Luzerne, représenté par M. de Banville, pour son fief de la Luzerne.

M. Nantier, pour son fief de Malouet.

M. le marquis de Juigné, représenté par M. de Fribois; et M. de Longaunay, pour leur fief de Montaigu.

M. de Beaupte et M. Conseil du Mesnil-Vité, pour leur fief de Moon.

Madame de la Bazonnière, représentée par M. son fils; et M. de Foulognes de Précorbin, représenté par M. de la Bazonnière, pour leur fief de Précorbin.

M. Provost, chevalier de Saint-Jean, pour son fief de Vaulaville.

M. le chevalier Provost de Rousseville, représenté par

M. le chevalier le Provost de Rousseville; M. Potrin de la Morinière, pour le fief de Rousseville.

M. Cordier de la Malherbière, pour son fief de Saint-Ouen des Bézaces.

M. Frestel de Saint-Clair, représenté par M. Conseil, pour son fief de Saint-Clair.

M. de Bechevel du Catel, représenté par M. de Banville, pour son fief de Saint-Martin de Blagny.

M. de la Gonnivière du Breuilly; M. Godard de Condeville, pour leur fief de Saint-Louet.

M. le Provost, représenté par M. le Provost de Saint-Jean; M. le Provost de Rousseville, pour leur fief de Saint-Jean des Baizans.

M. le Gohier de Précaire, représenté par M. de la Marre, pour le fief de Guilberville.

M. le chevalier de Ciresme, pour son fief d'Auvrecy et autres.

M. le Joly de Villiers, représenté par M. Blouet, pour son fief de Villiers-Fossards.

M. Bernard de Bricqueville, représenté par M. de Bonenfant, pour son fief de Mesnil-au-Parc.

GENTILSHOMMES NON-POSSÉDANT FIEFS.

MM.

Hue de la Roque.
De la Gonnivière Desmares.
De Loucelles de la Hurtandière.
Grosourdy de la Verderie.
Brébisson.
De la Motte de Briant.
Thomas-François Duhomme.
De la Bazonnière.
Le Forestier d'Hérouville.
Le Chartier de la Paidoyère de la Bézace.
Le Chartier Dumesnil de la Bézace.
Le Chartier de Thorigny.

DE THUISY. La terre de Thuisy, située dans la généralité de Châlons, en Champagne, et à laquelle était attachée la dignité héréditaire de sénéchal de Reims, dont elle est distante de trois lieues et

demie, a donné son nom à une maison chevaleresque,
également distinguée par son ancienneté et ses alliances.
L'Histoire de Reims, par Anquetil, tom. Ier., p. 280,
rapporte que le sénéchal de Reims était grand-maître
de la maison des archevêques, qui, dans les siècles
reculés, étaient des espèces de souverains très-puissants
et très-redoutables. Le sénéchal rendait en leur nom la
justice, et conduisait les vassaux à la guerre. Le cheval
que montait l'archevêque lors de son entrée, appartenait
au sénéchal, ainsi que ses éperons et sa vaisselle d'argent.
Il est fait mention du sénéchal de Reims, dans une
charte de l'an 1117 ; ses droits ont été reconnus, dans
tous les dénombrements de la terre de Thuisy et de ses
dépendances, jusqu'à l'époque de notre funeste révolution, et ont été exercés jusqu'en 1622. Parmi ceux de
ces droits qui peuvent donner une idée de l'éminence
de cette charge, on remarque celui qu'avait le sénéchal
de venir, lui troisième, avec trois chevaux, trois chiens
et trois oiseaux, chez l'archevêque, trois jours par semaine. On devait lui fournir la chandelle de nuit en
cire jaune et en pain.

Érard Ier., seigneur de Thuisy, chevalier, sénéchal
de Reims, fut présent en cette qualité, au contrat
d'acquisition de la seigneurie de Sept-Saulx, faite par
Henri, archevêque de Reims, frère du roi Louis-le-
Jeune, des abbé et religieux de Saint-Basle, en l'année
1171. La postérité d'Érard Ier. a subsisté avec éclat
pendant quatorze générations, et s'est éteinte en 1557,
après avoir contracté des alliances directes avec les
maisons de Beaumont-Saint-Étienne, de Besannes-
Sapigneul, de Betheniville, Gauchon de Sillery, de
Chevriers de Saint-Mauris, de Condé, de Coquelet de
Chéry, de Creil, Cuissotte de Gizaucourt, de Fayel,
Godet-d'Escury, de Grancey, Hocart de Vaux, de
l'Hôpital, de Maire, de Marisy, Moet, Molé, de
Pacquart, de Prône-d'Ardenay, de Saint-Remy, de
Roque de Brouillet, de Véelu, etc.

Jeanne de Thuisy, devenue, après la mort du dernier
de ses deux frères, en 1557, dame de Thuisy, de Vraux,
de Plivôt, et des Maisneux, épousa 1°., le 27 octobre
1510, Jean de l'Hôpital, écuyer, seigneur du Castel et de
Duisel, dont postérité ; 2°., en 1519, Nicolas Goujon,
écuyer, seigneur de Thou-sur-Marne, auquel elle porta

la plus grande partie des biens de sa maison, avec le titre héréditaire de sénéchal de Reims. Nicolas était fils de Jean Goujon, IIe. du nom, écuyer, seigneur de Marqueny et de Coigny et de Marie Moet. Cette dernière se remaria en 1519 (le même jour que Nicolas, avec Jeanne de Thuisy), avec Pierre III, seigneur de Thuisy, père de ladite Jeanne, dont elle fut la troisième femme. Jeanne de Thuisy, fut la quatrième de Nicolas Goujon, et la seule dont il ait eu des enfants.

Armes : de gueules, au sautoir engrêlé d'or ; cantonné de quatre fleurs de lys d'argent.

Voyez le tome Ier. de l'Histoire généalogique et héraldique des pairs de France, des grands dignitaires de la couronne, et des principales familles nobles du royaume.

DE THUMERY, maison ancienne et distinguée, originaire du Soissonnais, répandue successivement en Lorraine, en Picardie, en Normandie, en Beauce et en l'Isle de France. Elle s'est également rendue recommandable dans les armes et dans la magistrature ; a donné plusieurs officiers-généraux décorés, des officiers de tous grades, des ambassadeurs, des conseillers d'état et d'autres personnages de marque. Elle a fourni les branches, 1°. des seigneurs de Boissise, éteints en 1744 ; 2° des seigneurs de Dampierre, puis de la Mathe, éteints après l'an 1670 ; 3°. des seigneurs de Villacourt, et de Soulaucourt, marquis et comtes de Thumery, existants ; 4°. des seigneurs de la Combe, éteints en 1677 ; 5°. des seigneurs de Roquencourt et de Chatignonville, éteints ; 6°. des seigneurs de Menildon, éteints en 1639. La filiation de cette ancienne maison, établie sur ses titres originaux, sur les divers jugements de maintenue, rendus en sa faveur, et sur les preuves qu'elle a faites pour l'ordre de Saint-Jean de Jérusalem, dit de Malte, remonte à Jean de Thumery, écuyer, seigneur de Thumery, seigneur châtelain de Saint-Gobin, en Picardie, vivant en 1260. Tous les membres de cette maison, existants en 1790, ont émigré et ne sont rentrés en France qu'après le licencîment de l'armée des princes, en 1801.

Armes : D'azur, à la croix écartelée d'or et d'argent, engrêlée, cantonnée de quatre boutons de rose au naturel. Tenants et cimier : trois pucelles de carnation.

DE TILBOURG, en Cambrésis. La terre seigneuriale
de Tilbourg, de l'ancien domaine des sires de Malines,
de la maison *de Bertout*, paraît avoir donné son nom à
une famille décorée de la chevalerie dès le treizième
siècle, et dont était Guillaume de Tilbourg, chevalier,
seigneur de Transloy, en Cambrésis, vivant en 1310. On
ne trouve plus de traces de ce nom après la fin du quatorzième siècle.

Armes : D'argent, à trois pals d'azur; au chef de
gueules, chargé d'un bois du champ.

LE TONNELLIER DE BRETEUIL, famille illustrée
par ses services et ses emplois distingués. Elle est originaire du Beauvaisis. Les preuves faites à Malte, le 13 juin
1629, par Antoine le Tonnellier, en remontent la filiation à Claude le Tonnellier (quatrième aïeul d'Antoine),
sieur de Conti, vivant en 1502, père de Jean le Tonnellier,
sieur de Conti et de Breteuil, et celui-ci, d'Etienne le
Tonnellier, sieur des mêmes lieux, conseiller au grand
conseil, mort après 1580. Cette maison a produit un grand
nombre de conseillers au parlement, au grand conseil,
à la cour des aides, etc.; quatre maîtres des requêtes,
quatre intendants de provinces, quatre conseillers d'état,
un colonel, deux mestres-de-camp, et quantité d'officiers d'infanterie et de cavalerie, la plupart décorés
de l'ordre royal et militaire de Saint-Louis; deux gouverneurs de places, un chef d'escadre, deux maréchaux de
camp des armées, un directeur, un contrôleur-général et
un intendant des finances; deux ministres d'état, un
commandant prévôt et maître des cérémonies des ordres
du Roi, un envoyé extraordinaire près les princes d'Italie, en 1682, depuis introducteur des ambassadeurs et
princes étrangers, en 1763, un ambassadeur en Russie,
en 1760, en Suède, en 1763, auprès des états-généraux
des Provinces-Unies, en 1767, puis ambassadeur extraordinaire en Autriche, et chevalier des ordres du Roi;
un préfet, etc.

La seigneurie de *Fontenay*, fut érigée en marquisat,
par lettres du mois de février 1691, registrées le 27 mars
suivant, en faveur de François le Tonnellier de Breteuil
conseiller d'état. Cette maison a possédé en outre les
baronnies de Boitron, d'Escouché et de Preuilly; cette
dernière, première baronnie de Touraine. Elle a, dans

les actes publics et brevets de nos Rois, les titres de
comte, de *vicomte* et de *baron* de Breteuil, depuis deux
siècles. Dans la prélature, elle compte un évêque de
Boulogne-sur-mer, en 1681, un évêque de Rennes,
grand-maître de la chapelle du Roi, décédé le 24 avril
1732; un évêque de Montauban, sacré en 1763, etc.

Cette maison a formé sept branches principales : 1º. les
seigneurs de Conti, du Boullay et d'Achères, éteints
après l'an 1721; 2º. les barons de Breteuil et de Boitron, marquis de Fontenay-Trésigny, sires de Ville-
bert, éteints le 4 décembre 1771; 3º. les seigneurs de
Chanteclerc, comtes et vicomtes de Breteuil, existants;
4º. les barons de Preuilly, premiers barons de Touraine,
éteints le 2 novembre 1807; 5º. les barons d'Escouché,
éteints en 1719; 6º. les seigneurs de Voyennes et
d'Abins, éteints le 20 septembre 1732; 7º. les seigneurs
de Charmeaux, éteints le 24 octobre 1709.

Les alliances directes de ces diverses branches, sont
avec les maisons et familles d'Albert de Sillans, Amelot
de Carnetin, d'Aubray de la Provenchère, de Bailly, de
Bernard de Torcy, Beroul de Troisvilles, Boileau de
Chauvigny, de Bonnechose, Briçonnet de Glatigny, la
Briffe d'Amilly, Brion de la Pierre, de Calonne de
Courtebonne, Charpentier d'Ennery, le Charron d'Evry,
du Châtelet-Lomont, de Choiseul-Praslin, de Cler-
mont-Tonnerre, de Cochart de Chastenoye, Cottin de
Fontaine, le Court de Cressé, le Fevre de Caumartin,
le Fevre de Milly, de Froulay, Gaultier de Chiffreville,
Goujon de Gasville, Goyon de Matignon, Grangier de
Belesme, le Gras d'Azy, de Hautecourt, le Maire de
Courtemanche, Mangot de Villeran, de Moncy, le Noir
de Moquesoucy, O'Brien de Clare, Parat de Montgeron,
de Pons de Rochefort, Poussineau d'Abins, Rogier de
Neuilly, de Rohan-Montbazon, de Rousselet, de Saint-
Blimont, Sanguin de Fontenay, de Siry de Marigny,
Sopitre de Luciennes, Testard de la Guette, Vion de
Gaillon, etc., etc.

Armes : D'azur, à l'épervier essorant d'or. Couronne
de comte. Supports : deux éperviers essorant d'or.
Devise : *Nec spe, nec metu.*

TORTEQUENNE, village en Artois, situé à deux
lieues de Douai, qui a donné son nom à une maison

chevaleresque, éteinte vers le commencement du seizième siècle, et dont était Robert, seigneur de Tortequenne, père de Jacques de Tortequenne, écuyer, marié, en 1490, avec Marie *de Haynecourt*, fille de Haynecourt, dit le Borgue, et de Jeanne le Leu.

Armes : de sinople, au chef d'hermine.

TOUL. *Liste des Gentilshommes du bailliage de Toul, convoqués pour l'élection des députés aux états-généraux du royaume, en* 1789.

MM.

Louis-Jean de Leviston, des comtes de Leviston, commissaire nommé pour la vérification des titres de noblesse, chevalier de l'ordre royal et militaire de Saint-Louis, a présenté la comparution de son père, comme membre de la noblesse à la rédaction des usages locaux de la ville de Toul, plus des foi et hommages rendus par lui devant la chambre des comtes de Metz, sous la qualité de chevalier ; a été inscrit avec la qualité de chevalier.

Jean-Henri de Cholet de Clairet, chevalier, commissaire aux preuves, a présenté des foi et hommages rendus par lui pardevant les présidents-trésoriers de France, et de la généralité de Champagne, sous sa qualité de chevalier, pour la seigneurie de Taillancourt ; a été inscrit avec la qualité de chevalier.

Louis-Henri-Daniel de Valori, chevalier de Saint-Lazare, capitaine au régiment de Hainault, a produit un titre remontant sa filiation à Barthélemi de Valori, vivant le 20 juillet 1417 ; ledit titre délivré à Gui de Valori, chevalier, seigneur de la Chaire, lieutenant-général des armées, grand'croix de l'ordre royal et militaire de Saint-Louis, le 4 mai 1274, par les présidents-trésoriers de France, etc., de la généralité de Lille ; plus des foi et hommages rendus devant la chambre des comptes de Metz, 27 février 1776, sous la qualité de chevalier ; a été inscrit avec ladite qualité.

Jean-Baptiste-Paul le Lymonnier de la Marche, commissaire aux preuves, capitaine au régiment de Berri, seigneur Differt et Kervasi, en Bretagne, et de

Choatel, en partie, au pays Toulois, à cause de
Marie-Charlotte d'Archambaud, son épouse, a produit un acte de maintenue de la chambre de Rennes,
remontant sa filiation à Thiébault le Lymonnier, seigneur de la Marche, chevalier, gouverneur du château
de Valaine, vivant en 1362; plus ses comparutions et
celles de ses ancêtres aux états de Bretagne, en l'ordre
de la noblesse; a été inscrit sous la qualité de chevalier.

Gérard-François de Taffin, lieutenant de Roi à Toul,
chevalier de l'ordre royal et militaire de Saint-Louis,
a produit sa généalogie inscrite chez le héros d'armes
de la province d'Artois, une sentence de maintenue
par l'élection d'Artois; enfin, trois certificats des
généalogistes du Roi, en vertu desquels ses enfants
ont été admis aux pages, à l'école militaire et à la
maison royale de Saint-Cyr; a été inscrit avec la
qualité d'écuyer d'ancienne extraction.

Laurent, comte de Migot, seigneur de Ménil-la-Tour,
Tendrecourt et autres lieux, chevalier de l'ordre royal
et militaire de Saint-Louis et de l'ordre noble de
Saint-Hubert, en Barrois, lieutenant-colonel d'Artois, dragons, a produit un acte de filiation à Guillaume Migot, vivant en l'an 1543; un arrêt de maintenue de la chambre des comptes de Bar; plus un
titre de concession du titre de comte, pour lui et l'aîné
de ses descendants mâles. Signé Louis, et p. b. Ségur,
Du 10 mars 1787. A été inscrit sous la qualité de
chevalier.

Antoine-Nicolas le Page, ou le Paige, a produit une
descendance depuis Jean le Page, écuyer, vivant en
1550; 2°. un dénombrement fourni le 16 avril 1569,
de la seigneurie de Meligny; 3°. un certificat d'ancienne extraction noble, délivré par M. de la Croix,
généalogiste de Malte, du 12 février 1774, a été
inscrit avec la qualité d'écuyer d'ancienne extraction.

François-René Marcha de Saint-Pierreville, chevalier
de l'ordre royal et militaire de Saint-Louis, commandant de l'artillerie à Toul, a produit un certificat
du généalogiste du Roi, pour l'école militaire, qui
porte que son fils est admis sur preuves de noblesse,
à l'école royale militaire; a été inscrit.

Jean-Louis Dedon-Ducloux, écuyer, chevalier de l'ordre
royal et militaire de Saint-Louis, maréchal des camps

et armées du Roi, a produit un arrêt de la chambre
des comptes de Metz, portant filiation; inscrit sous
la qualité d'écuyer.

Joseph, vicomte de Beausset, chevalier, capitaine au
régiment des chasseurs à cheval de Guyenne, a produit
les titres prouvant sa descendance de cette maison;
inscrit sous la qualité de chevalier.

Nicolas-Louis de Klopstein, seigneur de Saint-Aignan,
chevalier de l'ordre du Phénix, et gentilhomme de
la chambre de S. A. le prince d'Hohenlohe, a produit
divers titres justifiant sa qualité, et des foi et hommages rendus en la chambre des comptes de Bar, sous
la qualité de chevalier, le 10 juillet 1771; inscrit avec
la qualité de chevalier.

Joseph Piat de Malaumont, écuyer, seigneur de Breaux
et Naives, en Blois, ancien capitaine de cavalerie,
chevalier de l'ordre royal et militaire de Saint-Louis,
a produit des foi et hommages devant la chambre des
comptes de Bar, du 14 septembre 1772, justifiant sa
descendance, et sa qualité d'écuyer; inscrit sous la
qualité d'écuyer.

Mathias, comte d'Alençon, président du district de
Toul, pour les assemblées provinciales, a produit des
lettres de comte, du 17 novembre 1732; 2°. des aveux
et dénombrement devant la chambre des comptes de
Bar, du 16 avril 1704, et du 18 avril 1769, sous la
qualité de chevalier; inscrit avec la qualité de chevalier.

Jacques-Marguerite Pillote de la Barolière, lieutenant-
colonel des chasseurs à cheval de Lorraine, chevalier
de l'ordre royal et militaire de Saint-Louis, a produit,
1°. un récepissé de l'enregistrement, de ses armoiries,
dans l'Armorial général, 11 mai 1690; 2°. foi et hommages pour sa terre de la Barolière, devant les pré-
sidents-généraux de France, à Lyon, sous la qualité
de chevalier, 11 juillet 1740, et sa filiation; inscrit
avec la qualité de chevalier.

Poirot de Scellier (Félix-Sébastien), et Christophe-
Joseph-François Poirot de Valcourt de la Bergerie,
frères, ont produit, 1°. un arrêt de maintenue de la
chambre des comptes de Lorraine, dans la qualité
d'écuyer, du 8 juin 1764; 2°. des foi et hommages rendus sous ladite qualité, en ladite chambre des comptes,

pour la terre de la Bergerie, du 10 juin 1772; inscrits avec la qualité d'écuyer.

Mathieu Richard de Ligones de Beaumefort, écuyer, capitaine de cavalerie, a produit des aveux et dénombrement des terres et fiefs de Beaumefort, Saint-Alban, la Beaume, Auréole, sous la qualité d'écuyer, et sa filiation noble; inscrit avec la qualité d'écuyer.

Jean-Alexandre Guerre a produit une maintenue de la chambre des comptes de Bar, 12 mars 1783; inscrit avec la qualité d'écuyer.

Pierre-Nicolas Pagel de Sainte-Croix, capitaine d'infanterie, chevalier de l'ordre royal et militaire de Saint-Louis, membre de l'assemblée nationale, en l'ordre de la noblesse; inscrit avec la qualité d'écuyer.

Pierre Comtest, écuyer, ancien seigneur de Seraumont, a produit l'acte de comparution de son père, comme noble et écuyer, à la rédaction des usages locaux de la ville de Toul, en l'an   ; inscrit avec la qualité d'écuyer.

Victor-Hugonin de Launaguet, capitaine d'artillerie, chevalier de l'ordre royal et militaire de Saint-Louis, a prouvé sa descendance de Jean-François-Hugonin, écuyer, seigneur et baron de Launaguet, capitoul de la ville de Toulouse, l'an 1684; inscrit avec la qualité d'écuyer.

Charles-François d'Archambault, seigneur, en partie, de Choatel, en Barrois, représenté par M. le Lymonnier de la Marche, son beau-frère, à cause de Marie-Charlotte d'Archambault, son épouse; a prouvé sa descendance des grands baillis d'épée de Châtillon-sur-Indre, charge dont Jacques-François d'Archambault, colonel de cavalerie, son oncle paternel, était actuellement pourvu et était le cinquième de père en fils. Ledit Charles-François d'Archambault, officier au régiment de Navarre, a été inscrit avec la qualité de chevalier. Voyez le Dictionnaire de la Chenaye, art. d'Archambault.

Marie-Marguerite de Geoffroi, veuve d'Etienne le Liépvre, écuyer, dame vouée, en partie, de la ville de Toul, dame de Fontenelle et Champlureau, en Toulois, représentée par ledit chevalier de la Marche, époux de dame Marie-Charlotte d'Archambault, petite-fille de ladite dame de Geoffroi, veuve de Liépvre ; a été inscrite en ses qualités.

La demoiselle de Boccavilliers, dame vouée, en partie, de la ville de Toul ; a été inscrite en ses qualités.

DE LA TOUR-EN-VOIVRE ; maison de nom et d'armes, et de l'ancienne chevalerie de la Lorraine, illustre, tant par la manière dont elle a figuré au treizième siècle, que par ses alliances et par l'ancienneté de possession de ses propriétés.

La terre de la Tour-en-Voivre, dont cette maison a pris le nom, ou à laquelle elle l'a donné, a été très-étendue. Sire Geoffroi de la Tour, chevalier, la possédait avant 1220. Il en reste encore à cette maison, ce qui en a échappé à la révolution. Outre ses forteresses, elle a possédé les seigneuries de Pierrefort, d'Amancey, de Jeandelise, de Puxe, de Conflans, de Brainville, de Savonières, de Buxerulles, de Puisieux et les baronnies de Boncourt et de Pichecourt.

La filiation de cette maison a été établie par le mémoire présenté au Roi, le 23 avril 1784, par M. Chérin, pour les preuves de la cour.

Cette maison a fourni un chanoine au grand chapitre de Trèves, au treizième siècle, plusieurs chanoinesses de Remiremont, la dernière, morte le 19 novembre 1819 ; des gouverneurs et des généraux, surtout en Autriche, avant la réunion de la Lorraine ; et ses membres ont toujours été convoqués aux états et assises par le souverain, ainsi que pour l'aider à la guerre.

En 1352, sire Baudouin de la Tour-en-Voivre, chevalier, seigneur de la Tour, faisait la guerre aux Messins.

En 1409, Vauchelin et Henri, ses petits-fils, la faisaient à la ville de Verdun ; le premier fit avec le duc de Luxembourg, le comte de la Marche et celui de Commercy, en 1431, un traité de paix et d'alliance défensive, très-curieux.

En 1415, ayant fait prisonniers et enfermé dans leur forteresse du Saucy, les envoyés du concile de Constance, au roi Charles VI, le concile les excommunia, ainsi que leurs alliés, et invita le duc de Lorraine et le duc de Bar, à leur faire la guerre, pour arracher ces prisonniers de leurs mains ; les Messins, qui s'étaient joints à ces princes, ayant, après leur départ, détruit la forteresse du Saucy, Henri, pour s'en venger, porta le fer et le feu aux portes de Metz; il s'y établit et força cette ville à faire avec lui un traité par lequel, au moyen de bons subsides, il consentit à faire la guerre pour elle.

En 1420, le même Henri, seigneur de la Tour-en-Voivre, attaqua la ville de Verdun, qui avait brûlé sa forteresse de Balaicourt; il la contraignit à une indemnité annuelle, et à le créer son gouverneur.

Alliances. Les maisons de Luxembourg (1), de Saluces et plusieurs de l'ancienne chevalerie, ont eu des femmes de cette maison.

Celles qui y sont entrées pour la perpétuer, sont:

Du Bos, d'Estrepy, de Hainemont, de Conflans, de Lenoncourt, de Puxe, de Fiquelmont, de Gourcy, Desarmoises, de Baillivy, de Jubainville, de Rouard, de Richecourt, de Soyecourt, d'Heillimer et de la Higourdais.

Il existe deux branches de la maison de la Tour-en-Voivre. La cadette s'est établie en Allemagne, par le lieutenant-général, comte de la Tour-en-Voivre, Jean-delise, frère de la dame chanoinesse de Remiremont; elle est sortie de la branche aînée, en 1509, par Encherin, fils cadet de Guillaume et de Marie de Fiquelmont. Entre plusieurs terres, elle avait eu celle de Jeandelise, dont elle a pris le nom, et qui est rentrée, en partie, à la branche aînée, par acquêt nouveau.

La branche aînée se compose des trois fils du feu comte François-Hyacinthe de la Tour-en-Voivre, chevalier, commandeur de l'ordre de Saint-Etienne de Toscane, lieutenant-général au service d'Autriche, chambellan et capitaine des gardes en Toscane, issus de son mariage avec la fille de S. Ex. le comte de Richecourt, grand-prieur de Perouge, marquis souverain de Treschietto, ministre et gouverneur-général du grand duché de Toscane, pour l'empereur François Ier. savoir:

1º. Le comte Emmanuel de la Tour-en-Voivre,

---

(1) Hist. des Grands Officiers de la Couronne, art. Lenoncourt.

chevalier, commandeur de l'ordre de Saint-
Étienne, colonel et chambellan de l'empereur
d'Autriche, qui n'a point eu d'enfants de son
mariage avec mademoiselle de Soyecourt, fille
du comte de Soyecourt, et de mademoiselle de
Bérenger ;

2°. Le comte François-Charles de la Tour-en-
Voivre, chevalier, commandeur de St.-Étienne,
grand'croix des ordres de Saint-Georges, de
Saint-Maurice et de Saint-Lazare, grand officier
de la Légion-d'Honneur, lieutenant-général,
vice-amiral et inspecteur-général de la marine
de S. M. le roi des Deux Siciles, qui a de Henriette comtesse d'Heilimer, dame de la Croix
étoilée, et gouvernante des enfants de Sicile, son
épouse, quatre enfants :

  a. Charles, né à Naples, le 8 janvier 1797,
  lieutenant dans la garde royale de Naples;
  b. Emmanuel, né à Naples le 8 janvier 1800,
  lieutenant dans la même garde ;
  c. Suzanne, née à Naples le 16 octobre 1802,
  mariée, le 1er. juillet 1818, au comte Achille
  de Méffray-Césarge, et dame de S. A. R.
  madame la duchesse de Berri ;
  d. François, né à Palerme le 5 avril 1806,
  élève de la marine.

3°. Le comte Charles-Dominique de la Tour-en-
Voivre, né le 19 août 1755, sous-lieutenant au
régiment de Schomberg, le 1er. juin 1772; capitaine au même régiment, le 28 février 1778; officier supérieur dans le corps de la gendarmerie, et
lieutenant-colonel, le 27 juillet 1784, avec finance
de soixante mille francs, qui lui est encore due ;
colonel, le 30 mars 1788; chevalier de St.-Louis,
le 2 juin 1790. Il a joint l'armée des princes à
Coblentz, et a contribué de ses deniers à recréer
le corps de gendarmerie, sous le nom d'hommes
d'armes à cheval, avec lequel il a fait la guerre
en qualité de capitaine de la compagnie Dauphin,
jusqu'au licencîment ; appelé par ses services et
par les anciennes ordonnances, au grade de maréchal de camp, du 27 juillet 1798, il l'a obtenu

au retour du Roi. Il n'a point d'enfants de mademoiselle de la Higourdais, son épouse, dame de
la Croix étoilée. Il avait fait ses preuves de cour
en 1784, et monté dans les carrosses, le 1er. mai
de cette année.

Pour la filiation, voyez le Mémoire de M. Chérin, au
Roi, inséré au VI volume du Nobiliaire de M. de Saint-
Allais, p. 204; on peut aussi consulter pour l'ancienneté et les illustrations de cette maison, Husson l'écos-
sais, Bermann, les Chroniques de Metz, l'Histoire
ecclésiastique de Verdun, de 1745; celle de Lorraine,
par D. Calmet, tom. II, p. 712 et 713; celle de Saint-
Louis, par Felibien, p. 334; celle ecclésiastique, de
Fleuri, t. XXI, p. 341; Gallia Christ., t. II, p. 600;
la Biographie, par Chaudon et de Landine, vol. I,
pages 543 et 544.

Armes : Écartelé, aux 1 et 4 de gueules, à trois lions
d'argent; aux 2 et 3 de sable, à la fasce d'argent, accompagnée de trois pates de lion du même, deux en chef
contre-onglées, et l'autre contournée et mouvante de
la pointe de l'écu.

DE TRÉVILLERS, maison d'origine chevaleresque,
éteinte depuis trois siècles, et qui tirait son nom de la
seigneurie et village très-considérables de Trévillers,
aux montagnes du comté de Bourgogne. Quelques auteurs
et manuscrits, la font descendre d'une branche de la
maison de Montbéliard; mais, n'en ayant pas les preuves
sous les yeux, on ne citera ici que les circonstances qui
viennent à l'appui de cette assertion : telles sont, ses
armoiries, qui sont les mêmes, à la brisure près d'une
croisette, le rang et les alliances distinguées de cette
maison, la conformité assez remarquable de ses noms
de baptême, le voisinage de possession et de domicile,
et sa vassalité constante de Montbéliard. Quoi qu'il en
soit, l'on trouve dans les archives du comté de Bourgogne, une foule de titres, depuis Humbert, seigneur
de Trevillers, rappellé dans des donations faites au monastère de Lieu-Croissant, sans date, mais indiquées par
le nom de Narduin, qui en fut le premier abbé vers
1130. Humbert, son fils, fut témoin d'autres actes
faits par Odet, comté de la Roche, en 1170. Cette

maison a formé plusieurs branches, lesquelles, pour se distinguer, avaient adopté des sobriquets ; ce qui a jeté une grande confusion dans les filiations.

Armes : D'azur, à deux bars adossés d'or ; brisés d'une troisette de même en chef.

DE TRIMOND, seigneurs de Clumans, d'Aiglun et de Puymichel, en Provence. Cette famille est ancienne et paraît originaire de Languedoc. Jean de Trimond, accompagna Charles, duc de Calabre, fils aîné de Robert, comte de Provence, lorsque ce prince (qui mourut en 1328), fut nommé gouverneur souverain de Florence. Trimond de Trimond était syndic de la ville de Carpentras en 1389. La filiation est établie depuis noble Pierre de Trimond, seigneur de la Panne et de la Tour, habitant de la ville de Digne, lequel acquit diverses parties des terres de Clumans et de Lambruisse, l'an 1320. Il fut substitué, l'an 1313, au testament de noble Guillaume de Trimond, damoiseau, son cousin, demeurant en Languedoc. Les descendants de Pierre de Trimond ont formé trois rameaux, qui ont donné des consuls de Nîmes, des magistrats au présidial de la même ville, et quatre conseillers au parlement de Provence, et se sont alliés aux familles d'Archail, de Baudun, de Bioules, de Bus, de Castillon-Cucuron, de Durand, de Fabre, de Guerin, de Milan de Cornillon, de Pontevès-Gien, de Richieud de Mauvans, de Rochas-Aiglun, de Thomassin de Mazaugues, de Vaissière, de Villeneuve, etc.

Armes : D'azur, à la cloche d'argent, surmontée d'une croix fleurdelysée d'or.

DE LA TULLAYE, maison ancienne et distinguée de Bretagne, qui a fait ses preuves au cabinet des ordres du Roi, le 7 avril 1788, et a établi par titres sa filiation, depuis l'an 1408, tems auquel vivait Guillaume de la Tullaye, époux de Guillemette de *Guillé*. Ses descendants, seigneurs de Belle-Isle et du Plessis-Tison, avaient été maintenus dans leur ancienne extraction, par arrêt de la chambre établie pour la réformation de la noblesse de Bretagne, du 30 octobre 1668. La branche de Belle-Isle fut perpétuée sous la dénomination de seigneurs de Chambort et de la Jaroussaye. Les divers rameaux de

cette maison ont donné des conseillers au parlement de
Bretagne, et des maîtres des comptes, et se sont alliés
aux familles de la Barre-Binet, de la Blottière-Bitault,
Bodart de Vauhart, du Bois de la Ferronnière, Bonnier
de Boishamon, du Châtellier, de la Corbinaye, de
Couasnon, Davy du Boro, Gauthier, Langlois, Lenfant,
du Parc, de la Presse, Richerot, Rogier de Crevy, de la
Touche de la Mareschée, de Vaucouleurs, de la Vil-
léon, etc., etc.

Armes. D'or, au lion de gueules.

DU VACHE, seigneurs de Vatillieu et de Monteÿnard, barons de Château-Neuf, de l'Albenc, etc, en
Dauphiné. La filiation de cette famille remonte à Guillaume du Vache, et Catherine Brénier sa femme, qui
vivaient en 1413; elle a donné nombre de magistrats
distingués au parlement de Grenoble. Cette famille a
des alliances directes avec les maisons d'Arsac, de Co-
lomb, de Mistral de Montmirail, de Monteÿnard, de
Simiane la Coste, etc., etc.

Armes : D'argent, à la Vache de gueules, au chef
d'azur.

LE VACHE. Cette famille paraît éteinte depuis plusieurs siècles; elle a donné un second président à mortier, au parlement de Paris, en 1344, dans la personne
de Jacques le Vache, mort l'an 1365.

Armes : D'or, à trois rencontres de vache de gueules.

DE VALLES, sieurs du Plessis, etc., en Normandie;
famille qui prouve sa filiation, depuis René de Valles,
seigneur de Boisnormand, marié avec Anne de Halle-
bout, et vivant le 17 avril 1564; lequel eut pour fils,
Jacques de Valles, écuyer, sieur du Plessis, homme
d'armes de la compagnie de monseigneur le Dauphin,
l'an 1604; mari de Catherine de Malortie qu'il épousa
avant l'an 1608. On compte dans cette famille un maître particulier des eaux et forêts, et un chevalier de
Saint-Louis; elle a été maintenue dans son ancienne
extraction, le 12 juillet 1667, et a fait des preuves pour
Saint-Cyr, en 1735; elle a contracté des alliances directes avec les familles le sieur de Sainte-Catherine,
de Collon d'Ambures, de Martainville, Viard de Rou-
gefosse, etc.

Armes : De gueules à la fasce échiquetée d'or et d'azur de trois tires, accompagnée de trois têtes d'aigle arrachées d'or, celles du chef affrontées.

LE VALOIS, seigneurs de Murçay, de Vilette, d'Escoville, etc., en Normandie ; cette famille, une des plus anciennes de Normandie, et des plus distinguées par ses services et ses alliances, remonte sa filiation à Jean le Valois, sieur d'Escoville et du Ménil-Guillaume, lequel comparut à la montre des nobles du bailliage de Caen, le 24 mars 1511, en habillement de brigandine et de salade, et eut pour fils, Nicolas le Valois, seigneur des mêmes lieux d'Escoville et de Ménil-Guillaume, dont le mariage fut accordé le 7 avril 1534, avec Marie du Val, veuve de noble homme et sage maître Nicolas de Grand-rue. Elle a donné un écuyer de la petite écurie du Roi, et son maître-d'hôtel ordinaire en 1638, puis conseiller de Sa Majesté en son conseil d'état et privé en 1647; un capitaine de vaisseau en 1672, nommé chef d'escadre en 1686, lieutenant-général des armées navales en 1689, commandeur de l'ordre militaire de Saint-Louis en 1697, puis grand-croix du même ordre, et lieutenant-général au gouvernement du Bas-Poitou. Cette maison a aussi donné des officiers de terre de divers grades, dont un brigadier des armées du Roi en 1695.

Parmi les alliances directes de cette famille, on cite les maisons d'Aubigné, de Beaumont-Gibaud, de Bourdon de Vilette, des Champs de Marcilly, de Château-Neuf d'Ardin, le Moine de Villiers, de Montmorin Saint-Herem, de Tubières de Pestels, de Caylus, etc.

Armes : D'azur au chevron d'or accompagné de trois croissants d'argent; au chef du même chargé de trois roses de gueules.

DE VAREILLES DE ROCHES, famille noble du Poitou.

I. N... DE VAREILLES, seigneur de Roches et de Saint-Hilaire, fut père de :

1°. Pierre-Anne, qui suit;

2°. Jean-Baptiste de Vareilles, fait aide-major au régiment de Piémont, infanterie, le 30 août 1718, capitaine, le 22 juin 1720, mort, en 1739, capitaine aide-major, et chevalier de Saint-Louis,

II. **Pierre-Anne** *de Vareilles*, chevalier, seigneur et baron de Roches, rendit hommage au Roi, le 4 mars 1716, pour la terre de Saint-Hilaire de Ligné, près Chize, et mourut le 22 janvier 1717; il eut pour fils :

1º. Jacques-Charles-Louis, qui suit ;
2º. Louis-Melchior de Vareilles, capitaine aide-major d'infanterie, chevalier de Saint-Louis, père, entr'autres enfants, de demoiselle N... de Vareilles de Roches existante.

III. **Jacques-Charles-Louis** *de Vareilles*, écuyer, seigneur de Saint-Hilaire, fut fait lieutenant au régiment de Piémont, en la compagnie de son oncle, en 1733, capitaine en 1742, et chevalier de Saint-Louis en 1745. Il fit toutes les campagnes des guerres de son temps, et les blessures considérables qu'il avait reçues, le forcèrent à demander sa retraite en 1750. Il rendit hommage au Roi pour la terre de Saint-Hilaire, le 4 février 1775; ses enfants furent :

1º. Louis-Charles, qui suit ;
2º. Daniel-Pierre de Vareilles de Roches, vicaire-général de S. E. Monseigneur le cardinal de Périgord, archevêque de Rheims, mort à la communauté des prêtres de Saint-Sulpice, à Paris.
3º. Dominique de Vareilles de Roches, décédé père de deux filles,

    a. Marthe de Vareilles de Roches, mariée à René-Auguste de la Couscage, dont deux fils ;
    b. Marie-Joséphine de Vareilles de Roches, mariée à Gabriel-Alexandre-Joseph d'Andigné, dont un fils et deux filles ;

IV. **Louis Charles** *de Vareilles de Roches*, chevalier, né à Loudun, le 1er juillet 1752, entra, en 1771, officier dans le régiment provincial de Poitiers commandé par M. le marquis de Saint-Simon ; fut fait lieutenant dans la compagnie de M. de Bombelles en 1773; rendit hommage au Roi pour la terre de Saint Hilaire, le 15 décembre 1785; assista avec Dominique de Vareilles de Roches, son frère, par procuration à l'assemblée de la noblesse du bailliage de Poitiers ; émigra, ainsi que Daniel-Pierre, au mois de janvier 1792, et fit les campagnes de l'émigràtion. Il a été nommé chevalier de Saint-Louis, le 31 octobre 1815. a été admis à la retraite de capitaine, le 18 janvier 1816; et S. M. Louis XVIII lui a accordé une pension de 600 fr. pour solde de retraite de ce grade, par décision du 30 mars de la même année. Il n'a qu'une fille, Marie-Dominique de Vareilles de Roches, mariée, en mai 1816, à Jean-Edouard de Farouil, ancien officier au régiment de Chartres, infanterie, qui a émigré et est chevalier de Saint-Louis.

Armes : D'or au chef de gueules. Couronne de Marquis. Supports : deux lions. Cimier : un lion issant, tenant sur l'épaule dextre un étendard.

DE VASSINHAC, marquis et comtes d'Imécourt. La maison de Vassinhac, l'une des plus anciennes et des plus considérables de la province de Limousin, dont elle est originaire, et de la Champagne, où elle est maintenant établie, a pris son nom du château et de la tour de Vassinhac, situés dans le bas Limousin. Elle a possédé sans interruption la terre de son nom depuis le XIe. siècle, jusqu'en 1677, qu'elle a passé dans des mains étrangères; et elle joignait à cette possession, celle des paroisses ou seigneuries de Colonges, Sailhac, Mier, Alvinhac, Carennac, etc.

L'illustration de cette maison est très-ancienne, puisqu'elle a été décorée de la chevalerie dès le temps de Philippe-Auguste, et au commencement du règne de Saint-Louis. Bertrand de Vassinhac était sénéchal d'Artus de Bretagne, vicomte de Limoges en 1300; N.... de Vassinhac, à qui des mémoires donnent le nom de Barthelemi, commandait pour le Roi, dans la province de Guienne; il eut ordre de Philippe le Bel, de faire arrêter tous les Templiers de son commandement, au mois de février 1311. La plupart des descendans de Barthelemy de Vassinhac ont été, après l'an 1400, gouverneurs de la vicomté, ville et château de Turenne jusqu'en 1677.

Mais c'est particulièrement depuis le règne d'Henri IV, que cette famille s'est distinguée par les services les plus nombreux et les plus éclatans; à peine pourrait-on citer un seul de ses membres qui, depuis cette époque, n'ait pas porté les armes, et servi son pays. Aussi on peut dire avec raison qu'elle est toute militaire. Le père Daniel, dans sa Milice Françoise, cite comme une particularité bien remarquable, que dans les guerres de Louis XIV, neuf frères du nom de Vassinhac d'Imécourt étaient dans le même temps au service, avec leur père. M. de Louvois présenta au Roi, en 1686, M. d'Imécourt le père, avec 8 de ses fils; le cadet qui servait aussi déjà, quoique fort jeune, ne s'étant pas alors trouvé à Paris. Le père était mestre-de-camp d'un régiment de cavalerie; il avait pour major son fils aîné, et quatre de ses fils étaient capitaines au même régiment.

Le Roi, charmé de voir tant de braves gens dans une même famille, leur fit un très-bon accueil. Cinq de ces jeunes gentilshommes furent tués depuis au service. Et ce qu'il y a encore de particulier, c'est que le père avait eu un pareil nombre de frères, qui avaient tous été pareillement tués en servant dans les troupes; il n'existe peut-être pas de famille noble en France qui ait, en si peu de tems, versé autant de sang pour la patrie.

La plupart des officiers sortis de cette maison, sont parvenus à des grades supérieurs : plusieurs ont été colonels ou mestres-de-camp d'infanterie et de cavalerie ; trois furent brigadiers des armées ; deux autres, lieutenants-généraux ; et enfin deux furent tués dans le grade de maréchal de camp, l'un au siége de Verne, en 1704, et l'autre, à Asti, en 1705. Dans la prélature, elle compte un évêque de Vabres, dès 1364 ; et dans le même siècle, Audoin de Vassinhac occupait une charge à la cour des papes, à Avignon.

Cette maison a formé trois principales branches, dont deux sont éteintes; il ne subsiste plus que celle des seigneurs d'Imécourt, établis en Champagne, depuis environ deux cents ans.

Elle est connue depuis l'an 1011 ; et sa filiation, qui n'est presque pas interrompue depuis la fin du onzième siècle, est établie depuis l'an 1274, par une foule de titres originaux et autres monuments authentiques. Ses principales alliances sont avec les maisons d'Ailly, d'Apremont, d'Artense de Mier, de Belacher, de Beynac, de Bochard, de Boisverd, de Canolle, de Chauvelin, de Clermont-Tonnerre, de Comers, de Cornilh, de Coupigny, de Coussac, de Custine, de l'Espérac, de Garnier, de la Gorce, d'Hébrard, de Jacqueson, de la Lande, de

Livron, de Maillard de Lendreville et de Landre, de Malaguise, de Mensinhac, de Montheval, de Nettan- court-Vaubecourt, de la Plaze, de Pouilly, de Reilhac, de Rochefort - Saint - Angel, de Saint - Quentin, de Salviac de Vielcastel, de Sercey, de Streifft de Lawens- tein, de Touchebœuf, de Vaudin-d'Imécourt, de Vaux, d'Yvory de Lamet, etc. Elle a pour chef actuel :

XVIII. Charles-Gédéon-Théodore DE VASSINHAC, comte d'Imécourt, sous-lieutenant des mousquetaires, 1re. compagnie, en 1814, lieutenant-colonel du corps- royal d'état-major, attaché à la garde, chevalier de la Légion-d'Honneur, qui a épousé, en 1808, demoiselle Albertine-Constance-Philippine-Joséphine *de Sainte- Aldegonde*, fille de très-haut et très-puissant seigneur messire Louis-Charles, comte de Sainte-Aldegonde, de Noircarme, d'Hust et du Saint-Empire romain, marquis de Callembercq, lieutenant des gardes du corps du Roi, compagnie d'Havré, chevalier de Saint- Louis et de la Légion-d'Honneur, et de très-haute et très-puissante dame madame Marie-Madeleine-José- phine de Bouchet-Sourches-de-Tourzel, petite-fille de madame la duchesse de Tourzel, née de Croy d'Havré, gouvernante des enfants de France. De ce mariage sont nés :

1°. Charles-Ferdinand-Philippe, né le 19 septembre 1808 ;
2°. Charles-Edmond-Marie, né le 12 juin 1812 ;
3°. Charles-Louis-Xavier, né le 2 décembre 1814 ;
4°. Arthur-Charles-Paul, né le 30 décembre 1816 ;
5°. Charlotte-Henriette-Louise-Juliette, née le
 3 avril 1819.

Armes : D'azur, à la bande d'argent, bordée de sable. Supports : deux sauvages.

Nota. La généalogie de cette maison est imprimée dans le tome XVII du Nobiliaire universel de France, pag. 308 et suiv.

DE VATHAIRE, seigneurs de Boistaché, de Mont- reparé, de Charmoy, de Guerchy, du Fort, etc. ; famille ancienne, qui subsiste en Bourgogne depuis le quinzième siècle. Une antique tradition porte qu'elle est originaire d'Irlande, où son nom s'écrivait jadis Water ou Wathers. Dans tous les actes que cette famille a passés en France depuis trois siècles, on le trouve orthographié alternativement *Vaterre*, *Vuaterre* et *Vathaire*. On voit un Richard Water au nombre des chevaliers et autres seigneurs, qu'Henri VI, roi d'Angleterre, envoya, l'an 1434 et l'an 1449, pour traiter avec les ambassadeurs du duc de Bourgogne et des quatre principales villes de Flandre (1) La famille de Vathaire a été maintenue dans son ancienne extraction noble, par sentence du bailliage de Vezelay, du 27 janvier 1655 et par jugement de M. Phélyppeaux, intendant en la généralité de Paris, du 22 février 1701, sur preuves filiatives établies depuis Michel de Vathaire, qualifié écuyer, seigneur de Champcorneille, dans un acte de 1527. Ses descendants ont constamment suivi les armes dans les montres et bans de la noblesse, dans les compagnies d'ordonnance, et autres corps de gentilshommes; et, depuis la formation des régiments, ils ont donné des officiers supérieurs et de divers grades dans ceux d'Auvergne, de Cambrésis, de Nice, de Normandie, d'Orléanais, de Rouergue; enfin dans l'artillerie et les dragons. La branche aînée, dite des seigneurs de Boistaché, s'est éteinte vers la fin du dix-septième siècle, ou au commencement du dix-huitième. Celles qui subsistent encore sont, 1º. les seigneurs de Montreparé; 2º les seigneurs de Charmoy: 3º les seigneurs de Guerchy; 4º le rameau de Vathaire du Fort. Ces diverses branches ont contracté des alliances directes avec les familles d'Assigny, de Bellanger de la Motte-Rebourceau, de Biencourt, de Blondeau, de Boisselet, de Burdelot, le Caruyer de Beauvais, de Crécy, de Dampierre, du Faron, Gauné de Cazau, de Laveine, de Lenfernat, de Luciot, de Monceaux, de Mullot, Potherat de Billy, de Villeneuve, etc., etc. (*On peut consulter, pour la généalogie de cette famille, le tome XVIII du Nobiliaire universel de France.*

Armes : D'azur, au chevron d'or, accompagné de trois quintefeuilles d'argent. L'écu accolé de deux palmes, et timbré d'une couronne de comte.

_____

(1) Catalogue des Rôles français, gascons et normands, conservés aux archives de la tour de Londres, tom. II, pp. 283 et 322.

DE VAUCLEROIS, seigneurs de Courmas, de la Ville-aux-Bois, de Neuflize, de Guerche, en Champagne, et au pays de Luxembourg; famille ancienne et distinguée, originaire de Brie, qui, lors de la recherche, a été maintenue par M. de Caumartin, intendant en Champagne, au mois de janvier 1668, sur preuves remontées à Gilles, seigneur de Vauclerois, en Brie, vivant vers 1480, époux de Jeanne de Corbon, et père de Baltazar de Vauclerois, écuyer, qui épousa, 1°. Marguerite d'Enghien, veuve de Ferry de Vaudemont, écuyer, seigneur du Perche, dont il avait une fille nommée Marie, suivant un acte du 5 avril 1529; 2°. avant le 26 mars 1551, à Madelaine de Capoulet, dont il eut Edme de Vauclerois, seigneur de Vendières, qui a continué la lignée, et Louis de Vauclerois. Cette famille a donné un capitaine de quatre cents hommes pour le service du roi Henri IV dans la ville de Reims; deux gouverneurs de Château-Porcien, chevaliers de l'ordre du Roi, et plusieurs officiers, morts sous les drapeaux; et s'est alliée aux familles de Bettenhoven, de Bohan du Bac, Cauchon de Neuflize, de Cobreville, Ferret d'Oiry, de Goujon de Thuisy, de Lorisse de Corneilles, de Pouilly, de Reiffemberg de Morhais et de Buttembach, de Suzanne de Terny, etc., etc.

Antoine de Vauclerois de Neuflize, capitaine au régiment de Royal-Pologne, cavalerie, et chevalier de l'ordre royal et militaire de Saint-Louis, père de Henri de Vauclerois, chevalier, avait pour sœur Louise de Vauclerois de Neuflize, épouse de Louis-Etienne *Becquin de Suzemont*, major du régiment Royal-Pologne, cavalerie, et chevalier de Saint-Louis. De ce mariage est née Anne-Louise-Charlotte-Alexis-Alexandrine-Adélaïde Becquin de Suzemont, mariée à François *Guérin*, vicomte d'Etoquigny, lieutenant général des armées du Roi, commandeur de l'ordre royal de la Légion-d'Honneur et chevalier de Saint-Louis.

Armes de Vauclerois : D'argent, à l'anille de sable.

DE VAUDREY, maison illustre éteinte de nos jours, très-marquante entre les plus distinguées de l'ancienne chevalerie des deux Bourgognes. Elle tirait son nom de la terre et châtellenie considérable de Vaudrey, près d'Arbois, au comté de Bourgogne.

Cette maison, célèbre par le grand nombre de chevaliers et de capitaines qu'elle a fournis, également distingués par leur expérience et leur valeur, remonte à Charles, sire de Vaudrey, chevalier, gentilhomme, accompli par sa valeur, son adresse et sa bonne mine, qui jouissait de la plus grande faveur sous Hugues, premier duc de Bourgogne, en 1075. Elle a formé plusieurs branches, qui se sont alliées aux familles les plus illustres. Elle a donné plusieurs généraux à la tête des armées en Espagne, en Empire et en France; et aux ducs et comtes de Bourgogne, grand nombre de chambellans, échansons, écuyers d'écuries, tranchans et panetiers, conseillers d'état, grands-maîtres et généraux d'artillerie, grands écuyers, grands baillis, chevaliers d'honneur au parlement; enfin, des chambellans et chevaliers de l'ordre du Roi de France. On trouve dans la plupart des abbayes, des témoignages, depuis le onzième siècle, de leurs libéralités, et surtout dans les nécrologes des abbayes nobles des deux sexes, des preuves qu'ils y ont été reçus et jurés dès les treizième et quatorzième siècles; à Lyon, depuis 1295, à Remiremont, dès l'an 1500, et en grand nombre à Malte, depuis 1470; et qu'ils ont donné dix-sept chevaliers de Saint-Georges depuis 1470, dont un gouverneur de ce corps illustre de noblesse.

Les principales alliances de cette maison sont avec celles d'Accolans, d'Achey, d'Andelot, d'Arlay, d'Aussonville, de Barberot, de Beaujeu, de Blicterswick, de Bourgogne, de Brun, de Chalans, de Chauffourg, de Clermont, de Conflans, de Drée, d'Estavaié, d'Esterno, de Fay, de Fromentes, de Grachaux, de Grammont, de Granges, de Gruffi, de Goux, d'Isque, de Largentière, de Laubespin, de Méligny, de Loisy, de Montboson, de Montgommery, de Montot de Saint-Phal, de Montreuil, de Montrichard, de Montsaugeon, d'Orsans, de la Palu, du Plessis de Saint-Memin, de Presentevilers, de Quingey, de Ray, de Rose, de Rossillon, de Rotembourg, de Salives, de Saluces, de Sforces, de Sorans, de Soyecourt, de Téringue, de Veère, de la Verne, de Vy, de Willafans, etc.

Armes : Coupé, emmanché de gueules sur argent.

Devise : *J'ai valu, vaux et vaudrey.* Un mauvais plaisant
ajouta le mot *rien* à cette devise; mais il n'en aurait
pas bien saisi le sens, si, comme on l'a prétendu, les
mots valu, vaux et vaudrey étaient les noms de trois
terres possédées par cette maison, à laquelle il n'a manqué aucun caractère de grandeur et d'illustration.

DE VENANT D'IVERGNY, marquis de Sainte-
Croix, par lettres-patentes d'érection du mois d'octobre 1744, et marquis d'Ivergny par autres lettres-patentes du mois de mai 1769. Cette maison est très-
ancienne, et paraît avoir pris son nom d'une terre située près d'Etréchy. Elle est connue par filiation depuis
Jacob de Venant, seigneur de Laghes; vivant vers
l'an 1290. Ses descendants ont constamment suivi les
armes avec distinction. L'un, commandeur de Volepes
et de Burgos, en l'ordre de Saint-Jean de Jérusalem,
dit de Malte, fut ambassadeur ordinaire aux Pays-Bas,
et extraordinaire vers l'empereur Rodolphe II, à l'occasion du décès de l'impératrice. Jeanne-Elisabeth de
Venant, fille du marquis de Sainte-Croix, et tante du
dernier marquis d'Ivergny, né le 23 août 1773, mort
officier au régiment du Roi, pendant l'émigration,
épousa Jean-Antoine de Dampmartin, chevalier, seigneur de Cohorgues, capitaine au régiment de Limosin,
infanterie, commandant pour le Roi de la ville d'Uzès,
dont est issu Anne-Henri, vicomte de Dampmartin,
maréchal-de-camp, chevalier de l'ordre royal et militaire de Saint-Louis, membre de la chambre des députés. Les autres alliances des Venant, sont avec les
maisons de Belvalet-de-Famechon, Binot-de-Wignacourt,
de Boisse, de Bosquet, de Boulingies, de Bruny-de-la-
Tour-d'Aigues, de Chastelier-du-Mesnil, Dais, de
Harchies, de Hainault, Quarré de Saint-Martin, de
Rosa-de-Gouy, de Thiécelaine, de Torcy, de Baudre-
court, etc.

Armes : D'or, à la bande componée d'hermine et de
gueules de sept pièces, accompagnée de deux fleurs de lys
d'azur. Couronne de marquis. Supports deux griffons.

VENNES; noble et ancienne maison de race chevaleresque et d'origine baronnale, qui tirait son nom d'un

vaste canton composé d'un bourg et de nombre de villages, tous dépendants d'un château fort considérable du nom de Vennes, qui les dominait. On trouve dans les cartulaires de Montfaucon et de Neufchâtel, archives de la chambre des comptes, de l'officialité, de plusieurs abbayes, et autres particulières, grand nombre de chartes sur les sires de Vennes, depuis le onzième siècle, notamment des donations faites par Guillaume Cuënne et Villaume, sire de Vennes, à l'abbaye du lieu Croissant (dite depuis des Trois-Roys), de 1130 et 1134: 2°. un traité de paix passé en 1238, par monseigneur Othes, sire du Fort château de Vennes, chevalier, et les comtes et sires Aimé et Huë de Montbéliard et de Belvoir; 3°. un échange de seigneuries entre Aimé, sire de Montbéliard, et Guillaume, sire de Vennes, de 1264. Parmi les personnages les plus recommandables de cette maison, on remarque Othes de Vennes, abbé de Saint-Paul, en 1258: Hugues, sénéchal de cette abbaye, en 1261; Jean de Vennes, reçu chevalier de Saint-Georges à l'époque de la première restauration de ce corps illustre de noblesse, au quatorzième siècle; Guyette, et Agnès de Vennes, dame de l'abbaye noble de Baume, en 1366 Les auteurs de la province, notamment Hollut, dom Plancher et Dunod, font aussi mention de cette maison, et ce dernier cite, page 161, que la terre de Vennes est une ancienne baronnie du pays, composée d'un grand nombre de villages, dont le château, appelé aussi quelquefois Chastelneuf, est à la source du Dessoubre, et a pris son nom de Vennes, d'un mot celtique, qui signifie montagne. Cette antique maison, éteinte dans le commencement du quinzième siècle, eut une branche qui prit, depuis 1250 jusqu'en 1369, le titre de donzel ou damoiseau de l'Auzanne, et qui, comme les autres branches, contracta constamment de grandes alliances.

Elle portait de gueules à la fasce d'or.

LE VER, marquis de Caux, seigneurs d'Anchy, de Framicourt, de Bernapré et de Halloy; maison d'origine de chevalerie de Picardie, et l'une des plus distinguées en cette province, par ses services et ses alliances. Elle a pour auteur Hugues le Ver, qui fut maïeur d'Abbeville, aux années 1194, 1197 et 1203. Cette charge, la plus

éminente de cette ville, a été remplie par Thomas le
Ver, en 1236 et 1244; par Fremin le Ver, en 1257 et
1259; par Thomas II, en 1317 et 1345, et par plusieurs
autres membres de cette famille. Colar le Ver, maïeur
d'Abbeville en 1346, paraît être le premier de cette
maison qui posséda la terre de Caux, anciennement Ca-
hours, en Ponthieu. Il avait pour contemporains, Baudouin, Enguerrand, et Robert le Ver, tous trois servant
avec la qualité d'écuyers, dans le corps des arbalétriers
de Picardie, en l'année 1354. Cette maison a en outre
donné plusieurs officiers supérieurs, quatre gouverneurs
de la ville de Saint-Riquier, deux chevaliers de Malte, en
1633 et 1695. Elle s'est alliée avec les maisons de la
Chaussée d'Eu, de Gaillarbois, des Groiseliers, d'Ome-
mont, de Journée, le Moictier de Nœully, de Montmorency, le Roy-de-Vallenglart, de la Rue-de-Bernapré,
de Saint-Blimond, de Trudaine, de Roberval, etc., etc.

Armes : D'argent, à trois sangliers de sable, accompagnés de neuf trèfles du même, 3, 3 et 3.

DE VERCHÈRE, famille ancienne, originaire de
Bourgogne, qui a formé deux branches, connues sous les
noms de Verchère d'Arcelot, et de Verchère de Bornat,
toutes deux existantes. De la première était Antoine-
Claude *de Verchère*, seigneur d'Arcelot, frère de Marie-
Anne de Verchère, épouse de Pierre de la Maré, seigneur de Champigny et de Chevigny, conseiller au parlement de Dijon. Antoine-Claude de Verchère fut
pourvu de la charge de conseiller au parlement de Bourgogne, le 23 mars 1714. Il épousa Gertrude-Marguerite
Noblet, dont il eut, entr'autres enfants, Philibert *de
Verchère d'Arcelot*, pourvu de la même charge, le 29
juillet 1740, et reçu avec dispense d'âge et de parenté,
à cause de son père, le 12 août de la même année.

François *de Verchère de Bornat*, tige de la seconde
branche, épousa Guillemine *Roux de Poitevin*, dont il eut :

Charles *de Verchère de Bornat*, marié avec Catherine
Combrial de la Chassagne, d'une famille originaire d'Irlande, fille de Jean Combrial de la Chassagne, et de
Catherine Cudel (1); sa seconde femme. De ce mariage
sont issus :

(1) Cette dernière était fille de Jean Cudel de Mont-

1°. François de Verchère, marié avec Sophie Cyprienne Perroy de Bellevue;

2°. Guillaume de Verchère d'Availly, capitaine au régiment des chasseurs à cheval de la Marne, chevalier de l'ordre royal de la Légion-d'Honneur;

3°. Anne-Alexandrine de Verchère, non mariée.

Armes: De gueules, à la croix potencée d'or en cœur, accompagnée en pointe d'un croissant d'argent; au chef cousu d'azur, chargé de trois étoiles d'or.

VERGEUR (LE ou DE), comtes de Saint-Souplet, en Champagne, maison illustrée par de nombreux services militaires et de belles alliances. Elle a été maintenue par M. de Caumartin, intendant en Champagne, au mois de décembre 1668, sur preuves remontées à Pierre le Vergeur, seigneur de Beine et de Bourgogne, près Reims, lequel épousa Marie de Vaux, dame de Perthes, en 1430, et fut père de Raoul le Vergeur, écuyer, seigneur de Perthes, qui, au rapport de la Roque, obtint des lettres-patentes du roi Charles VII, au mois de novembre 1446. Il épousa, en 1454, Colette Toignel d'Espence, dame de Contreuves. Leur postérité a formé plusieurs branches :

1°. Les seigneurs d'Acy, de la Malmaison et de Perthes, vicomtes de Romains, éteints au dix-huitième siècle;

2°. Les seigneurs de Courtagnon, et barons de Nanteuil, éteints dans les maisons de Cauchon de l'Hery, et de Boufflers de Cagny;

3°. Les seigneurs de Méry et de Sainte-Frèze, éteints dans la maison de Warluzel;

4°. Les vicomtes de Cramaille, barons de Challeranges et de Vergeur, par érection de 1615, comtes de Saint-Souplet, grands-sénéchaux héréditaires de Vermandois, éteints dans la maison de Gournay, et dont les

colon, capitaine de dragons, et chevalier de St.-Louis, et de Catherine Perrin de Précy, tante du lieutenant-général des armées du Roi, comte Perrin de Précy, mort en 1820.

biens sont passés, par succession, dans la maison de Goujon de Thuisy.

Ces quatres branches ont donné des capitaines, d'hommes d'armes des ordonnances, des gouverneurs de places, des chevaliers de Malte, deux chevaliers de l'ordre du Roi, gentilshommes ordinaires de la chambre de S. M., dont l'un fut capitaine de 200 hommes de pied, entretenus pour son service dans la ville de Reims. Ce dernier obtint le collier de Saint-Michel, le lendemain de la bataille de Montcontour, en récompense des actions de valeur qu'il fit dans cette journée. Un autre capitaine d'infanterie au régiment de Vaubecourt, puis de chevau-légers, a été depuis nommé commandant de l'arrière ban du bailliage de Château-Thierry. Charles-René, baron de Vergeur, a été tué à la bataille de Honnecourt, commandant toutes les compagnies royales. François de Vergeur d'Acy, était page en la grande écurie du Roi, en 1668, et Charles de Vergeur de la Granche de Courlandon, fut créé maréchal des camps et armées du Roi, à la promotion du 10 février 1704, et mourut au mois de février 1706, âgé de 65 ans.

Les alliances directes de la maison de Vergeur sont avec celles de Besançon, de Bouqueval, de Bohan de Nanteuil, de Brizay de la Motte, Lauchon de Treslon, de Cramant, de Cullant de Saint-Ouyn, le Danois de Geoffreville, du Drac d'Ay, Drouin de Dampleu, Lefèvre de Sainte-Marie-à-Py, de Fleurigny de Pacy, du Fos de Méry, de la Fusnée de Trassy, Gigault d'Orinville, de Goujon de Thou-sur-Marne, d'Athies et de Thuisy, (trois alliances), de Gournay, de la Grange de Sommevelle, de Guizencourt, de Mainville du Breuil, de Montfort, de Nettancourt-Haussonville-Vaubecourt, de Noue de Courlandon, le Picart de Sévigny, de Regny, de Salenove, etc., etc.

Armes : D'azur, à la fasce d'argent, chargée de trois mouchetures de sable, et accompagnée de trois étoiles couronnées d'or.

DE LA VERNE, en Bourgogne. Cette famille a pour auteur Sébastien de la Verne, conseiller, notaire et secrétaire du Roi en la chancellerie de France, vers l'an 1520. Benigne de la Verne, son fils, chevalier, seigneur

d'Athie, de Magny, de la Chapelle d'Auvillars, conseiller
du Roi, et président au parlement de Dijon, fut pourvu
de cette dernière charge, le 23 août 1572. Le roi
Henri III, en récompense des services importants qu'il
rendit dans la magistrature, l'honora du collier de son
ordre de Saint-Michel, par lettres datées de Blois, le
16 avril 1577, registrées en la chambre des comptes de
Dijon, le 4 juin suivant. Jacques de la Verne, seigneur
d'Athie, fils de Benigne, fut décapité par ordre du duc
de Mayenne, à cause de son dévouement à la cause du
roi Henri IV. Il avait assisté aux états de Bourgogne, en
l'année 1581.

Armes : D'azur, à trois demi-vols d'or, mouvants d'une
rose de gueules en abîme. Dévise : *vernum tempus*.

LA VERNE; maison ancienne et illustre, de race chevaleresque, distinguée par ses grandes alliances, ses grades
et ses services militaires. Elle tirait son nom de ses fiefs,
village et château de la Verne, au comté de Bourgogne,
bailliage de Baume. On trouve dans les dépôts d'actes publics et particuliers beaucoup de titres constatant que
les seigneurs de ce nom se sont signalés dès le quatorzième siècle dans les armées de Bourgogne, où ils ont
fourni nombre de chevaliers et d'hommes-d'armes. Les
premiers seigneurs de ce nom, dont on trouve des actes,
sont Pierre de la Verne, chevalier, bienfaiteur de l'abbaye du Lieu Croissant, vers 1140, Renaud et Jean, témoins de donations, à celle de Bellevaux, en 1178 et
1180; mais depuis Guy et Jean de la Verne, chevaliers,
en 1290 et 1305, les documents sont extrêmement mul-
tipliés, et prouvent que cette maison depuis Guidon,
grand prieur de l'abbaye noble de Baume, en 1290, fut
de toute ancienneté admise dans tous les chapitres nobles,
donna des chevaliers de Malte, depuis 1572, et de Saint-
Georges, vers cette même époque.

Services. Un grand écuyer, général du comté, plusieurs généraux, lieutenants-généraux, et sergents-géné-
raux de bataille, et mestres-de-camp d'infanterie de 3,000
et de 2,000 hommes, et de cavalerie, des gouverneurs de
Limbourg, de Dôle, du fort Saint-Philippe, d'Anstret,
et des commandants de places fortes, tant au service de
S. M. C., que de l'empereur. On doit remarquer Antide,

comte de la Verne, du conseil de guerre de S. M., colonel de 3,000 Bourguignons, commandant de Dôle, qui défendit cette ville avec tant de vaillance et de talent contre le grand Condé, qu'il força le prince à en lever le siège, en 1636. Il servit 40 ans, se trouva à dix grandes batailles, et à 64 sièges. Il eut de Jeanne de Saint-Mauris-Chatenois, deux fils, aussi officiers-généraux distingués en Espagne, derniers de cette maison.

Armes : De gueules, au lambel d'or de deux pendants posé en chef.

DE VERTEUIL, en Poitou; famille ancienne et distinguée, originaire de Guienne, maintenue en 1666, par jugement de M. Pellot, intendant en cette province, dans les personnes de Jean de Verteuil, écuyer, seigneur de Feuillas, Jean-Henri et Denis de Verteuil, écuyers, ses frères, et Jacques de Verteuil, écuyer, seigneur de Malleret, sur preuves remontées à Arnaud et Raymond de Verteuil, père et fils, qui rendirent au roi Charles IX, le 6 mars 1565, un hommage dans lequel l'un est qualifié écuyer et gentilhomme, et l'autre commissaire du Roi, et maître des requêtes ordinaire de son hôtel. Les mêmes preuves sur lesquelles cette famille a été maintenue dans son ancienne extraction, portent que les titres ayant été consumés dans l'incendie de la maison des sieurs de Verteuil, durant les guerres de la ligue, ils n'ont pu remonter au delà dudit Arnaud, mais qu'il est de notoriété que leur noblesse est ancienne, et bien antérieure aux titres qu'ils produisent. Cette famille a toujours suivi la carrière des armes ; plusieurs de ses membres l'ont parcourue avec distinction. (1) La plupart dans des grades supérieurs, ont été décorés de l'ordre royal et militaire de Saint-Louis.

Armes : Ecartelé, au 1 d'argent, à trois losanges de gueules en bande ; au 2 d'argent, à la fasce ondée d'azur ; au chef de gueules, chargé d'une étoile d'or ; au 3 de gueules, à la bande d'or, accostée de deux cotices

_____

(1) Voyez la gazette de France des 13 décembre 1760, 10 octobre 1761 et 2, 13 août, et 20 septembre 162.

d'argent ; au 4 d'azur ; au mouton d'argent. L'écu timbré d'une couronne de baron.

VIDARD, seigneurs des Bouchetières, de St.-Clair, St.-Generoux, Lavau la Ferrandière, de Busseroux, etc., titrés marquis de St.-Clair en Poitou et en Champagne. Cette famille, qui selon la tradition serait originaire du pays basque, s'est illustrée dans la carrière des armes, ayant donné un maréchal de camp et plusieurs officiers supérieurs, décorés de l'ordre royal et militaire de Saint-Louis, soit dans les troupes de terre, soit dans celles de la maison du Roi, et enfin plusieurs officiers distingués dans la marine, entr'autres un capitaine des vaisseaux du Roi, puis capitaine-général garde des côtes maritimes à Calais, et ensuite commandant la marine aux départements de Dunkerque et du Hâvre. Elle a aussi rempli plusieurs emplois dans la magistrature, et a donné un conseiller d'état. Elle remonte, par filiation, à Alexandre Vidard père : 1°. de Pierre Vidard, conseiller au présidial de Poitiers, échevin, puis maire de cette ville en 1563, auteur d'une branche connue sous la dénomination de seigneurs des Bouchetières ; 2°. Jean Vidard, écuyer, seigneur de St.-Clair et de St.-Generoux, chef de la branche existante de cette famille, élu échevin de Poitiers en 1570. Ce fut sur le fondement des priviléges de noblesse affectés à l'exercice de ces charges, qu'elle a été maintenue par jugement de Mr. Voisin de la Noiraye, intendant en la généralité de Tours, le 1er. août 1670. Cette famille a aussi été maintenue par ordonnances de MM. de Richebourg et de Bernage, intendants à Poitiers et à Amiens, des 9 janvier 1715 et 11 janvier 1716. Elle s'est alliée aux familles d'Ajasson, de la Barre de la Jarrie, de Bethoulat de la Grange, Bonin de Monthomas et de Chalucet, du Breuil-Hélion, de Bridier de Maisoncelles, de Brou, de Chastenet-Puységur, Duflos d'Aventon, de la Grange de Fougères, Havetel de Vanciennes, Huet, de Lastre d'Aubigny, de Marsac, Roussel de Germont, etc., etc.

Armes : De gueules, à trois flèches ou dards d'or, posés 2 et 1 surmontés de trois flèches ou dards du même, empoignés l'un en pal et les deux autres en sautoir.

DE VIDART, seigneurs de Carsen, de Stibes, de la Mirande, de Behasquen et de Soys en Gascogne; famille originaire de la Basse-Navarre, où elle est connue dès le commencement du 13e. siècle, et dont l'ancienneté a été constatée par une délibération des états-généraux du royaume de Navarre du 30 juin 1741. Elle subsiste en plusieurs branches :

Noble Louis *de Vidart*, chevalier, seigneur de Stibes, épousa par contrat passé devant Bergeret, notaire royal à Pau, le 8 février 1766, damoiselle Marie-Josephe *Larmand de St.-Pé*, fille de N.... Larmand, seigneur de St. Pé, en Bigorre, et de dame Jeanne de Casénave. Il fut assisté dans ce contrat par Mathieu de Prat, conseiller du Roi en la sénéchaussée d'Albret, son cousin germain, et de noble Mathieu de Vidart, seigneur de Soys, écuyer, son parent. Il eut, entr'autres enfants, Jean-Joseph *de Vidart*, chevalier, officier au régiment des chasseurs des Vosges, marié, par contrat du 10 mars 1790, passé pardevant Brochon, notaire et greffier royal des conventions de la ville et sénéchaussée de Tartas, avec demoiselle Louise *de Maurian*, fille légitime de feu messire Louis de Maurian, seigneur de Carceu, et de dame de Vacquier d'Aubaignan. Il fut assisté dans cet acte, de ses père et mère, de messire Jean-Joseph de Vidart, prêtre, curé de St.-Martin de Saignaux, son oncle, de demoiselle Quitterie-Cyprienne de Vidart, sa sœur. De ce mariage est issu :

Louis *de Vidart*.

La branche de Soys est représentée par Louis de Vidart de Soys, lieutenant au 6e. régiment de hussards, dit du Haut-Rhin, du 1er. juillet 1814, petit fils de Mathieu de Vidart, écuyer, seigneur de Soys, mentionné plus haut.

Armes: Écartelé, aux 1 et 4 de gueules, au sanglier de sable, passant contre un cyprès de sinople, accompagné de 8 croix de St.-André (petits sautoirs) d'or, posés 3, 2 et 3; au 2 de gueules, à trois dards d'argent, fûtés et empênés d'or, l'un en pal et les deux autres passés en sautoir, la pointe en bas; au 3 de gueules, à 3 dards, rangés d'or, fûtés et empênés d'argent, la pointe en bas. Couronne de marquis. Supports: deux levriers. Devise : *aux Maures*.

DE VILLERS LA FAYE, maison des plus anciennes et illustres de celles de race chevaleresque et baronnale du duché de Bourgogne, tirant son nom de la baronnie de Villers la Faye, au bailliage de Nuits, qu'on lui voit posséder consécutivement depuis plus de six siècles. On juge en outre de sa puissance dès le treizième siècle, par une des reprises de fiefs qu'elle conserve, rapportée dans le recueil de Pérard, fol. 153, portant que : « Monseigneur Guy de Villers la Faye, chevalier, » ayant hérité avant 1264, de la terre de Morgny sur » Tille, et de l'Ampoue, de monseigneur Jean de » Salon, chevalier, frère de sa femme, qu'il tenait en » franc aleu ; *il veut bien les tenir en fief* de Hugues, duc » de Bourgogne, *à condition cependant* que ledit duc ne » pourra, ainsi que ses successeurs, en céder la mou- » vance, etc. » Ce titre, pour lequel il impose des conditions au duc, prouve évidemment le rang considérable qu'occupait sa maison dès ce temps reculé.

Ce Guy était issu de Jean, sire de Villers la Faye, qui se croisa à Citeaux pour la Terre-Sainte, en 1185, avec les principaux seigneurs bourguignons. Grand nombre de leurs descendants remplirent constamment à la cour de Bourgogne dans les 13e., 14e. et 15e. siècles, les charges de maîtres d'hôtels, grands veneurs, chambellans, échansons, écuyers, gentilshommes de la chambre, conseillers d'état, dames du palais, grands baillis de Dijon et de Châlons, ambassadeurs, chevaliers d'honneur du parlement, etc., et dans les armées figurèrent fréquemment comme chevaliers bannerets à la tête de compagnies d'hommes d'armes, de gentilshommes, leurs vassaux, comme chevaliers, écuyers et hommes d'armes. Ils donnèrent également au roi de France nombre de gentilshommes de la chambre, maîtres d'hôtels, chambellans, aumôniers du Roi et de ses ordres, des commandeurs et chevaliers de l'ordre royal et militaire de Saint-Louis; et, depuis le 15e. siècle, des chevaliers des ordres de noblesse, de Saint-Georges et de Malte.

Cette maison joint à toutes ces illustrations celle d'avoir été admise aux honneurs de la cour de France, en vertu de ses preuves, et d'avoir donné aux armées des lieutenants généraux, des maréchaux de camp, des colonels d'infanterie, cavalerie et dragons, des officiers

supérieurs, des gardes du corps, des pages du Roi, etc., etc.;
d'avoir fourni, de toute ancienneté, des membres à presque tous les chapitres nobles des deux Bourgognes et à
ceux de Remiremont, Lyon, Mâcon, et d'avoir possédé,
outre leur ancienne baronnie de Villers la Faye, celles
de Vaugrenans, du Rousset et autres grandes terres
titrées, et contracté les plus hautes et illustres alliances.
Tous ces faits sont prouvés par une série non interrompue de titres originaux depuis le 12e. siècle, *encore
existants*, et par les histoires de Bourgogne, celle des
états et autres, notamment par le père Anselme, qui
cite, dans son théâtre d'honneur, parmi les plus illustres
maisons de Bourgogne, auxquelles on décerne des épi-
thètes et attributions; 1°. Richers de Châlons; 2°. Fiers
de Vienne; 3°. Preux de Vergy; 4°. Fidelles de Villers
la Faye et Bauffremont, *les bons barons*.

Armes : D'or à la fasce de gueules. Couronne de marquis. Supports : deux levriers tenant deux bannières
aux armes de l'écu. Cimier : un levrier issant, ayant
au col une banderolle flottante, portant : *les Fidelles*.

DE VINCHEGUERRE, en Provence; noble et ancienne famille originaire d'Italie. Marc-Antoine de
Vincheguerre, qui en est la souche, illustra son nom
dans les armées navales. Henri IV lui donna le commandement de deux galères et le gratifia d'une pension de
2000 liv. Les services de Marc-Antoine ont été continués
par ses descendants. Jacques de Vincheguerre, chevalier
de Saint-Jean de Jérusalem, eut le commandement de
15 vaisseaux de guerre, armés contre les corsaires de la
côte de Barbarie, par Louis XIII, et par la ville de
Marseille en 1616. Charles, Antoine, Jacques et François de Vincheguerre, ses enfants, lors de la recherche
des faux nobles, ne voulurent pas produire leurs titres
aux commissaires députés à cet effet; ils étaient tous
quatre au service du Roi; ils les représentèrent au conseil
d'état, et ils obtinrent arrêt, par lequel ils furent maintenus dans leur noblesse. Jacques de Vincheguerre
acquit une réputation glorieuse en Italie et en France,
par plusieurs actions de valeur; il remporta plusieurs
victoires sur les Turcs, et se signala singulièrement dans
un combat contre les infidèles, sur lesquels il prit trois
vaisseaux chargés de blé, qu'il amena à Malte dans un

tems de famine ; et, après avoir ainsi signalé son courage, et son habileté, en diverses occasions, il fut tué au siége de la Rochelle en 1622, dans un combat où les Anglais furent défaits, étant pour lors lieutenant-général sous le duc de Guise. Ses fils ont continué la postérité de cette famille, qui a donné plusieurs autres officiers supérieurs, tant sur terre que sur mer ; un gentilhomme ordinaire de la chambre du Roi, un page de la chambre de S. M., un écuyer de la grande écurie. Elle s'est alliée aux familles de Candole, Champenois de Franqui, de Tassi, Vachier, etc. Elle ne subsistait plus en 1762 que dans la personne d'Armand-Joseph de Vincheguerre, prêtre, curé de Saint-Etienne de Senlis, qui n'avait plus alors qu'une sœur, religieuse bernardine, prieure de l'abbaye du Parc.

Armes : Trois dauphins d'or, nageant deux et un dans une mer de sinople ; au chef cousu d'azur, chargé de trois cignes d'argent ; ce chef abaissé sous celui de l'ordre de Saint-Jean de Jérusalem, par bulle de concession du grand maître de cet ordre du 20 janvier 1594.

DE VINOLS ; seigneurs de la Liégue, d'Aboin, de la Tourette, etc. en Forès. Cette famille a pour auteur Jean de Vinols, écuyer, maître d'hôtel de Jean, duc de Bourbonnais et d'Auvergne, et pourvu par ce prince de l'office de capitaine châtelain de Sury-le-Bois, le 15 janvier 1485. Ce Jean de Vinols eut pour fils Nicolas de Vinols, écuyer, sieur de Laincourt, capitaine et châtelain de Sury-le-Bois, pourvu en 1522, lequel eut pour femme Anne d'Aurelle. On compte au nombre de leurs descendants un chevalier de l'ordre du Roi et gentilhomme de sa chambre en 1659, et deux capitaines, dont l'un fut tué le 3 octobre 1674, à la bataille de Entsheim en Alsace. Cette famille a été maintenue par ordonnance de Mr. du Gué, commissaire déparji dans la généralité de Lyon du 3 avril 1667, et s'est alliée aux familles d'Apchon, Berlthon, de Chastelus, Domène, de Pinhac de la Borie, etc., etc.

Armes : D'or au cep de vigne de sinople ; au chef de gueules, chargé de trois coquilles d'or.

DE VISSAC, maison d'ancienne chevalerie d'Auvergne, qui tirait son nom d'une seigneurie et d'un ancien château situés au diocèse de Brioude. Elle est connue depuis Pierre de Vissac, chanoine-comte de Brioude, en 1161. Elle a donné un chancelier de France au milieu du quatorzième siècle, un évêque de Saint-Flour, en 1384, puis de Lavaur, en 1394; et a contracté des alliances avec les maisons les plus considérables. Elle remonte, par preuves filiatives, à Pons, qui suit:

I. Pons, Ier. du nom, seigneur DE VISSAC, vivant en 1205 et 1245. Il eut pour fils:

1°. Gaspard, dont l'article suit;
2°. Pierre de Vissac, chanoine-comte de Brioude, en 1254, mort le 1er. août 1286, suivant l'obituaire de ce chapitre;
3°. Dalmas de Vissac, reçu chanoine-comte de Brioude, de 1254 à 1274.

II. Gaspard, seigneur DE VISSAC, Ier. du nom., vivant en 1247, épousa Marguerite du Puy, et en eut:

1°. Etienne, dont l'article suit;
2°. Françoise de Vissac, dame d'Aurose, morte au mois d'août 1286.

Dans le même tems vivait:

Silve de Vissac, seigneur de la Brosse de Vissac, père de Maragde de Vissac, mariée, vers l'an 1330, avec Armand de Rochebaron, seigneur d'Usson.

III. Etienne, Ier. du nom, seigneur DE VISSAC, vivant en 1278, épousa Guigonne, dame d'Arlenc, fille et héritière de Pons, seigneur d'Arlenc, et de Béatrix de la Roche en Regnier. Il fut présent à un traité passé l'an 1287, entre Guillaume de Bourbon et Robert, comte d'Auvergne. Il vivait encore en 1298. Ses enfants furent:

1°. Pons, dont l'article suit;
2°. Hugues, qui fonda la seconde branche, rapportée ci-après:

Dans le même tems vivaient :

Pons de Vissac, chanoine-comte de Brioude, en 1314 ;
Géraud de Vissac, } chanoines-comtes du même
Armand de Vissac, } chapitre, en 1323 et 1333.

IV. Pons, IIe. du nom, seigneur DE VISSAC et d'Arlenc, fut présent à l'émancipation que fit Bertrand, seigneur de Chalançon en 1295, de son petit-fils, Guillaume de Chalançon, le mariant avec Clémence de la Roche. Il se rendit pleige, en 1304, de la dot que le comte Dauphin donnait à sa fille, en la mariant à Pierre de Montagu ; fut l'un des exécuteurs testamentaires de Beraud, seigneur de Mercœur, en 1314 ; fut assigné le samedi avant la Saint-Michel 1321, pour assister à l'ouverture de ce testament ; alla en Hainaut de la part du Roi, avec Hüe de Lannoy, en 1316 ; fit la même année hommage au Roi du château du Val et de celui de Marsac, que Henri de la Rouère lui avait donnés, et au sujet duquel il plaida depuis contre Humbert de Beaujeu et sa femme, en 1320 et 1322, et fut maintenu en possession de la moitié. Il avait épousé Alix. De ce mariage sont issus :

1°. Pierre de Vissac, qui fut substitué par Eracle de Montboissier, son oncle, en 1328 ;

2°. Louis, seigneur de Vissac, qui suit :

3°. Dalmas de Vissac, seigneur de Marsac, dont il fit hommage au seigneur de Tornouelle, en 1350. Deux ans auparavant il s'obligea, avec son frère, au traité de mariage de Beraud Dauphin, seigneur de Mercœur, avec Yolande de Genève ; servit en Languedoc, en 1346, et sous Amaury, sire de Craon, en 1352. Il fut père de

A. Guillaume, seigneur de Vissac ;

B. Pierre de Vissac, chanoine de Clermont ;

C. Pons de Vissac, qui s'empara avec son frère, de nuit et par force, du château de Vissac, sur leurs cousines, à cause de quoi ils furent poursuivis criminellement, en 1367 et 1370.

V. Louis, seigneur DE VISSAC et de Marsac, vivait en 1340. Il épousa Béatrix de Saissac, qui resta veuve en 1361, étant mère de deux filles :

    1°. Dauphine de Vissac, qui était avec sa sœur sous la tutelle de Guy de Prohynes, en 1367 et 1370, et elles plaidaient contre leurs cousins, qui s'étaient emparés de force du château de Vissac. Dauphine fut religieuse.

    2°. Marguerite de Vissac, qui épousa Raymond de Prohynes, seigneur de Prohynes et de Saint-Privas, fils de son tuteur.

SECONDE BRANCHE.

    IV. Hugues DE VISSAC, seigneur d'Arlenc, second fils d'Etienne, seigneur de Vissac, et de Guigonne, dame d'Arlenc, est nommé au traité de mariage de Guillaume Comptour avec Mathilde Dauphine, en 1288. Il fut plèige en 1299, pour le seigneur de Beaujeu, du traité qu'il fit avec Robert, comte d'Auvergne. Le Roi l'envoya, en 1312, avec plusieurs seigneurs, au royaume de Navarre, pour en prendre le gouvernement; et il y fit de tems en tems des voyages. Il alla aussi en cour de Rome, en 1314, ainsi qu'en Savoie et Dauphiné, pour tâcher d'établir une ferme paix entre le comte et le dauphin; eut ordre, au mois de décembre 1318, de se trouver à Clermont en Auvergne, quinze jours après la Saint-André, en armes et chevaux, pour accompagner le duc de Bourgogne et le comte de Bologne dans leur voyage. Le seigneur de Mercœur le fit un des exécuteurs de son codicille, le 16 avril 1320. Il vivait encore en 1322. Ses enfants furent :

    1°. Pons, seigneur de Vissac, mort sans enfants de Guigonne de Joyeuse;

    2°. Etienne de Vissac, seigneur d'Arlenc, chancelier de France, qui suit;

    3°. Hugues de Vissac, chanoine de Brioude et archidiacre de Troyes, en 1336.

    V. Etienne DE VISSAC, seigneur d'Arlenc et de Murs, chancelier de France, fut présent au traité de mariage fait le 7 avril 1334, entre Guyot de Chalançon et Isabelle Dauphine. Il prétendit droit, à cause de sa femme, en la

    VI.   29

succession de Beraud, seigneur de Mercœur; et dans la suite il en obtint la châtellenie de Murs, avec deux cents livres de rente sur le péage de Cisterès, dont le fief et l'hommage furent, à sa prière, réunis à la couronne de France, sans en pouvoir être jamais séparés, par lettres du Roi Philippe de Valois, données à Conflans, au mois de juin 1339. Il remit peu après les sceaux, et vivait encore en 1350. Il eut pour femme Alix de Poitiers, fille de Guillaume de Poitiers, seigneur de Chancoc et de Luce, baronne de Baudiner et de Montregand. Il en eut:

1°. Etienne, seigneur de Vissac, d'Arlenc et de Murs, qui suit;

2°. Pierre de Vissac, chanoine de Meaux, en 1359, comte de Brioude, en 1374;

3°. Jean de Vissac, chevalier, qui épousa Blanche Ayccelin de Montagu, dont il n'eut point d'enfants. Etienne de Vissac, son frère, plaidait en 1370 et 1372, contre les héritiers de cette dame.

4°. Alix de Vissac, femme de Jean, seigneur de Lastic, vivante en 1370.

VI. Etienne, seigneur DE VISSAC, d'Arlenc et de Murs, vivait en 1370 et 1382, et mourut à l'armée en 1386. Il avait épousé Jeanne-Gabrielle de Gout, fille et héritière de Gaspard de Gout, seigneur de Gout, sous la condition que Etienne de Vissac et ses descendants ajouteraient les nom et armes de sa maison aux nom et armes de Vissac. Ses enfants furent:

1°. Antoine de Vissac, seigneur d'Arlenc, qui suit;

2°. Pierre de Vissac, religieux de l'ordre de Saint-Benoît, puis évêque de Saint-Flour, fut témoin, en 1384, d'un traité fait le jeudi après l'épiphanie, entre Beraud, comte de Clermont, dauphin d'Auvergne, et Geoffroy de Bologne, seigneur de Mont-Gascon, et transigea le samedi après la fête de Saint-Mathieu, 1385, avec l'abbé de Pebrac, pour la juridiction épiscopale sur les bénéfices dépendants de cette abbaye. Il fut transféré à l'évêché de Lavaur, en 1394, donna, en 1397, soixante écus d'or aux frères prêcheurs de

Saint-Flour, pour bâtir une église, et fut enterré dans le monastère de la Chaisedieu, devant le grand autel.

3º. Louis de Vissac, seigneur de Thory-sur-Allier et de Saint-Pierre, vivait en 1400. Il avait épousé Jeanne de Chauvigny, qui plaidait en 1420, contre Hélion de Saint-Julien. Il en eut :

A. Louis de Vissac, seigneur de Thory, qui épousa Annette du Puy, fille de Jean du Puy, seigneur de Bermond, et d'Isabeau de St.-Palais. Elle se remaria en 1426, à Jean, seigneur de Chaseron.

B. Alix de Vissac, femme d'Astorge, seigneur de Taillac, dont elle était veuve en 1423.

VII. Antoine, seigneur DE VISSAC, de Gout, d'Arlenc et de Murs, vivant en 1392, fit hommage au duc de Berry de ses terres d'Arlenc et de Murs, en 1415. Il avait épousé Marguerite d'Apchon, fille de Louis d'Apchon et de Marguerite d'Estaing. Il en eut :

1º. Claude, seigneur de Vissac, qui suit ;

2º. Antoine, seigneur de Vissac, d'Arlenc et de Murs, qui épousa Anne de la Roue, fille de Claude, seigneur de la Roue, et de Billette de Tournon, dont il eut :

Jeanne, dame de Vissac, d'Arlenc et de Murs, qui épousa, le 30 août 1497, Just, seigneur de Tournon, fils de Jacques, seigneur de Tournon, et de Jeanne de Polignac ;

3º. Marguerite de Vissac, qui fut la première femme de Pierre de Montmorin, seigneur de St.-Hérem, chevalier, fils de Jacques de Montmorin, seigneur d'Auzon et de Rillac, et de Jeanne Gouge, dite de Charpagne, dame de Saint-Hérem. Pierre de Montmorin se remaria le 9 janvier 1459, à Isabeau de Faudoas, fille de Beraud, chevalier, baron de Faudoas et de Barbazan, et d'Anne de Billy sa seconde femme ;

4º. Jeanne de Vissac, femme de François Maréchal, chevalier, seigneur de Meximieux et de Montaney ;

5º. Marguerite de Vissac, qui s'opposa avec ses frères, en 1477, aux criées des biens et héritages de son père.

VIII. Claude Ier, seigneur DE VISSAC, de Gout, d'Arlenc et de Murs, assista le seigneur de Thinières, son beau-frère, dans la surprise du château de Vernières, pour quoi il fut poursuivi criminellement en 1440. Il fit hommage en 1443, au duc de Bourbon, comte d'Auvergne, de ses terres d'Arlenc et de Murs, plaidait contre Jacques de Thinières, en 1454 et 1460, et vivait encore en 1476. Il avait épousé Marguerite de Thinières, dont il eut :

    1°. Claude de Vissac, seigneur de Montréal, du vivant de son père, mort sans alliance.

    2°. Jean, dont l'article suit :

IX. Jean DE VISSAC, seigneur de Gout, vivant en 1525, épousa Marie du Roure, fille et héritière de Guillaume du Roure, seigneur de Saint-Pol de Tartas. Il en eut :

X. Gaspard DE VISSAC, IIe du nom, seigneur de Gout et de Saint-Pol de Tartas. vivant l'an 1570, marié avec Louise de Fournier, qui le rendit père de Jean-Louis, qui suit :

XI. Jean-Louis DE VISSAC, seigneur de Gout et de Saint-Pol de Tartas, épousa, le 1er mars 1588, Marguerite de Ginestoux, fille de Charles de Ginestoux, baron de la Tourette, seigneur de la Bastide, et d'Anne d'Agrain des Hubas. Il eut pour fils :

XII. Claude DE VISSAC, IIe du nom, seigneur de Gout, marié, le 6 octobre 1633, avec Marie d'Esparviers, fille et héritière de Jacques d'Esparviers, seigneur de Blazère. De ce mariage est issu :

XIII. Annet DE VISSAC, seigneur de Blazère, qui, par contrat du 15 août 1674, épousa Gabrielle de Gamon, de laquelle il eut seize garçons, dont quinze entrèrent au service du Roi, et parvinrent au grade d'officiers ; deux furent décorés de la croix de Saint-Louis. Louis de Vissac, qui suit, a continué la lignée ;

XIV. Louis DE VISSAC, seigneur de Blazère, épousa, le 3 septembre 1706, Marie-Anne de Jossouin, fille de Joseph Jossouin de la Tour, et de Madelaine de la Tourette. Elle le rendit père d'Annet-Joseph, qui suit :

XV. Annet-Joseph DE VISSAC, épousa, le 22 mai 1748, Jeanne-Rose d'Abrigéon, dont est né :

XVI. Jacob DE VISSAC, qui s'allia, par contrat du 11 décembre 1772, avec Marie-Marguerite de Rivière, fille de Jean-Pierre de Rivière, seigneur de Veyrière. De leur mariage est issu :

XVII. Joseph-Alexandre DE VISSAC, marié, le 6 septembre 1796, avec Marguerite-Victoire de Jossouin, fille de Jean-Roch de Jossouin, seigneur de Valgorge, officier supérieur, chevalier de Saint-Louis et de la Légion-d'Honneur, et de Madelaine-Charlotte de Laulanhier. De ce mariage sont issus :

1°. Joseph-Auguste-César-Alexandre de Vissac.
2°. Louis-Charles-Hippolyte de Vissac.
3°. Jules-Philippe-César de Vissac.

Armes : De gueules, à trois pals d'hermine.

VIVARAIS. État particulier de la province du Languedoc.
(Voy. tom. II, 1re. série, au mot *LANGUEDOC*.)

La charge de bailli d'épée du Vivarais et du Valentinois était presque entièrement militaire. Elle donnait le commandement de la noblesse dans le département de ce bailliage qui comprenait autrefois le Vivarais et la partie du Dauphiné formant l'ancien domaine des comtes de Valentinois et de Diois; c'est-à-dire, les diocèses de Valence et de Die, et autres terres le long du Rhône. La justice s'y rendait au nom du bailli, qui avait sous lui plusieurs officiers. Cette charge, qui était en dernier lieu dans la maison de Vogué, depuis Georges comte de Vogué, a de tout temps été exercée par des gentilshommes très-qualifiés. En voici la liste depuis le XIIIe. siècle :

Guillaume du *Moulin*, chevalier, 1287. Henry de *Montdragon*, 1288. Raimond de *Bachevilliers*, 1314. Pierre de *Baux d'Orange*, 1322. Bertrand de *Barbette*, 1340. Guillaume de *Ledra*, chevalier, 1344. Gaston de *Gaste*, chevalier, 1404. Guichard de *Marzé*, chevalier, chambellan du Roi, 1414. Henry de *Péquelin*, chevalier, 1416. Bermond du *Cailar*, chevalier, 1417. Pierre de

Solminiac, chevalier, 1421. Jacques de Charrier, écuyer, 1424 et 1426. Étienne de *Nogaret*, 1424. Gui de *Forcade*, écuyer, 1425. Guillaume *Bastard*, écuyer, 1426. Mahin de *Lévis*, chambellan du Roi, 1432. Pierre de *Chanaleilles*, chevalier, seigneur de Vals et du Pin, 1425 et 1435. Robinet de *Blarges*, damoiseau, 1429. Martin *Garciani*, damoiseau, écuyer du Roi, 1440. Thomas *Alberti*, damoiseau, seigneur de Boussargues, 1447. Claude de *Châteauneuf* (Joyeuse), 1455. Louis de *Taulignan*, baron de Barrès, chevalier, 1458. Charles *Astarce*, seigneur de Pierrelate, 1461. Jean d'*Apchier*, 1465. Beraud, dauphin d'*Auvergne*, seigneur de Combronde, 1466. Jean de *Lagardette*, chevalier, 1484. Just comte de Tournon. Jacques de *Grimoard*, comte du Roure. *Georges*, comte de Vogué. *Melchior*, comte de Vogué, etc.

Etat des familles nobles du Vivarais qui ont fourni des gentilshommes aux bans et arrières bans de la noblesse du Languedoc en 1513, 1637, 1694.

D'Agrin des Ubaz, 1513,1637. Alesti de Rocoules, 1513, 1637. d'Apcher de Vabres, 1637. D'arlamde de Mirabel, 1513, 1637, 1694. D'Hautefort de l'Estrange, 1637. Agulhac de Beaumefort, 1637. D'Albignac, 1513. D'Audemard, 1694. De Badel, 1637. De Balazuc de Montréal, 1513, 1637, 1694. De Barjac, 1513. De Barjac de Rocoules, 1637, 1694. Imbert Baronnat, 1637. Baumont de Rocles, 1513, 1637. De Barrès du Molard, 1513, 1637, 1694. Beauverger de Chambaud, 1637. Bénéfice de Cheylus, 1513, 1637, 1694. Bénéfice de Montargues, 1694. Blanc de Molines, 1513, 1637, 1694. Blanchard de la Tour, 1513, 1694. Blou de Saint Andéol, 1513, 1637, 1694. Blou de Précis, 1513, 1637. Blou de Serrecourt, 1694. Bonlieu de Charrieu, 1513, 1637, 1694. L. Bonot, 1513. De Borne de Ligonniers, 1513, 1637. Bernardin Bousas, 1513. Bousas de Chivols, 1637, 1694. Brenàs d'Auriol, 1513, 1637. Baratier de Saint Auban, 1694. Du Bay du Cros, 1637, 1694. De Burine de Tournais, 1694. Barbou des Arcis, 1637, 1694. Bernard de la Bastide, 1637, 1694. De Bard, 1513. De Bernis, 1637. Le Blanc de la Rouvière, 1513. De Banne, 1513,1637. De Borne 1513, 1637. De Baurepaire, 1513, 1637, 1694.

De Bonrepos, 1513, 1637. Du Bourg, 1513, 1637, 1694. De Cachard, 1694. Chalendar de Cornillon, 1513 1637. Chalendar de Vinassac, 1513. Chalandar de la Mothe, 1637, 1694. De Chambarlhac, 1513, 1637, 1694. De Chambaud, 1515, 1637, 1694. De Chanaleilles, 1513, 1637, 1694. De Châteauneuf, 1513, 1637, 1694. Chastel de Condres, 1513. Chastel de Brès, 1513, 1637. De Chavagnac, 1513. Cheylar des Fougères, 1513, 1637. Cheylar d'Albignac, 1637. De Calvières, 1513, 1637. Claude Conte, 1513. Louis Conte, 1637. Chantre de Saint Pons, 1513, 1637. Courtial de Villelongue, 1637. Du Cher, 1513, 1637. Des Chaberts, 1637, 1694. Cadoëne, 1513, 1637. Gabriac de Cadoëne, 1513, 1637, 1694. Cadoëne de Gabriac, 1637, 1694. De Coursas, 1513. De Chazotte, 1513. 1637. De Choumouroux, 1513, 1637. De Charlieu, 1513, 1637. De Charrier, 1513. De Chambaud-Charrier, 1613, 1694. Destezet, 1694. Diene de Saint Eustache, 1637. Dampmartin, 1694. D'Entraigues, 1513, 1637, 1694. Dantil de Ligonnès, 1513, 1637. D'Entrevaux, 1513, 1637. De l'Espinasse, 1637. De Fages, 1513, 1637, 1694. Fay de Gerlande, 1513. Du Fay, 1513, 1637, 1694. De Fay, 1513, 1637, 1694. Du Fayn, 1513, 1637, 1694. Flandrin de Porcheroles, 1513, 1637, 1694. Flotes de la Roche, 1513, 1637, 1694. Du Faure, 1513, 1637, 1694. De la Farge, 1513. De Faure-Vieux, 1637. Gardon de Boulogne, 1637. Gazeles, de Suchet, 1637, 1694. De Geys, 1513, 1637. De Ginestous, 1513, 1637. Guibert de la Roustide, 1637. Guion de Pampelonne, 1637, 1694. Guion, 1513. De Grimoard, 1513. De Grollier, 1513, 1637. La Gruterie. de Maison-Seule, 1513, 1639. De Gouvernet, 1513. De Granoux, 1513, 1637. Harenc de la Condamine, 1513, 1637, 1694. De Hautvillar, 1513, 1637. Hérail du Mas-Hugon, 1513, 1637. D'Hillaire, 1637. D'Hillaire de Joviac, 1694. De Joviac, 1513, 1637, 1694. Julien de Vinessac, 1694. Justet de Sardiges, 1637. De Jarnieu, 1513. De Ligonnès, 1513, 1637. De la Tour, 1513, 1637, 1694. De la Tourette, 1513, 1637, 1694. De Logères, 1513, 1637. De la Bastide, 1513, 1637, 1694. De la Baume, 1513, 1637, 1694. De la Baume, 1637, 1694. De la Mache 1513, 1637, 1694. De la Croix 1513, 1637, 1694. de la Fare. De la Garde. De la Garde-Chambonnas. De la Gorce. De la Mote. De la Fare, 1513, 1637. De la

Garde, 1513, 1694. De la Garde-Chambonnas, 1513, 1637, 1694. De la Gorce, 1513, 1637. De Lamote, 1513, 1637. De La Mothe, 1513, 1637, 1694. De Langlade, 1513, 1637. De la Planche, 1513, 1637, 1694. De Largier, 1694. De la Rivoire, 1513, 1637, 1694. De la Rochette, 1513, 1637. 1694. De la Roque, 1513, 1637, 1694. De la Tour-Gouvernet, 1513, 1637. De la Valette, 1513, 1637, 1694. De la Vergne, 1513, 1637, 1694. De Launai, 1513. Launai d'Entraignes, 1637, 1694. De Leissac, 1513, 1637. De Lermusières, 1513, 1637, 1694. De Lestrange, 1513, 1637, 1694. Lusi de Pélissac, 1513, 1637. De Lachamp, 1513, 1694. Du Lac, 1513, 1637. De Lachavas, 1637. De la Pimpie, 1694. De Latier, 1513, 1637. De Liviers, 1513, 1694. De la Boissière, 1637. De Lachaux, 1513, 1694. De Lacharrière, 1513, 1637. De la Tour, 1513, 1637, 1694. De la Farge, 1513, 1694. De la Baume-Montrevel, 1637. De Montravel, 1513. De Monclar, 1513, 1637. De Montrond, 1513, 1637, 1694. De Maillan, 1513, 1637, 1694. De Malbosc, 1513, 1637. Molin de la Vernède, 1637, 1694. De Marcha, 1637, 1694. Mercure de Roche-Sauve, 1694. Merles de Fassemale, 1513. Des Micheaux, 1637, 1694. De Missol, 1694. De Marcons, 1513, 1637. Mars de Liviers, 1513, 1637. Du Mazel de Peyrebesse, 1637. Meyras d'Agusal, 1513, 1637. Molète de Morangiès, 1513. De Montagut, 1513. De Montagut de Bouzols, 1637, 1694. Montaud de Montaud, 1513, 1637. Montels de Courssas, 1637, 1694. Montainard de Chalençon, 1513. Moreton de Chabrillant, 1513, 1637, 1694. De Montseveny, 1513, 1637. De Montbrun, 1513, 1637, 1694. De Narbonne, 1513. Odde Boniot, 1513, 1637. De Pierregrosse 1513, 1637. De Pierrefort, 1513. Du Pont, 1513, 1637, 1694. Peloux de Saint Romain, 1637. Du Prat, 1513, 1687, 1694. Pagès du Charnève, 1694. De Piolenc, 1637, 1694. De Peyrebesse, 1513. De Payen, 1513. De Payan, 1637, 1694. De Palamourgue, 1513. Pelegrin de la Bastide, 1513, 1637. De Pelet, 1513, 1637, 1694. Pignac de Fours, 1513, 1637. Piolenc de Saint-Julien, 1513. Pluviers de Paulhan, 1513. De Porcelet, 1513, 1637. De Pouzols, 1513, 1637, 1694. De Praron, 1637. De Pleyné, 1513, 1694. Reboulet de Galbert, 1637. Rivière de Courssac, 1637. De Rochebonne, 1513, 1637. De Rochefort, 1513, 1694. De Rochemore, 1513. De Rochemure, 1637, 1694. De

Rochenegli, 1513. De Romanet, 1637, 1694. De Roure, 1513, 1637. Robert du Molard, 1694. De Rostaing 1513, 1637, 1694. Du Rouchet, 1694. De Sampzon, 1513. De Saint-Laurent, 1513, 1637, 1694. Serres du Pradel, 1637. Saunier de Merquerre, 1513, 1637. De Sabatier, 1513, 1637. Saignard de Préau, 1637. De Saignard, 1694. De Saint-Pierreville, 1513, 1637. De Saint-Ferreol, 1637, 1694. Du Solier, 1513, 1637, 1694. De Saint-Julien, 1513, 1637, 1694. De Saint-Priest, 1513, 1694. De Sales, 1513. De Sanglier, 1694. De Serres, 1637, 1694. Sibleyras d'Archier, 1637. Sibleyras, 1694. Soubeiran, de Montgiraud, 1637, 1694. De Surville, 1637, 1694. De Sauzet, 1694. De Sévérac, 1513. De Saint-Michel, 1513, 1637. De Tourville, 1637, 1694. Trémolet de la Cheisserie, 1637, 1694. Tardinon, 1513, 1637. Toulouse de Foissac, 1637. Trémolet de Robiac, 1637. Trémoulet de Craux, 1637, 1694. Truchet de Chambarlhac, 1513, 1637, 1694. D'Urre, 1513, 1637. De Vanelhes, 1513, 1637, 1694. De Vernon, 1513, 1637. D'Ussel, 1513, 1637. De Valons, 1513, 1637. De Vinezac, 1513, 1637. Vogué de Rochecolombe, 1513, 1637, 1694. De Vogué, 1637, 1694. De Vernoux, 1513, 1637, 1694. De Vissec, 1513, 1637. Vincens de Bidon, 1694. Vocance de la Tour, 1637, 1694. Du Vivier, 1513, 1637. De Vaulx, 1513, 1637. De Vaux, 1694. De Veaux, 1637. De Vocance, 1694. De Vieux, 1513.

État des gentilshommes du Vivarais, convoqués aux assemblées de la noblesse tenues à Annonay et à Villeneuve de Berg, en 1789, pour la nomination des députés aux états généraux.

Pour éviter des longueurs, on a supprimé les prénoms, qualifications, grades militaires, décorations, fonctions, etc., parce qu'il suffit de désigner distinctement, par leurs noms et surnoms, les familles qui ont fourni un ou plusieurs membres à ces assemblées.

D'Agrain des Ubas, d'Albon de la Roussière, d'Aleyrac, d'Agulhac de Soulages, Alison de Chauvière, d'Alméras de Brès, d'Apchier de Vabres, des Arcis, d'Arlamde de Mirabel, d'Arnaud de Bernis, d'Ayme, d'Anteville de Ponsère, de Barjac, Bollioud de St.-Julien, Balazuc de Montréal, de Baderon, de Banne, Barnou de Villeneuve, Baratier de St.-Auban, Barou de

IV. 30

Canson, de Barras de la Penne, de Barrès du Molard, de Bazalgette du Charnève, du Bay du Cros, du Bénéfice du Cheylus, du Bénéfice du Bois, Bernard de Montbrison, Bernard de St.-Arcon, Bernardi, Bernie de St.-Marçel, de Barruel, de Blanc de Molines, de Blanc de la Blâche, de Blanc de Loire, le Blanc de Rochemaure, de Blou de Chadenac, de Bonnot, Bouvier de Montmeyran et de Cachard, du Bourg de St.-Polgue, Bozas de Chirol, Burine de Tournais, le duc de Bourbon, prince du sang, pour ses terres en Vivarais, de Chalendar de la Mothe, de Crottier de Peyraut et de Chambonnas, de Chambonnas la Garde, de Cellier, de Chanaleilles du Villard et de la Saumès, de Clavières, Chappuis de Tourville, Clavel de Veyran, Clerg d'Alison, de Coulonjon, de Colonne, comte de Taurriers, d'Aubusson, Dalamel de Bournet, de Solmes du Chambon, Delpuech de Chamonte, Després, Descours, Destezet de St.-Cierge, de Digoine, de Dienne du Puy, du Bessé, Duchier, du Sault de St.-Montant, de Bard, de Fages de Chaulnes, de Rochemure, de Fages de Vauvale, de Chaseaux, de la Cham, Faure des Chaberts, Favet de Fournès, de Glo de Lorme, de Fay de la Tour-Maubourg, de Fay de Solignac, du Fayn, du Faure de Satillieu, Florit de Latour de Clamouse, Figon de la Mure, Fontaine de Logères, Hébrard du Cheylard, de Gain, de Gigord, de Grimoard de Beauvoir du Roure et de Beaumont-Brison, de Grollier, Gout de Vissac, Guion de Geys de Pampelonne, de Gumpertz, de Lermusières des Faugères, de La-Roque d'Auzon et du Pont, d'Hillaire de Toulon, de St.-Jalle, de Joviac, de Jansac, Itbier d'Entrevaux, d'Indy, Labro du Pin, de Lachava, Lacroix de Suarès d'Aulan, de Lablache de Marcols, Ladreyt de Lacharrière, Lafon de Savines, Laforest de Chassagne, la Garde de Poujols, la Pimpie de Granoux, la Rivoire de Ginestous, de la Tourette, de la Chèze, de Portales, de la Rochette, Lavèze de Montjou, de Laulanier, de Lestrange de Boze, de la Valette-Chabriol, Romanet de Lestranges, Lestranges de Grozon, de Loire de Brion, Lombard de Mars, de Launai d'Entraigues, de Lisle de Charlieu, Julien de Vinezac, Maillan de Foucade de Fourton, Malmazet de St.-Andéol, Marcha de St.-Pierre-Ville, Martin d'Amiral, du Mazel, de Mazade, Meissonnier de Châteauvieux, Mercoirol de Beaulieu, Mercure-de Roche-Sauve, Merle de la Gorce-Vallon, de Missol, des Michaux, de Mont- golfier, de Montagut de Beaune de Bouzols, de Monteil, de Moreton de Chabrillan, Moreau de Brémieu de la Bélive, Pagés du Charnève, Pavin de Fontenai- Lafarge, Popon de St.-Jullien, de Piolenc de St.- Alban, du Pont de Ligonnès, du Pont de Soyons, Praron du Peloux, Rabaniol de la Boissière, Richard de Beaumefort, de Rochefort, de Rochemore, de Grille de St. Remèze, Rochier de la Baume, de Rostaing, du Rouchet de Chazotte, Robert Descots, de Châteauneuf du Molard, le duc de Rohan de Guémené de Soubise-Lavoulte, pour ses terres en Vivarais, Roqueplane de Montbrun, de Ruelle, Sa- batier de la Chadenède, Saignard de Choumouroux, de Sampigny d'Issoncourt, de la Sausse, de Santel du Besset, Sauzet de Fabrias, de Serres, de Serres de Saunier de Gras, de St.-Etienne, de Borne de St.-Cernin, de St.-Ferréol du Clap, du Solier d'Au- dance, du Griotier, Tardy de Montravel de La- brossy, de la Baume, Tavernol de Barrès, de Tré- molet de Lacheisserie, de Valleton, de Vanosc, de Vergéses, de Voyre-Soras, Vincentis de Montseveny, de Vernoux, de Vocance de la Tour, de Vaure de Charlieu, de Vogué de Rochecolombe, le duc d'Uzès, pour ses terres en Vivarais, Véron de la Rama, de Vaulx de Pleyné.

Il est à remarquer que le Vivarais a perdu, depuis 1789, un assez grand nombre des familles nobles comprises en cet état, puisqu'il n'en existe plus aujourd'hui qu'une centaine, parmi lesquelles beaucoup ne sont pas mentionnées dans l'état des bans et arrières-bans de 1513, 1637, 1694. A ces époques-là, la noblesse du Vivarais était nombreuse; et si, de nos jours, elle est autant réduite, (tandis que la population générale du pays a augmenté), on l'explique à sa louange, en disant qu'elle a toujours été prodigue de son sang pour la défense du trône et de la patrie.

DE VOSSEY, en Bourgogne, famille qui a pour auteur Bernard de Vossey (orthographié aussi Vaussé), écuyer, mari de Guillemette de Richecourt, qu'il épousa

le 19 février 1534, et père d'Edme de Vossey, 1er. du
nom, écuyer, tué à l'armée. Elle a donné plusieurs
officiers, dont un était décoré de l'ordre royal et militaire de Saint-Louis. Les autres alliances de cette famille
sont avec celles de Badelle, Barthélemi, Beaubard, de
Chambourg, Salmon de la Barre, etc. Elle a été maintenue dans sa noblesse par ordonnance de M. Bignon,
commissaire départi dans la généralité de Paris, du 8 octobre 1717, et a fait des preuves pour le service militaire, en 1720, et pour Saint-Cyr, en 1727.

Armes : d'azur, à la bande d'argent, chargée de deux
hures de sanglier de sable.

W.

DE WALSH – SERRANT. La maison de Walsh-
Serrant, qui a joui des honneurs de la cour en 1774,
1785 et 1787, en vertu de ses preuves faites au cabinet
des ordres du Roi, est l'une des plus anciennes et des
plus considérables du royaume d'Irlande. Elle est originaire du pays de Galles, en Angleterre, où elle florissait
dès le milieu du douzième siècle, et alla s'établir en
Irlande lors de la conquête de cette île, en 1172. David
et Philippe Walsh furent du nombre des chefs de cette
entreprise. Philippe se distingua, en 1174, dans un
combat naval livré contre les Danois, et tua de sa main
l'amiral de la flotte danoise. Sa postérité forma des éta-
blissements considérables dans les comtés de Kilkenny,
de Kildare et de Waterford, jouit d'une grande distinction, et contracta des alliances avec les maisons les plus
illustres du pays, jusqu'au règne de Jacques II, dont la
maison de Walsh tenait le parti ; c'est ce qui l'obligea
de quitter l'Irlande et d'abandonner toutes ses possessions, pour venir s'établir en France, où Antoine Walsh
obtint, le 10 novembre 1753, un arrêt du conseil, qui,
en le maintenant dans sa noblesse, le reconnut pour être
issu de Philippe Walsh, ci-dessus rapporté.

Les châtellenies de Chantocé, de Savernières, de Serrant, de la Roche-Serrant, de Belnoé, réunies à la
baronnie d'Ingrande, en Anjou, ont été érigées en
comté, par lettres du mois de mars 1755, sous la déno-

mination de Serrant, en faveur de François-Jacques Walsh.

Armes : d'argent, au chevron de gueules, accompagné de trois phéons, ou fers de lance antiques de sable.

WARIN, en Lorraine; famille anoblie le 5 novembre 1513, dans la personne de Jean Warin, procureur-général de l'évêché de Verdun, lieutenant-général de Saint-Mihiel. Il épousa Sébastienne Raulet, fille de Gervais Raulet, sommélier d'échansonnerie du duc René II, et d'Agnès de Sathenay. Il en eut :

1º. François, qui suit ;
2º. Philippe Warin, mariée 1º. à Dominique Mussey, lieutenant-général du bailliage de Hattonchâtel ; 2º. à Jean le Poignant, IIe. du nom, conseiller d'état du duc de Lorraine et président des grands jours de Saint-Mihiel ;
3º. Anne Warin, femme de Christophe Didelot, anobli en 1539.

François Warin, lieutenant-général du bailliage de Saint-Mihiel et garde du scel du tabellionnage dudit lieu, mort en 1570, avait épousé Jeanne *de Ville*, dame de Brandecourt, qui fit reprises en 1584, et qui avait eu de son mari, Madelaine Warin, première femme de Nicolas Champenois, seigneur de Neufvilotte, conseiller d'état du duc de Lorraine.

Armes : d'azur, fretté d'or; à la bordure de gueules.

DE WASSERVAS, seigneurs de Marche, d'Haplaincourt, etc., barons de Wasservas, en Artois. La filiation de cette famille est prouvée depuis Jean, baron de Wasservas, en 1522, seigneur de Marche, de Chauvelette et de Bois-d'Erpent, au comté de Namur, époux d'Isabeau de Sars, et père de Godefroi, baron de Wasservas, écuyer, seigneur de Marche, de Chauvelette et de Vieil-Mesnil, maieur de la ville de Namur depuis l'an 1567 jusqu'en 1570. Ce dernier fit une transaction en 1563 et épousa Dorothée Pourquin, qu'il laissa veuve le 24 décembre 1580. Il avait eu pour fils Jean de Wasservas, écuyer, seigneur de Marche, de Vieil-Mesnil, de Bruslé, etc. mestre-de-camp pour le service de l'empereur, puis sergent-major et capitaine pour le service de Sa Majesté catholique. Cette famille a donné des officiers supérieurs et autres, au service des Souverains d'Espagne et d'Allemagne, et plusieurs officiers supérieurs au service de France, décorés de l'ordre royal et militaire de Saint-Louis. Elle s'est alliée aux maisons des Auberts de Courcelles, de Bethéncourt, de Broide de Rambure, de Conemberg, le Gros de Havrec, de Lannoy, de Linard, de Marbois, de Namur de Dhuy, d'Obert de Grevillé, d'Oizel, de Saint-Vaast, de Sucre, de Waha, etc., etc.

Armes : d'azur à trois pots ou aiguières d'or à l'antique. Cimier : un casque taré de front, couronné d'un bourrelet de baron, et sommé d'une couronne de marquis, dont est issant un cygne d'or. Supports : deux griffons, portant chacun une bannière, aux meubles et émaux de l'écu.

WATELET. Nicolas, receveur des deniers patrimoniaux de la ville de Réthel, par lettres du 11 mars 1680, puis conseiller, secrétaire du Roi, maison couronne de France en la chancellerie près la cour du parlement de Pau, pourvu le 24 août 1717 et reçu le premier septembre suivant, mourut le 14 décembre 1718. Il avait eu pour femme, en premières nôces, Claude Tiercelet, et en secondes nôces, Anne Torchet de la Chapelle. Sa première femme l'avait rendu père de Nicolas-Robert Watelet, écuyer, successivement avocat au parlement, conseiller du Roi, payeur des rentes de l'Hôtel de Ville de Paris, et receveur-général des finances de la généralité d'Orléans, pourvu le 10 juin 1729, lequel fut marié le 10 février 1716, avec Nicole-Elisabeth de Beaufort. *D'azur, à l'ancre d'argent, acostée de deux étoiles du même.*

DU WICQUET de Lenclos, barons d'Ordre, seigneurs de Dringhen, de la Watine, des Prés, en Picardie ; maison ancienne, originaire du Hainaut, où elle est connue depuis le commencement du quatorzième siècle. Lors de la recherche, en 1698, elle a fait preuves, par filiation, depuis Thomas du Wicquet, écuyer, vivant le premier septembre 1517. Cette maison a donné plu-

sieurs officiers supérieurs, un maréchal-de-camp, etc.,
et est alliée aux familles du Blaisel de Campagne,
de Feramus, de Humières, de Lardé, de Lastre de
Pernes, de Leclitte, Monque, de Poucques, le Roy,
Vaillant, etc., etc.

Armes : de sinople, au chevron d'argent, accompagné de trois rustres du même.

DE WILLAFANS ; maison distinguée parmi celles de
race d'ancienne chevalerie du comté de Bourgogne, tirant son nom d'un bourg et château-fort du bailliage
d'Ornans, remarquable par ses nombreuses et grandes
alliances, et l'étonnante quantité de chartes et titres des
douzième, treizième et quatorzième siècles que l'on
retrouve encore sur son nom dans tous les dépôts d'actes et
archives du pays, quoiqu'éteinte dès le seixième siècle
dans les maisons de Vaudrey et de St.-Mauris-Châtenois,
portant pour la plupart les qualifications de chevaliers
et de sires de Willafans, de Say, de Bersaillin, etc.
On y remarque des donations faites à l'abbaye de Corneux, par Cécile de Willafans, en 1232, à celle du Lieu
Croissant, par Théodoric de Willafans, chevalier, en
1252 et 1180, à celle de Bellevaux, par Guiotte, fille de
Jacob, sire de Willafans et de Say, chevalier, en 1268 ; une
lettre d'Othon, duc de Méranie, au duc Hugues de Bourgogne, par laquelle il s'engage, en faveur d'autres conditions réciproques, tant envers lui duc de Bourgogne,
qu'envers le Seigneur Thiébaud de Neufchatel, le seigneur Furçon de Beaujeux, maréchal de Bourgogne, le
seigneur Jacques de Willafans et le seigneur Henri Lallemant, à leur prêter défense, aide et conseil, de 1244.
Les historiens de Bourgogne rapportent les noms et filiations d'un grand nombre de seigneurs de cette maison,
chevaliers, damoiseaux ou écuyers, figurant toujours
dans les actes parmi la haute noblesse, et portés sur les
rôles d'hommes d'armes des quatorzième et quinzième
siècles. Les registres des chevaliers de St.-Georges font
foi que plusieurs chevaliers de cette maison y furent
reçus au quatorzième siècle, à l'époque de la première
restauration de ce corps illustre de noblesse, et fréquemment depuis ; et leur nom se voit également reçu dès
cette époque dans tous les anciens chapitres nobles du
pays et parmi les chevaliers du Temple.

L'opinion des auteurs bourguignons qui en font mention, est que cette maison est une branche de celle de Cicon, très-marquante depuis l'an 1000, qui portait : d'or à la fasce de sable. Ils en citent les titres du onzième siècle ; mais pour ceux qui n'en ont pas connaissance, il reste du moins pour certain qu'en effet elle en relevait, et que leurs possessions étaient voisines, mais qu'elle a constamment depuis l'an 1132, porté le nom de Willafans.

Armes : d'argent, à la bande de sable, cotoyée de deux bâtons de même, et chargée de trois coquilles d'or.

DE WILLOT DE BEAUCHEMIN ; famille originaire de Franche Comté, qui a donné un évêque de Salone, par bulles du mois de juillet 1474, dans la personne de Philibert Willot, inquisiteur général de la foi au comté de Bourgogne en 1459. Chevalier (1) dit qu'il était d'une ancienne famille de Poligny, et le croit fils de Renaud Willot, vivant en 1423. Étienne Willot se trouve nommé parmi ceux qui, l'an 1460, possédaient des biens et maisons à Poligny. La filiation de cette famille est établie par titres depuis Jean de Willot, seigneur d'Aunoire et de Beauchemin, l'un des gentilshommes de la reine Catherine de Médicis, et gouverneur du château de Montereau l'an 1560. On compte parmi ses descendants plusieurs officiers et un maréchal-de-camp, chevalier de l'ordre royal et militaire de Saint-Louis.

Armes : d'azur, à trois têtes de lion d'or, lampassées de gueules. Devise : *Is mihi pro aris et rege animus.*

DE WISMES ; terre en Artois, près Saint-Omer, érigée en baronnie en 1759, pour la famille de Blocquel-de-Croix, d'une ancienne noblesse connue en Flandre dès la fin du douzième siècle.

Armes : d'argent, au chevron de gueules, accompagné de trois merlettes de sable.

(1). Mémoires historiques sur la ville de Poligny, 1769, in-4°., tome II, page 547.

Y.

D'Y, seigneurs de Seraucourt, en Champagne; maison issue d'ancienne chevalerie, originaire de Picardie, qui a pris son nom de la terre d'Y, située près de Péronne. Elle remonte par filiation à Michel, seigneur d'Y, châtelain du château de Falvy, décédé avant le 7 novembre 1489. La branche des seigneurs de Seraucourt a été maintenue par M. de Caumartin, intendant en Champagne, au mois d'octobre 1668; celle des seigneurs de Seboncourt et de Béart, en Picardie, a été maintenue par M. Bignon, intendant en cette province, le 24 janvier 1699. Cette maison s'est alliée avec les familles d'Aguisy, Allart, Apremont-Nanteuil, Le Bel de Sors, de Berry de Proviseux, Le Blond, de Broye, Cauchon de Tours-sur-Marne, Chamisat de Sevry, Duchesne de Verderonne, Le Convert, L'Escuyer, l'Espagnol de Bouilly, de Flavigny, de la Fons d'Happencourt, de Fontaines, des Fossés de Richemont, Freret de Montlaurent, Hasquin, la Heurtière, de Grammont, des Lures de Montgon, de Lannoy, de la Motte, Nudelet, de Partenay, du Passage, de Plantecorne, de Postel de Sons, de Rassin de Cramaille, de Sort de Villers, le Vain, de Vertus, Walon etc.

Armes : d'azur, à trois chevrons d'or.

D'YEMBERGH-VAN-RHEMEN, seigneurs de Cortenhoorn ; famille ancienne, originaire du duché de Gueldre, établie en Artois, depuis près de deux siècles. Elle a pour auteur Jean d'Yembergh-Van-Rhémen, père de Théodoric d'Yembergh-Van-Rhémen, seigneur de Cortenhoorn, l'un des nobles vassaux des pays d'Ower-Issel, marié avec Marie-Adrienne Droste *alias* Drosten, et vivant en l'an 1598 : on ne peut malgré l'ancienneté de cette famille remonter sa filiation qu'à cette époque. Elle a donné plusieurs capitaines, dont un décoré de l'ordre royal et militaire de Saint-Louis.

Armes : de gueules à la fasce d'argent, surmontée de trois cannettes d'or contournées.

YON, sieurs de Launay et de la Riviere, en Normandie ; famille qui a pour auteur Nicolas Yon, père de Michel Yon, écuyer, dont le mariage fût accordé le 5 février 1583, avec Julienne de Ponthis. Cette famille a été maintenue dans sa noblesse, par arrêt du conseil-d'état du Roi, du 9 août 1672, qui infirme une condamnation prononcée par M. de Boissy, le 16 juin 1667, et ordonne que son nom soit rayé du rôle des tailles. Nicolas et Thomas Yon, issus d'une autre branche de la même famille, furent maintenus, en 1667, par le même intendant, sur preuve de quatre degrés de noblesse. Cette famille est alliée à celles d'Arcuis, de Brouault de Ste.-Barbe, le Fillastre-des-Champs, Leudet et le Marchand de la Potherie.

Armes : D'or, à la bande d'azur, accompagnée en chef d'un lion de gueules.

YSORÉ D'HERVAULT, marquis de Pleumartin, en Anjou, par érection du mois de janvier 1653 ; maison d'ancienne chevalerie, qui reconnaît pour son premier auteur, Pierre Ysoré, vivant en 1145. Ses descendants ont eu des grades distingués dans les armées de nos Rois ; d'autres ont été attachés à leurs personnes ou à leur maison, comme chambellans des rois Charles VI, Louis XI et Charles VIII ; gentilshommes de l'hôtel et de la chambre, capitaines de 50 lances des ordonnances, etc, etc. Un grand nombre d'officiers de cette maison sont morts au champ d'honneur ; d'autres ont été couverts d'honorables blessures ; plusieurs ont été décorés du collier de l'ordre du Roi, avant et depuis l'institution de celui du Saint-Esprit ; un a été nommé chevalier de ce dernier ordre, le 8 novembre 1651, et est mort avant d'avoir été reçu. On compte dans cette illustre famille, un vice-amiral de Guyenne, plusieurs colonels et mestres de camp d'infanterie et de cavalerie, un capitaine de vaisseaux, des gouverneurs de places et de subdivisions militaires, et plusieurs conseillers-d'état. Elle a donné un évêque de Condom, puis archevêque de Tours, mort en 1716. Cette famille a obtenu les honneurs de la cour, en vertu de preuves faites en 1773, au cabinet des ordres du Roi. Elle s'est alliée aux maisons d'Angle, Babou de la Bourdaisière, de Beynac, Bataille de Riquoël, de Chamborant, Chasteigner de la Rochepozay, Chenin de l'Étang, de Combarel, de la Haye, le Lay-de-Ville-marcy, de Liniers, de Montalembert, de Montauzier, de Naillac, de Ris, du Plessis-Richelieu, Ribot de Cha-vaignes, de Roncherolles, de Sorbiers, de Tranchelion, d'Usson-Bonac, etc.

Armes : D'argent, à deux fasces d'azur.

Z.

ZAMET, barons de Murat et de Billy.

Sébastien Zamet, noble lucquois, fut naturalisé français avec Horace, et Jean-Antoine Zamet, ses frères, par lettres du mois de juillet 1581. Sébastien devint baron de Murat et de Billy, seigneur de Beauvoir et de Cazabelle, conseiller du Roi en ses conseils, capitaine et surintendant des bâtiments du château de Fontaine-bleau, et surintendant de la maison de la reine Marie de Médicis. Il mourut âgé de soixante-sept ans, le 14 juil-let 1614. Il avait épousé Madelaine le Clerc, morte le 12 mai 1615, fille de Pierre le Clerc, seigneur de Mai-sons, et de Madelaine de Villeneuve. Il en eut :

1°. Jean, qui suit ;

2°. Sébastien Zamet, aumonier du Roi, abbé de Juilly, diocèse de Meaux, nommé évêque et duc de Langres, pair de France, dont il prêta serment le 20 juillet 1615, mort en son château de Mussy, le 2 février 1655.

Jean *Zamet*, baron de Murat et de Billy, gentilhomme ordinaire de la chambre du Roi, capitaine et surinten-dant des bâtiments de Fontainebleau, après son père, mestre de camp du régiment de Picardie, puis maréchal de camp, fut blessé d'un coup de canon au siège de Montpellier, le 3 septembre 1622, et mourut le 8 du même mois de cette blessure. Il avait épousé, le 3 février 1612, Jeanne de Goth, fille de Jacques de Goth, baron de

Rouillac et d'Hélène de Nogaret-la-Valette, sœur du duc d'Épernon. Il en eut :

1°. *Jean Zamet*, baron de Murat, mort à Compiègne âgé de 22 ans, le 16 janvier 1636.

2°. *Catherine Zamet*, héritière de son père, puis du duc d'Épernon, mariée à Roger-Hector du Pardaillan-Gondrin, marquis d'Antin.

Armes : d'azur, au lion d'or, surmonté d'une devise d'argent, et cette dernière d'une fleur de lys d'or.

ZOLLER. Jacques Zoller, agent du duc Charles IV de Lorraine, à Strasbourg, fut anobli par lettres de ce prince, données à Francfort-sur-le-Mein, le 9 janvier 1674, en considération de ses services.

Armes : D'azur, au chevron d'or, accompagné en chef de deux croisettes de Lorraine du même, et en pointe d'un alérion d'argent.

ZOLLER. Jean-Frédéric Zoller, prévôt, gruyer, receveur et chef de police de la ville et du comté de Bitche, parent du précédent, fut anobli le 10 octobre 1712.

Armes : d'argent, au chevron d'azur, accompagné en chef de deux croisettes de Lorraine de gueules, et en pointe d'un alérion de sable.

DE ZUYLEN, seigneurs d'Erpe, de Laeren, d'Erondeghem, d'Estombes, d'Ottreghem, etc, aux Pays-Bas. Cette maison, issue d'ancienne chevalerie, connue quelquefois, dans les actes du quatorzième siècle, sous le nom de *Schouteet*, a hérité, vers l'an 1440, des biens de la maison d'Erpe, en épousant l'héritière de ce nom. Cette famille s'est alliée aux maisons de Van der Does, d'Estourmel, de Flandre, de Van der Gracht, de Liédekerque, de Montmorency, de Walloncapelle, Van Woude, etc, etc.

Armes : D'azur, à trois rocs d'échiquier d'argent, qui est de ZUYLEN; en cœur un écusson d'argent, chargé d'un lion d'azur, lampassé et armé de gueules, qui est D'ERPE.

SUPPLÉMENT

AUX QUATRE PREMIERS VOLUMES

DU DICTIONNAIRE UNIVERSEL

DE LA NOBLESSE DE FRANCE.

A.

D'ABADIE, en Languedoc, famille ancienne, originaire de Guienne.

Guillaume d'*Abadie*, seigneur de Villeneuve, de Tonens et autres places, épousa Cécile-Madelaine de Roche, dame de la baronnie d'Aigalliers et de Montaran, dont il eut, entre autres enfans :

Blaise-Pascal d'*Abadie*, seigneur de la baronnie d'Aigalliers, de Villeneuve, Tonens et autres places, marié à Paris, avec Jeanne de la Chaume. Il comparut à l'assemblée de la noblesse de la sénéchaussée d'Uzès, pour l'élection des députés aux états généraux du royaume, en 1789. Il a eu pour fils:

Alexis, baron d'Abadie, officier de dragons, né en 1795.

Armes : D'argent au chévron de gueules, accompagné en chef de deux tours du même, et en pointe d'un écusson d'azur brochant sur le chevron, et chargé d'un lion d'or ; au chef d'azur, chargé de trois étoiles d'argent.

D'AINESY, *voyez* MONTPEZAT.

ALAIS. *Liste des gentilshommes du diocèse d'Alais, qui, en 1789, ont signé le mémoire, sur le droit qu'a la noblesse de nommer ses députés aux états généraux du royaume.*

MM.

Berranger de Caladon.
De Tourtoulon-Lasalle.
De Tourtoulon.
De Manoël de Marcassargues.
D'Hostalier-D'Anduse.
Le baron de Tourtoulon.
Le marquis de Julien de Mons.
De Manoël-Thoiras.
De Manoël-Claret.
Le chevalier Deshours.

De Calviac.
Du Puy-Aubignac de Solier.
D'André de Monfort.
De Manoël de Lagravière.
De Manoël Saumane.
De Tourtoulon de Serres.
De Pepin-Monoblet
De Manoël-Nogaret père.
De Manoël-Nogaret fils.
De Broche de Saint-André.
De Galtier-d'Ayres.

AGEN. *Extrait du procès-verbal de l'assemblée des trois ordres de la sénéchaussée d'Agenois tenue à Agen le jeudi 12 mars 1789, pour la nomination des députés aux états généraux.*

Philibert de Fumel, marquis de Fumel Monségur, faisant tant pour lui que pour Sylvestre de Timbrune et pour Jean-Baptiste de Chassarel.

Armand-Désiré-Duplessis Richelieu duc d'Auillon, faisant tant pour lui que pour dame Louise-Elisabeth de la Rochefoucaud duchesse de Damville et pour madame Adélaide de Galard de Brassac.

Joseph d'Aymard d'Albi comte de Château-Rénard, seigneur de Causac.

Agésilas-Joseph de Grossolles de Flamarans, seigneur de Buzet, tant pour lui que pour Armand, comte Du Lau, marquis de Luzignan.

Messires.

François de Cadot d'Argeneuil; Jean-Charles-Thésé de Delfin; François-Paul de Mellet; Etienne de Cours de Thomazau, faisant tant pour lui que pour dame Marie Littée veuve de Cours; Charles de Poullain, chevalier, seigneur de Trémons ; Joseph-Paul de Cadot d'Argeneuil, chevalier de Saint-Lazare ; Alexis Delard, seigneur du Trescol ; François Delard de Penne ; Pierre-François de Fauré d'Audibran, seigneur de Mondoux; Gilbert de Gironde, seigneur de la Giscardie, comte de Gironde, faisant tant pour lui que pour Jean-Baptiste et Marc de Gironde ; Louis d'Albért de Laval, faisant pour Louis, son père, seigneur de la Barthe; Barthélemi, seigneur de la Gaunie ; Antoine Durieu, chevalier, seigneur de Meynadié ; Jean de Bazon titré comte de Bazon, chevalier de Saint-Louis, tant pour lui que pour Diane-Geoffrine de Barchi, veuve de François de Monestey, marquis de Chazéron ; Benoit de Brie de Teyffon, seigneur de Théobon, chevalier de saint-Louis, tant pour lui que pour Jean-Baptiste de Condom chevalier de Saint-Louis ; Antoine-Charles-Frizel de Villas, seigneur de Tantare, tant pour lui que pour dame Dorothée Naymet, veuve de Boche, et encore pour Henry de Saubat, seigneur du Trieux ; Jean-Henry du Lion, seigneur de Gasques, tant pour lui que pour dame Marianne du Lion de Gasques, veuve de Joseph d'Audebard de Ferussac; Jean vicomte de Galard, seigneur de Saldebru, chevalier de saint-Louis, tant pour lui que pour dame Elisabeth Fiton, veuve de Jean de Raffin, chevalier de saint-Louis ; Pierre Bruyerie, seigneur de Rogundet, capitaine d'infanterie ; Jean Florimont-Boudon de Saint-Amant, seigneur de Saint-Amant, tant pour lui que pour Bernard de Maleprade, seigneur de Belestat ; Joseph Bélarché de Bonnassiés, chevalier de Saint-Louis ; Michel de Galard-Clermont Dessus, seigneur de la Salle-Bertrand ; Jean-Baptiste de Bressolles; Jean de Bressolles garde du corps; Jean de Vassal ; Charles-Jean-Louis de Vernéjoul, tant pour lui que pour Jean de Grénier, seigneur de Pechgris ; François de Lustrac, seigneur de Canabazès ; Labastide, etc.; Aubert-Jean-François-Géry d'Asac, seigneur de Boisset, officier des carabiniers; Jean-François-Martial-Antoine Lartigue de Bassabat, seigneur de la Brande, tant pour lui que pour Jean de Boutier de Saint-Sernin ; François Louis, chevalier de Carbonau, seigneur de Foncouverte, etc.; Barthelemi Roux ; Jean du Chanin, garde du corps du Roi, tant pour lui que pour Pierre du Traivay, seigneur du Charvail ; Henry Eugène du Chanin, tant pour lui que pour Louis-Joseph Digeon seigneur de Tramas ; Jean-Barthelemi Hector ou Dastorg, seigneur de Monsénot; Jean-Pierre du Chanin, seigneur des Palès ; Jean Raymond de Missandres, seigneur de Pecaubel ; Etienne-Bideran de Saint-Sernin, officier au régiment de Piémont, tant pour lui que pour Charles de Bideran de Saint-Sernin, chevalier de Saint-Louis, et encore pour François de Bony, seigneur de Saint-Paul, etc.; Guillaume-Milliac de Croizac; François du Sorbier ; Labat de la Peyrière, ancien mousquetaire ; Jean-Baptiste de Rigal, officier d'infanterie, seigneur de Massanés; Joseph de la Gardèle, seigneur de Malherbe ; Laurent de la Fon, ainé ; Jean-Marc-Antoine de Bap, garde du corps; Louis-Bertrand-Joseph, chevalier de Foissac ; Guillaume de la Fon ; Etienne de Forcade, tant pour lui que pour Armand d'Augeard, baron de Virazel, président à mortier au parlement de Bordeaux : Etienne de Léglise de la Lande, capitaine des grenadiers au régiment de Champagne, faisant pour Pierre de Léglise de la Lande, son père, chevalier de Saint-Louis, seigneur de Moirax ; Armand-Jean-Pierre de Guérin, chevalier, seigneur de la Chaize et de Toule, lieutenant-colonel du régiment d'Armagnac, tant pour lui que pour Jean-Pierre-Armand de Guérin, son père ; Pierre de Léotard, seigneur de Born, chevalier de Saint-Louis; Paul de Lard, seigneur de Valages, chevalier de Saint-Louis, tant pour lui que pour Jean Fabre, seigneur de Parayre; Antoine du Cros; Gratien de Génies de la Poujade de Langle, tant pour lui que pour Léonard de Bellecombe, maréchal-des-camps et armées du Roi, et encore pour pierre Henry de la Caze, seigneur de Castel Sagrate; Jacques-François-Ignace Dales de la Tour, seigneur de Férussat; Jean-Antoine d'Arout, chevalier de Saint-Louis, tant pour lui que pour Pierre d'Arout, seigneur de la Serpente, et pour Jean de Comargue, seigneur de Couys; Jean-Pierre de Bonnefoux de Bonneval seigneur de la Croze, et Thomas-Mathurin Galibert de Saint-Avit, maréchal des camps et armées du Roi, tant pour lui que pour Marc-Antoine Boudon de la Combe ; Charles César-Barbier de la Serre, seigneur de Goulans ; Joseph François de Champierre, chevalier de Saint-Louis, ancien capitaine au régiment de Bourbonnais, tant pour lui que pour dame Marie Filhot des Chimbaux, veuve d'Antoine Jacoubet conseiller à la cour des aides; Louis, chevalier de Montalembert, seigneur de Meure, tant pour lui que pour Jean Marquet du Gravier seigneur de la Goulaye, etc.; Jean du Gravier, chevalier de Saint-Louis, seigneur de Fages, tant pour lui que pour dame Catherine du Gravier de Gayraud, et encore pour Bertrand Sarrazin de Caillade et pour Jean-Pierre de Longueval, chevalier de Saint-Louis, seigneur de Languérie, etc.; Jean Joseph de Pontajon, seigneur de la Chapelle-Treintel, etc., tant pour lui que pour dame Thérèse de Saubat, épouse de Michel Dugont, seigneur de Raveille, et pour Pierre de Montalembert, chevalier de Saint-Louis, seigneur de Catus; Marc Antoine d'Angeros, seigneur de Castelgaillard; Jean Chrysostôme de Rangouse, seigneur de Beauregard, tant pour lui que pour dame Jeanne de la Lande, veuve de Raymond de la Lande, conseiller au parlement de Bordeaux, marquise de Castelmauron; Pierre-Thérèse François-Xavier de Sevin, chevalier de Malte, capitaine d'infanterie, tant pour lui que pour dame Elisabeth Grillion de Mothes, veuve de Joseph de Sevin, seigneur du Pessilles, et encore pour Paul Armand de la Vie, seigneur de Moulinet, président à mortier au parlement de Bordeaux; Jean, comte Destus de Solminiat, capitaine de cavalerie, marquis de Tombebeuf, faisant pour Pierre de Solminiat, son père, seigneur de Saint Barthelemy, et encore pour Gabriel-Marie de Talleyrand-Périgord, baron de Beauville, commandant du Languedoc; Pierre Jean vicomte Destu, de Solminiat, capitaine de cavalerie, seigneur de Saint-Pardon, etc.; Claude de Narbonne-Lara, capitaine au régiment royal d'infanterie; Jean de Vassal, faisant pour Jean François de Bechon, seigneur de Caussade; Jean-Baptiste Tréfon; Jean Jacques de Cussonne, chevalier de Saint-Louis, ancien brigadier des gardes du corps; Jean chrysostôme de Sevin, chevalier, seigneur de Segognac, capitaine de dragons; tant pour lui que pour dame Elisabeth de Ferrand, veuve de François Deruat, conseiller au parlement de Bordeaux; Godefroi de Sécondat, baron de Roquefort, seigneur de Marcel, chevalier de Saint-Louis; Jean Barthelemy l'Huilier; Ti-

mothée, chevalier, seigneur des Cages, ancien chevau-
léger de la garde du Roi, tant pour lui que pour
Alexandre d'Egals, ancien officier de cavalerie, seigneur du Faudan ; Jean François de la Grange, faisant pour autre François de la Grange, maire du
Puymirol, seigneur de Fillou; Jean-Louis Chambouret, seigneur de la Mothe, tant pour lui que pour
François Chambouret, seigneur de Viars, juge de
Penne ; Louis-Emmanuel de Monlezun, seigneur du
Pech de Lestelle; Henri-Ignace de Montalembert,
seigneur de Cours, tant pour lui que pour François
de Cazettes du Verger, chevalier de Saint-Louis,
co-seigneur de Bourlens, et encore pour dame Elisabeth de Masquard, veuve de Bernard de la Cler-
gerie, seigneur de Fournier; Joseph de Laurière-de-
Moncaut, seigneur du Bousquet, chevalier de Saint-
Louis, et pour Pierre de Gervain de Roquepiquet, ba-
ron de Verteuil et Coutures, et encore pour François
du Bertrand, seigneur de Crozefond; Léon Aiguères;
Charles-Raymond de Bérail, seigneur de Roquefaire,
et pour dame Henriette de Roquepiquet, veuve de
Louis de Bérail, et encore pour dame Clémence de
Persy de Mondesir, veuve de Marc de Biderant, che-
valier de Saint-Louis; Claude de Rissan, seigneur du
Pont; Gabriel de Passalaygue de Lascroze; Armand-
Léotard de la Fage; Julien de Davach, seigneur de
Saint-Follip, chevalier de Saint-Louis; Pierre de
Rossonnes, pour lui et pour Jean-Louis de Rossonnes, comte Floix, seigneur des ondes, etc.; Pierre
François de la Ville de Marsilliac, seigneur de Pa-
reyre; François de Varennes, chevalier de Saint-Louis,
et pour Jean-Baptiste-Gaston-Joseph de Reignac,
baron de Frespech, conseiller au parlement de Bordeaux, et encore pour Joseph-Marie de Reignac, seigneur de la Maurelle, mineur; Louis-Gabriel Passalaygue de Secraytayre, commandant de la Dominique,
chevalier de Saint-Louis, et pour Louis-Gabriel-
Passalaygue de Secraytayre, et encore pour dame Elisabeth de Palloque, veuve de Jean-Louis de Persy,
seigneur de Mondesir; Marc-Antoine de Coquet, chevalier de Saint-Louis, seigneur de Brazalein; Germain d'Alcher Desplanel; Gratien-Ambroise Dordé,
chevalier, seigneur de Saint-Bauzel; Jean Boutier de

Saint-Sernin, seigneur de la Lande et de Nagejouls, et pour Jeanne de Calvimont, veuve du baron de Saint-Martial, et encore pour Joseph Gombaud de Razac, chevalier d'honneur au parlement de Bordeaux ; Raymond de Bechon, seigneur de Caussade, lieutenant de nos seigneurs les maréchaux de France, et pour Armand Grénier de Malardeau, chevalier de Saint-Louis, baron de Saint-Léger, et encore pour Léonard de Paty, baron du Rayet, conseiller au parlement de Bordeaux ; Antoine-Etienne de Godailh, seigneur de Saint-Caprais de la Roquette, et pour Sébastien de Godailh, seigneur de Meyrade ; Jean Gabriel de Reignac, chevalier, co-seigneur Dartigues, garde du corps du Roi ; Marc Carbonnié, chevalier ; Jacques de Bonnal, seigneur de Bonnal ; Pierre-Blaise-Bernard d'Auzac, chevalier de Saint-Louis, pour Pierre-Vincent d'Auzac, seigneur de la Salève, et pour Jean-Baptiste, marquis de Timbrune, grand-croix de l'ordre de Saint-Lazare ; Joseph-Abdon de la Roche Monbrun, chevalier, et pour Jean-Baptiste Picot, chevalier de Saint-Louis, marquis de Clermont-Dessus ; Jean François de Rimonteil ; Pierre Fournier de Saint-Amand, seigneur du Montet-Bennet, etc., et pour Jean-Fournier de Saint-Amant, son père, seigneur de Calviac, et encore pour Pierre Fournier de Saint-Amant, seigneur de Saint-Hilaire; François de la Fabrie, seigneur de la Silvestrie, etc. ; Joseph de Bourran, baron de la Cour, et seigneur d'autres lieux, etc., et pour dame Guillemette-Françoise de Bosredon dame de Bessanes, etc.; Jean-André-Michel Marie de Lamouroux, seigneur de Pleneselve, et pour Joseph-Antoine de Barret, conseiller à la cour des aides de Bordeaux ; comte de Lavedan ; et pour demoiselles Marie et Françoise d'Auzac, dames de Crambols ; Claude-Simon de la Caze du Tiers, seigneur, baron du Castela, et pour Félix de la Caze, seigneur du Tiers; Jean-Chrysostôme-Barthélemy de la Crosse, seigneur de la Grâce, et pour Antoine la Barthe de la Molière; Nicolas de Neymet ; Jean-Clément de Bayle ; Claude de Laurière, seigneur, baron de Moncaut, et pour dame Françoise de Surrau d'Arasse, veuve de Gérot, seigneur de Fontirou; Antoine Sibault de Saint-Médart; Pierre-Michel, chevalier de Gasq, et pour Marie-Joseph de Gasq, son frère; Léon Ducros, et pour Louis-Honoré, marquis de Valence, etc.; Jean-Baptiste de Cassieux, garde-des-sceaux près le parlement de Bordeaux, seigneur de Bailles; Pierre-David de Lard de Campagnac, chevalier de Saint-Louis, seigneur de Lascombes, et pour Bernard de la Borderie de Malabal, seigneur de Bouleau; Jean-François du Cours, seigneur de Malromé, et pour Jean-François du Cours, son père, et encore pour Henry de Puch, comte de Souminsat; Hugues-Josué de Themines, chevalier de Saint-Louis; Pierre-Hugues de Thémines, ancien officier d'infanterie; Guillaume de Ballias, chevalier de Laubarède, commissaire des guerres, et pour Paul Desclaux, seigneur de Latané, et encore pour Jacques-Gabriel Chapt, comte de Rastignac; Pierre Bernard Délas, seigneur du Grès; Jean Cenigon de Rousset, et Baptiste d'Albesard, ancien avocat-général au parlement de Bordeaux, seigneur d'Hautes-Vignes; François Cenigon du Rousset du Clueau de Romesfort, officier au régiment dauphin, infanterie; Joseph d'Albert de Laval, chevalier de Saint-Louis, seigneur de Laval, et pour Jean de Lanse, vicomte de Plaisance; Jean-Henry-François d'Eytier, ancien officier d'infanterie, et pour Etienne d'Eytier, seigneur de Catusse, et encore pour François Rey de Bonneval, chevalier de Saint-Louis, seigneur de Feugnes; Jean-Caprais de Ranse, sieur de Cadres, et pour Hyacinthe-Dieudonné de Ranse, seigneur de Château-Gueux, et encore pour François Hébrard, seigneur de Cadres; Fortix de Lugat, seigneur de Paradoux et Gamet; Arnaud Gripière de Moncroc, seigneur de Rencé; Bernard-Joseph Deshoms, seigneur de Favols, et pour Jean-François Deshoms, seigneur de Bias, et pour Charles de Masparault, seigneur de Ferrasou; Charles-Marie de Lafond, seigneur du Cujola; Claude-Victor, chevalier de Rissan, seigneur de Predon et Gervany, major d'artillerie; Louis de Persy, seigneur de Gambes, etc.; Jean-Joseph, comte de Raymond, seigneur de la Garde, et pour David-Jacob Clock, baron de Longueville, et encore Pierre de Massac, seigneur des Fosses; Bernard de Blanchaud, co-seigneur de Saint-Sulpice; Joseph-François, seigneur de Lécussan; An-

toine du Bédat Sabaros; Pierre de Balguerie, seigneur
de Galapian; Joseph-Ambroise de Camas, seigneur
de Gamot; Antoine-François de Beaumont, commandeur des ordres de Saint-Louis et de Saint-Lazare;
Joseph de Vassal de Montviel; François d'Andrieu,
ancien officier; Louis Dorniac; Jean-Baptiste de Robert; Joseph-Thomas, marquis de Tastes de la Barthe;
Pierre de Gaucher, seigneur de Calviac; Jean-Nicolas
de la Clavérie, marquis de Sainte-Colombe, seigneur
de Brax; Joseph Beuredon; de Rives de Cambes; Sébastien de Redon des Fosses, baron de Massonville,
et pour dame Catherine de la Bastide, veuve de Gabriel
de Galaup, seigneur de Monibal, et encore pour Marc-
Antoine de Redon de Monplaisir; Jean-Baptiste de
Galaup, seigneur de Mures; Joseph de la Mothe-Ve-
del, seigneur de l'Ostelneau, et pour Jean-Charles de
Carmintran, baron des Palais etc.; Daniel-Jacques-
Mathieu Peycérie, seigneur de Torranat; Jean de
Beaumont, seigneur de Beaujoli, et pour Jean François de Fontarget, seigneur d'Hautefage: Louis Dordé
de Coutures, de Saint-Maurin; Jean-Jacques de Bon-
nefon, seigneur de Cardelus et de Rives; Bernard-
Bonnavanture de Fumel, seigneur de Roquebrune,
et pour Jean de Vezin, seigneur du Rodie, et encore
pour Joseph Mercier de Sainte-Croix, seigneur de
Froncravières; Jean de Fumel, seigneur de Roque-
brune, et pour Bernard-Silvain de Fumel de la Salle,
et encore pour Paul Fazas de la Boissière; Gabriel de
Comarque, seigneur de Barrau; Louis-Joseph de St.-
Michel, seigneur de Brovaul, officier d'artillerie, et
pour madame de Champier, sa mère, et encore pour
dame Marianne d'Abzac, épouse de Jean-Joseph de
Fumel, comte de Montégut; Claude-Gratien de Saint-
Gily de Grave, seigneur de Brax et de Grave, et pour
Paul de Singlande, seigneur de Naux; Jean-Pierre de
Vilatte, baron de Frégimont; Jean Vassal de Montviel; Antoine de Bonnefoux; Charles de Lard de Rigou-
lières, seigneur de la Mespoule; Charles de Lard de
Bordeneuve, chevalier de Saint-Louis; Charles de Lard
de Bordeneuve; François Boudon de Pompegac, seigneur dudit lieu. Jean-François Dugros, seigneur de
Lassale; Jean-Henry de Saint-Gily, seigneur de Martel, et pour dame Catherine Dussaud, veuve de Ber-

nardin de Monmegan; Jean Sabaros de la Mothe; Alexandre de Cours; Joseph d'Angéros; Louis-Elisabeth de Rissan, seigneur franc et de Bareaux; Jules-César Durand, et pour Antoine de Reyre de Paloumet, et encore pour François Descorailhes, seigneur de Saint-Gruère; François-Louis Fumel comte de Montégut, et pour Joseph, comte de Fumel, lieutenant-général des armées du Roi, commandant en chef de cette province, et encore pour Jean-Joseph de Fumel, son père, marquis de Montviel; Charles-François Hébrard du Roqual, seigneur dudit lieu, et demoiselle Marianne Hébrard de la Bourdette, et encore pour François de Canolle, seigneur de Bourlains; Jean-François de la Fabrie de la Silvestrie, fils, et pour dame Pétronille de la Ramière Descorailhes, dame de la Mothe; Louis-Armand-Marie de Rissan, et pour dame Louise de Bousquet, épouse de Jules-César de Vérole; François-Théodore de Ferrand, officier de dragons, et pour dame Marianne de Bourran, veuve et dame du Rodie; Jean de Mertre, seigneur de Vergnassade; René-Mathias Rocherand de la Roche, seigneur de la Gage; Philippe d'Aurée, seigneur de Prades; André de la Roche-Monbrun, seigneur de Tuquet, et pour dame Marguerite Dupuy, veuve de Jean de Barrail; Louis de Pechon, seigneur de Pechon; Louis-Jean-Baptiste de Boulat, chevalier de Saint-Louis; Joseph de Cazeaux, officier d'infanterie; François de Mothes, seigneur de Blanche, chevalier de Saint-Lazare, et pour Arnaud-Augustin de Ruffin, marquis d'Hauterive, et pour dame Marianne Foy de Cadrieu, comtesse de Guiscard; Bernard de Monpezat, pour lui et pour Charles de Lard de Rigoulières; François-Bernard de Mothes, chevalier de Saint-Louis; Jean-Octavien de Gironde, tant pour lui que pour Jacques, comte d'Escorbiac, seigneur de la Mothe, et encore pour Jean-Octavien de Gironde, marquis de Monclard, baron de Roquecort, et pour Marguerite Descorbiac, baronne de Saint-Martin de Rouetz; Marc-Antoine de Rédon, fils, baron de Mansonville, chevalier de Saint-Louis, et pour Charles de Rédon, colonel du régiment de Metz, et encore pour Charles-François, comte de Lameth, marquis de Clermont; Jean-Etienne de Suffin, seigneur de Monac, etc...., et pour

Pierre Merle de Masoneau, seigneur de Lunat; Pierre de Charri, seigneur de Durou et de Piot; Pierre-Léon Drouilhet de Cigalas, et pour Jean-Baptiste-Daubert de Pyerelongue, capitaine au régiment du Roi; Jean de Grillion de Mothe, et pour Mathias de Comar, et encore pour Joseph de Guionnet, conseiller au parlement de Bordeaux; Etienne Chaupin de Bruyère, et pour Marianne Baylet de Verdole; Ambroise de Malateste, seigneur de Jambon; Joseph-Martel de la Galvagne; Joseph-François de Baillet, lieutenant de nosseigneurs les maréchaux de France, et pour Isaac de Baillet, son frère, baron de la Perche, et encore pour Joseph de Flurans, seigneur d'Aigues-Vives; Pierre-Charles, seigneur de la Bastide, et pour François du Béraud, seigneur de Cavar; Gérard de Lanau; François de Laborie, seigneur de Saint-Sulpice; Géraud de Monpezat, seigneur de Saint-Jean, tant pour lui que pour dame de Monteil, veuve de Jean-Bernard de Monpezat, sa mère, et encore pour Pierre de Monpezat, seigneur de la Tuque; Jean-Antoine de Godailh de Saint-Caprais; Jean de la Nauze; Antoine de Bans de Saint-Georges, et pour Georges de Bans, son frère, seigneur de Caillabet; Jean de Cadot Dargéneuil; Jean de Godailh, seigneur de Cure-Maure; Jean-François Baulac; Bernard de Baulac; Philippe-Jean-Baptiste de Busfault; Jean-Baptiste Dordaygue, seigneur de Casideroque; Pierre de Montalembert, seigneur Descoute; Jean de Guilhem de Lansat, seigneur dudit lieu et de Galau; François-Ciprien de Bertin de Boyor; Jean de Rey, fils, et pour Pierre de Rey, son père; Antoine de Boubillion de la Prade; Joseph du Bosquet de Cobeyre; Paulin-François, chevalier de l'Ecussan, officier au régiment d'Aunis; François-Fidele de Sansac, pour Pierre de Cousau, ancien garde-du-corps, et pour Victor du Carla, ancien garde du Roi; Gratien-Claude de Tournade; Jules-César Durand de Carabelles; Antoine de Carabelles; François de Boulin; Jean-François Durand de Carabelles; Jean-Baptiste, comte de Sarrau; Jean de Bazon, baron de Baulens, titré comte; Joseph de Bonnafoux, chevalier de Saint-Louis; Jean-Baptiste de Rangouse, officier au régiment de Piémont; Marc-Charles de Lard de Bordeneuve, chevalier, faisant

pour M. de Lacepède, seigneur dudit lieu ; Jean de
Ferrand de Montignac de Lauzun ; Pierre Lesparre ;
Marc-Antoine de Coquet de la Roche Monbrun, pour
Élisabeth de Boulogne, épouse du sieur de Clerfon-
taine ; Jean de Bazon, pour François de Bazon, son
frère ; Louis-Armand-Marie de Rissan, pour Daniel
de la Porte, seigneur Paullac ; François de la Sale,
chevalier de la Prade ; Antoine Duclos, pour Marc-
Bertrand ; François Lassus de Nestier, baron de la
Barthe.

ANGER ou **ANGIER**, seigneurs du Plessis-Anger,
de Crapodo, de Montrelais, et de Kernisan, en Bretagne. Cette maison joint à tous les caractères de la haute
chevalerie, l'avantage de constater sa noblesse par une
longue série de services militaires, soit dans les armées
des ducs de Bretagne, soit dans celles de nos rois, depuis la réunion du duché à la couronne. Les historiens
de cette province s'accordent à dire qu'elle descend d'un
puîné des sires de Lohéac, maison puissante et illustre
qui florissait en Bretagne, dès la fin du dixième siècle,
et dont la maison Anger a conservé les armes pleines.
Elle établit sa filiation suivie depuis Pierre Anger,
chevalier-bachelier, qui, le 29 octobre 1308, donna
quittance à Jacques l'Empereur, trésorier des guerres
du Roi, pour les appointements de sa compagnie, composée de deux autres chevaliers-bacheliers, de cinq
écuyers et de treize archers à cheval, avec laquelle il fit
toutes les guerres de Saintonge (1). Ce Pierre Anger, chevalier, seigneur du Plessis-Anger, fut l'un des exécuteurs
du testament de Jean, sire de Maure, de l'an 1347.
Guillaume, l'un de ses fils, fut évêque de St.-Brieuc ;
la descendance de Pierre, qui subsiste dans les seigneurs
de Kernisan, a été maintenue dans son ancienne extraction et dans les qualifications chevaleresques, par arrêt de la chambre de la réformation de la noblesse de Bretagne, le 13 janvier 1669. Elle a contracté des alliances
directes avec les maisons d'Arconnais, le Breton Vil-
landry, Brinon, Châteaubriant, du Châtellier, Cœt-

_____

(1) Mémoires pour servir de preuves à l'histoire de
Bretagne, par D. Morice, t. I, p. 1218.

men , la Corbinaye , Coupa de Liniac , Maillé , Malor, Maure , Monteclerc , la Motte Sourdeac , du Perier-Quintin , du Pont de Rostrenon , Reboul d'Assé , la Rivière , le Roux de la Roche des Aubiers, Scepeaux, etc. , etc.

Armes : De vair plein.

D'ANTIGNEY ; maison d'ancienne chevalerie, qui tirait son nom du village d'Antigney au comté de Bourgogne , éteinte depuis plus de trois siècles, mais dont on trouvait des titres à l'officialité et à la chambre des comptes , depuis l'an 1300 , avec les qualifications de chevaliers , écuyers, damoiseaux, ainsi que sur les rôles de revues d'hommes d'armes des 14e. et 15e. siècles.

Armes : D'argent , à trois jumelles de sable.

D'ARNAUD , en Provence et au Comtat Venaissin; famille originaire de la ville de Riez. Cette famille est distinguée tant par son ancienneté, que des généalogistes font remonter au dixième siècle (1) , que par les belles alliances qu'elle a faites et les services qu'elle a rendus , notamment dans les premiers emplois de la magistrature. Elle s'est divisée en plusieurs branches , savoir :

1°. Les seigneurs de Montpezat, de Riez , de Rousset et de Vallongue , alliés aux familles d'Agoult-d'Ollières, d'Arène-de-Fabregoules , de Bricy , de Bruny , de la Tour-d'Aigues , de Castellane , de Colongue , de Coriolis-d'Espinouse , Fabre de Mazan , Forbin de Ste.-Croix, de Foresta , de Miraillet du Perrier, Saussé de Faucon , de Suffren et de Vintimille de Montpezat.

2°. Une seconde branche établie à Aix, alliée aux familles de Fauris de St.-Vincent , de Guérand de la Brillane et de Quiqueran-Beaujeu ;

3°. Les seigneurs de Châteauneuf et de Miravail , dont on va parler.

_____

(1) Voyez la généalogie de cette famille , dans le nouvel armorial de Provence , par Artefeuil , t. I , et dans le tom. Ier. du Dictionnaire in-4°. de la Noblesse , par la Chenaye des Bois.

André d'ARNAUD, quatrième fils de Melchior, co-seigneur de Riez et d'Eyguine, et d'Honorade de Miraillet, fut seigneur de Châteauneuf-le-Rouge, de Miravail, du Petit-Gobian, co-seigneur de St.-Vincent du Mizon, lieutenant-général civil et criminel de la sénéchaussée de Forcalquier, par provisions du 23 janvier 1573. Il fit hommage pour ses terres, le 18 juillet 1603. Il avait épousé à Forcalquier, où il s'établit, Louise de *Marcelly*, de laquelle il eut :

Scipion d'ARNAUD, seigneur de Châteauneuf, de Miravail, de Silvebelle et du Petit-Gobian, pourvu de l'office de son père. Il épousa Diane d'*Audiffret*, dame de Silvebelle, de laquelle il eut :

1°. Jean, dont l'article suit ;
2°. Pierre d'Arnaud,   } vivants en 1668.
3°. Pompée d'Arnaud, }

Jean d'ARNAUD, seigneur de Châteauneuf, de Miravail et de Silvebelle, succéda à son père, dans la charge de lieutenant-général civil et criminel de la sénéchaussée de Forcalquier, fut déclaré noble et issu de noble race et d'ancienne extraction, conjointement avec ses frères, par jugement du 14 novembre 1668, rendu par les commissaires préposés à la recherche des usurpateurs du titre de noblesse. Jean eut plusieurs enfants, dont l'aîné :

Jean d'ARNAUD, succéda aux biens et à la charge de son père, et transmit sa succession à son fils aîné, Paul, qui suit. Jean d'Arnaud, seigneur du Revert, son second fils, fut capitaine au régiment de Hainaut.

Paul d'ARNAUD, épousa Marguerite de *Monier*, dont il ajouta le nom au sien, usage que ses enfants et descendants ont consacré, après avoir recueilli la succession de ladite Marguerite de Monier, qui mourut sans enfants. Paul épousa en secondes noces dame Elisabeth de Belonet, dont la mère était une Castellane-Adhémar. Il eut de ce dernier lit, Jean-Victor d'ARNAUD DE MONIER, qui succéda à Paul, son père, et transmit ses biens à son fils unique.

Paul-Antoine-Dominique d'ARNAUD DE MONIER,

qui servit dans la maison du Roi, en qualité de garde-du-corps, et mourut le 30 mai 1780, laissant trois fils très-jeunes :

1°. Jean, qui entra dans la marine royale, et mourut jeune au service ;
2°. Paul-Victor, qui suit ;
3°. Alfonse, qui servit dans l'armée de monseigneur le prince de Condé, jusqu'au licenciement effectué en 1801.

Paul-Victor D'ARNAUD DE MONIER, garde-du-corps du Roi, à l'époque de la révolution, émigra avec son frère, en 1791 ; fit la campagne de l'armée des princes après le licenciement de cette armée, il fit les campagnes suivantes à l'armée de monseigneur le prince de Condé, dans la 2e. compagnie des chasseurs nobles, et y fut blessé dans deux actions. Il entra ensuite dans le 2e. régiment de cavalerie noble, composé des gardes-du-corps, où il continua de servir jusqu'au licenciement général de l'armée en 1801. L'année suivante, il a épousé Mlle. Polixène *de Gaudin.* En 1814, lors de la restauration, il rejoignit son corps, et fut créé chevalier de St.-Louis. Lors de l'invasion de l'usurpateur, il organisa une compagnie de volontaires royaux, qu'il offrit à S. A. R. Monseigneur le duc d'Angoulême. Après cette campagne, en 1815, le Roi lui donna une retraite honorable, et y ajouta une pension sur sa cassette, reversible sur la tête de son épouse ; S. M. a aussi placé deux de ses enfants dans des collèges royaux, en récompense de sa fidélité.

Armes : d'azur, au lion d'or, lampassé et armé de gueules.

AUTIÉ (1), comtes de Villémontée, en Bourbonnais, marquis de Montaiguillon, par érection de l'an 1649. Cette maison réunit tous les caractères qui distinguent la haute noblesse, savoir, l'origine pure et chevaleresque, des possessions nombreuses et considé-

(1) Le nom est écrit indifféremment Autié ou Hautier, dans les anciens titres et monuments historiques.

rables , des services éminents et des alliances illustres.
Elle est originaire d'Auvergne , où elle florissait dès
l'an 1088. Ses preuves ont été faites en 1781 , et non
en 1788 , au cabinet des ordres du Roi , et elle a joui des
honneurs de la cour. Elle s'est divisée en plusieurs branches : 1°. les seigneurs de Villemontée , de la Roche-
la-Beille , de la Roche-d'Agoux , de Volore de Montfaucon , et de plus de quinze autres terres , qui ont
porté exclusivement le nom de Chazeron , depuis l'an
1376 , et se sont éteints au commencement du 17e. siècle;
2°. les seigneurs de Pelicieux et de la Tiercerie , rameau
des seigneurs de Chazeron, qui furent maintenus par M.
de Fortia , intendant en Auvergne , en 1666; 3°. les
seigneurs de Villemontée, de Malsaigne, de la Grange et
de Barmontel, titrés comtes de Villemontée, qui , au 19e.
degré, se sont subdivisés en deux rameaux existants ;
4°. un rameau, connu sous le seul nom de Villemontée,
habitué en l'Isle-de-France , et éteint vers la fin du
16e. siècle ; 5°. les seigneurs de Frettoy et marquis de
Montaiguillon en Brie, éteints vers la fin du 17e. siècle.
Ces diverses branches ont donné, dans les armes , des
chevaliers bannerets et bacheliers , des chevaliers de
Malte, depuis le 15e. siècle , deux capitaines de cent
hommes d'armes, des gouverneurs de places de guerre ,
un chevalier du Saint-Esprit, gouverneur de la personne du roi François Ier. , sous madame d'Angoulême,
trois chevaliers de l'ordre du Roi , un chevalier de l'é-
toile, lors de l'institution de cet ordre , des baillis d'é-
pée de Montferrand et de Saint-Pierre-le-Moutier, et
une foule d'officiers de tous grades ; dans la maison de
nos Rois, un maître-d'hôtel de Louis XI, un chambellan
du même prince et de la reine de Navarre, un chambellan des rois Charles V et Charles VI , un chambellan
du duc d'Alençon, deux gentilshommes ordinaires de la
maison du Roi ; dans la haute magistrature et l'administration des affaires, trois conseillers d'état , l'un intendant du pays d'Aunis, un autre de Soissons ; un président de la cour des aides ; un maître des requêtes ,
nommé ensuite évêque de Senlis, puis de St-Malo; un intendant de la marine, un intendant des armées du Roi,
etc., etc. Les diverses branches de la maison d'Autié de
Villemontée ont des alliances directes avec celles d'Apcher , d'Apchon , d'Aubert de Montel, d'Amboise de

Chaumont, d'Anlezy, de Bar, de la Barre, de Beaucaire,
de Bellefaye, du Belloy de Bessy, de Bosredon, de
Bourdeilles, de Brichanteau, de Brienne, de Bussy,
de Carlat, de Chabannes, de Chartres, de Château-
Bodeau, du Chauffour, de Chauvigny-Blot, de Cla-
vières, de Clermont, de Combault, Dauphin d'Auvergne, de Dinasse, d'Escorailles, d'Espinchal, de
Fay de Chapteuil, de Gironde, de Grieu, de la
Guiche-Saint-Géran, de Langheac, de Linières, de
Machault, de Marconnay, Maréchal-Ferchaut, de
Maupeou, de Monestay, de Montgon-Beuverger, de
Montmorin-St.-Herem, de Polignac, du Puy-Vatan,
de Ronceray, de Roquelaure, de Saint-Nectaire, de
Ségur, de Sevin de Quincy, Texier de Hautefeuille,
de Thélis, de Thumery, de Trie, de Tullières, d'Urfé,
d'Ussel, de Verdun, de Vigny, de Villelume-Ber-
montel, de Villeneuve, de Very, de la Volpilière, etc.
Cette maison subsiste en deux branches, dans l'ordre
suivant :

PREMIER BRANCHE EXISTANTE.

XX. Nicolas-Marien Autié, comte de Villemontée,
né en 1742, a épousé, en 1758, Antoinette-Amable de
la Rochebriant, fille de Louis-Amable, baron de la Rochebriant, de Clairvaux et de Bonnœuil et de Catherine
de la Porte du Theil. De ce mariage sont issus :

1º. Amable-Marien, qui a épousé mademoiselle
de Lestrange ;
2º. Antoine-François, né le 19 octobre 1762
3º. Louis-Augustin, né le 6 juillet 1766 ;
4º. Deux demoiselles.

SECONDE BRANCHE EXISTANTE.

XX. Jean-Baptiste-Marien Autié, comte de Villemontée, né le 7 février 1753, mousquetaire dans la
deuxième compagnie, reçu le 8 février 1767 ; sous-
lieutenant au régiment de dragons d'Orléans, le 24
juillet 1778 ; capitaine au même régiment, le 26 octobre 1784 ; officier supérieur de la huitième compagnie

des mousquetaires , avec rang de colonel . par brevet de
LL. AA. RR. , daté de Coblentz, du 28 avril 1792 ; a
fait la campagne des princes de cette année ; s'est trouvé
au siége de Maestricht en 1793 ; a servi à l'armée de
monseigneur le prince de Condé , comme colonel de
cavalerie , et y a fait les campagnes de 1795, 1796 ,
1797 , 1798 , 1799, 1800 et 1801, jusqu'au licenciement , et a obtenu le brevet de maréchal des camps et
armées du Roi , le 28 avril 1801. Il a obtenu trois certificats des plus honorables , de LL. AA. RR. les ducs
d'Angoulême et de Berri , et de S. A. S. le prince de
Condé , en 1792 , certifiant qu'à cette époque, il était
colonel de cavalerie. Il a eu l'honneur de servir quatre
Rois ; il a reçu un ordre de S. M. Louis XVIII , le 29
mars 1796, qui l'autorisait à recevoir chevalier de l'ordre royal et militaire de Saint-Louis , le sieur Fran-
çois-Augustin Couteil de Saint-Laurent. Il a fait ses
preuves de la cour en 1781 , au cabinet des ordres du
Roi , et a été présenté la même année à S. M. et à la
famille royale.

Armes : D'azur , au chef denché d'or , chargé d'un
lion léopardé de sable , lampassé et armé de gueules.
Couronne de comte. Supports : deux lions. Devise : *Nec
dura , nec aspera terrent.*

AUXERRE. *Liste des gentilshommes convoqués à l'assemblée de la noblesse du bailliage d'Auxerre , pour
l'élection des députés aux états-généraux de 1789.*

Le baron Alexandre d'Avigneau , grand bailli, président.
Boucher de la Rupelle , secrétaire.
Lenferna de Marney, fondé de la procuration de M. le duc
de Montmorency et de M. Lenferna de Gurgy.
Beaudesson de Vieux-Champs, fondé des procurations de
M. de Carvol, et de M. le Seigneur de Beauche.
Beaudesson des Boisseaux, fondé de la procuration de
M. Beaudesson père.
Le chevalier Beaudesson , fondé de la procuration de
M. le marquis de Guerchy.
Le chevalier des Boisseaux.

Le chevalier de Marie, fondé des procurations de M. de Romegole et de M. d'Arbousse.

Clément de Ste.-Pallaye, fondé de la procuration de M. de Coulanges.

Le chevalier d'Avigneau, fondé des procurations de M. le comte de Pont, et M. le comte d'Arquien.

Parisot, fondé des procurations de M. d'Assigny, et de M. de Larmane.

Marie d'Avigneau de Villery, fondé des procurations de M. de Menou, et de M. de Molesmes.

Lemuet de Bellombre, fondé de la procuration de M. Poily.

Le chevalier de Boucher, fondé de la procuration de M. de Bernage.

Boucher de la Rupelle père, fondé des procurations M. de Châteauvieux, et. M. le chevalier de la Rupelle.

De Chénu, fondé de la procuration de M. de Chénu fils.

De la Rupelle de Tréfontaine, fondé des procurations de M. de Drouas, et de M. Rousseau de Vermot.

De Corvol.

Culon, comte d'Arcy, fondé des procurations de M. le marquis de Massol, et de M. de la Bussière d'Angeliers.

De Druies, fondé de la procuration de M. Duverne d'Arms.

Bertier de Grandry.

Bertier.

D'Orléans.

Le chevalier d'Estut, fondé de la procuration de M. de Séry.

De Moncorps, fondé des procurations de M. le marquis de Loires, et de M. le chevalier de Moncorps.

Le comte d'Assay, fondé des procurations de M. de Séry, et de M. le chevalier d'Assay.

Le baron d'Avigneau.

Le baron d'Avigneau fils, fondé des procurations de M. Lavillernot, et de M. d'Harley.

Le Carruyer de Lainsec, fondé de la procuration de M. de la Maisonfort et de M. de St.-Fargeau.

De Villenot, fondé des procurations de M. de Villenot, et du seigneur du Fey.

Rondé, fondé des procurations de M. le marquis de la Maisonfort, et de M. le comte d'Ossonville.

Du Deffend, fondé des procurations de M. le marquis de la Tournelle, et de M. le marquis de Graveseron.

De la Breuille, fondé des procurations de mesdemoiselles de la Bussière ; et de M. de Morparé.

Le chevalier de la Bussière, fondé de procuration de mesdemoiselles de la Bussière.

De Guerchy, iant pour lui, que comme fondé des procurations de M. de la Bussière, et de M. de Vathaire.

Dufaur-Pibrac, fondé de la procuration de madame la comtesse de Villefranche.

Le comte de la Ferté-Mun.

Dupertuis de Lailleveaux.

Nigot de St.-Sauveur, fondé de la procuration de madame de la Porterie.

Lenferna de Laresle.

Villetard de Pruniers, fondé de la procuration de M. Villetard de Pomard.

De Pagis, fondé des procurations de M. le comte de Baillet, et de M. de Chaucourt.

Boyard d'Egriselles.

Imbert de Nangis.

Lemuet.

Le Bussière de Sambrêve, fondé de la procuration de M. Maure d'Estud.

Lachasse de Vérigny.

De Montigny.

Villetard de Prunières fils.

Le chevalier du Serre, fondé des procurations de M. de Busquet, et de M. l'abbé d'Avigneau.

Parisot, fils.

Martineau de Souleine.

Creté de la Barcelle.

Lenferna de Cizèle.

Le Merle de Beaufond.

Carruyer de Beauvais, fondé de procurations de M. le baron de Bouy, et de M. de Tombeuf.

Thierriat de la Maison-Blanche.

Thierriat de Mirelle.

Despense de Pomblin.

Despense de Railly.

Rondé de Signy.

Marie d'Avigneau de Cotard, fondé des procurations de
  M. de la Barre, et de M. de Morache.
Robinet de Grenon.
Marie, père.
Chevalier de Minières.
Villetard de la Guérie.
Villetard de Vincelles.
De Chenu du Souchet.
De Mulot, fondé de procuration de M. Mulot de Jussy.
De la Croisette.
Le chevalier de Drouard.
Du Motet, fondé de procurations de M. de Courbeton,
  et de M. Dracy.
Duverne.
Moncorps de Chéry, fondé de la procuration de M. de
  Moncorps.

D'AVIAU DE PIOLANT ; illustre et ancienne maison
de la province de Touraine, non moins distinguée par
les emplois qu'elle a eus auprès des personnes et dans
les armées de nos Rois, que par son antique origine qui,
selon l'hermite Souliers, dans son Histoire généalogique
de la Noblesse de Touraine, page 390, remonte en ligne
directe et masculine aux anciens sires, puis comtes de
Montfort-l'Amaury. Le même historien rapporte le testament du 25 juin 1568, de François d'Aviau de Piolant, qui constate expressément cette illustre origine (1).
Il appert par cette pièce qu'Amaury de Montfort,
issu des comtes de Montfort-l'Amaury, et puîné des
comtes de Squilace, au royaume de Naples, épousa
Éléonore d'Aviau, dont il eut Simon, et Anastasie de
Montfort, mariée à Georges Roux, comte de Montalto.
Simon quitta le nom de Montfort, pour prendre celui
de sa mère, retenant toutefois les armes primitives de
sa maison, à l'exemple des sires de Laval et autres. Il
épousa Charlotte Caracciol, dont il eut Guy d'Aviau,

(1) On a rapporté textuellement cette pièce importante
dans le tome XVIII du Nobiliaire universel de France,
dans lequel le lecteur peut consulter la généalogie de
cette maison, extraite de l'histoire généalogique de la
noblesse de Touraine, et continuée jusqu'à nos jours.
IV.   34

mort sans enfans, François d'Aviau, marié avec Elisabeth Campanichi, et Charles d'Aviau, seigneur de la
Chaise, qui passa en France au commencement du quinzième siècle, et y continua la postérité. Une foule de
lettres honorables de nos rois et reines, et des princes
et princesses de la famille royale, attestent d'une manière bien flatteuse les nombreux services que ses descendants rendirent à l'auguste maison de France, ayant
donné un chambellan du roi Charles VIII, deux gentilshommes ordinaires de la chambre du roi, trois chevaliers de son ordre, deux gentilshommes servants des
reines Louise de Lorraine et Marie de Médicis, un capitaine des gardes de la porte de Sa Majesté, une gouvernante en chef des enfants de France, (mesdames Elisabeth et Christine de France, filles du Roi Henri IV,
la première, qui fut reine d'Espagne, et la seconde,
duchesse de Savoie) : un conseiller du Roi en ses conseils d'état et privé, employé en diverses négociations,
puis pourvu du gouvernement de Loudun et du pays
Loudunois : enfin nombre d'officiers distingués par leurs
grades et leurs services militaires, dont plusieurs ont
péri au champ d'honneur. Cette maison compte aussi
des alliances avec les maisons les plus *recommandables*
du royaume, entr'autres, avec celles d'Aloigny la Groie,
Armagnac-d'Isoré, Arsac de Ternay, Bagneux, Beau-
mont-Bressuire, Bégaud de Cherves, Dubois de la Bé-
raudière, Brillac de Mons, la Cépède, la Chaise,
Ferrières de Champigny, Gautier de la Roche-Gentil,
Harcourt, Martel-Lamarin, Outrelavoye, Richer de la
Faye, Saint-Severin, Tandeau, des Ursins, etc., etc.

XII. Charles-François-Pierre-Louis D'AVIAU DE PIO-
LANT, chevalier, *seigneur* Dubois de Sanzay, de Cherves,
de Rela, et autres lieux, issu au onzième degré d'A-
mauri de Montfort, mentionné plus haut, épousa par
contrat du 6 mars 1731, demoiselle Catherine-Thérèse
Perrin, fille de messire Gaspard Perrin, écuyer, conseiller du Roi, et d'Anne Rigoumier. De ce mariage
sont issus :

1°. Charles-Jean-Marie, dont l'article suit ;
2°. Charles-François d'Aviau Dubois de Sanzay,
    archevêque de Bordeaux, commandeur de l'ordre
    du Saint-Esprit ;

3°. Xavier d'Aviau , mort en activité de service ,
en 1796 , à l'armée.de Condé.

XIII. Charles-Jean-Marie D'AVIAU DE PIOLANT, ancien colonel de cavalerie , chevalier de l'ordre royal et
militaire de St.-Louis, chef des nom et armes de cette
maison, a épousé, par contrat du 31 juillet 1771 , demoiselle Marie-Françoise·Hélène de *Lauzon de la Poupardière* , fille de messire François·Joseph de Lauzon ,
baron de la Poupardière , chevalier de Saint-Louis , et
de dame Marie-Jeanne-Hyacinthe Perrin. De ce mariage est issu :

XIV. Charles-François-Marie D'AVIAU DE PIOLANT ,
capitaine de cavalerie , chevalier de l'ordre royal et militaire de Saint-Louis. Il a émigré avec son père , et a fait
les campagnes des armées des princes et de Condé. Il a
épousé par contrat du 22 octobre 1806 , demoiselle
Perrine-Renée-Elisabeth *Brossier de la Charpagne* , fille
de Pierre-Jean Brossier de la Charpagne , conseiller du
Roi. De ce mariage sont nés :

    1°. Charles-Marie d'Aviau de Piolant ;
    2°. Charles-Antonin d'Aviau de Piolant ;
    3°. Thérèse-Marie –Charlotte-Céline d'Aviau de
       Piolant.

Armes : de gueules, au lion d'argent , ayant la queue
nouée, fourchée et passée en sautoir , qui sont les armes
des anciens comtes de Monfort-l'Amaury. Supports et
cimier ; trois lions. Couronne de comte.

BAYEUX. *Etat de la noblesse du bailliage de Bayeux ,
   convoquée en 1789, pour l'élection des députés aux états-
   généraux du royaume.*

GENTILSHOMMES POSSÉDANT FIEFS.

M. le comte d'Houdetot, pour son fief d'Argougel sous
   Môle.
M. le comte d'Albignac, pour son fief de Tours.
M. le comte de Faudoas, pour son fief de Castilly et
   autres.
M. de Marguerie de Vierville, représenté par M. le

comte Edouard de Marguerie, son fils, pour son fief d'Agy.

M. de Cornet, pour son fief d'Agnerville.

M. de Beaudre de Bavent, représenté par M. le chevalier Dufayel, pour son fief d'Asnières.

M. de Venoix, pour son fief d'Anctoville.

Madame de Courseules, curatrice de M. son fils, représenté par M. de Malherbe, pour son fief de Barbeville.

M. Grimouville de Bazenville, pour son fief de Bazenville.

Le mineur de feu M. de Sallen, représenté par M. de Pierrepont, pour son fief de Baynes.

M. de Girardin, pour son fief de Bernecy.

M. Dufayel, pour son fief de Blays.

M. de la Cour, comte de Balleroy, pour son fief de Balleroy et autres.

M. de la Fargue, pour son fief de Bernière-Boscage.

M. Foucquet, pour son fief de Bucels.

M. Dauge, représenté par M. Yves de Patry, pour son fief de Bazenville.

M. de Saffray, pour son fief d'Agneaux.

M. le comte Charles de Marguerie, représenté par M. le vicomte de Chiffrevast, pour son fief de Colleville.

M. Godard, représenté par M. Godard de Bouteville, pour son fief du Bosq et autres.

M. Subtil de Saint-Louet, pour son fief de Commes et autres.

M. Bauquet de Surville, marquis de Campigny, pour son fief de Campigny et autres.

M. de Bruny, représenté par M. de Saint-Quentin, pour son fief de la Boulaye.

Madame de Chivré, pour son fief de Cottun.

Les mineurs de M. le comte de Broglie, représentés par M. le Forestier, chevalier d'Osseville, pour leur fief de Canchy.

M. de Croisilles, pour son fief de Cardonville.

Madame de Moras, pour son fief de Criqueville.

M. le chevalier Dufayel, pour son fief de Saint-Vigor et autres.

M. de Vieux-Maisons, représenté par M. de Cussy de Vouilly, pour son fief de Colombières.

M. Senot, pour son fief de Cahagnolles.

M. le chevalier du Chatel, représenté par M. de la Mare

de Longueville, pour son fief de Vercreuil.

Madame du Chatel, pour son fief de Catillon.

M. de Sermentot, pour son fief de Chouain.

M. de Canteil de Condé, représenté par M. son frère, pour son fief de Condé-sur-Seulles.

Madame de Verrières d'Haudienville, représentée par M. Senot de Cahagnolles, pour son fief de Couvert.

Les héritiers de M. de Bazenville, pour leur fief de Colomby-sur-Seulles.

Mesdames de la Bédoyère et Dautray, pour leur fief de Crépon et autres.

M. d'Aigneau, représenté par M. Massieu, pour son fief d'Aigneau.

M. le président de Guiberville.

M. le marquis de Franquetot de Coigny, représenté par M. le duc de Coigny, pour leur fief d'Englesqueville.

M. d'Ellon, pour son fief d'Ellon.

M. le Barbey d'Aulnay, représenté par M. le chevalier de Molandé, pour son fief de Cusly et autres.

M. de Sallen de Gouillard, représenté par M. Andrey des Pommerais, pour son fief des Fontenailles.

M. de Saint-Ouen, représenté par M. le chevalier de Cagny, pour son fief de Fresney-sur-Mer.

M. de Cussy, représenté par M. de Cussy de Vouilly, pour son fief à Grand-Camp.

Madame veuve Patry, représentée par M. de Dampierre, pour son fief de Herile.

Madame veuve de Saint-Clair, représentée par M. de Croisilles de Monbosq, pour son fief de Huppin.

M. de Hotot, pour son fief de Hotot.

M. de Rotz, pour son fief de Magdeleine.

M. le marquis de Briqueville, représenté par M. le marquis Bazin de Bezons, pour son fief de Monfréville et autres.

M. le Chanoine Dumanoir, pour son fief de Jouaye.

M. Couette d'Aubonne, représenté par M. d'Agier de Rufosse, pour son fief de la Haye-Piquenot.

M. le Couteulx du Mollay, représenté par M. Morin de Litteau, pour son fief du Breuil.

M. de la Marre de Longueville, pour son fief de Farcy et autres.

M. le duc de Luxembourg,

M. de Pierres, représenté par M. de la Motte de Briens, pour le fief de Louvières.

M. Crespin du Neufbourg, représenté par M. Dufayel, pour son fief de l'Epinay-Tesson.

M. d'Héricy, pour son fief du Four.

M. d'Arclais de Beaupigny, représenté par M. de Magneville, pour son fief de le Manoir.

M. Dupucey, représenté par M. de Malherbe, pour son fief des Essarts.

M. de la Briffe, pour son fief de le Hamel d'Amigny.

M. de Garcelles, pour son fief de le Quesnay-Quesnon.

M. d'Agneaux, pour son fief du Monceau.

M. Léonard, chevalier des Isles, pour son fief de Gouet.

Madame Dubois de Vaulaville, représentée par M. Morin de Litteau, pour son fief de Litteau.

M. de Cussy, pour son fief de Néhou.

M Labbé de Cussy, pour son fief de la Cambe.

M. Hébert-d'Orval, représenté par M. le chevalier le Valois, pour son fief de Branville.

M. Philippe de Marigny, représenté par M. le baron de Wimpffen, pour son fief de Marigny.

M. Meherent de la Conseillère, représenté par M. Subtil de Saint-Louet.

Madame de Subtil, représentée par M. le chevalier de Molandé, pour le fief de Môles.

M. Roynville, pour son fief du Moley.

M. Dubois, marquis de Litry, pour son fief de Magny et autres.

M. de Savignac, représenté par M. le comte de Montbelliard, pour son fief de Meuvaine.

M. Bazin, marquis de Bezons et de Maisons, pour son fief de Neuville.

M. Vautier d'Amferville, représenté par M. le chevalier d'Agneaux, pour son fief de Noron.

M. de Chivré, représenté par M. le comte Edouard de Marguerie, pour son fief de Notre-Dame de Blagny.

M. de Touchet, pour son fief d'Orbois.

M. le Cordier, pour son fief de Parfouru.

M le baron de Wimpffen, pour son fief de Saint-Germain.

M. Godard, représenté par M. son fils, pour son fief de Bussy et autres.

M. de la Cour de Betteville, représenté par M. Cornet, pour son fief de Beauval.

M. de la Couronne, représenté par M. de Pierrepont, pour son fief de Saint-Vigor-le-Grand.

M. Dufayel de Bernay, pour son fief de Rubercy et autres.

M. Hue de Sully, représenté par M. Dubois de Litry, pour son fief du haut Sully.

M. Hue de Mathan, pour son fief de Sainte-Croix-sur-Mer.

M. de Pierrepont, représenté par M. le comte de Faudoas, pour son fief de Sainte-Honorine des Portes.

M. de la Heuze, représenté par M. Léonard de Rampan, pour son fief de Saint-Laurent-sur-Mer.

M. Salan de la Quaise, pour son fief à Saint-Martin de Blagny.

Madame la marquise de Malherbe, représentée par M. le baron d'Aché, pour son fief à Vaux-sur-Aure.

Madame Desfresnes, représentée par M. son fils aîné, pour son fief à Saint-Amador.

M. de la Vacquerie,

M. de Tuffin, représenté par M. le baron de Sallen, pour leurs fiefs à Sainte-Honorine de Ducy.

M. de Cornet, pour son fief à Saint-Martin-le-Vieux.

M. Radulphe, représenté par M. Hue de Mathan, pour son fief de Houtteville.

M. Plot, pour son fief de Trévières.

M. de Beaumont, représenté par M. le marquis d'Amfréville, pour son fief de Tierceville.

M. Guilbert de la Rivière, représenté par M. Morin de la Rivière, pour son fief de Vaucelles.

M. le Coq, pour son fief d'Houtteville.

M. d'Héricy, pour son fief à Villiers-sur-Port.

M. de Cussy, marquis de Vouilly, pour son fief de Saint-Clément.

M. l'abbé de Chiffrevast, représenté par M. le marquis d'Héricy, pour son fief du Cutelet.

M. le Tellier de Vaubadon, pour son fief de Vaubadon.

M. le Coutellier, pour son fief à Jer.

M. d'Ancour de Vienne, représenté par M. Dufayel, pour son fief de Vienne.

M. Patry, seigneur de Banville.

M. d'Egland de Caugy, pour leurs fiefs à Villiers-le-Sec.

Madame le Berceur de Fontenay, marquise de Mathan, représentée par M. le comte de Rabodanges, pour ses fiefs à Bayeux.

M. de Roynville, représenté par M. de la Mare de Longueville,

Mademoiselle Patry, représentée par M. de Malherbe,

M. Suard, représenté par M. Subtil de Saint-Louet, pour leurs fiefs à Vaux-sur-Aure.

GENTILSHOMMES NON-POSSÉDANT FIEFS.

Messieurs :

De Scelle de Saint-Pierre.
De Beaudre de Litry.
De Baupte d'Ecramville.
Le Sueur des Fresnes.
Le chevalier le Vallois.
Léonard des Iles.
De Touvois.
Gueroult de Launay.
Le baron de la Tour-du-Pin.
Le chevalier le Pelletier de Molandé.
Le Duc.
Godard de Douville.
Guilbert de Govain.
Le Bachelet.
Le chevalier de la Cour Betteville.
Léonard de Rampan.
Canivel de la Rouge-Fosse.
De Malherbe.
Labbey de Druval.
Canteil de Saint-Laurent.
Grosourdy de Longlande.
Potier de la Conseillère.
Pierre-Antoine de Monfiquet.
Michel-Marie Adeline.
Potier de Saint-Remy.
Vautier des Lagues.
De Gouet de la Bigne.
Le chevalier de Cussy-Vouilly.
Dubreuil-Dumarchais.
De Bréville.

Fréard Ducastel.

Le chevalier Fréard.

Moisson de Vaux.

Le Duc, l'aîné.

Le chevalier de Saint-Malo.

Le chevalier de la Picquerie.

D'Argouges de Bernesq.

D'Argouges de Vaubadon.

Alexandre-Jean de Crevecœur de Baussey.

Le comte de Toulouse-Lautrec.

Le chevalier Gatebley.

DE BEAUFORT D'EPOTHEMONT (1), seigneurs de Frampas, de Matignicourt, de Crespy, du Petit-Menil, de Chaumenil, en Champagne; famille ancienne et distinguée de cette province, qui remonte à Guillaume de Beaufort, écuyer, lequel était marié en 1402, avec Engothe de Chamelitte, époque à laquelle Jean, sire de Châteauvilain, leur donna certaine mesure de froment par chaque semaine, à prendre sur la mouture du moulin de Pont-la-Ville, ainsi que plusieurs coupes de bois pour leur chauffage, à prendre dans ses forêts, en récompense des services qu'ils avaient rendus à ce seigneur. Leurs descendants ont donné des gentilshommes de la vennerie du Roi, des gouverneurs de places et plusieurs capitaines d'infanterie et de cavalerie, et se sont alliés aux maisons de Belestat, de Berbier du Metz, de Failly, de Ferry, du Fou, de Montangon, de Robins, de Serpes-d'Escordal, de Tance, de Vaudremont, etc.

X. Jean-Baptiste-Charles-Philippe DE BEAUFORT, chevalier, anciennement seigneur de Frampas, de Matignicourt, de Ville-sur-Terre, et autres lieux, ancien officier de cavalerie, né le 8 décembre 1756, a épousé, par contrat du 20 mai 1780, demoiselle Françoise-Henriette *de Ségur de Cabanac*, fille de messire Nicolas, comte de Ségur de Cabanac, chevalier, seigneur de Les-

_____

(1) Epothemont, et non Pothemont, comme on a mis par erreur dans le tome IV, p. 255 du Nobiliaire, est une terre située près de Brienne, département de l'Aube.

chères et Armancourt, ancien capitaine au régiment du Roi, infanterie, chevalier de l'ordre royal et militaire de Saint-Louis, et de dame Louise d'Allonville. Il a de ce mariage :

1°. Gustave-Louis-Nicolas, dont l'article suit ;

2°. Louis-Édouard, chevalier de Malte, ancien chef de bataillon au 12ᵉ. régiment d'infanterie de ligne, officier de la Légion-d'Honneur, né le 6 septembre 1786 ; il s'est trouvé à la bataille de Wagram, où il a été fait capitaine de grenadiers ; et a fait plusieurs autres campagnes, notamment celle de Russie. Il a été nommé chef de bataillon à Valentina, sur le champ de bataille, et officier de la Légion-d'Honneur à Moscou. Il est encore au service, et a épousé, par contrat du 8 octobre 1816, demoiselle Zoé-Élie-Anne *de Coucy*, fille de messire Louis-Enguerand de Coucy, préfet retraité, chevalier de Saint-Louis, et de l'ordre de Sainte-Anne de Russie, et de dame Dominique-Françoise-Clotilde d'Allegrin. De ce mariage sont issus :

a. François-René, né le 29 juin 1817 ;

b. Louise-Henriette, née le 8 mai 1819.

XI. Gustave-Louis-Nicolas DE BEAUFORT, chevalier, né le 17 août 1781, a été adjudant au 11ᵉ. régiment de chasseurs à cheval, a fait les campagnes de 1805, 1806 et 1807 ; s'est retiré du service par suite de blessures graves qu'il reçut à Ratzbourg, et a épousé demoiselle Élisabeth-Albertine-Baldérique *de la Cour*, fille de messire Albert-Louis de la Cour, chevalier, et de dame Marie-Nicolle-Éléonore de Failly, par contrat du 23 juillet 1810. De ce mariage sont issus :

1ᵘ. Albert-Henri-Jules, né le 28 octobre 1815 ;

2°. Amélie-Charlotte-Éléonore de Beaufort, née le 20 juillet 1812.

Cette famille a été maintenue dans sa noblesse, par arrêt du conseil d'état du Roi, en date du 13 juin 1672.

Armes : De sable, à la bande d'argent, chargée d'un lion de gueules, et accostée de deux étoiles du second émail.

DE BELLEMARE DE SAINT-CYR. La famille de Bellemare, du diocèse d'Évreux, en Normandie, dont parlent la Roque et plusieurs autres historiens de cette province, est connue depuis un de Bellemare, qui suivit le roi Saint-Louis à la Terre-Sainte, en 1214; Guillaume de Bellemare fut appelé à l'arrière-ban de l'an 1242; un autre de Bellemare fut sergent de bataille et gouverneur de Sainte-Menehould ; on trouve encore un de Bellemare, chambellan du roi Charles VII; un second, exempt des gardes du corps, et un troisième, favori du grand Dauphin, fils de Louis XIV, ainsi qu'il est prouvé par plusieurs lettres de ce prince, que l'on conserve dans la famille. Elle a formé trois branches, dites des seigneurs de Duranville, des seigneurs de Thiebert, et des seigneurs de Saint-Cyr. Cette dernière remonte, par filiation, à Jean de Bellemare, Ier. du nom, écuyer, seigneur et patron de Borgueraux, qui vivait en 1300. Ses descendants, parmi lesquels on compte plusieurs officiers de tous grades, la plupart décorés de l'ordre royal et militaire de Saint-Louis, se sont alliés aux familles de Blancménil, Bonnet de la Tour, de Bosguyon des Jardins, de Canouville, de Chambray, de Chaumont-Quitry, Eudes de Norois, de la Fonds, de Franqueville, des Hayes de Gossards, Léger, de Lieurey, de la Luzerne-Beuzeville, de Malhortie, de Marguerit du Fresne, de Marle, de Montgoubert, le Muet, de Nocey, de Nollent, des Perrières, de la Quèze, de la Rivière, le Roux d'Esneval, de Rupierre, etc. Elle a pour chef actuel :

XII. Nicolas DE BELLEMARE-SAINT-CYR, écuyer, ancien page de la reine, mousquetaire du Roi dans la deuxième compagnie, en 1769, lieutenant-des-maréchaux de France à Lisieux, actuellement maire de cette ville, chevalier de l'ordre royal et militaire de Saint-Louis. Il a épousé Antoinette-Julie-Charlotte *Thyrel de Boschénard*, de laquelle il a eu :

1°. Charles, dont l'article suit ;
2° Antoine-Georges de Bellemare, tué à Œls, dans la dernière guerre ;
3°. Julie de Bellemare, qui a épousé M. de Captot ;
4°. Antoinette de Bellemare.

XIII. Charles DE BELLEMARE-SAINT-CYR, écuyer,

né le 16 septembre 1784, mousquetaire de la deuxième compagnie, en 1814, a épousé Elisabeth *Canuel*, de laquelle il a :

Elisabeth-Georgette de Bellemare-Saint-Cyr.

Armes : De gueules, à la fasce d'argent, accompagnée de trois carpes contournées du même.

BENOIT D'ANROSEY et DE VOISEY, en Franche-Comté ; famille d'origine espagnole, qui, depuis le 15e siècle jusqu'à l'époque de la révolution, a possédé le fief noble de Voisey, près de Bourbonne. L'un de ses auteurs, Benoît de la Verrière, capitaine des portes de la ville d'Anvers, obtint des lettres de *chevalier* héréditaire de l'archiduc Albert, et mourut commandant de la forteresse de Jouque, en Franche-Comté.

Le chef actuel de cette famille, Charles-François-Benoît, chevalier d'Anrosey, fut convoqué sur ses preuves de noblesse et par lettres de cachet du Roi, aux derniers états de Franche-Comté, en 1789. Il émigra en 1791, étant alors capitaine de chasseurs et chevalier de Saint-Louis, fit toutes les campagnes, tant comme aide-de-camp qu'en qualité de maréchal-des-logis, dans la maison du Roi. Il a épousé en 1789, Pierre-Suzanne *Durand de la Voivre*, fille de noble Jean Durand de la Voivre, seigneur du bourg d'Avize, en Champagne. De ce mariage est issue :

Charlotte-Gabrielle Benoît d'Anrosey, mariée en Russie, à Charles de Freytag, baron de Lorinxhaven, colonel de l'artillerie à pied de Sa Majesté l'empereur de toutes les Russies ; ils ont eu deux enfants, dont un a été nommé, par Son Excellence monseigneur le duc de Richelieu et madame la princesse Barclay de Tolly, veuve du maréchal, et tante du colonel Freytag.

Armes : d'argent, à trois lionceaux de gueules, couronnés d'azur.

DE BERNARD ou BERNARDI ; famille ancienne et distinguée, originaire du Dauphiné, qui, dès le commencement du quinzième siècle, s'est divisée en plusieurs branches, successivement répandues en Provence, au Comtat et en Bugey. Les principales sont : 1°. Les seigneurs de Feyssal et de Lauzière, maintenus dans leur ancienne extraction par arrêt de la chambre des francs-fiefs et nouveaux acquêts, établie en Provence, du 15 décembre 1656, et par jugement de l'intendant de Provence, du 10 mars 1667. Cette branche subsiste en Bugey, depuis le milieu du dix-huitième siècle; 2º. les vicomtes de Valernes, en Provence, qui ont formé deux rameaux; 3º. Les seigneurs de la Bastie en Dauphiné (1). Ces différentes branches, illustrées par de nombreux services de robe et d'épée, ont pour auteur commun, d'après les preuves respectives qu'elles ont faites, et sur lesquelles elles ont été maintenues dans leur ancienne extraction, lors des diverses recherches ordonnées par nos Rois, Raimond de Bernard ou Bernardi, du lieu de Bellaffaire, en Embrunois, lequel reçut, le 18 novembre 1391, des lettres-patentes de Marie, reine de Jérusalem et de Sicile, comtesse de Provence et de Forcalquier, pour sa mise en possession de la terre du Caire, dans lesquelles lettres-patentes, Raimond est qualifié noble, docteur ès-droits, maître rational de la grande cour de cette princesse, juge des secondes appellations de Provence, conseiller et garde-des-sceaux de la même reine. Dans d'autres lettres-patentes que Louis II, roi de Sicile et de Jérusalem, lui acorda le premier mars 1400, il est qualifié magnifique seigneur et chevalier. Ses descendants se sont alliés en ligne directe et immédiate, aux maisons et familles d'Agoult, Astuard, Boniface de Fombeton, Bouvar, Camaret, Castellane, Charonier, Cohorn, Collongue, Cordier, Donodeï, l'Enfant, l'Estoup, Fabri de Brignollés, Guibert, Guillini, Laborel, Laidet de Sigoyer, Lestre, Locques, Martin, Meynier, Mongé, l'Olivier de Bonne, Roddes, Roux de Beauvezet, Séguins, Silvestre, la Villette, etc., etc.

Mathieu de *Bernard de Lauzière*, chef de la branche aînée, chevalier de Saint-Louis, seigneur d'Hostel, de Belmont, de Luthezieux, de Saint-Maurice de Charancin de Vogland, en Bugey, épousa Marie-Claude *Darestel*, de laquelle sont issus:

---

(1) Voyez l'État politique du Dauphiné, par Chorier, tome III, p. 103.

1°. Charles-Louis-Joseph , dont l'article suit ;

2°. René-Bernard de Lauzière , capitaine dans le corps royal de l'état-major à Besançon , chevalier de Saint-Louis et de la légion d'honneur, lequel, par ordonnance du Roi du 2 avril 1817, a été autorisé à ajouter à son nom celui de *Durestel*, du chef de sa mère , seule héritière de ce nom.

Charles-Louis-Joseph de *Bernard de Lauzière*, lieutenant-colonel des armées de Sa Majesté catholique, en Espagne, capitaine retiré en France, chevalier de l'ordre royal et militaire de Saint-Louis, a épousé, le 20 août 1810, demoiselle Antoinette-Louise *Feuillot de Varange*.

ARMES :

Branche de Lauzière : de gueules au lion couronné d'or ; à la bande d'azur, chargée d'un croissant d'argent, et de deux étoiles du second émail, brochante sur le tout.

Branche de Valernes : d'azur , au cor de chasse d'argent, enguiché de gueules, surmonté d'une trangle d'argent ; au chef, cousu de gueules , chargé de trois grenades d'or.

Branche de Dauphiné : d'azur , à la bande d'argent, chargée de trois mouchetures d'hermine de sable ; au chef d'or, chargé de trois roses de gueules.

DE BÉRULLE , barons de Ceant-en-Othe, vicomtes de Guyencourt, titrés marquis et comtes de Bérulle. La maison de Bérulle, distinguée par d'éminents services militaires et de nombreuses illustrations, soit dans le sacerdoce, soit dans les hautes charges de la magistrature, a donné son nom à la terre de Bérulle, autrefois Céanten-Othe, située à deux lieues de Villeneuve-l'Archevêque, sur les confins de la Champagne et de la Bourgogne. Elle tenait un rang honorable dans la première de ces deux provinces dès le commencement du quatorzième siècle. Par des lettres-patentes de l'an 1441 données par le roi Charles VII, en faveur de Jean de Bérulle, ce prince déclare que les ancêtres de ce Jean avaient de tems immémorial rendu de grands services à l'état, et principalement dans les guerres. Amaury de Bérulle, chevalier, s'était fait connaître avantageusement à la funeste bataille de Crécy en 1346. La filiation de cette maison est littéralement prouvée depuis Jean de Bérulle, écuyer, mentionné plus haut, marié, en 1430 avec Catherine de la Bussière. Ses descendants se sont alliés directement aux maisons et familles d'Assigny, de Montréal, d'Aunoy de Neufville, de Bernard de Fonas, de Bongars, de Briçonnet de Glatigny, de Coqueray, Hodouart de Foissy, Hurault de Weil, de Neufvy, de Nuys, Piédefer de Guyencourt (1) du Plessis, de Prie, de Rochechouart, le Roi de Daoust, Seguier, de Thurin de Villeret, de Vassan, de Vaudetar de Persan, etc. etc.

Galéas de Bérulle, issu de Jean au cinquième degré, fut gentilhomme ordinaire de la chambre du Roi, et lieutenant pour S. M. au bailliage et gouvernement de Troyes; il avait été dangereusement blessé au siège de Metz, où il combattit avec distinction. Ayant eu un duel avec Hector de Saint Blaize, dans lequel ce dernier succomba, au sujet de la terre de Trigny, sur laquelle Hector fondait quelque prétention du chef de sa femme, tante de Louise de Neufvy, épouse de Galéas de Bérulle, ce dernier obtint des lettres de grâce du Roi Henry II le 2 mars 1556. Mais, appréhendant que la famille du défunt ne voulût poursuivre sa vengeance sur Claude de Bérulle, son fils, il lui fit quitter la carrière militaire et embrasser celle de la magistrature. Claude était cousin du second au troisième degré d'Amaury de Bérulle, chevalier, capitaine des gardes du duc d'Alençon, au milieu du 16e siècle. Il fut conseiller au parlement de Paris, et épousa, le 27 mars 1573, Louise Seguier, tante de Pierre Seguier, chancelier de France. Le célèbre cardinal Pierre de Bérulle naquit de ce mariage le 4 février 1575 au château de Serilly près de Troyes, et mourut le 2 octobre 1629, non sans soupçon de poison.

_____

(1) La seigneurie de *Guyencourt*, située près de Versailles, fut érigée en vicomté par lettres-patentes du mois de février 1657, en faveur de Charles de Bérulle, maître des requêtes, fils de Jean de Bérulle conseiller d'état et procureur général de la Reine Marie de Médicis, et neveu du cardinal de Bérulle.

Pierre fit paraître de bonne heure de hautes vertus apostoliques, relevées par des talents supérieurs à son âge, et même qu'on voit briller rarement dans la maturité. Il seconda puissamment le cardinal du Perron dans la conversion des hérétiques ; et ses manières douces et persuasives ne lui servirent pas moins que ses lumières. (1) Son désintéressement lui fit refuser plusieurs évêchés et il n'accepta sur la fin de sa vie que deux abbayes, dont les revenus furent jugés nécessaires pour soutenir les dépenses qu'occasionna la dignité de cardinal, à laquelle Urbain VIII l'éleva en 1627, à la prière du Roi et de la Reine mère. Il fonda l'établissement des carmélites en France, et la congrégation des prêtres de l'Oratoire. Ce fut lui qui parvint à force de patience et de ménagements à réconcilier Louis XIII avec la reine mère, malgré les intrigues de Richelieu, et le crédit de Luynes, qui entretenait la désunion dans la famille royale. Il négocia la paix de Mouçon avec l'Espagne, et déploya à la fois beaucoup de douceur et de fermeté dans la mission qui lui fut donnée près du Pape pour obtenir la dispense pour le mariage de Henriette de France avec le prince de Galles, à cause des difficultés qui naissaient de la différence de religion. Il suivit cette princesse en Angleterre en qualité de son confesseur, et dressa l'*avis* que la reine mère fit à sa fille au moment de son départ, écrit plein de gravité et de noblesse, et que Pierre de Bérulle a fait de mieux pour l'instruction des grands. Il fut créé ministre d'état sous la régence de Marie de Médicis, et réconcilia Gaston d'Orléans avec cette princesse, sa mère. Il protégea les gens de lettres, et Descartes trouva en lui un des premiers appréciateurs de sa philosophie. Sa vie fut écrite et publiée en 1646 par l'abbé Cesari de l'académie française ; et l'abbé le Camus lui fit ériger un mausolée en marbre blanc, qui a été transporté d'abord au musée des monuments français, et depuis par les soins de madame la

---

(1) Le cardinal du Perron disait : « s'agit-il de con-
» vaincre les hérétiques ? amenez-les moi ; si c'est pour
» les convertir, présentez-les à M. de Genève : mais
» si vous voulez les convaincre et les convertir tout
» ensemble, adressez-vous à M. de Bérulle. »

marquise de Bérulle dans l'église des carmelites de la
rue saint Jacques, où il était avant la révolution de 1789.

Cette famille a donné plusieurs officiers de marque,
entr'autres, un lieutenant-général des armées du Roi
de la promotion du 26 octobre 1704; cinq premiers
présidents au parlement de Grenoble, et plusieurs
conseillers d'état. Le dernier premier président de
ce parlement, dit le marquis de Bérulle, qui a péri en
1794, sur l'échafaud révolutionnaire, avait épousé
1ᵉ la fille de Monsieur Hue de Miroménil, garde
des sceaux de France, dont il eut un fils qui mourut jeune : 2°. mademoiselle le Vavasseur d'Hérouville, dont une fille, qui avait épousé le marquis de
Levis–Mirepoix, est morte sans enfants à l'âge de
22 ans, et a été inhumée avec permission particulière de
Roi en l'église de saint Sulpice, dans la chapelle au des-
sous de celle de la Vierge, où madame la marquise
de Bérulle, sa mère, lui a fait élever un beau mo-
nument.

Le marquis de Bérulle, une des victimes de la révolution, fils d'Amable-Pierre-Thomas, marquis de Bérulle, premier président du parlement de Grenoble,
et en cette qualité gouverneur né de la province, et
de Catherine-Marie Rolland, a laissé deux frères, dont
l'un, chevalier de Bérulle, chevalier de Malte, est aujourd'hui chef de la famille, par la mort de son frère
aîné, marquis de Bérulle, capitaine de vaisseaux et
chevalier des ordres de Saint Louis et de Malte. Il
n'est pas marié.

Le comte François de Bérulle a épousé mademoiselle
de Monteil dont il a deux filles, l'une mariée au marquis
de *Puibusque*, et l'autre non encore mariée. Ses quatre
sœurs ont épousé, la première le marquis de Champigny
(Bochard) lieutenant-général des armées du Roi, grand-
croix de l'ordre saint–Louis; la seconde le comte de
Latour du Pin Chambly, colonel d'un régiment d'infanterie, mort victime du tribunal révolutionnaire en
1794; la troisième, le marquis de Maubon, mort maréchal des camps et armées du Roi, dans sa terre de
Serempuy, près d'Auch; et la quatrième, le marquis
de Thuisy, sénéchal héréditaire de Reims, et maréchal
des camps et armées du Roi. Ces quatre sœurs avaient

été jusqu'à leurs mariages chanoinesses-comtesses du chapitre de Neuville, dont les preuves étaient de neuf degrés paternels.

Armes : de gueules, au chevron d'or, accompagné de trois molettes d'éperon du même. ·*Q*

DE BETHISY, marquis de Mezières, comtes de Bethisy en Picardie et à Paris. Cette maison d'ancienne chevalerie de Picardie, réunit tous les avantages qui caractérisent la haute noblesse, c'est-à-dire, une ancienneté remontée à près de huit siècles, des alliances avec les maisons les plus illustres du royaume, et une longue continuité de services militaires dans les premiers grades de l'armée. Elle est originaire du Valois, où, dès l'an 1060, elle possédait la châtellenie de Bethisy-Verberie, située sur la petite rivière d'Ottenette, à une lieue de Verberie, et deux lieues de Compiègne (1). Le premier seigneur de ce nom dont les anciennes chartes aient transmis la mémoire, est Richard, chevalier, châtelain de Bethisy, qui, du consentement d'Hugues, son fils, fonda le prieuré de Bethisy l'an 1060 (2). Hugues, chevalier, châtelain de Bethisy, fils de Richard et de Millescende, sa femme, fut père d'Adam, chevalier, châtelain de Bethisy, père de Hugues, d'Ebrard et de Pierre de Bethisy. Hugues de Bethisy, chancelier de France, est nommé avec cette qualité dans l'acte qu'il signa en

---

(1) Le bourg de Bethisy avait un ancien château bâti par le roi Robert, du vivant de Costance, sa seconde femme, au commencement du onzième siècle. Dans des chartes des années 1155 et 1161, le roi Louis VII fait mention du château de Bethisy, comme d'un lieu où il faisait quelquefois sa résidence. Philippe-Auguste, força Philippe, comte de Flandre, à lever le siège qu'il avait mis devant ce château, et le même monarque y résidait en 1185, 1189 et 1193. La châtellenie de Bethisy est encore célèbre par deux victoires, que les Français y remportèrent contre les Anglais. (*Expilly*, *Dictionnaire géographique des Gaules de la France, t. J p.* 621.)

(2) *Histoire des antiquités de Beauvais*, par Louvet, page 133.

1186, à Fontainebleau, pour la fondation de deux canonicats dans le prieuré de Bethisy. Ebrard de Bethisy,
est nommé dans une charte de l'an 1167 d'Odon d'Orléans, par laquelle ce dernier, étant sur le point de partir
pour la Terre-Sainte, vendit pour quarante livres de
bien, monnaie d'Orléans, aux religieux de Bonne-nouvelle de cette ville. Pierre de Bethisy, puîné de sa
maison, quitta le Valois vers l'an 1180, et vint s'établir en Picardie. Il y acquit une terre située près de
Camp-Vermont et de Mezières, à laquelle il donna le
nom de Bethisy-Arbonnières, qu'elle porte encore aujourd'hui. Il est qualifié seigneur de Roquencourt, et
prévôt d'Amiens, dans une donation qu'il fit, au mois
de septembre 1212, à l'abbaye de Saint-Jean-lès-Amiens,
du consentement de ses enfants. Jean de Bethisy, chevalier, son fils, fit donation à l'abbaye du Gard, au
mois de mars 1216, d'un fief mouvant de Péquigny, du
consentement de Marguerite, sa femme, et de Pierre,
Jean et Robert de Bethisy, ses enfants. Jean de Bethisy, chevalier, fut seigneur de Bethisy, de Roquencourt et de la Vicogne-lès-Naurs. Renaut de Bethisy,
chevalier, son oncle (époux d'Emmeline, et père de Jean
et de Simon de Bethisy, ce dernier chanoine d'Amiens),
avait fait donation, au mois d'octobre 1222, à l'abbaye
de Corbie, d'un moulin situé proche Compiègne, de
la valeur de dix muids de froment. Jean de Bethisy, par
des lettres du mois de mars 1224, consent, pour remplir l'obligation de son oncle, d'en passer par l'avis
d'Albert de Harbonnières et de Pierre Cloet; et, en cas
qu'ils ne s'accordent pas, de choisir M. Hugues, chevalier, seigneur de Fouilloy; et, en cas que sa terre de
Roquencourt ne suffise pas pour fournir ce froment,
d'en prendre sur sa terre de la Vicogne-lès-Naurs; s'obligeant d'y faire consentir sa femme, ses enfants et sa
mère : cet acte scellé du sceau de ses armes. Après lui
on trouve que Philippe de Bethisy, possédait un fief à
Aiencourt, mouvant de l'abbaye de Fécamp, en Normandie. Le Roi lui fit don de deux fiefs en la châtellenie
de Tancarville l'an 1245, suivant un registre de la
chambre des comptes. Un autre Philippe de Bethisy
(probablement fils du précédent) fut maître-enquêteur
des eaux et forêts de France, depuis l'an 1320 jusqu'en
1323 (charge qui fut depuis celle de grand-maître des

eaux et forêts de France). Il fut chargé de faire la prisée
et estimation de la terre d'Ermenonville, lorsque Guillaume le Bouteiller la transporta au Roi. On trouve
encore dans les anciennes remarques de la noblesse de
Beauvaisis, pages 134 et 271, que le seigneur de Candeville maria sa fille, l'an 1339, à Antoine de Bethisy.

La filiation de la maison de Bethisy, établie sur les
preuves qu'elle a faites lors de la recherche, où elle a été
maintenue le 6 novembre 1710, et notamment sur les
preuves faites au cabinet des ordres du Roi pour l'obtention des honneurs de la cour, remonte à Jean, Ier.
du nom, chevalier, seigneur DE BETHISY, qui servit en
cette qualité dans les guerres de son temps, sous la
charge de Raoul, comte d'Eu et de Guines, et se
trouva à Harfleur et à Caen, comme il appert d'un rôle
de la chambre des comptes de Paris, commencé le 10,
et fini le 26 juillet 1346.

Sa descendance est rapportée dans le tome Ier de l'Histoire généalogique et héraldique des Pairs de France,
des grands dignitaires de la couronne et des principales
maisons et familles nobles du royaume, où sont rappelés les services distingués de cette maison, qui a
donné dans la haute prélature, un évêque d'Uzès, sacré
le 16 janvier 1780, mort à Londres, en 1817; et, dans
la carrière des armes, plusieurs vaillants chevaliers dans
les quatorzième et quinzième siècles, et depuis, trois
gentilshommes de la maison et de la chambre de nos
Rois; un chevalier de l'ordre du Roi, des capitaines des
ordonnances, des gouverneurs de provinces et de places,
des colonels et mestres-de-camp d'infanterie et de cavalerie, cinq lieutenants généraux, et un maréchal-des-
camps et armées du Roi. Elle s'est alliée aux maisons
d'Acary, d'Aussy, de Beaufort, de Beynas, de Biencourt, de Blottefière, de Brouily, de Candeville, de
Cardevaque, de Conty-d'Argicourt, de Danglos, d'En-
cre-de-Rouverel, de Formessent, de Grouches, de
Hamegicourt, de la Houssaye, de Lesquevin, de Levis-
Charlus, de Ligne-Moy, de Longueval, de Louvencourt, le Maire, de Meynier de la Salle; de Milly, de
Montenay, d'Ogletorp, de Perdrier, de Rohan-Mon-
tauban, de Souchon des Préaux, Tarteron de Montiers,
du Tillet, le Veunier, de Warluzel, etc., etc. Cette
maison a pour chef actuel :

XI. Eugène-Eustache, comte *de Bethisy*, né à Montiers le 5 janvier 1739, lieutenant général des armées du roi à prendre rang du 1.er janvier 1801, grand'croix de l'ordre royal et militaire de Saint-Louis, nommé gouverneur de la douzième division militaire, en 1816, et premier grand-croix de l'ordre du Phénix de Hohenlohe, en 1817. Il a épousé le 24 mai 1767, Adélaïde-Charlotte-Marie-Octavie *du Deffand*, fille unique et héritière d'Eustache, marquis du Deffand, seigneur de Saint-Phal, de la Selle etc., et de Marie du Puy d'Igny. De ce mariage sont issus :

1º. Charles dont l'article suit :

2º. Anne Julie de Bethisy, mariée le 6 octobre 1795, avec Michel Adam, comte de Grabowski, né à Varsovie, entré au service de France en 1775, colonel de cavalerie, chevalier de Saint-Louis et de l'ordre de Cincinnatus. De ce mariage sont issus :

> a. Adam-Charles, comte de Grabowski, né à Paris, le 1.er juin 1797, entré aux mousquetaires noirs, le 22 juillet 1814. Il a suivi le roi à Gand.

> b. Octavien-Edouard, comte de Grabowski, né à Paris le 3 août 1800, entré au service dans la légion de Hohenlohe, en 1816, sous-lieutenant dans la légion de Seine-et-Oise, du 4 juin 1817.

3º. Deux demoiselles, mortes en bas âge.

XII. Charles, comte *de Bethisy*, né en 1770, maréchal des camps et armées du Roi, à prendre rang de 1809, nommé en 1817, brigadier d'une brigade composée des troisième et sixième régiments de la garde du Roi, et le 1.er mai 1821 commandeur de l'ordre royal et militaire de Saint-Louis, a épousé 1º. en 1790, Gabrielle-Eléonore-Brigitte *de Cardevaque d'Havrincourt*, sa cousine, morte en 1793, et le fils qu'il avait eu d'elle, en 1799 ; 2º. le 10 juin 1806, Adèle-Mathilde-Emmanuelle de *Guernonval d'Esquelbecq*, fille de Henri-Louis de Guernonval, marquis d'Esquelbecq, vicomte de Ledringhem, etc., et de Catherine-Marie de Briou ; de ce mariage sont issus :

1°. Richard-Henri-Charles de Bethisy, né le 19 août 1809;

2°. Alfred-Charles-Gaston de Bethisy, né le 10 mars 1815.

Armes : d'azur, fretté d'or. Supports : deux lions, ayant chacun un casque sur la tête, sommé d'un pélican qui se perce le sein pour nourrir ses enfants. Couronne de marquis. Devise : *Et virtus et sanguis.*

BILLATTE DE FAUGÈRE. François Billatte, jurat de Bordeaux, aïeul de François-Hyacinthe Billatte de Faugère, demeurant à Bordeaux, fut annobli par lettres-patentes en forme de charte, du mois de juillet 1722. Ses descendants ont été maintenus par arrêt du conseil du 31 août 1773.

Armes : D'azur, au château d'argent.

DE BLANDANS ; maison de race de l'ancienne chevalerie du comté de Bourgogne, qui tirait son nom des fief, village, château et tour de Blandans, au bailliage de Poligny. Elle s'est éteinte dès le commencement du seizième siècle. On trouve nombre de chevaliers, écuyers et damoiseaux de ce nom, depuis l'an 1300 jusqu'en 1480, dans les rôles des compagnies nobles d'hommes d'armes, déposés à Dijon, et des titres des mêmes siècles, épars en l'officialité et autres dépôts et archives, ainsi que des actes de réception aux mêmes époques, dans plusieurs chapitres nobles, tels que Baume et autres. Golut, Dunod, dom Plancher, etc., citent plusieurs de ces anciens gentilshommes, rapportés avec la qualification de chevaliers, figurant avec l'ancienne noblesse du pays. Cette maison a toujours contracté des alliances distinguées.

Armes : D'azur au chevron d'or, accompagné de trois annelets de même.

DE BLANQUET DE ROUVILLE ET DU CHAYLA. Cette famille, connue dans le Gévaudan dès-avant l'an 1400, a, comme beaucoup d'autres maisons du Languedoc, perdu la plupart de ses titres par le fait des guerres de religion, qui désolèrent si long-temps cette province ; et ceux qui avaient échappé aux désastres causés par ces tems désastreux furent égarés ou brûlés

pendant la peste, qui, en 1720, désola le Gévaudan.
Tous ces faits sont énoncés dans des ordonnances ren-
dues en faveur de cette famille, l'une par M. de Bernage,
et l'autre par M. le comte de Saint-Priest, intendants en
Languedoc, les 1er. décembre 1715 et 28 octobre 1757.
Cette maison subsiste en deux branches.

PREMIÈRE BRANCHE.

Charles *de Blanquet*, chevalier, baron *de Rouville*,
vicomte de Trébons, conseiller au parlement de Toulouse; condamné à mort par le tribunal révolutionnaire,
le 7 juillet 1794, à l'âge de trente sept ans, a laissé six
enfants de son épouse, Mlle. de Vieux, fille du baron de
Vieux et de N.... de Furnel.

Antoine-René *Blanquet de Rouville*, baron d'Altès,
frère du précédent, ancien officier au régiment de l'Isle
de France, épousa dame Jeanne-Félicité *de Blanquet du
Chayla*, sa cousine, de laquelle il a laissé :

1°. Charles Blanquet de Rouville, né le 29 août
1792, bachelier ;
2°. René Blanquet de Rouville ;
3°. Dominique Blanquet de Rouville ;
4°. Flavien Blanquet de Rouville ;
5°. Eulalie, mariée à M. André, ancien membre
de la chambre des députés ;
6°. Julie de Rouville ;
7°. Joséphine de Rouville.

SECONDE BRANCHE.

Armand-Simon-Marie *de Blanquet*, comte *du Chayla*,
né le 9 mai 1759, vice-amiral, chevalier de l'ordre
royal et militaire de Saint-Louis, officier de l'ordre
royal de la Légion-d'Honneur, connu par son dévoûment à l'auguste maison de Bourbon, a épousé, en
octobre 1790, Louise-Joséphine *Brochard du Fresne*.
De ce mariage sont issus :

1°. Armand de Blanquet du Chayla, mousquetaire
de la garde du Roi, en 1814, officier du génie,
né le 26 février 1794;

2º. Joseph-Jacques-Marie de Blanquet du Chayla, officier des carabiniers de MONSIEUR, né le 26 janvier 1798;

3º. Achille-Dominique-Marie, né le 8 avril 1801;

4º. Etienne-Henri, né le 26 mars 1809;

5º. Joséphine, mariée à Charles-Dominique-Marie Blanquet du Chayla;

6º. Claire-Marie, née en 1796:

7º. Marie-Louise, née en juillet 1802;

8º. Mélanie, née le 18 septembre 1803;

9º. Félicité, née le 18 décembre 1807.

Armes : D'argent, à la bande de gueules, chargée de trois roses du champ, et accompagnée de deux croissants du second émail, celui en chef, versé.

C'est ainsi qu'on les voit dans la *Vraie et parfaite Science des Armoiries*, par Palliot, édition de 1660, page 75.

Nota. La généalogie de cette maison se trouve imprimée au tome XI, page 472 *du Nobiliaire.*

DE BLÉGIERS, marquis de Taulignan en Dauphiné; famille ancienne, originaire de la ville de Vaison, où elle est connue depuis Pierre de Blégiers, qui rendit hommage à Raimond de Beaumont, évêque de Vaison, l'an 1296. On trouve plusieurs autres sujets de cette famille en 1395, 1403 et 1450; mais la filiation n'est littéralement prouvée que depuis Antoine de Blégiers, vice-recteur du Comtat Venaissin en 1511. Cette famille a hérité des biens de l'illustre et ancienne maison de Taulignan, par le mariage contracté en 1666 par Joseph-François de Blégiers, seigneur d'Antelon, avec Françoise de Taulignan, dame des Marches et de Saint-Alexandre, baronne de Barrès et de Puyméras. Les autres alliances de cette famille sont avec celles d'Amieu de Féautrier, d'Aurel, de Baroncini, de Bunis, de Doria, de Fortia de Tolon, de Gabriellis, de Galeri, de Grignan, de Gualtere, des Isnards, de Jarente, de Ravanel, des Seguins, de la Salle et de Villeneuve.

Armes : d'azur, au bélier d'argent, acorné et onglé d'or, accompagné en chef d'une étoile du même.

DE BLICTERSWICH; maison illustre, d'origine

d'ancienne chevalerie, qui tirait son nom du château fort et seigneurie de Blicterswich, dans le duché de Gueldres, sur la Meuse, près Venloo, tenu au quatorzième siécle par Wilhelme, baron de Blicterswich, père de Wilhelme II, baron de Blicterswich, chevalier, sénateur, en 1421, du souverain sénat de Bruxelles, et chef héréditaire d'une des sept pairies tenues par les plus anciennes et illustres maisons nobles du pays. Il eut un fils nommé Arnoux, qui, le premier, s'établit au comté de Bourgogne, dans le courant du quinzième siècle. On le voit, dès cette époque, admis chevalier dans le corps illustre de noblesse de Saint-Georges. Il mourut en 1485. Depuis lors, on trouve consécutivement quinze chevaliers de son nom reçus dans cet ordre.

Par la filiation suivie de cette branche, on remarque qu'elle posséda, au comté de Bourgogne, nombre de terres titrées, telles que les baronnies de Montiley, Mélisey, du Pin de la Roche, de Sermery et autres terres considérables. Elle s'y est alliée constamment aux premières maisons du pays; a donné un évêque d'Autun, un archevêque de Besançon, qui y fonda et fit construire, à ses frais, la belle église et hospice du Réfuge, des abbés de Cherlieux, de Fontenay, etc. Dans les sujets de son nom qui ont porté les armes, on rencontre des chevaliers et des hommes d'armes, des commandants d'une partie de la province; des colonels et des capitaines de deux cents et de cent hommes de cavalerie, d'arquebusiers et de cuirassiers. Les dernières alliances furent avec les maisons de Scey, de Saint-Mauris-Châtenois et de Vaudrey, dans laquelle elle s'éteignit à la fin du dix-septième siècle.

Armes : d'or, à l'émanche de trois pointes de gueules mouvantes du chef. *Supports :* deux griffons. *Cimier :* un griffon issant, tenant au bec une banderolle, portant pour devise : *Honneur y gîst.*

DE BLONDEL, seigneurs de Mancicourt, vicomtes de Vadancourt, seigneurs et barons de Cuinchy, de Beauregard, de Drouhot, de Pamèle, barons et marquis de Joigny, de Bellebrune, seigneur de Bellué, en Vermandois, en Picardie, en Artois, aux Pays-Bas et en Guienne.

La maison de Blondel est recommandable par la pureté de son origine, les nombreuses possessions seigneuriales et titrées qui ont fait l'apanage de ses diverses branches, les alliances immédiates qu'elle a toujours contractées avec les maisons les plus illustres de France et des Pays-Bas, et surtout par les services éminents qu'elle a rendus à nos Rois, depuis plusieurs siècles, dans nos armées, dans le commandement de nos places de guerre et dans la haute magistrature. Elle est issue, au sentiment de l'Historien de Cambray, d'un puîné de la maison *de Gonnelieu*, l'une des plus considérables de l'ancienne chevalerie du Cambrésis, où elle florissait, vers le milieu du onzième siècle, dans la personne de Hugues de Gonnelieu, chevalier, bienfaiteur, en 1060, de l'abbaye de Honnecourt, près de Cambray. Le titre du tournoi d'Anchin, de l'an 1096, fait mention de Wautier *de Gonnelieu*, de Willaume *de Vailly*, son frère, et de Willaume, dit *de Blondel*, son neveu (1). Les mêmes comparaissent dans une charte de l'an 1102, en faveur de l'abbaye de St.-Aubert; et Guillaume de Blondel est encore nommé, parmi les barons et chevaliers du Cambrésis, dans une charte de Hugues, châtelain de Cambray et seigneur d'Oisy, en faveur de l'abbaye du mont St.-Eloy, du mois de juillet 1129 (2). Depuis on trouve plusieurs sujets de la même maison depuis l'an 1170 jusqu'en 1215; mais la filiation n'est établie que depuis Bauduin de Blondel, Ier. du nom, chevalier, qui accompagna le roi St.-Louis dans sa dernière croisade en 1270, et fut tué à la fameuse bataille de Wœringen en 1288. Il avait épousé Béatrix de Rosoy (3), fille de Roger, sire de Rosoy en Thiérache, et arrière petite-fille de Clerambault, sire de Rosoy, et d'Elisabeth de Namur; cette dernière, fille de Godefroy, comte de Namur, époux, vers l'an 1088, de Sybille de Château-Porcien. Les enfants de Bauduin Ier. et de Béatrix de Rosoy furent, entr'autres:

(1) État de la Noblesse de Cambray et du Cambrésis, par Jean le Carpentier, t. II, p. 245, 626, 627; preuv. p. 15.
(2) Ibid. Preuves, p. 17.
(3) Sœur de Clémence de Rosoy, mariée, vers 1250, à Henri IV, comte de Salmes, fils du comte Henri III et de Sybille de Bar.

1º. Jean de Blondel, chevalier, seigneur de Sailly.
2º. Bauduin, *aliàs*, Ghislain de Blondel.

De Jean de Blondel, chevalier, et d'Agnès de Furnes, sa première femme, sont sorties quatre branches principales :

1º. Les seigneurs de Sailly, vicomtes de Vadancourt en Vermandois, qui ont donné un vaillant capitaine, au commencement du quinzième siècle, dont le fils aîné, du second lit, fut gouverneur de St.-Valery et de Malmaison, pour le duc de Bourgogne, grand prevôt de Cambray en 1453, gouverneur des terres de Crèvecœur, d'Arleux et de Rumilly en 1463. Sa postérité s'est éteinte dans la personne d'Antoine de Blondel Iᵉʳ. du nom, vicomte de Vadancourt, seigneur de Bayenpont, reçu conseiller au parlement de Paris, le 17 août 1588, puis conseiller d'état, et du conseil privé du Roi. Cette branche s'était alliée aux maisons d'Astiches, de Belleval, d'Espinoy, de La Fosse, de Fromezelle, de Givency, de Harlebecque, de Hellin, de Lambres, de Maignac, de Marville, de Noyelle, du Peschin, le Prud'homme, de Ricamez, de Rouvroy St.-Simon, de Vignon, etc. ;

2º. Les seigneurs et barons de Cuinchy, sortis au sixième degré de la branche précédente, et éteints l'an 1684, après avoir donné des gouverneurs, des grands prevôts et grands baillis de Cambray, Tournay, Mortagne, Saint-Amand, Lille, Wavrin et Philippeville, plusieurs colonels et officiers de marque au service de France, et un lieutenant-général des armées de Sa Majesté Louis XIV, et s'être alliés aux maisons de Beaufort de Mercatel, de Bercus, le Blanc de Cauroy, Blondel-Oudenhove, de Bonnières de Guines, de Bosq de Maesdam, del Campo de Canteleu, de Chaumejan-Fourilles, Diedemen de la Riandrie, Van-Drusse, de Hennin de Ghislenghien, l'Hospitalier, d'Ideghem, Imbert de la Basecque, de Launoy d'Ablaing, de Logenhagen, du Mesnage, de la Motte du Tronquoy, Oudart de Cuinchy, de la Porte, de Proisy, de Rosel de Hordaing, de St.-Venant, de Stanley, de Tenremonde, de Verreycken, de la Viefville-Steenworde, de Villaseca, etc. ;

3°. Les barons de Blondel de Beauregard, formés au 8ᵉ. degré par Louis de Blondel, chevalier, seigneur de Beauregard des Haut-Bois, Baillelet, Havrincourt, Hainville, Boislesguier, qui fut gouverneur de Bapaume, et commissaire ordinaire des montres des gens de guerre, en 1572, pour le service de S. M. Catholique en Flandre, Artois, Hainaut, Cambresis et Tournaisis. Cette branche a donné plusieurs officiers supérieurs au service de France, et s'est alliée aux maisons de Bertoul d'Herbeval, du Breuil-Helion, de Cambry du Châtelet, de Cardevaque-Beauvoir, du Carieul, de Grebert de Douchy, de Martigny, le Merchier du Payage, de Mortagne-Landas, de la Motte-Baraffle, de Partz, des Préz de Rochaincourt, de Reissenbach, de Snouck de Hultsberg, Wachat, etc.

XIV. Octave-Joseph, baron DE BLONDEL DE BEAUREGARD *, chef des nom et, armes de cette maison, né à Douai le 26 juin 1771, a épousé à Tournay, le 28 février 1810, Marie-Thérèse-Julie *de la Motte-Baraffle*; de ce mariage sont issus:

1°. Edmond-Albert-Joseph, né à Bruxelles le 18 juillet 1815;
2°. Jules-Octave-Auguste-Ghislain, né à Bruxelles, le 11 septembre 1817;
3°. Octavie-Marie-Reine, née à Tournay le 7 septembre 1811.

M. le baron de Blondel de Beauregard, chef de la

XIV. (*) Eustache-Joseph-Marie, baron *de Blondel*, frère d'Octave Joseph, est né, au château de Vianne, le 11 juin 1775. Il a été nommé membre de l'ordre équestre de la Flandre orientale, par décret de S. M. le roi des Pays-Bas, constatant son extraction d'une famille chevaleresque, et titrée du titre de baron du 22 juin 1819, adressé au conseil suprême de la noblesse siégeant à La Haye. Il a épousé à Tournay, le 25 avril 1810, Charlotte-Justine *de la Motte Baraffle*, sœur de l'épouse de son frère, de laquelle il a eu;

1°. Lamoral-Alfred-Louis, né à Tournay en 1811;
2°. Léonie-Alexandrine-Clotilde, née à Bruxelles au mois d'avril 1819.

famille, quoique domicilié à Bruxelles, n'est point naturalisé Belge, et conserve tous ses droits acquis par son
origine et sa naissance françaises;

4°. Les barons de Drouhot, formés par Jean de Blondel, VI⁵. du nom, écuyer, seigneur du Barlet et de Hainville, mort en 1643, second fils de Jean V, chevalier,
seigneur de Beauregard et de Marie de Cambry. Cette
branche a donné un lieutenant-général et plusieurs capitaines et officiers supérieurs au service d'Espagne, et
deux colonels au service des rois Louis XIV et Louis XV,
et s'est alliée aux maisons du Buz, de Carondelet de Tu-
mery, de Caulaincourt, de Corre des Gouttes, Drouhot
de Féchain, Rodrigue, Le Vasseur de Valhuon, de Wyts
de la Boucharderie, etc., etc. Elle subsistait, l'an 1772,
en trois mâles et trois demoiselles.

Les armes de ces quatre branches de la maison de
Blondel sont:

De sable, à la bande d'or, l'écu timbré d'un casque
taré au tiers, orné de ses lambrequins d'or et de sable,
et sommé d'une couronne de marquis. Supports: deux
griffons d'or armés et langués de gueules. Cimier: une
aigle essorante de profil de sable. *Cri de guerre* GONNE-
LIEU.

Bauduin, *alias*, Ghislain de Blondel, second fils
de Bauduin Iᵉʳ., est auteur d'une nombreuse postérité,
substituée aux nom et armes d'une branche de la maison
de *Joigny*. Cette branche de la maison de Blondel s'est
subdivisée en trois rameaux:

1°. Les seigneurs de Longvilliers, de Mercy et de Canteleu, titrés barons et marquis de Bellebrune en Boulonnais, qui ont donné un écuyer tranchant du roi
Louis XI, sénéchal et gouverneur de Ponthieu, ainsi
que son fils, qui fut gentilhomme ordinaire de la chambre
de Charles IX et chevalier de son ordre en 1570. Antoine,
l'un des petits-fils de ce dernier, fut lieutenant-général
des armées du Roi, de la promotion du 10 juillet 1652 (1);
deux frères d'Antoine furent reçus chevaliers de Malte
de minorité en 1611 et en 1618, et un troisième fut

(1) Voyez le Dictionnaire historique et biographique
des Généraux Français, depuis le onzième siècle jusqu'en 1820, t. II, p. 359.

capitaine au régiment des gardes françaises, gentilhomme ordinaire de la chambre du roi Louis XIII, puis maréchal de camp le 26 novembre 1652. Cette branche s'est alliée aux maisons d'Ailly d'Annery, de Boulainvilliers de Bournonville, de Béthune-Locres, de Caruel-Boranc, de Courteheuse d'Antigny, de Créquy, Crespieul d'Ambricourt, des Essarts de Meigneux, d'Estampes-Valançay, de Fay, de Forcet, de Hallwyn Trochiennes, de Harville des Ursins, de Marle, de Mouchy, de Morainvilliers, de la Motte de Bellebrune, de Roussel d'Irville, de Vion de Tessancourt, etc., etc. Ce rameau écartelait *aux 1 et 4 de gueules, à l'aigle d'argent* qui est de JOIGNY; *aux 2 et 3 d'argent, à trois aiglettes de gueules, becquées et membrées d'azur,* qui est de MARLE;

2°. Les seigneurs de Bellué en Bordelais, formés par Charles de Blondel de Joigny de Bellebrune, frère d'Antoine, lieutenant-général des armées du Roi. Charles fut seigneur de Boisguillaume, capitaine de cent hommes d'armes, maître-d'hôtel du roi Louis XIII, et commandant dans les ville et château de Blaye. Ses descendants ont tous porté les armes dans divers grades, et se sont alliés aux familles de Ferrand, de Cosson de l'Isle et Dauléde de Pardaillan. Dans les preuves qu'ils firent, en 1734, pour les pages de la petite écurie du Roi, on voit qu'ils portaient les armes de Joigny sans écarteler de Marle;

3°. Le rameau des barons de Pamèle et de Beer, en Flandre, séparé des seigneurs de Méry et de Longvilliers, vers la fin du quatorzième siècle; ce rameau, décoré de la chevalerie héréditaire, par diplômes des 20 septembre 1581 et 9 décembre 1588, a donné plusieurs conseillers et un chef président du conseil privé de l'empereur, et s'est allié aux maisons d'Alaert, de Breydel, de Cambronne d'Argoules, de Carnin, de Carondelet, de Cauwenburgh de Cayeu, de la Chapelle, de la Corona, de Courteville-Linden, d'Evoray-Vega, de Griboval, de Grimaldi, de Grulère, de Hallwyn, Van den Heede, de Herselles, de Lichterwelde, de Lieres, de Maldeghem, de Mamez, de Montmorency - Croisilles, du Quesnoy d'Oudenarde et de Pamèle, de Renty, de St.-Aldegonde, de Steenhuys, de Touteville, de la Vieuville, de Vlaminckpoorte, de Wastines, de Winoc-St.-Quentin, de Winckelman, etc., etc. Théodore, comte de Joigny de Pamèle, époux de dame Rose d'Ennetières, chef actuel de cette branche, est le seul qui ait postérité. Les armes de cette branche sont : *écartelé aux 1 et 4 de gueules, à l'aigle d'argent ; aux 2 et 3 fascés de gueules et d'or.*

Voyez pour la généalogie détaillée de cette maison le tome Ier. *de l'Histoire généalogique et héraldique des Pairs de France, des grands dignitaires de la couronne, et des principales maisons et familles nobles du royaume.*

DE LA BOISSIÈRE ou LA BOËSSIERE ; seigneurs de Parrigné en la baronnie de Fougères, au duché de Bretagne ; ancienne maison de chevalerie, éteinte vers le milieu du quinzième siècle, laquelle avait pour auteur Jean de la Motte, seigneur de Parrigné, en 1340 et 1343, époux de Jeanne, et père de Guillaume Ier., seigneur de Parrigné, qui prit le surnom *de la Boissière*, que ses descendants conservèrent depuis Guillaume II de la Boissière, seigneur de Parrigné, son fils, vivant en 1372. Il servit sous Bertrand du Guesclin, contre les Anglais, et fut créé capitaine de cent hommes d'armes et de vingt-cinq arbalétriers, et nommé capitaine de la ville et du château de Châtillon, et de la forteresse de Gourson, par lettres du 10 octobre 1377, données par Louis de France, duc d'Anjou. Guillaume III de la Boissière, son fils, chevalier, seigneur de Parrigné, en 1393 et 1394, fut père de Guillaume de la Boissière, seigneur de Parrigné, marié le 2 décembre 1410, avec Nicole de Saint-Remy, sœur de Raoul de Saint-Remy, chevalier, seigneur de Saint-Remy en Beauce, chambellan de *Monsieur*, duc d'Orléans, et fille de Jean, seigneur de Saint-Remy, et de damoiselle Robine du Gal. Il n'en eut qu'une fille, nommée Périne de la Boëssière, dame de Parrigné, qui fut la première femme de Michel de Parthenay, seigneur du Bois-Briand, et mourut le 29 mai 1461.

Armes : D'argent, à la croix de sable.

DE LA BOISSIERE-CHAMBORS, en Normandie ; famille illustrée par d'éminents services rendus soit auprès de la personne de nos Rois, soit dans le commandement de leurs armées, et qui a donné des écuyers

et des maîtres-d'hôtel de Sa Majesté, un maréchal-de-
camp, un lieutenant-général et nombre d'officiers
de tous grades, la plupart morts au champ d'honneur.
Elle est originaire de la ville de Gisors (1). Jean de la
Boissière, élu de cette ville, acquit le fief de Chambors
de la famille le Sueur. Il fut depuis trésorier de la prévôté du Roi et grande prévôté de France, et conseiller
au parlement de Paris, le 26 septembre 1606 (2). Il fut
inhumé au charnier des Innocents, où se voyait son
épitaphe, ainsi conçue :

« Cy-gist Mr. Me. Jean de la Boissière, conseiller du
» Roi en sa cour de parlement de Paris, et commissaire
» aux requêtes, âgé de trente ans, et décédé à Paris, le
» 18 septembre 1611.. Priez Dieu pour son âme. » Il
avait épousé dame Geneviève *Parfait*, qui depuis a été
remariée à M. Buisson, aussi conseiller au parlement.
Leurs armoiries, gravées sur leur tombe, étaient, pour
lui : *d'argent, à la rose de gueules, tigée de sinople; au
chef, d'azur chargé de trois soleils d'or.* Pour elle, *d'argent, à deux bandes d'azur, au centre desquelles sont trois
flammes de gueules; au chef d'azur, chargé d'une fleur
de lys d'or.*

Elle était fille de Guillaume Parfait, contrôleur général de la maison du Roi (frère de Claude, bourgeois
de Paris), et de Louise Perrain.

Il fut l'aïeul de Guillaume de la Boissière, comte de
Chambors, maréchal-de-camp, tué à la bataille de
Sens, en 1645. Son petit-fils, Joseph-Jean-Baptiste de
la Boissière, comte de Chambors, par lettres-patentes
du Roi, du 21 août 1755, écuyer de Sa Majesté, est
mort en 1767.

Cette famille a contracté de belles alliances.

Armes : De sable, au sautoir d'or.

---

(1) Voyez les Mémoires pour servir à l'Histoire de
France, de 1515 à 1611, in-12, 1719, tome II, p. 383;
les Mémoires de Henri IV, et les Mémoires de l'Etoile,
tome II.

(2) Catalogue de tous les conseillers au parlement,
par Blanchard, page 114, colonne 2.

DE BOMBELLES. La maison de Bombelles, répandue successivement en Italie et en France aux douzième
et treizième siècles, est, suivant une antique tradition,
originaire du Portugal, où se voient encore près de
Sétuval, les ruines d'un ancien château de son nom,
qui fut, dit-on, la demeure de ses premiers auteurs. Parmi
les consuls qui gouvernèrent Gênes depuis 888 jusqu'en
1190, on voit dans les années 1125 et 1139, un Guillaume de Bombelles occuper cet honorable emploi. Les
descendants de ce Guillaume se trouvent, en 1348, établis
à Valence, sur le Pô. Les annales du tems nomment
Lancia Bombelli, traitant de la reddition de cette ville,
avec le marquis de Montferrat ; et, dans l'acte qui l'a
fait passer sous la domination de ce marquis, sont
nommés six autres Bombelles parmi les notables admis
à signer cette capitulation. On ne saurait douter que
ces Bombelles, en raison de l'identité de nom, et
le voisinage de Valence, ne soient les mêmes qui, peu
de tems après, paraissent à Asti et à Cève, en Piémont,
tandis qu'une autre branche de leur maison était pos-
sessionnée dans l'Anjou, le Maine, le Vendômois et
l'Orléanais, ce qui est constaté, tant par des monu-
mens historiques que dans les titres dont une partie a
servi aux preuves faites lors de l'admission des membres
de cette famille dans d'anciennes compagnies de gentilshommes, aux pages, à Saint-Cyr, à l'École Militaire,
à Malte, à la cour et dans l'ordre de Saint-Lazare (1).

Siméon de Bombelles, passé l'an 1270 en Afrique,
avec Saint-Louis, en revint à la suite du Roi Philippe III, qui lui fit don de la baronnie de la Motte-
St.-Lié, située dans la forêt d'Orléans. Son fils, Simon
de Bombelles, baron de la Motte-St.-Lié, épousa, en
en 1280, Jeanne de Gourcy, et fut père de Jean de
Bombelles, et ce dernier de Jacques, qui épousa Marie
de la Fayette. Michel de Bombelles, issu de ce mariage,

(1) Lorsqu'en 1775, le marquis de Bombelles, père
du comte Louis de Bombelles, fut reçu chevalier de
l'ordre de Saint-Lazare et de Notre-Dame de Mont-
Carmel, le règlement qui obligeait le récipiendaire à
prouver huit pères nobles (sans traces d'anoblissement),
était en pleine vigueur depuis plusieurs années.

fut le dernier possesseur en ligne directe, de la baronnie de la Motte-Saint-Lié, qui passa dans une autre branche (1).

La communité d'origine des branches d'Italie et de France est justifiée par un grand nombre de pièces originales et de faits démonstratifs. En 1491, Octavien de Bombelles obtint la concession d'une maison sise à Orléans, *en considération des recommandables services rendus ci-devant à la maison d'Orléans, par ses pères et frères.* Ce même Octavien se qualifiait de connétable d'Asti. Un siècle avant, Pierre de Bombelles, dans deux traités en Italie, y est désigné comme natif du Maine et comme conseiller du Roi de France. Le plus ancien de ces traités est de l'année 1394. Pierre de Bombelles y intervint comme témoin. Cet acte fut conclu dans la ville d'Asti, entre Enguerrand de Coucy, pour le duc d'Orléans, et le marquis de Montferrat, en présence de *Magnifici Petri Bombelli, Regis Franciæ consiliarii* (2). Il y a apparence qu'alors ce Pierre de Bombelles était encore résidant et établi à Asti, y ayant, *ad honores*, le titre de conseiller du Roi de France, que ses parents en France lui avaient fait obtenir; comme cent ans après Octavien de Bombelles, possessionné à Orléans, dans les environs de la baronnie de la Motte-Saint-Lié, ancien domaine de sa famille, prenait le titre de connétable d'Asti. Le second traité, dans lequel reparaît Pierre de Bombelles, en 1418, concernait Louis, roi titulaire de Sicile, fils et pupille de la reine Yolande d'Aragon, au service de laquelle était alors Pierre de Bombelles, ainsi qu'il est prouvé par les actes qu'il passa à Angers, résidence habituelle de cette princesse. Pierre de Bombelles fut un des hommes de confiance qui assistèrent à la rédaction et à la signature de ce second traité, qui fut conclu entre le susdit Roi de Sicile et amé duc de Savoie. *Præsentibus ibidem nobili viro Carolo de Medulione Domino de Ripparis in delphinatu, Petro de Bombellis cenomaniæ, Ferolcio Thomassin de*

---

(1) Suivant la généalogie faite en 1754, par le juge d'armes de France.

(2) Voyez l'Histoire de Montferrat, par Benevenuto de Santo-Georgio.

Forcalquiero , venerabilibus viris Dominis Anthonio canoni licentiato in legibus , Petro Magnini magistro computorum dicti Domini judicis , Petro Curti-Petro cayronis de Chamberiaco , Johanne Palestorti de eodem loco et Matheo Busquete de Nicia , testibus ad hæc vocatis et rogatis (1).

Les descendants d'Octavien de Bombelles ont presque tous suivi avec distinction la carrière des armes ; plusieurs ont inscrit leurs noms dans nos fastes militaires , tant dans leurs services éminents dans la marine royale , que dans le commandement des troupes de terre de nos Rois. Parmi ceux de cette maison qui ont laissé des souvenirs honorables dans la marine, on cite Charles de Bombelles , inspecteur-général des troupes des galères , lequel avait organisé ce service , fort en vogue sous les règnes de Louis XIII et Louis XIV. Il fut l'aïeul de Charles-Etienne , baron de Bombelles, mort au moment où il allait être promu au grade de chef-d'escadre, que sa valeur et ses talens distingués lui avaient mérité.

Cette maison a donné des gouverneurs de places et deux gouverneurs du château royal et de la contrée de Chambors ; un commandant du régiment de Bussy-Rabutin, puis premier écuyer de la princesse de Lorraine, et plusieurs officiers supérieurs et généraux, entr'autres deux lieutenants-généraux, l'un de la promotion du 2 mai 1744, l'autre de celle du 21 février 1816, et deux maréchaux-de-camp et armées du Roi. Henri-François , comte de Bombelles , le premier des lieutenants-généraux , mort le 29 juillet 1760 , à quatre-vingts ans , commandant pour le Roi à Bitche , a illustré son nom par un grand nombre d'actions de valeur, et par des ouvrages sur l'art militaire, qui ont obtenu le suffrage unanime des militaires les plus expérimentés. Il épousa, 1°. demoiselle de Surirey de Saint-Remi ; 2°. en 1740 , demoiselle Geneviève-Charlotte de Badains. Ses enfans furent , entr'autres,

Du premier lit :

1°. Joseph-Henri , comte de Bombelles , maréchal

(1) Voyez le corps diplomatique de Dumont, tome II, page 124 de la deuxième partie , édition de 1726, in-folio.

des camps et armées du Roi, chevalier de Saint-
Louis et commandeur de Saint-Lazare, mort le
9 mai 1783, ne laissant que deux filles, mariées
aux marquis de Tombebœuf et de Bausset.

Du second lit :

2°. Marc-Marie qui suit :

Marc-Marie, marquis DE BOMBELLES, né à Bitche
le 8 octobre 1744, entra au mois de janvier 1757 dans
la compagnie des mousquetaires noirs de la garde du
Roi, et en sortit le 12 septembre 1759, pour passer
dans la cavalerie de ligne. Il fit les trois dernières
campagnes de la guerre de sept ans, et après la paix de
1763, il eut le commandement de la compagnie colo-
nelle du régiment de Berchiny. En 1765, le marquis
de Bombelles fut employé comme conseiller d'ambassade en Hollande, et ensuite en la même qualité dans
les ambassades de France près les cours de Vienne et
de Naples. On le nomma colonel de cavalerie à la
suite, au mois de mars 1771, et ministre du Roi près
la diète de l'empire en 1775. Le 27 mars de cette dernière année, il fut reçu chevalier des ordres de Notre-
Dame du Mont-Carmel et de St-Lazare de Jérusalem,
et prêta serment en cette qualité, entre les mains de S. A. R.
Monsieur (aujourd'hui Louis XVIII), grand-maître
de ces ordres. Au mois de janvier 1778, le marquis de
Bombelles épousa Angélique-Charlotte, née baronne
de Mackau, fille de feu M. le baron de Mackau, ancien
ministre du Roi à Ratisbonne. Au mois de février de la
même année, la marquise de Bombelles fut nommée
dame pour accompagner madame Elisabeth, sœur de
S. M. Louis XVI. L'an 1779, le marquis de Bombelles
fut pourvu d'une commanderie dans l'ordre de Saint-
Lazare, fut créé chevalier de Saint-Louis en 1780, et
brigadier d'infanterie le 1er. janvier 1784, et obtint le 27
février suivant, un brevet qui rendait héréditaire dans
sa famille la pension sur l'Etat des garnisons de Bourgogne, pension qui, depuis Henri IV, Roi de France,
avait été continuée de père en fils aux descendants de
Jacques de Bombelles, auquel ce souverain l'avait pri-
mitivement accordée. Dans la même année, le marquis de Bombelles fut chargé de diverses missions qui

le conduisirent successivement en Angleterre ; en
Ecosse, en Irlande et en Allemagne. Le 27 juin 1785,
il fut nommé ambassadeur en Portugal ; et, pendant son
séjour à Lisbonne, il fut créé maréchal-de-camp, le 9
mars 1788. En mars 1789, S. M. Louis XVI le nomma
à l'ambassade de Venise, puis au mois de juillet à celle
de Constantinople ; mais, trois jours après cette dernière nomination, faite dans une conjoncture très-cri-
tique pour le Roi, le marquis de Bombelles supplia Sa
Majesté de regarder cette disposition comme non-
avenue. Il partit de Versailles le 4 août pour se rendre
à Venise, où il remit ses lettres de créance au sénat, le
1er. octobre suivant. En décembre 1790, étant toujours
à Venise, il y déposa de son plein gré le caractère d'ambassadeur, pour ne pas prêter le serment exigé par l'assemblée nationale ; et le Roi, loin de regarder la conduite de M. de Bombelles comme une désobéissance à
ses ordres, ne lui fit parvenir le rappel demandé qu'au
mois de mars 1791. Lorsque M. de Bombelles eut cessé
ses fonctions publiques, Sa Majesté le chargea de traiter
secrètement des intérêts de sa personne royale et de
ceux de sa couronne, tant en 1791 avec l'Empereur
d'Autriche, Léopold, qu'en 1792 avec l'Impératrice de
Russie, Catherine II, le Régent de Suède et la cour de
Dannemarck. Comme le marquis de Bombelles revenait
de ces trois cours du nord, il apprit à Dorsten en West-
phalie, l'emprisonnement au temple de la famille
royale. Il se rendit alors à Bruxelles, puis en Champagne, où le Roi de Prusse le traita sur le pied d'ambassadeur de S. M. Louis XVI. Après la bataille de
Valmy, le 19 septembre 1792, il se retira sur les bords
du lac de Constance. Depuis le mois d'avril 1791, le
marquis de Bombelles vivait des bienfaits de la reine
de Naples, qui s'était empressée de venir au secours
d'une famille, qui avait préféré l'indigence à l'oubli de
ses devoirs (1). Cette générosité lui fit une loi de sou-
mettre ses démarches aux volontés de Sa Majesté si-
cilienne, et en conséquence il se rendit en 1794 à

---

(1) La lettre autographe que la Reine Charlotte écrivit
à cette occasion, était adressée *aux enfants de l'estimable
marquis de Bombelles*.

Ratisbonne, d'où il sollicita à plusieurs reprises la permission de rendre des services militaires ; mais on disposa différemment de son zèle, et il eut ordre de faire parvenir, dans des dépêches, tout ce qui pourrait intéresser la curiosité de la cour de Naples, lors de l'envahissement de la Bavière par les armées françaises en 1797. S'étant rendu à Brunn en Moravie, il y offrit de nouveau ses services et ceux de son fils aîné à S. M. l'Empereur d'Autriche, lorsque l'armée de Buonaparte était déjà en Styrie et marchait sur Vienne. Mais, peu après, il se rendit au corps de Condé, et y fit les campagnes de 1800 et 1801. Alors, le marquis de Bombelles, devenu veuf en 1800, prit, en 1803, l'habit ecclésiastique. Retiré durant vingt mois, dans une abbaye, près de Brunn, il fut nommé bientôt après chanoine de Breslaw, et curé de village, près Neisse en Silésie. Là, en défendant ses paroissiens, il se fit considérer des généraux français, et les services qu'il rendit à toute la contrée qu'il évangélisait, et garantissait d'une partie des calamités de la guerre, lui obtinrent de l'estime et de la bonté du Roi de Prusse, la belle prélature d'Oberglogau, qu'il quitta pour revenir en France en 1814. Il obtint en 1816, la place de premier aumônier de S. A. R. madame la duchesse de Berry. Nommé évêque d'Amiens en 1817, il fut sacré le 3 octobre 1819, et prit possession de ce siège le 13 du même mois.

Le marquis de Bombelles a eu de son mariage avec mademoiselle de Mackau :

1°. Louis, comte *de Bombelles*, né à Ratisbonne le 1er. juillet 1780, qui reçut les cérémonies du baptême dans la chapelle du Roi à Versailles, le 21 août 1783, et eut pour parrain *Monsieur* (aujourd'hui Louis XVIII), et pour marraine, madame Elisabeth, sœur de Louis XVI, lesquels prince et princesse assistèrent en personne à cette cérémonie, faite par l'évêque de Séez, premier aumônier de *Monsieur*. Le comte Louis de Bombelles suivit son père à Lisbonne, à Vienne et en Suisse. Il obtint en 1794 la faveur d'être attaché aux gardes-du-corps de la Reine de Naples ; cette princesse le nomma lieutenant en second au régiment du Roi, cavalerie, en 1798,

Depuis, chambellan de l'empereur d'Autriche,
et successivement ministre de la cour de Vienne
à Copenhague, à Dresde, et aujourd'hui 1821,
à Florence;

2°. François de Bombelles, mort à vingt ans, capitaine au régiment de l'Empereur, à Ulm;

3°. Charles de Bombelles, chambellan de l'Empereur, chevalier de Malte, lieutenant-colonel au
régiment autrichien Archiduc-Reinier;

4°. Henri de Bombelles, chambellan de l'Empereur d'Autriche, chargé des affaires de cette cour
à Pétersbourg;

5°. Caroline de Bombelles, vicomtesse de Casteja,
dame pour accompagner madame la duchesse de
Berry;

6°. Victor de Bombelles, mort en Silésie, en 1815,
âgé de dix-neuf ans, nommé chanoine de la cathédrale de Breslaw.

Armes : Ecartelé aux 1 et 4 d'or; aux 2 et 3 de gueules;
à la molette d'éperon d'argent.

DE BOSQUEVERT; famille ancienne, originaire
d'Auvergne, transplantée en Poitou au commencement
du dix-septième siècle. Elle a pour auteur Pierre de
Bosquevert, écuyer, seigneur du Montel, et de Charaud
en Auvergne, vivant vers 1400, dont le fils Aimé de Bosquevert, seigneur des mêmes lieux, épousa, par contrat
du 10 février 1445, Marguerite *de Fontenay*, fille de Maurice de Fontenay, écuyer, seigneur de Blandine. Ses
descendants ont constamment suivi le parti des armes :
ils ont donné un chevalier de l'ordre du Roi, gouverneur
de la ville de Fontenay, en 1629, et plusieurs capitaines
et officiers d'infanterie, décorés de l'ordre royal et militaire de Saint-Louis. Cette famille s'est alliée directement
aux Blangis, la Roche-Servière, Boudet des Barres,
Prahec, Boisnet, Villiers-Prinsay, Boneties, Thébault
de Grosbois, Certain, Meritain d'Arros, Chevalier de la
Chevalerie, Villedon, Jouslard, Pandin, Rioux, Savatte
de Genouillé, Garnier de Boisgrollier, etc. etc.

Joseph-Alexis de Bosquevert, chevalier, seigneur de
Vaudelaigne, mort le 21 septembre 1781, avait épousé
Catherine *Souzeau*, dont il laissa;

1°. Joseph-Alexis-Amable de Bosquevert, chévalier, seigneur de Vaudelaigne, ancien capitaine commandant au régiment d'Orléans, infanterie, chevalier de Saint-Louis, qui a épousé Mlle. *Pagès de Fallière*, fille du sieur Pagès de Fallière, lieutenant de Roi à St.-Martin de l'île de Rhé ;

2°. Maixent-Gabriel de Bosquevert, ancien capitaine commandant au régiment de Conti, infanterie, chevalier de Saint-Louis, marié en 1784 avec Louise-Susanne *Daitz de Mesmi*, fille de Jean-Charles Daitz, chevalier, marquis de la Villedieu, lieutenant des maréchaux de France et de Susanne-Henriette Grain de St.-Marsault.

3°. Georges-Louis-Marie-Joseph de Bosquevert, officier au régiment de *Monsieur*, infanterie, mort sans alliance ;

4°. Gabriel-Jacques de Bosquevert, officier au régiment d'Orléans, infanterie, décédé sans alliance ;

5°. Philippe-Bonaventure de Bosquevert, chanoine de l'église collégiale de St.-Hilaire de Poitiers.

6°. Marie-Anne-Angélique de Bosquevert, mariée, le 19 avril 1773, à Jean-Olivier *Bellivier*, chevalier, seigneur de Prin ;

7°. Marie-Sophie-Françoise-Louise de Bosquevert, mariée, le 15 juin 1779, avec Charles-Louis-Marie, comte *d'Orfeuille*, seigneur de St.-Georges.

8°. Louise-Jeanne de Bosquevert, morte sans alliance.

Armes : d'or, semé de glands de sinople, à la bande ondée de gueules, brochante sur le tout ; au chef cousu d'argent, chargé de trois merlettes de sable.

DE LA BOUEXIERE en Bretagne. Ce nom est commun à cinq maisons qui toutes paraissent appartenir à l'ancienne chevalerie de cette province, et avoir tenu rang parmi les plus illustres, dès les treizième et quatorzième siècles. Nous citerons d'abord quelques sujets isolés de ce nom, dont la filiation et par conséquent la famille ne sont pas connues.

Raoul de la Bouexière et Jodoine, sa fille, sont mentionnés dans un accord passé en 1133, entre les moines

de Marmoutiers, et les Boutiers, au sujet de l'église de
Notre-Dame de Combourg. Raoul est encore nommé
dans une lettre d'Eudon, duc de Bretagne, de l'an 1155,
en faveur de l'abbaye de Savigné.

Geoffroi de la Bouexière fut présent à une donation
faite en 1149 au prieuré de Lehon par Alain de Dinan.
Un autre Geoffroi de la Bouexière fut témoin d'une autre
faite à l'abbaye de Buzay par Constance, duchesse de
Bretagne, vers 1187.; il est nommé dans une lettre de
la même princesse, de l'an 1193, pour l'abbaye de St.-
Mélaine.

· Robert de la Bouexière fut présent à la ratification du
testament de Jean et Raoul Gruel, par Juhel de
Mayenne, seigneur de Dinan, l'an 1197. Il a la qualité
de chevalier, ainsi que Roland de la Bouexière, son frère, dans la ratification faite en 1210 de la fondation de
l'église collégiale de Vitré, acte dans lequel est nommé
Jean de la Bouexière, chanoine de Redon. Vers le
même tems Georges de la Bouexière fut présent à la confirmation, que fit Jean de Dol, de plusieurs dons faits au
prieuré de Combourg.

L'histoire de Bretagne a consacré les nombreux services rendus aux ducs de Bretagne par ceux du nom de la
Bouexière, dans les qualités de chevaliers, écuyers bannerets, hommes d'armes et archers dans les treizième, quatorzième et quinzième siècles.

DE LA BOUEXIÈRE, seigneurs de la Ville-Tanet, du
Tertre, du Hautbois, de Saint-Laurent, de la Mittrie,
de la Villeraye, du Clos, de la Nos, des Escotais, aux
ressorts de Rennes, de Dinan et de Saint-Brieuc. Cette
maison est connue depuis Jean de la Bouexière, chevalier, alloué de la vicomté de Rohan, qui en cette qualité scella de son sceau (1) une donation faite à Geoffroi
de Rohan, chanoine de St.-Brieuc, le jeudi avant la
fête de la décollation de St.-Jean-Baptiste, de l'an 1288.
La noblesse de cette famille a été maintenue avec la qualité de chevalier, par arrêts de la chambre établie pour

(1) Il est gravé au tome 1, pl. 15, n. CLXXV des mémoires
pour servir de preuves à l'histoire de Bretagne, par D.
Morice. Il portait un lambel pour brisuré.

la réformation de la noblesse de Bretagne, des 14 novembre 1668, 10 avril 1669 et 6 mars 1671. On distingue parmi les alliances de cette famille celles qu'elles a formées avec les Boisadam, Josset, St.-Guedas, Trémaudan, le Voyer, etc.

Armes : d'argent, à deux fasces nouées de gueules, chacune de deux nœuds.

DE LA BOUEXIÈRE, seigneurs de Brantonnet et de la Motte-Alain, au ressort de Guerrande. Jean de la Bouexière vivant en 1402 est l'auteur de cette maison (1). Il fut père de Jean II de la Bouexière, mentionné dans la réformation de 1445. Ses descendants se sont alliés aux maisons de Barrin-la-Gallissonnière, de Brantonnet, le Cadre de la Noue, de Callan, du Dresneuc, Godeau de Kermarec, de Kerpoisson de Loayrée, le Texier de Coatmeur, etc. Ils ont été maintenus par arrêt du 24 mai 1669.

Armes : d'or, à trois bandes de gueules.

DE LA BOUEXIÈRE, seigneurs de Brestolles et de Bonabry, au ressort de Guingamp. Richard de la Bouexière, marié vers l'an 1420 avec N.... de la Roche-Jagu, est le premier auteur certain de cette famille, qui s'est alliée aux maisons de Botiliau, de Jourdan, de Dronion, de Kerauflet, de la Cuisine de Poullangohic, de Mordelles de Château-Goelo, etc., etc. et a été maintenue par arrêt du 7 juin 1668.

Armes : de gueules, à 7 macles d'or, 3, 1 et 4.

DE LA BOUEXIÈRE, seigneurs de la Motte-Labbé, de la Rougerays, du Hautmanoir, de la Vergessays, de la Balue, au ressort de Dinan. La filiation de cette famille remonte à Guillaume de la Bouexière, seigneur de la Fosse-aux-Loups, de la Chalopinays et de Montfort, vivant en 1422 avec Jeanne Chesnel, dame de la Balue, son épouse, fille de Georges Chesnel, seigneur de la Balue, et de Catherine de Rohan. Leurs descendants se sont alliés aux maisons de Barach, de Boisadam, du Breil, du Buat, de Chameaux, d'Epeillac, Hardy, de

---

(1) Voyez son sceau gravé t. II. des mémoires de D. Morice. pl. X, n. CLXXXI.

Kerveno, Lavocat de la Rougerays, de Lessart, de Louail, de la Marzelière, de Penfentenio, de Plannes, de Quelen, de Ravart Tresoleil, de la Ravillays, etc. et ont été maintenus par arrêts des 9 novembre 1668, 16 août 1669, et 15 octobre 1670.

Armes : d'argent, au buis arraché du sinople.

DE LA BOUEXIÈRE, seigneurs de Lennuic, de Rosneguen, de Longueville, du Cosquer, de Kernevé, de Kerret, ressorts de Guingamp, de Rennes, de Lannion et Carhais, évêchés de Treguier et de Cornouaille, maintenus par arrêts des 12 juin, 16 août et 5 sept. 1669 et 17 octobre 1670, sur preuves remontées à Guillaume de la Bouexière, écuyer, seigneur de la Bouexière, paroisse de Plusquellec, mentionné dans la réformation de 1445, issu par divers degrés de Guillaume de la Bouexière, seigneur de la Rivière, qui vivait en 1200. Leurs descendants ont formé plusieurs branches connues sous les dénominations précitées, et se sont alliées aux maisons de Bidé, du Bois, du Bois-Bouessel, le Borgne, du Bot, de la Boullaye, le Brun de Kerprat, le Champion, de Coëlanezre, de Coëtquiriou, Cons, de l'Escouble, de la Fontaine Brehigné, de Forget, de la Fruglays, le Gonidec, de Guegen, de Guillonheuc, Huon, Jouvel. de Launay, de Kerdrain, de Kerg, de Kergariou, de Kerhoent, de Kerliniou, de Landver, de Larbalestrier, de Lesquen, de Mahon, de la Marre, du Maz, de la Motte, du Pin, Pinard, de Retz, de Roudicon, de St.-Laurent, de St.-Meloir, de Taillart, le Vicomte, de Vieux-Chastel, de la Vigne, etc.

Armes : de sable, au sautoir d'or.

DE BOULOUVARD, en Provence. Jacques Siffren de Boulouvard, écuyer, de la ville d'Arles, ancien garde du corps du Roi, fut créé comte palatin, par bref du 20 mai 1775, déposé pour minute à Veran, notaire à Arles, par acte du 6 mai 1820. Jacques-Siffren de Boulouvard est chevalier de l'ordre royal et militaire de Saint-Louis, et breveté capitaine de cavalerie depuis 1792. Il a deux fils :

1°. Xavier-Orcanette de Boulouvard ;
2°. Justin de Boulouvard.

Armes : d'azur, à un bastion ou tourelle d'argent.

BOURBONNAIS. *Liste de l'assemblée de la Noblesse de la sénéchaussée de Bourbonnais, tenue à Moulins, le 16 mars 1789, pour l'élection des Députés aux Etats-Généraux du royaume.*

CHATELLENIE DE MOULINS.

Messieurs ,

Henri Coiffier, baron de Breuille, et fondé de pouvoir de S. A. S. monseigneur le prince de Condé.

De Charry, marquis des Gouttes.

Autié de Villemontée.

Roy de la Chèze.

Le chevalier de Bosredon, et fondé de pouvoir de M. le marquis de Montaigut.

De Chabre.

Roy de la Nisière.

Aubery du Goullet, l'aîné, écuyer, et fondé de pouvoir de M. de Prisye de Chaselle.

Durye, fils, écuyer, fondé de pouvoir de M. le baron de Choiseul.

Le comte du Cleroir, écuyer, et fondé de pouvoir de madame la comtesse du Bourg.

De Vitry.

De Faucompré, père.

Des Echerolles.

Le comte de Douzon, et fondé de pouvoir de M. Rollet-d'Avaux.

Mondit sieur le comte de Douzon.

Donjon, écuyer, et fondé de pouvoir de M. Farjonel, père.

Le comte du Meirat, et fondé de pouvoir de M. le comte de Vougy.

Le comte de Sagonne, et fondé de pouvoir de M. de Bouron.

Le comte d'Estrée, et fondé de pouvoir de M. le marquis de Pont-le-Roi.

Conny de Tourry.

Le baron de Neufchèze, et fondé de pouvoir de madame la comtesse de Beauvoir.

Mondit sieur le comte d'Estrée.

Bodinat de la Motte.

Preveraud de Vaumas.

Le baron de Neufchèze, fondé de pouvoir de M. l'abbé de Neufchèze.

Jean-Louis Coiffier, et fondé de pouvoir de M. le comte de Barre.

De Champfeu, fils.

Du Broc, fils, tant pour lui, que pour M. du Broc son père.

Coiffier de Moret.

Le Noir-d'Espinasse.

De Pongibeau.

Roy de la Bresse, tant pour lui, que fondé de pouvoir de M. Roy de l'Écluse.

Le vicomte de Chalus.

Rollat du Chambon.

De l'Espinasse, père, et fondé de pouvoir de madame la vicomtesse de la Ferronay.

La Motte-Bodinat, et fondé de pouvoir de M. le baron de Vauce.

Coiffier de Breuille.

Preveraud du Pleix.

De Mauricet.

Semin, écuyer, et fondé de pouvoir de M. Priolo, et du marquis de Balivière.

Paparel de Vitry.

Coiffier de Verfeux, et fondé de pouvoir de M. le comte de Renaud.

Le comte des Ulmes de Torcy, et fondé de pouvoir de M. de Chezeuil.

Le comte de Tracy.

De Saincy.

Clerget de Saint-Léger, et fondé de pouvoir de M. de la Brousse de Verazet.

Le comte des Ulmes de Torcy.

Le baron de Neufchèze.

Du Chambon.

Roy de la Chèze.

Le baron d'Estrée.

De Pontgibaud.

Le comte du Cleroir, et fondé de pouvoir de M. des Jours de Mazille.

De Givreuil, fils, écuyer, et faisant pour la dame sa mère.

De Vitry, et fondé de pouvoir de M. le marquis de Beaunay.

Vilhardin de Marselanges.

De Mauricet, fondé de pouvoir de M. de Fretat de Salepaterne.

Sallé.

Clergu de Saint-Léger, fondé de pouvoir de M. le comte de Barre.

Des Chaises du Chezeau.

Des Echerolles, et fondé de pouvoir de M. de Soultrais.

CHATELLENIE DE GANNAT.

Messieurs,

Le marquis de Villémont.

De Vitry, fondé de pouvoir de M. de la Porte-Mazerier.

Du Jouhanel, écuyer, et fondé de pouvoir de M. Férand.

Du Buisson, et fondé de pouvoir de madame la comtesse de Lyonne.

De Longueuil, et fondé de pouvoir de M. Marien de Maréchal.

De Fontanges, et fondé de pouvoir de M. Pierre-Augustin, marquis de Rochefort-d'Ally, et de dame Gilberte-Marguerite-Louise de Vernois, veuve de M. François Fontanges.

De Gevaudan.

Ribeauld de la Chapelle.

De Grassin, écuyer, et fondé de pouvoir de M. de Chazeral.

De Chabre, et fondé de pouvoir de M. de Champflour.

De Jarsallion, et fondé de pouvoir de M. de Borédon des Rigoulettes.

D'Estrée, fils, écuyer, et fondé de pouvoir de M. Pélissier de Fétigonde.

Preveraud de Vaumas, et fondé de pouvoir de M. de Courtoreille de Montclare.

Augustin de Véni.

De Chazour, comte de Faure.

CHATELLENIE D'AINAY-LE-CHATEAU.

Messieurs,

Aubery du Goutel, et fondé de pouvoir de M. le duc de Charost.

Le comte de Douzon, fondé de pouvoir de MM. les héritiers de M. le comte de Fougières.

Du Peiroux de Bois Aubin.

D'Aubigny.

Du Château, écuyer, et fondé de pouvoir de M. le comte de Thiange.

Le comte de Tracy, et faisant pour M. d'Aubigny, seigneur de Beaunay.

Le marquis de la Roche, écuyer, et fondé de pouvoir de M. le Borgne du Lac.

Du Peiroux, et fondé de pouvoir de M. Ragon des Barres.

Le marquis de la Roche, fondé de pouvoir de M. Isaac de la Tourelle.

De Louan des Granges.

Pierre Du Peiroux, tant pour lui, que fondé de pouvoir de M. François Du Peiroux.

De Brinon, écuyer, et fondé de pouvoir de M. du Deffend.

De la Porte d'Issertieux, et fondé de pouvoir de M. de Fontenay.

Le chevalier du Goutet, et fondé de pouvoir de M. de Simiane.

Le comte Du Peiroux, et fondé de pouvoir de M. de la Cour.

Duverneix, écuyer, et fondé de pouvoir de M. Démagnoux.

Aubery du Goutet, et fondé de pouvoir de M. de Charost.

Le comte Du Peiroux, fondé de pouvoir de M. de Pui-Giraud.

Aubery du Goutet, fondé de pouvoir de M. le comte de Béthune.

De Rolat, écuyer, et fondé de pouvoir de M. Dersigny.

Duverneix, écuyer, et fondé de pouvoir de M. de Bonneval.

Le comte de Douzon, fondé de pouvoir de madame la marquise de Bonneval.

Le marquis de la Porte d'Issertieux, tant pour lui, que fondé de pouvoir de M. le marquis de Fontenay.

Coiffier de Moret, et fondé du pouvoir de M. le comte de Barre.

Le comte de Troussebois.

Le comte de Sagonne de la Porte, écuyer, faisant pour M. Doullet.

De Montluc de la Lœuf.

De Brinon.

CHATELLENIE DE MONTLUÇON.

Messieurs,

De Chaussecourte, écuyer, et fondé de pouvoir de M. le Bel du Plot.

Du Peiroux, fondé de pouvoir de M. du Breuil de la Brosse.

Le comte du Peiroux de la Bussière.

De Chaussecourte, fondé de pouvoir de M. de Thiange.

Le susdit sieur de Chaussecourte, tant pour lui que pour M. Breton, écuyer.

Gilbert de Bressolles, écuyer, et fondé de pouvoir de M. Charles de Bressolles.

De Bisseret, fils, écuyer, et fondé de pouvoir de M. Deschamps de Bisseret.

Le marquis de le Groin de Treignat.

Le Groin de la Romagère, fils, faisant pour M. son père.

Bodinat de la Motte, fondé de pouvoir de M. de Rochedragon.

De Fradele, écuyer, et fondé de pouvoir de M. du Sauzet.

Le Léage, écuyer, et fondé de pouvoir de M. de Garreau de Buffet.

Le chevalier du Buisson de Viellefont, et fondé de pouvoir de M. Deschamps de la Varenne.

Le marquis du Ligondès, et fondé de pouvoir de madame Audon.

De Rollat, écuyer, et fondé de pouvoir de M. d'Aubigny.

De Duras, et fondé de pouvoir de M. de Vandaigre.

De Brisson, et fondé de pouvoir de madame de Boizée.

Le susdit sieur de Duras, écuyer.

Dubouis, écuyer.

De Duras, fondé de pouvoir de M. de Chaussecourte de Chalus.

De la Plain, écuyer, et fondé de pouvoir de M. de Châteaubodeau.

Le Groin de Treignat, et fondé de pouvoir de M. de Villevoisin.

De Laage.

Du Peiroux de Goutière.

Du Château, et fondé de pouvoir de M. du Peiroux de Beaucaire.

Le chevalier du Buisson, et fondé de pouvoir de M. le
marquis de Bartillat.

Le comte du Ligondès.

CHATELLENIE DE MURAT.

Messieurs,

De Monestay, écuyer, et fondé de pouvoir de M. de
Montagnac.

Le comte de Tracy, en son nom, et fondé de pouvoir
de madame la duchesse d'Antin.

Durye, fils, écuyer, et faisant pour M. le duc d'Uzès.

Le comte d'Eguilly.

Roi de la Brosse, et fondé de pouvoir de madame
d'Artonne.

Donjon, écuyer, et fondé de pouvoir de M. Farjonel.

Hugon de Givry, écuyer, et fondé de pouvoir des héritiers de M. de Griffet.

Coiffier du Teilloux.

De Sagonne, et fondé de pouvoir de madame de
Boireneau.

Rodillon de Chapète.

Le comte de Barre, et fondé de pouvoir de madame de
la Roche de la Motte.

Gaulmin de la Goutte, et fondé de pouvoir de M. son
père.

Le marquis de la Roche, fondé de pouvoir de M. de
la Roche de Venat.

De Saint-Gerand, écuyer, et fondé de pouvoir de M. de
Chauvigny de Blot.

De Jarsaillion de Franchaise.

De Bressolles, et fondé de pouvoir de MM. de Collasson.

De Monestay de Chazeron, écuyer, et fondé de pouvoir
de M. son père.

De Bressolles.

De Duras fils, écuyer, et faisant pour la dame sa
mère.

Le chevalier du Buisson, et fondé de pouvoir de M. le
baron de Bartillat.

Le chevalier du Buisson de Viellefont, fondé de pouvoir
de M. du Verdier.

Du Château, fondé de pouvoir de M. le comte de
Thiange.

IV.   40

De Bonnefoy fils, écuyer, et fondé de pouvoir de M. son père.

De Bisseret, et fondé de pouvoir de M. de Lyonne.

Le comte de Sagonne, fondé de pouvoir de M. Henri-François-Nicolas, vicomte de Courtois.

CHATELLENIE DE VERNEUIL.

Messieurs,

Le chevalier Aubery.

Hugon de Givry.

Vilhardin de Marselange, fondé de pouvoir de M. le marquis de Tilly.

Le chevalier de Dubuisson de Viellefont.

Nicolas Ripoud, écuyer, et faisant pour M. son père.

Semin, écuyer.

De Jarsallion de Franchaise.

De Saint-Gérand, écuyer, et fondé de la procuration de M. de Chauvigny de Blot des Fontaines.

Des Echerolles, écuyer, et fondé de pouvoir de M. le marquis de la Grange.

De Bonnefoy, écuyer, et fondé de pouvoir de M. Jandon de Saincirgue.

Ripoud de la Brosse, écuyer, et fondé de pouvoir de madame Vernoy de Champfeu.

Roy de la Chèze, écuyer.

Dubuysson des Aix, écuyer.

Bardonnet des Noix.

Le comte des Ulmes de Torcy, fondé de pouvoir de M. de Dreuille.

Des Champs de Château-Neuf.

CHATELLENIE DE CHANTELLE.

Messieurs,

De Rollat, écuyer.

De l'Aage, fondé de pouvoir de madame la marquise de Veny.

De Chabre, fondé de pouvoir de M. de Chalux.

Du Jouanel, fondé de pouvoir de M. du Tour.

De Fontanges, écuyer, et fondé de pouvoir de M. le marquis de Rochefort-d'Ally.

Conny de Tourry, et fondé de pouvoir de M. Langlois de Romantière.

De Boulais·de Chatenais.

Du Jouanel , fondé de pouvoir de M. du Tour de
Salvert.

Hautier , et fondé de pouvoir de M. de Marselange.

Le marquis du Ligondès , fondé de pouvoir de M. du
Ligondès.

De Longueuil, et fondé de pouvoir de M. Maréchal.

Roi de la Nizières et fondé de pouvoir de M. Bartho-
mirat de la Besse.

Du Jouanel.

De Chabre, écuyer, fondé de pouvoir de M. Descombres.

Coiffier de Moret, fondé de pouvoir de M. le comte
de Barre.

De Champfeu , et fondé de pouvoir de M. de Chatelus.

L'Ami de Boiscoutoux.

De La Plain , et fondé de pouvoir de M. de Salvert de
Montrognon.

De Rollat de Puy-Guillon.

Vilhardin de Marselange , fondé de pouvoir de M. le
marquis de Tilly.

Donjon , et fondé de pouvoir de MM. de Racot de
Reuilly.

Du Boutet , fils cadet , et faisant pour madame sa mère.

De Rollat , et fondé de pouvoir de M. Diné de Cesset.

De Boussigny , et faisant pour M. de Verdat.

De Jarsaillon , et fondé de pouvoir de madame de Billy.

Donjon , fondé de pouvoir de M. Farjonnel de la Forêt.

Le comte de Givry , et fondé de pouvoir de madame
Duché de Fresse.

De Pontgibaud, et fondé de pouvoir de M. le marquis de
la Rouzière.

CHATELLENIE DE VICHY.

Messieurs ,

Le comte du Prat , et fondé de pouvoir de M. Doué de
Vichy.

Bardonnet des Martels.

De Chauvigny, et fondé de pouvoir de M. de Bourbon-
Busset.

De Pont du Fourneau , tant pour lui que pour M. Badier de Verseille.

Le marquis de la Palisse , et fondé de pouvoir de M. de Clermont de Mont-Saint-Jean.

Le comte de Chauvigny, fondé de pouvoir de M. de la Queuille.

Le comte du Prat , fondé de pouvoir de M. de Malmaison.

De Laage , fondé de pouvoir de M. Gareau de Buffet.

Antoine-Henri Revanger de Bompré , officier au régiment d'Armagnac , et fondé de pouvoir de la dame sa mère.

De Charière de Gevaudan.

Du Chamban, et fondé de pouvoir de M. de Beaupoirier.

Le marquis d'Evry.

De Pont , faisant pour M. Badier de Verseille.

De Saint-Gérand , et fondé de pouvoir de M. le comte d'Evry.

CHATELLENIE DE SOUVIGNY.

Messieurs,

Vilhardin de Marselange, faisant pour M. Conny de la Fay, écuyer, procureur du Roi au présidial de Moulins.

De Boireneau.

CHATELLENIE D'OSSEL.

Messieurs ,

Le comte d'Estrées, et fondé de pouvoir de M. Revanger de Bompré Girard du Roset.

Des Echerolles, et fondé de pouvoir de M. le Lièvre de Fourilles.

CHATELLENIE DE BILLY.

Messieurs,

Le baron d'Estrées, et fondé de pouvoir de M. d'Arpheuille de Finance.

Bardonnet des Martels , faisant pour M. son père.

Le marquis d'Evry , fondé de pouvoir de M. de Durfort.

De Barthelas, et fondé de pouvoir de M. Bouquet de Chazeuil.

De Genetoux de Barthelas, et faisant pour M. son père.

De Barthelas, fondé de pouvoir de M. Bardonnet de Toule.

De Pont, et fondé de pouvoir de M. de Miramont.

Le comte de Chabannes.

De Fradele, et fondé de pouvoir de M. du Sarret.

Girard de Saint-Gérand.

Sallé, et fondé de pouvoir de M. Bardonnet de Gondailly de Grassin.

De Vicq de Pongibeau.

Godefroy de Bardon du Méage.

Du Puy.

Le comte de Chouvigny de Blot.

Le marquis d'Estradal.

De Grassin de Sorbier, faisant pour M. son père.

Du Chambon, fondé de pouvoir de M. Cimetière de la Bazolles.

De Chabannes et fondé de pouvoir de M. de Mirepoix.

Robert des Joberts.

De Boiscoutoux, et fondé de pouvoir de M. du Saulnier du Verneix.

De Bestet de Martillière.

Donjon, et fondé de pouvoir de M. Racolle de Reuilly.

Girard du Rozet, et fondé de pouvoir de M. du Peiroux des Ecures.

Des Ecures fils, écuyer, et fondé de pouvoir de madame sa mère.

De Chauvigny de Blot.

Le comte de Trousse-Bois.

Le marquis d'Evry, et fondé de pouvoir de M. Doué.

Du Prat, et fondé de pouvoir de M. Deissat des Bravards.

CHATELLENIE DE CHAVEROCHE.

Messieurs,

Le chevalier de Coiffier, fondé de pouvoir de M. le comte de Bertier.

Le comte de le Borgne, et fondé de pouvoir pour M. Benigne-du-Gon.

De Gevaudan, et fondé de pouvoir de M. de Poixfou.

Le comte de Villemontée.

Le comte de Viry.

De Surgères.

CHATELLENIE DES BASSES MARCHES.

Messieurs,

Preveraud de l'Aubepierre.

Le Baron d'Estrées.

De Miomandre.

Le comte de Viry, fondé de pouvoir de M. l'Abbé de Chavagnac.

Du Chambon, fondé de pouvoir de M. de Meaublanc de Chizeuil.

Du Buisson, et fondé de pouvoir de M. Micaud de Courbelon.

De Precord fils, et fondé de pouvoir de M. son père.

Conny de Toury, faisant pour M. son père.

CHATELLENIE D'HERISSON.

Messieurs,

Le comte de le Borgue.

De Chabre, fondé de pouvoir de M. de Champdumont.

De la Brière, et fondé de pouvoir de M. le Breuil d'Issard.

Le chevalier Aubery, fondé de pouvoir de M. le comte de Langeron.

Le baron de Coiffier, fondé de pouvoir de madame de Barre de Taffye.

De la Roche, fondé de pouvoir de M. le comte de le Borgne du Lac.

De la Brière.

De Bisseret, fondé de pouvoir de M. de Lionne.

Du Buisson de Viellefont, fondé de pouvoir de M. Deschamp.

Duchâteau.

Du Peiroux.

Le chevalier du Buisson, fondé de pouvoir de M. Duverdier.

De Gevaudan, fondé de pouvoir de M. le marquis de Maubeu.

Coiffier de Verfeu.

Jacques de Champfeu.

De la Roche, faisant pour M. de la Roche.

Le Groin de Treignat, et fondé de pouvoir de madame
de Fermée.

Le vicomte du Prat, et fondé de pouvoir de M. Chabenat
de Malmaison, de Fradel de Souligny.

De la Brière, et fondé de pouvoir, de M. de Dreuille de
Grand Champ le Groin de la Trolière et fondé de
pouvoir de M. de Magnac.

Le Groin de Treignat.

Des Ecures, et fondé de pouvoir de M. le comte de
Montbel.

CHATELLENIE DE BOURBON-L'ARCHAMBAULD.

Messieurs,

Coiffier de Moret, fondé de pouvoir de M. des Champs
de Pravier.

De Jarsallion de Bigut.

De Pontgibaud, fondé de pouvoir de M. d'Orvilliérs.

Roi de la Nicière, fondé de pouvoir de M. Chartron
des Mauguins.

De Marcelange, fondé de pouvoir de M. Conny de la Fay.

Hautier, et fondé de pouvoir de madame Hugon.

De Brisson.

De Jarsallion de Bigut, et fondé de pouvoir de M. le
comte de Saint-Hilaire.

De le Borgne, fondé de pouvoir de M. de Saint-Hilaire de Bouan.

Les héritiers de M. de Bosredon.

De Bordon.

Le comte du Peiroux, fondé de pouvoir de M. de
Chambaut.

Le comte de le Borgne, fondé de pouvoir de M. de
Mechatin.

Le comte de Sagonne, fondé de pouvoir de M. Jean de
la Trolière de Gozinnière.

BRAUX; maison ancienne, originaire de Champagne, éteinte depuis le commencement du dix-huitième siècle. Elle a été maintenue au mois de décembre
1667, sur preuves remontées à Jean Braux, anobli avec
Jeanne le Roy, sa femme, par lettres du roi Charles V,
en forme de charte, données à Paris le 1er. février 1366,
en considération des services importants que Jean Braux

avait rendus à ce monarque dans ses guerres contré
les Anglais. Il eut trois fils, dont l'aîné, Guillaume
Braux, écuyer, épousa Meline Laquette, de laquelle il
laissa également trois fils, l'un ecclésiastique, l'autre
mort sans postérité au mois de novembre 1476, et
Pierre Braux, écuyer, seigneur de Dompmartin-la-
Planchette en partie et du bois de Florent, par titre
de l'an 1449. Il s'allia avec Marie Aubry, fille de Jean
Aubry et de Marguerite le Roy, et en eut Pierre II,
qui a continué la lignée; Jeanne, femme de Jean
Gruyer, bailli de Joinville; et Marie de Braux, épouse
1°. de François Lallemant, 2°. de Pierre Fouacier,
morte au mois d'avril 1518.

Pierre Braux, deuxième du nom, écuyer, seigneur
de Dompmartin la-Planchette, de Florent et de l'Etang-
du-Ru en partie, épousa Poncette de Dompmartin,
fille de Michel. Il fut la tige commune des diverses
branches de cette famille, dans l'ordre suivant :

1°. Les seigneurs de Florent, de Maisons, du Méry-
sur-Seine, de la Croix, de la Chaussée, du Mesnil-
Tartarin, de Possesse, de la Queue-en-Brie, marquis
d'Anglure par érection de 1657, barons du Pré-du-
But, etc., qui, après avoir donné un capitaine de
deux cents hommes de pied, sous le duc d'Epernon,
en 1591, et s'être alliés aux maisons et familles de
Cardonne d'Anglure, Cuissotte de Gizaucourt, des
forges de Méry, de Geresme des Essarts, de Godet de
Saint-Hilaire, de Goujon de Thuisy, Hennequin,
l'hôpital de Plivôt, l'hoste de Recy, de Linage de
Pichancourt, du Moulinet, de Paris de Branscourt,
de Postel du Jars, du Puy de Montigny, de la Tour,
du Val de Gueudeville, etc., se sont éteints au milieu
du dix-septième siècle. Louise-Angélique Braux, héritière de cette branche, épousa, le 11 avril 1640,
Antoine de Savigny d'Anglure, comte d'Estoges et
marquis du Bellay, fils de Charles Saladin et de Marie
Babou, dame de la Bourdaisière;

2°. Les seigneurs de Saint-Vallery, de la Pagerie et
de Fanières, qui furent maintenus lors de la recherche.
Les alliances de cette branche sont avec les familles
d'Aublin, de Bar de Vauciennes, Hocart de Vaux,
Jacobé des Mazalins, Lanier, Morel de Flavigny,
Petit, Thibault, etc.;

3°. Les seigneurs du Forton, qui se sont alliés aux familles le Besque, Deya de Marcenay, le Gorlier de Verneuil, Horguelin du Chesnoy, de Joibert d'Aunay, Lanisson, le Tartier de Grignon, etc.

Armes : de gueules, au dragon d'or.

BRUNEAU D'ORNAC, barons de Verfeuil, famille ancienne et distinguée du diocèse d'Uzès en Languedoc, dont l'ancienne extraction a été reconnue par M. de Basville, intendant de cette province, qui, lors de la recherche des faux nobles, maintint cette famille sur ses preuves filiatives remontées à l'an 1531. Il eût été possible sans doute de remonter bien au-delà de cette époque, sinon l'ascendance directe, du moins les preuves de l'origine chevaleresque de cette famille, si tous ces titres n'eussent été la proie des flammes dans le château de Verfeuil, incendié par les protestants en 1791, ainsi que le constate une attestation légale. Néanmoins, depuis l'an 1531, première date des preuves littérales de cette famille, elle n'a cessé de s'allier aux maisons les plus illustres, et de donner des officiers distingués dans les armées de nos Rois. Charles-Henri *Bruneau d'Ornac*, baron de Verfeuil, seigneur de Saint-Marcel, de Careyret, des Auxiats, de Cadignac, et autres lieux, (fils de Henri Bruneau d'Ornac, seigneur des mêmes terres, et de demoiselle d'Adhémar de Montfalcon, tante de Jean-Balthazar, vicomte de Montfalcon, ministre plénipotentiaire à Bruxelles, puis ambassadeur près S. M. Britannique, et premier écuyer de S. A. R. Madame Elisabeth de France), épousa, par contrat du 12 avril 1742, Marie-Anne de *Bec-de-Lièvre du Bouexic*, morte le 18 décembre 1745, fille de Pierre de Bec-de-Lièvre, deuxième du nom, vicomte du Bouexic, seigneur du Châtellier, et de Louise Gabard, dame de Theilhac. De ce mariage est issu :

Charles-Prudent *Bruneau d'Ornac*, baron de Verfeuil, seigneur de Saint-Marcel, etc., etc., ancien capitaine au régiment de Navarre, qualifié fils naturel et légitime de haut et puissant seigneur messire Charles-Henri d'Ornac, seigneur de Saint-Marcel de Careyret, des Auxiats de Cadignac et autres lieux, baron de

IV. 41

Verfeuil, et de feu haute et puissante dame Anne de Bec-de-Lièvre, dans le contrat de son mariage, reçu par Brémond, notaire à Bollène, au comtat Venaissin, le 11 avril 1774, avec noble demoiselle Madelaine-Thérèse-Pauline *de Niel*, fille naturelle et légitime de messire Gabriel, baron de Niel, écuyer, ancien capitaine d'infanterie, chevalier de l'ordre royal et militaire de Saint-Louis, et de feu noble dame Marie-Thérèse, née baronne de Baussier. De ce mariage sont issus :

    1°. Henri Bruneau d'Ornac, élevé au collége royal Mazarin en 1786 ;

    2°. Amédée Bruneau d'Ornac, élevé à l'école royale militaire d'Effiat ;

    3°. Marie-Henriette-Pauline Bruneau d'Ornac de Verfeuil, mariée, le 11 juillet 1809, à Jean-Baptiste-Joseph, vicomte *de Brettes*, chevalier honoraire de l'ordre de Saint-Jean de Jérusalem, dit de Malte, dont un fils.

Armes : parti, au 1er. d'argent, au lion de gueules ; au 2e. vairé d'or et de gueules.

C'est ainsi que Joseph Bruneau d'Ornac, baron de Verfeuil, les a fait registrer à l'armorial général, coté Longuedoc, en 1701.

C.

DE CACHELEU ; sieurs de Maisoncelles, de Frévent de Tourville, etc.

Cette famille, dont les commencements sont inconnus, a noblement subsisté plusieurs siècles, dans le bailliage d'Amiens, prévôté de Vimeu, jusqu'à ce qu'elle se soit établie au bailliage de Rouen, par suite du mariage, en 1703, d'Antoine de Cacheleu, sieur de Maisoncelles, garde du corps du Roi, avec noble demoiselle Elisabeth Eudes de Tourville, devenue, en 1743, héritière de Tourville-en-Auge, près Pont-l'Evêque.

Leur postérité subsiste en deux branches ; celle de

Tourville et celle de Maillot, ayant tous servi le Roi dans les gardes-du-corps.

Leurs ancêtres furent maintenus le 3 janvier 1699, le 10 décembre 1701, et le 7 septembre 1715, après avoir prouvé une filiation suivie depuis 1495, comme on le voit par le Nobiliaire de Picardie, imprimé *in-fol.*, forme d'atlas, et par le Nobiliaire armorial, gravé en taille douce, de la généralité d'Amiens.

Ils conservent plusieurs titres originaux du quatorzième siècle, entr'autres un de 1346, dont fait mention Haudicquer de Blancourt, dans son Nobiliaire de Picardie, petit *in-4°.*, imprimé à Paris en M. D. CIC., et même un titre antérieur de 1323, concernant Aliame Cacheleu, bailli d'Abbeville.

Armes : de gueules, à trois fasces d'or ; au franc quartier de sable, à la bande d'argent, chargée de trois coquilles de pourpre.

CAEN. *État de la noblesse du bailliage de Caen, convoquée en 1789, pour l'élection des députés aux États-Généraux du royaume.*

GENTILSHOMMES POSSÉDANT FIEFS.

MONSIEUR, frère du Roi, représenté par M. le comte de Rabodanges, pour son apanage dans le bailliage de Falaise.

M. de Franquetot, duc de Coigny, pair de France, grand-bailli de Caen, pour son fief, paroisse de Saint-Silvain.

M. Lempereur de Saint-Pierre, pour son fief dans Andrieu.

M. le baron de Séran, pour son fief d'Audrieu.

M. d'Amayé, pour son fief d'Amayé.

M. le marquis d'Hericy-Vaussieux, pour son fief à Amayé-sur-Orne.

M. le marquis de Fresnel, pour son fief à Matthieu et autres.

M. le comte d'Amfreville, représenté par M. le chevalier le Vaillant, pour son fief à Amfreville.

M. Rioult de Villaunay, pour sa seigneurie d'Avenay.

M. Cairon de la Varende, pour ses fiefs d'Amblie et Pierrepont.

Mme. la marquise de Marguerit, représentée par M. de Putecotte, marquis de Renéville, pour son fief dans Argences.

Mme. Piquot, veuve de M. d'Almagne, représentée par M. le Coutelier, pour son fief d'Almagne.

Mme. du Touchet, non représentée.

M. Jolivet de Colomby, représenté par M. de Vauquelin, pour ses fiefs à Bâly et Colomby.

Mme. de Sallen, représentée par M. Achard, pour son fief de Buly et autres.

M. de Fribois de Bénauville, pour son fief à Bénauville-la-Campagne.

M. le Duc, sieur de Bernières, pour son fief à Bénauville-la-Campagne.

Mme. la marquise de Bénouville, représentée par M. de Montbéliard, pour son fief de Blainville et autres.

Mme. la marquise de Livry, représentée par M. le marquis d'Héricy, pour son fief de Ver et autres.

M. le Vaillant de Saint-Denys, représenté par M. le Vaillant de Brecy, pour son fief de Banneville et autres.

M. Morin de Banneville, représenté par M. de Cauvigny du Ribay, pour son fief de Banneville-la-Campagne.

M. de Cairon-Cairon, pour son fief de Cairon et autres.

M. le marquis de Bougy, pour son fief à Bougy.

M. de Gromesnil, représenté par M. de Bougy, pour son fief à Bourguébu, village de la Hogue.

M. de Neuville-Bavent, pour son fief de Bavent.

M. de Neuville d'Echauffour, représenté par M. de Fribois de Bénéauville, pour son fief d'Echauffour.

M. Néel de Tontuit, pour son fief de Christot et autres.

Mme. de Vauquelin de Luc, veuve Caligny, représentée par M. de Caligny, son fils, pour son fief de Luc et autres.

Mme. de Tournebu, veuve Mondrainville, représentée par M. le chevalier de Cagny, pour sa baronnie de Tournebu et autres fiefs.

M. le Coq de Beuville, pour son fief de Beuville et autres.

Mme. la marquise de Longaunay, représentée par M. le comte du Rozel de Beaumanoir, pour son fief de Bonnemaison et autres.

M. le duc de Saulx-Tavannes, représenté par M. le marquis d'Hautefeuille, pour son fief de la Suhardière en Bonnemaison.

M. de Beauregard, pour son fief de Chiffrevât et autres.

M. d'Angerville-d'Orcher, pour son fief de Gavrus et autres.

M. le marquis de Bailleul-Croissanville, représenté par M. le comte de Bailleul, son frère, pour son fief de Croissanville et autres.

M. du Touchet de Beneauville, pour son fief à Bernières.

M. de Banville-la-Londe, pour son fief à Bretteville-sur-Bordel.

M. de Gouville de Bretteville, pour son fief à Bretteville-sur-Bordel.

M. de Tournebu, pour son fief à Bretteville-sur-Bordel.

M. le marquis de Venois d'Amfreville, pour son fief de Bréville.

M. Subtil de Franqueville, pour son fief à Bellengreville.

Mme. de Fribois, Fribois des Authieux, représentée par M. Henri de Fribois, pour son fief à Billy.

M. le Coq de Rubercy, pour son fief d'Outreval et autres.

M. l'Hoste de Livry, représenté par M. Fribois de Rupierre, pour son fief du Londel.

M. André Despommerais, pour son fief de la Londe.

M. le Neuf, comte de Sourdeval, représenté par M. Thomas d'Angerville, pour son fief de Montenay.

M. Duvernay, représenté par M. de Panthou d'Arville, pour son fief de Montenay à Courvaudon.

M. de Convers, baron de Coulon, pour son fief de Coulon.

M. Doublet de Persan, pour son fief de Cabours.

Mme. Daveynes de Chambord, représentée par M. de Morel de Than, pour son fief de Cavicourt et autres.

M. de Cauvigny-Clinchamps, pour son fief de Clinchamps.

M. Mesnage de Cagny, pour son fief de Cagny.

M. Mesnage, fils aîné, pour son fief de Chicheboville.

M. le Sueur de Colleville, représenté par M. de Jakson, pour son fief de Colleville.

M. le duc de Montmorency, représenté par M. Adam de la Pommeraye, pour son fief de Creuly et autres.

M. Vauquelin de Creulet, représenté par M. le chevalier de la Rivière, pour son fief de.

M. le comte de la Guiche, représenté par M. le duc de Coigny, pour son fief de Sainte-Croix et autres.

Mme. le Vaillant, représentée par M. le Vaillant de Brécy, pour son fief de Brécy et autres.

M. Hue de Carpiquet, pour son fief de Canteloup.

M. le marquis de Mathan, pour le marquisat de Mathan et autres.

M. de Cresserons, représenté par M. de Caligny, pour son fief de Cresserons.

M. Planchon de Mehediot, pour son fief de Mehediot à Courcy.

M. de Harcourt, duc de Beuvron, représenté par M. le comte de la cour de Balleroy, pour son fief à Cléville.

M. le Mazurier de Ranville, pour son fief à Colombelle et autres.

M. de Laistre, représenté par M. le baron d'Aché, pour son fief à Colombelle.

M. Morin de Montcanisy, pour son fief à Cormelle et autres.

M. le comte de Montbelliard, pour son fief à Courseules.

M. de Cingal, pour son fief à Sainte-Marguerite de Ducy.

M. Achard de Vacognes, pour son fief à Évrecy et autres.

M. le Vicomte, comte de Blangy, représenté par M. de Manneville, pour son fief à Évrecy et autres.

Mme. de Ciresmes de Vacognes, pour son fief à Évrecy et autres.

M. le Vicomte, marquis de Blangy, représenté par M. du Rozel de Beaumanoir, pour son fief d'Eterville et autres.

M. de Janville, représenté par M. de Cairon, pour son fief d'Eterville.

M. de Cauvigny de Saint-Sever, pour son fief de.

M. de Radepont, représenté par M. de Villauney, pour son fief d'Esquays.

M. de Texier, marquis d'Hautefeuille, pour son fief à Ecoville et autres.

M. le Boucher d'Émiéville, pour son fief d'Émiéville.

M. Orceau, baron de Fontette, représenté par M. le chevalier de Néel, pour son fief de Fontenay-le-Paynel.

Mme. de Gaalon, représentée par M. de Banville de Bretteville, pour son fief de Fontenay et autres.

Mlle. de Marguerie de Vassy, représentée par M. le chevalier de Canisy, pour son fief de Fontaines et autres.

M. le comte de Roncherolles, représenté par M. Achard de Vacognes, pour son fief de Fresnay.

Mme. de Nollent, veuve Pierrepont, représentée par M. de Piédoue d'Héritot, pour son fief de Frenouville.

M. de Piédoue d'Héritot, pour son fief de Harcourt, Franconville et autres.

M. le marquis de Guerchy, représenté par M. le comte de Faudoas, pour son fief de Fontenay-le-Marmion.

Mme. de la Corderie, représentée par M. d'Écrameville, pour son fief en Fontenay.

M. de Saint-Quentin, pour son fief de Garcelles.

Mme. de Vallières, pour son fief de Montenay.

Mme. Desanières de Chicheboville, représentée par M. de Cheux du Boulay, pour son fief à Guillerville.

Les enfants de M. Esnault d'Escajeul, représentés par M. le Harivel de Gonneville, pour leur fief d'Escajeul à Gonneville.

M. le Harivel de Gonneville, pour son fief de Gonneville.

M. de la Cour-Grainville, représenté par M. Gouville de Bretteville, pour son fief à Grainville.

M. de Chazot l'aîné, pour son fief de Missy et autres.

Mme. de Sainte-Honorine, non représentée, pour son fief à Grainville.

M. Regnault d'Argouges, pour son fief de Goupillières.

M. le duc de Harcourt, représenté par M. de Hautefeuille, pour son duché de Harcourt et autres.

Mme. la marquise d'Hermanville, représenté par M. de Cauvigny du Ribay, pour son fief d'Hermanville.

M. de Malherbe, pour son fief à Ifs.

M. le marquis de Moges, représenté par M. le chevalier de Néel, pour son fief de Saint-Georges-d'Aulnay.

Mme. la marquise de Fontenay, représentée par M. le Doulcet de Meré, pour son fief de Juvigny et autres.

M. le Sens, comte de Lion, représenté par M. le Sens de Folleville, pour son fief de Lion et autres.

M. le Forestier, comte d'Osseville, pour son fief de Camailley et autres.

M. le marquis de Montalembert, pour son fief de Lasson.

Mme. de Boisgelin, représentée par M. de Crevecœur, pour son fief de Lanteuil.

M. de Cairon de Barbières, représenté par M. de Cairon, pour son fief à Langrune.

M. le chevalier de Chazot, pour son fief de Mutrecy et autres.

M. le Duc, sieur de Saint-Cloud, représenté par M. Ménage de Cagny, pour son fief de Fierville.

Mme. de Moult, représentée par M. de Fribois de Béneauville, pour son fief de Moult.

M. Aubert du Mesnil, pour son fief de Haubert de Mesnil.

M. Gosselin, comte de Manneville, pour son fief de Manneville et autres.

M. de Vendes, pour son fief de Vendes et autres.

Mlle. de Bonnefonds, représentée par M. Achard, pour son fief de Mons.

M. de Rufosse, représenté par M. d'Agier de Rufosse, pour son fief d'Ingouville.

M. Bourdon de Verson, pour le fief du Mesnil-Patry.

Mme. le Chevalier du Fresne, représentée par M. de Mecflet, pour son fief à Moulineaux.

M. de Bonenfant, pour son fief à Méry-Corbon.

M. de Mathan, représenté par M. le marquis de Mathan, pour son fief à Méry-Corbon.

M. Brunet de Mannetot, pour son fief à Méry-Corbon.

Mlle. de Launay-Dubois, pour son fief à Méry-Corbon.

Mme. la vicomtesse d'Héricy, tutrice de ses enfants, représentée par M. le chevalier d'Héricy, pour son fief de Valency à Maizet.

M. le Harivel de Maizet, pour son fief à Maizet.

M. le Harivel, abbé de Sainte-Honorine, représenté par M. le Harivel de Flagy, pour son fief de Mondreville à Maizet.

M. de Ciresme de Bandeville, pour son fief de Martragny.

M. Gefosse de Tremeauville, représenté par M. de Grieu, pour son fief de Brucourt à Maizet.

M. de Cheux, représenté par M. le Cordier de Parfouru, pour son fief de Montigny.

M. Achard du Mesnil-Augrain, pour son fief du Mesnil-Augrain et autres.

MM. de Brunville et chevalier de Brunville, pour leur fief de Neuilly et autres.

M. le prince de Monaco, représenté par M. le marquis de Mathan, pour son fief d'Ondefontaines.

M. Dabaquesnay, représenté par M. d'Agneaux, pour son fief de Parfouru.

M. le marquis de Morant, pour son fief à Poussy.

Mme. la marquise de Saint-Aignan, représentée par M. de Calmesnil, pour son fief à Roquencourt et autres.

M. de Vauborel, pour son fief à Poussy.

M. de Parfouru, pour son fief à Roquencourt.

M. du Merle, pour son fief à Roquencourt.

Mme. de Thibout, marquise de Durcet, représentée par M. de Saint-Sever, pour son fief de Renémesnil.

M. de Fribois de Rupierre, pour son fief de Rupierre.

Mme. de Croixmare, représentée par M. de Canisy, pour son fief à Reviers.

M. de Chivré, représenté par M. de la Gonivière du Butel, pour son fief de Rucqueville.

M. de Guernon de Ranville, pour son fief de Ranville et autres.

M. le Bourguignon Duperré de Lisle, représenté par M. Blouet, pour son fief de Rotot.

M. Vauquelin de Sacy, représenté par M. Aimon de Vallembras, pour son fief de Rosel.

M. le marquis de la Carte, pour son fief à Saint-Pierre-du-Jonquet.

M. Julien de la Pigacière, pour son fief à Saint-Aignan de Crasménil.

M. le duc de Sully, pour son fief à Saint-Silvain.

M. Des Essards, représenté par M. Louis-Bernard de Cauvigny, pour son fief de Secqueville.

M. Scelles de Prévallon, pour son fief à Sainte-Croix-Grantonne.

M. le Marchand de Feuguerolles, pour son fief à Saint-Louet-sur-Seulles.

M. le marquis de Calmesnil, représenté par M. son fils, pour son fief de Secqueville-la-Campagne.

M. de Chabannais, représenté par M. la Cour de Bretteville, pour la baronnie de Soliers.

M. le Coq de Saint-Cloud, pour un fief à Soliers et autres.

M. le Harivel de Flagy, pour son fief à Sainte-Honorine-du-Fay.

Mme. de Culé, pour son fief à Saint-Martin-de-Sallen.

Mme. la marquise d'Angerville, représentée par M. le

comte d'Angerville, son fils, pour son fief de Sainte-Honorine et autres.

M. le marquis d'Héricy-Marcelet, pour son fief de Marcelet.

M. Massieu, pour son fief de Saint-Manvieu et autres.

M. Oursin de Montchevrel, représenté par M. Mesnage de Cagny, pour son fief de Saint-Pierre-Oursin.

M. Gallery du Boucher, pour son fief de Troismonts.

M. Morel de Than, pour son fief de Than.

M. Bernard de la Blancapierre, pour son fief de Vendes et autres.

M. de Tilly-Blaru, représenté par M. de Banville de Coulon, pour son fief de Villy.

M. le Marquier de Dampierre, pour son fief de Villons.

Mme. de Boisdaunay, représentée par M. de Montcanisy, pour la baronnie de Varaville.

M. de Magneville, pour un fief à Varaville.

M. le Grant, vicomte de Vaux, pour son fief de Vaux et autres.

M. le chevalier de la Palu, pour son fief de Pompierre à Vieux.

M. de Saffray de Vimont, pour son fief de Vimont.

M. le Vaillant, pour son fief de Brecy.

M. le Boucher, pour son fief de Bremois.

M. le chevalier Goyer d'Ingleville, pour son fief de Fierville et autres.

M. de Croisilles, pour son fief de Maltot.

M. le Cloutier, pour son fief de Tracy.

M. le Marchand, pour son fief de Caligny et autres.

M. Bonnet, pour son fief de Demouville.

M. Hue des Fresnes, représenté par M. de Ciresme de Banville, pour son fief du Bos.

GENTILSHOMMES NON POSSÉDANT FIEFS.

Messieurs,

De Frotté de la Rimblière.
Henri de Fribois.
Le chevalier Gohier de Jumilly.
Le chevalier Charles de Fribois.
Philippe le Boucher de Bréville.
Du Buisson de Courson.

De la Mock.
Cauvigny du Ribay.
Le chevalier le Forestier d'Osseville.
Bourdon de Grammont-du-Lys.
Baillehache de Longueval.
Le Petit de Trousseauville.
Le chevalier de Couvert.
Le baron d'Aché.
Pierrepont de Pierrepont.
De Vendes.
Gueroult de la Pallière.
Le Boucher de la Boullaye.
Le Doulx de la Faverie.
Hue de Prébois.
De Panthou d'Arville.
De Chantepie.
d'Agier de Rufosse.
Jean de Crevecœur.
Blouet de Cahagnolles.
Bonnet de Mautrie.
Le Vaillant, père
Le Vaillant de la Ferrière, fils.
La Roque-Mesnillet.
Piédoue de Glatigny.
Le Petit de Montfleury.
Adam de la Pommeraye.
Le Grand d'Anerville de Douvres.
Le Bourguignon-du-Mesnil.
Ruault.
Le Bourgeois des Baons.
Le Bourgeois des Marais.
De Cheux.
Brunville de Poussy.
Charles-Louis-Henri Hébert de Beauvoir.
Le comte de Bailleul.
Le chevalier de Morant.
Le chevalier Larcher.
Guernon d'Epinay.
De Sainte-Marie.
Piédoue de Charsigné.
Ménage, chevalier de Cagny.
Cairon de Vogny.
Mecflet de la Ruelle.

Le chevalier de Mecflet.
Le chevalier Piédoue d'Héritot.
Le chevalier Jackson.
Bonnet de Demouville.
Le chevalier de Panthou.
Touchet de Béneauville.
Dieuavant de Nerval.
Le chevalier le Vaillant.
André-Thomas-Jean de Chaumontel.
De Malherbe.
Morin de Vaumeray.
Moisson de Précorbin.
Léon-Nicolas-Urbain de Cairon.
Gédéon-Charles-Desiré de Calmesnil.
De Bernières.
Jacques de Gueroult.
Le chevalier Adam de la Pommeraye.
Adam du Breuil.
Jacques-Alexandre le Cordier.
De Monfréard.
De Pons du Quesnay.
D'Auray, marquis de Saint-Poys.
Georges le Boucher.
Le chevalier de Tournebu.
Thomas d'Angerville.
Flambard.

DE CAHUZAC ; maison issue d'ancienne chevalerie, originaire de l'Albigeois, qui paraît avoir pris son nom d'une terre seigneuriale, située dans la généralité de Toulouse, sur une petite rivière à 3 lieues et demie d'Alby, et où l'on comptait 375 feux. Frotard de Cahuzac, le premier seigneur de ce nom, dont l'histoire ait transmis la mémoire, vivait en 1080 (1). Bernard-Roger de Cahuzac est nommé dans une charte de Raymond, fils du comte de Toulouse, en faveur du comte de Foix, du mois de juin 1220 (2).

_____

(1) Histoire générale du Languedoc, par dom Vaissète, t. II, p. 619, col. 2.
(2) Ibid, t. III, preuves, col. 266.

Le 4 des calendes de janvier 1228, Raymond, duc de Narbonne, comte de Toulouse, et marquis de Provence, inféoda les seigneuries du Verdier et de Donazac, à noble Pons-Amiel de Cahuzac, qui lui rendit hommage de ces seigneuries, à la suite immédiate de celui qu'il rendait au même seigneur pour sa terre de Cahuzac. La terre du Verdier est constamment restée dans cette ancienne famille.

Noble Guillaume de Cahuzac, chevalier de l'ordre du Temple, vivait en 1285. C'est peut-être le même qu'on trouve seulement qualifié chevalier, dans une donation qu'il fit le 5 des calendes de septembre 1292, aux consuls et habitants de la juridiction de Cordes, ainsi qu'aux consuls et habitants des lieux de Cahuzac et du Verdier.

Noble Pons de Cahuzac, damoiseau, seigneur du Verdier, depuis lequel la filiation est suivie jusqu'à nos jours, épousa, le dernier avril 1351, noble Güillemette de Vaillac. Ses descendants ont contracté des alliances avec les maisons de Thézan, d'Huges de Montesquiou, de Marsillac, de Sauviac de Clergue, de Raynaldi, de Turenne, d'Hautpoul, de Caladon, d'Alboy-Montrozier, de Solages, et autres des plus distinguées de Languedoc et de Rouergue.

Depuis la formation des régiments, les membres de cette famille ont constamment servi dans les armées de nos Rois, dans les grades d'officiers et de capitaines. Plusieurs ont été décorés de l'ordre royal et militaire de Saint-Louis.

François-Germain-Joseph de Cahuzac, chevalier, né au château du Verdier, le 3 septembre 1766, officier au régiment de Champagne, infanterie, le 28 décembre 1784, émigra en 1791; fit les campagnes de l'armée des princes, puis celles de l'armée de Condé, où il a eu la jambe cassée d'un coup de feu, à l'affaire d'Oberkamlach, en Souabe, le 13 août 1796. Il fut fait capitaine de cavalerie, le 7 février 1798, et fut reçu le 1er. mai, chevalier de Saint-Louis, dont le brevet lui avait été expédié, le 8 février précédent. Il épousa, le 11 mai 1803, Marie-Félicité-Parfaite d'Hautpoul de Salettes, fille de Pierre-Joseph d'Hautpoul de Salettes, d'une illustre et ancienne maison de chevalerie du Languedoc, et de Marguerite de Paule de Mondésir. De ce mariage sont issus :

 1°. François-Louis-Joseph-Adolphe de Cahuzac, né le 18 mars 1804 ;

 2°. Louise-Alexandrine de Cahuzac, née le 25 octobre 1812.

Armes : D'azur, au chef cousu de gueules, chargé de trois lionceaux d'or.

DE CALDAGUÈS ; famille ancienne, originaire d'Auvergne, d'après les titres du bailliage royal et de la justice ordinaire de la ville et vicomté de Murat. Elle constate sa filiation suivie depuis Guillaume de Caldaguès, qui, l'an 1272, était bailli royal d'Andelat et lieutenant-général de la ville et vicomté de Murat ; charges qu'il exerça jusqu'en 1310. On compte parmi leurs descendants un grand nombre de magistrats et de militaires d'un mérite distingué, entr'autres des baillis royaux d'Andelat et des lieutenants-généraux des villes et vicomtés de Murat et du Carladès ; charges qui furent héréditaires dans cette famille ; un écuyer du duc d'Orléans, frère unique du Roi, en 1653, trois présidents en la cour des aides de Clermont-Ferrant, etc., etc.

Jean-André *de Caldaguès*, écuyer, seigneur de Ferval, dont le père avait servi pendant vingt ans dans les mousquetaires, servit pendant trente ans dans le régiment de Bourbonnais, avec lequel il fit, en qualité de capitaine, diverses campagnes, durant lesquelles il reçut deux blessures graves, et fut fait chevalier de Saint-Louis. Il fut nommé lieutenant de Roi, et commandant en la ville de Bergues-Saint-Vinox, en Flandre, où il est resté pendant vingt ans, jusqu'au 20 octobre 1780, époque de sa mort. Il avait épousé, en 1741, Martine-Josephe Rémont d'Arzillemont, dont il a eu :

 1°. Joseph-François de Caldaguès, chevalier de l'ordre royal et militaire de Saint-Louis, capitaine au régiment de Bourbonnais, du 5 octobre 1767, avec lequel il a fait la guerre de sept ans, a été nommé en 1791, par S. M. Louis XVI, lieutenant-colonel du régiment de la Ferre ; émigré, il a fait les campagnes de l'armée des princes. Au

retour de S. M. Louis XVIII, il a obtenu la
retraite d'officier supérieur.

2°. Charles-Antoine de Caldaguès, ancien capitaine au régiment de Bourbonnais, chevalier de
Saint-Louis;

3ᵈ. Raymond, comte de Caldaguès, lieutenant-
général des armées du Roi, commandeur de St.-
Louis;

4°. Autre Charles-Antoine de Caldaguès, ancien
capitaine au régiment de Bourbonnais, chevalier de Saint-Louis.

Armes : d'or, à l'arbre terrassé de sinople ; un levrier passant d'argent, colleté d'or, brochant sur le fût
de l'arbre ; au chef d'azur, chargé de trois étoiles d'argent. Couronne du comte. Supports : deux levriers.

DE CASTILLON, marquis et barons de St.-Victor;
maison d'ancienne chevalerie du Languedoc, et l'une
des plus distinguées de cette province, par ses illustrations, ses alliances, et ses services militaires. Elle
a pris son nom du seigneurial de Castillon du Gard,
situé à cinq lieues d'Uzès, dans la généralité de Montpellier.

Le premier seigneur de cette maison, que l'on
puisse citer avec certitude, est Pierre, seigneur de Castillon, qu'on voit au nombre des nobles qui se sou-
mirent au vicomte de Beziers, Bernard-Aton, l'an
1124 (1).

Guillaume de Castillon est nommé dans un plaid,
tenu à Toulouse, au mois de mai 1130, par le comte
Alfonse Jourdain (2).

Bernard de Castillon souscrivit un acte de Roger, vicomte de Carcassonne de l'an 1150, mentionné dans
le cartulaire du château de Foix, caisse 15 (3). Ber-

(1) Histoire générale du Languedoc, par D. Vaissète, t. II, preuves, col. 427.

(2) Ibid, preuves, col. 459.

(3) Ibid, col. 524.

nard et Clavel de Castillon, son fils, firent une donation à l'abbaye de Ville-Longue, l'an 1152 (1).

Isarn de Castillon rendit, en 1160, un hommage à
Roger-Bernard, comte de Foix (2), dans lequel Pierre
de Marlag le qualifie son frère, sans doute en raison du mariage de l'un avec la sœur de l'autre.

La filiation de cette ancienne et illustre maison est
établie depuis l'an 1204, et s'est perpétuée jusqu'à nos
jours, par une longue continuité de services militaires
et diplomatiques, ayant produit un grand nombre d'officiers supérieurs et de divers grades, et notamment un
lieutenant-général des armées du Roi, en 1784 (3). Elle
a également donné plusieurs chevaliers et dignitaires de
l'ordre souverain de Saint-Jean de Jérusalem, dit de
Malte, depuis près de deux siècles.

Armes : d'azur, à la tour d'argent, sur un rocher de
sinople, accostée de deux lions affrontés de sable.

CAUCHON. La maison de Cauchon, éteinte à la
fin du dix-huitième siècle, a tenu un rang distingué
parmi les plus considérables de la province de Champagne. Elle avait pour auteur Remy Cauchon, Ier. du
nom, qui fut nommé, après la perte de la bataille de
Crécy, pour ordonner des levées de gens de guerre, pour
le service du roi Philippe-de-Valois, dans la ville et le
diocèse de Reims, et fut commis, l'an 1348, avec
Pierre de Besannes, pour les commander. En considération de ses services, Remy Cauchon, IIe. du nom,
seigneur de Gœux, son petit-fils, obtint du roi Charles VI, des lettres-patentes, qui lui confèrent la noblesse, ainsi qu'à Rose Gibours, sa femme. Remy Ier.
avait eu pour fils : 1º. Jacques Cauchon, seigneur de
Gœux, dont on va parler ; 2º. Jean Cauchon, seigneur
du Godart, qui eut deux fils A. Jean II, seigneur de
Godard et de Savigny-sur-Ardre, chevalier, conseiller

_____

(1) Histoire générale de Languedoc, par dom Vais-
sete, tom. 2. Preuves. — Ibid, col. 527.
(2) Ibid, col. 577.
(3) Voyez l'état de ses services dans le tom. III du
Dictionnaire historique et biographique des Généraux
français.

et maître d'hôtel ordinaire du roi Charles VII, l'an 1434, lieutenant du bailli de Vermandois, à Reims, l'an 1443, mort le 25 décembre 1448, ayant pour fils : *a.* Guillaume Cauchon, seigneur de Savigny, qui ne laissa que des filles. Il fut héritier de son oncle, Pierre Cauchon, évêque de Beauvais, et fut le premier qui déclara, avec serment, que la condamnation de Jeanne-d'Arc, prononcée par ce prélat, avait été l'effet de la seule haine des Anglais. — *b.* Thomas Cauchon, seigneur du Godart, mort le 18 mai 1482, après avoir eu de Jeanne de Huz, sa femme, morte le 12 avril 1512, Laurent Cauchon, seigneur du Godart, l'an 1538, le dernier de sa branche, dont la femme, Jacqueline de Partenay, mourut le 28 juin 1526. — B Pierre Cauchon, docteur en théologie, vidame de Reims, maître des requêtes ordinaire du Roi, l'an 1418, évêque de Beauvais, l'an 1420. Il acquit une funeste célébrité, en faisant condamner Jeanne-d'Arc, dite la pucelle. Le Roi d'Angleterre, pour le récompenser de cette condamnation, lui donna l'évêché de Lisieux, en 1432. Il mourut subitement en 1443, en se faisant la barbe, et fut excommunié par le pape Calixte IV (1).

Jacques Cauchon, Ier. du nom, seigneur de Gœux, vivant encore en 1399, fut père de Remy Cauchon, IIe. du nom, seigneur de Gœux, époux de Rose Gibours. Ce dernier devint la souche d'un grand nombre de branches, que nous citerons selon l'ordre de successibilité.

_____

(1) Charles d'Hozier, qui a dressé l'article de cette maison, produit devant M. de Caumartin, intendant en Champagne, en 1670, dit par une erreur, que la chronologie rend palpable, que Pierre Cauchon, évêque de Beauvais, était fils de Remy Ier., qui vivait en 1346. L'auteur des généalogies des maîtres des requêtes, in-fol., Paris, 1670, p. 122, pense que ce Pierre de Cauchon était d'une autre famille que celle qui fait l'objet de cet article. Ses armoiries, qui se voyaient encore de son tems, en divers endroits de la maison épiscopale et de l'église de Beauvais, étaient : *d'azur, à la fasce d'argent, accompagnée de 3 coquilles d'or;* mais il se peut aussi que ses véritables armoiries aient été changées.

1°. Les seigneurs de Sillery, vicomtes de Puisieux, éteints l'an 1564, après s'être alliés aux maisons et familles de Besannes de Sapigneul, de Blois de Courtrisy, le Breton d'Ogny, Chissoir de Beines, fillette de Ludes, le Folmarié, de Goujon de Coigny, Halvequin de Tasnières, de Manneville, de Mendozze, le Picart de Villeron, de Thuisy, etc. Marie Cauchon, dame de Sillery et de Puisieux, héritière de cette branche, avait épousé, le 13 janvier 1544, Pierre Brûlart, seigneur de Berny, président des enquêtes au parlement de Paris, puis conseiller au conseil privé du Roi. Elle fut mère de Nicolas Brûlart de Sillery, chancelier de France ;

2°. Les Seigneurs de Verzenay et d'Estrée-au-Pont, vicomtes de Louvois, barons de Thiernut, vicomtes et comtes de Léry, qui ont donné un maréchal de camp des armées du Roi, l'an 1651, capitaine et commandant de la ville de Reims, en 1659, dont le père avait été gouverneur de Château-Porcien, et le frère puîné, commandant la compagnie des gardes de M. le Prince, fut tué à la bataille de Rocroy, et se sont alliés aux maisons de Besannes de Taissy, de la Bove de Silly, Chinoir de Beines, Cuissotte de Gizaucourt, le Folmarié d'Avise, Godet d'Aunay, le Gorlier de Saint-Martin, de Goujon de Thou-sur-Marne, de la Gravelle, Hodierne de Rosières, Moet de Variscourt, de Montlaurent, du Moulinet de Vermoise, de Proisy, de Ravenel de Brienne, Rohais de Soligny, le Vergeur de Courtagnon ;

3°. Les seigneurs d'Avise, de Trélon et de Vigneux, sortis au neuvième degré de la branche précédente, ont donné un commandeur de Malte et un gouverneur de Château-Porcien, et se sont alliés aux maisons de Champagne, de Fillette de Ludes, de Marle d'Arcy-le-Ponsart, d'Orjault d'Hauteville, du Pars de Montigny, le Vergeur d'Acy, etc.

4°. Les seigneurs de Sommièvre, séparés aussi au 9e degré de la première branche. Ils ont donné plusieurs officiers, dont l'un fut tué au premier siège de Thionville. Son frère aîné était mestre-de-camp d'un régiment de cavalerie. Les alliances de ce rameau sont avec les maisons de Causa de Vereuil, de Goujon de

Thou-sur-Marne, de Guillemin, de Thomassin de Donjeux et de la Vefve de Sompsois;

5°. Les seigneurs de Dugny, séparés au septième degré des seigneurs de Verzenay, éteints peu après 1591, après s'être alliés aux maisons de Feret de Montlaurent, de Goujon de Thou-sur-Marne, Grossain de Barbonval, de Joibert d'Aunay, de la Pierre de Tuis;

6°. Les seigneurs de Muisson, sortis également au septième degré des seigneurs de Verzenay, éteints l'an 1590, s'étaient alliés aux Biset, Boutier de la Fuye, Fillette de Ludes, Forest, Lesguisé d'Aigremont, etc.

7°. Les seigneurs de Treslon, sortis au même degré, éteints au commencement du dix-septième siècle, après avoir donné au maître des requêtes ordinaire de l'hôtel du Roi, conseiller d'état ordinaire, un confesseur de la reine d'Angleterre, et un chevalier de Malte, et s'être alliés aux Brûlart de Sillery, Coquebert, Goujon de Thuisy, Moet du Brouillet, Morant du Mesnil-Garnier, le Prévost, etc.

8°. Les seigneurs de Condé, issus des précédents, éteints l'an 1664, par la mort sans postérité de Louis Cauchon, dit Hesselin. Ce rameau prit ses alliances dans les maisons de Brûlart, de Goujon de Bouzy et de Thou-sur-Marne, Hesselin de Lannoy de Gironville et de Morin de la Planchette.

9. Les seigneurs et baron de Neuflize et de Champlast, vicomtes d'Unchair, sortis au cinquième degré des seigneurs de Verzenay; ils ont donné plusieurs capitaines et gouverneurs de places, ainsi que le fondateur du séminaire de la ville de Reims, et se sont alliés aux maisons d'Anglure de Longeville, Bazin de Fresne, de Bièvre de Sainte-Susanne, Bourdin de Vilennes, Forest d'Anchair, de Goujon de Coigny, Jacmin d'Irval, Lescot du Cosson, de Noue de Villers, d'O de Franconville, Paris de Sainte-Fraize, du Puis de Montigny, de Vauclerois et de Vegny, etc.

10°. Les seigneurs de Maupas, barons de Tours, issus des seigneurs de Neuflize, et éteints en 1681, après avoir donné un gentilhomme ordinaire de la chambre du roi Henri IV, l'an 1600, dont le fils fut gouverneur de la personne de Charles III, duc de Lor-

raine, chef de ses conseils, surintendant de sa maison ;
puis ambassadeur pour le Roi, en Angleterre ; un lieutenant-colonel du régiment de cavalerie de la Meil-
leraye, dont le fils fut tué au siége de Dunkerque. Ce
dernier était neveu d'Henri Cauchon de Maupas, abbé de
Saint-Denis, de Reims, premier aumônier de la reine
Anne d'Autriche, évêque du Puy, puis d'Evreux, mort
en 1681. Cette branche s'est alliée aux maisons d'Amer-
val, des Armoises, de Besannes, de Bossut de Lierval,
de Coligny, de Durfort Duras, de Gondy, de Gourlay,
de Harlas, de Joyeuse de Saint-Lambert, de Moreuil,
du Morillon, de Moucy, du Moulin de Fontenay, Picot
de Couvay, de Roussy de Sissonne et d'Y de Grand-
Champ.

Armes : de gueules, au griffon d'or ailé d'argent.

CEZEAU DE LASSALLE (1), en Guienne, famille
ancienne, originaire de Suisse, où une branche subsiste
encore près de Lausanne. Elle portait originairement le
nom de Chezeaux, corrompu en idiôme gascon, en Cezeau
depuis le milieu du seizième siècle, époque à laquelle
l'auteur de la branche de cette famille, établie en Con-
dômois, passa en France en qualité de capitaine dans
un régiment suisse au service des rois François Ier. et
Henri II. S'étant marié en Guienne, il y fixa son domicile. On compte dans ses descendants plusieurs officiers
supérieurs, dont un maréchal-des-logis des gardes du
corps périt au champ d'honneur. François de Lasalle-
Cezeau, chef actuel de cette famille, maréchal de camp
en retraite, chevalier de l'ordre royal et militaire de
Saint-Louis, a fait avec distinction les campagnes du
Bas-Rhin en 1760 et 1761, et celles de 1793 et 1794
contre l'Espagne ; il avait précédemment servi, à
l'île Saint-Domingue, de 1763 à 1767. (*Voyez le détail
de ses services militaires dans le Dictionnaire des Généraux
français.*) Son fils aîné, lieutenant de la compagnie
des canonniers du bataillon de Lot et Garonne, en 1793,
mourut à l'armée des Pyrennées occidentales, commandée par le général Moncey.

_____

(1) Ou DE LA SALLE ; la plupart des brevets expé-
diés à cette famille, portent cette dernière orthographe

Armes : d'azur, au chevron d'or, accompagné en chef à dextre d'une merlette, à sénestre d'une croix potencée et en pointe d'un lion, le tout du même. Supports : deux levriers.

DE CHAMPAGNE ; maison des plus anciennes de celles de race chevaleresque du comté de Bourgogne, dont il existe encore deux branches qui jouissent d'une grande considération ; elles se sont toujours alliées, depuis leur origine, à des maisons illustres et de leurs ordres. Golut, *p.* 370, et, depuis lui, plusieurs auteurs rapportent qu'en 1156, l'empereur Frédéric donna à Otton de Champagne, les seigneuries de Quingey, Liesle et Champvaut. Le même Golut rapporte qu'à la mort de cet empereur il trouva, parmi les gentils-hommes, vassaux de Bourgogne, Otton de Champagne, et il rappelle aussi, *p.* 423, Jean de Champagne, parmi quelques nobles et illustres gentils-hommes, existants en 1278, dont il rapporte les noms. Cette maison serait donc fondée à émettre de hautes prétentions sur son origine, si l'on considère trois faits incontestables. Le premier, qu'elle a toujours porté le nom de Champagne ; le deuxième, qu'elle a toujours possédé, jusqu'en 1790, lesdits seigneuries et fiefs de Quingey et Liesle, très-voisins du village et château de Champagne, son domicile ; le troisième, qu'elle a constamment porté les armes pleines de la maison de Pontailler, branche de la maison souveraine de Champagne. Sans doute ces trois circonstances réunies, appuyées de l'opinion de divers auteurs, sont plus que des vraisemblances d'identité. La filiation de cette maison est suivie jusqu'à Jean de Champagne, damoiseau, puis homme d'armes en 1355, fils de Guy de Champagne, seigneur de Champagne-Liesle, chevalier, vivant en 1308 et 1330, quatorzième descendant des marquis de Champagne et comtes de Champagne-Bouzey d'aujourd'hui, et de plus grand nombre de titres épars de donations et fondations aux abbayes, par Milon de Champagne, chevalier, et Aimon de Saint-Seigne, en 1208, à l'abbaye de Tenley ; Guy de Champagne, chevalier, témoin d'une autre en 1227 ; Etienne, aussi chevalier, époux de Pétronille, et Jacques, son fils, en 1249 ; et autres actes constatant réception de cette maison de toute ancienneté dans tous les chapitres nobles du pays ; à Malte, depuis le dix-septième siècle, de onze chevaliers, dans l'illustre corps de noblesse de Saint-Georges, depuis 1500, et de nombre de chevaliers et hommes d'armes, dans les armées de Bourgogne, aux quatorzième et quinzième siècles.

Armes : d'or, au lion de gueules.

DE CHAPONAY ; barons de Morancé et de Belmont, seigneurs de Chaponay, Pousonas, Bresson, Saint-Marcel, le Mure, Lizérable, le Pin, Marzé, Trédo, etc. etc., titrés marquis de Chaponay-Morancé, maison des plus anciennes de la province de Dauphiné, qui a fait les preuves pardevant M. Chérin fils, généalogiste des ordres du Roi pour les honneurs de la cour. Cette maison a donné des officiers de tous grades et des magistrats distingués, un chevalier de l'ordre du Roi, et nombre de chevaliers de l'ordre royal et militaire de Saint-Louis ; elle s'est alliée aux familles d'Areste de Rosarge, d'Arthaud de la Roche, de Baglion de la Salle, de Clermont de Saint-Cassin, d'Edme de Saint-Julien, d'Expilly, de Grezolles, de Loras, le Maistre, Nicolau de Poussan, Palmier, Plouvier de Chandouble, Scarron, de Varrey, de Verdonay, de Villars, etc. ; elle est représentée au seizième degré par :

Pierre-Anne *de Chaponay,* chevalier, appelé marquis de Chaponay-Morancé, né le 18 février 1754, qui a été premier page de MADAME, comtesse d'Artois, suivant une quittance de ses entrées, du 20 janvier 1780 ; a obtenu rang de capitaine au régiment de Belzunce, le 5 avril de la même année ; capitaine de remplacement dans le régiment des chasseurs des Alpes, le 23 septembre 1784 ; c'est lui qui a eu l'honneur de monter dans les carrosses de Sa Majesté et de la suivre à la chasse, le 25 juillet 1789 ; il est aujourd'hui lieutenant-colonel de cavalerie, chevalier de l'ordre royal et militaire de Saint-Louis, et a épousé une demoiselle de Châtillon, de laquelle il a :

1º. César-François de Chaponay ;
2º. Antoine-François-Louis de Chaponay ;

Armes : d'azur, à trois coqs d'or, becqués, crêtés,

barbés et membrés de gueules. Couronne de marquis. *Supports* : deux lions. *Cimier* : un coq d'or, becqué, crêté, barbé et membré de gueules. Devise : *Gallo canente spes redit.*

Il y a encore une autre famille de ce nom, en Dauphiné ; Chorier dit qu'elle est différente de celle-ci, et effectivement, elle porte des armes qui ne sont pas du tout les mêmes, puisqu'elles sont : de gueules, à la face engrêlée d'or, et à trois bandes retraites mouvantes du chef d'argent ; ce qui n'a aucun rapport avec les armes de la maison de Chaponay, qui fait l'objet de cette notice, et dont la généalogie se trouve rapportée au t. 13, p. 272 du Nobiliaire de M. de Saint-Allais, et p. 278 des Mazures de l'Isle Barbe, par le Laboureur.

DE CHARPY DE JUGNY. La famille *de Charpy-Jugny* occupait déjà, avant l'an 1400, dans la maison des ducs de Bourgogne, des places réservées à la seule noblesse. Elle est originaire de Champagne, où un des auteurs de M. de Jugny, Jean Charpy, écuyer, vivait à Langres, en 1396. Elle s'est établie ensuite en Bourgogne, et y possédait, sur la Saône, des terres considérables, notamment Saint-Uzaye, Echenon, et depuis, Corberon, Villy-le-Brûlé, Cluze, Vaubize, etc., qu'elle a perdus par la révolution.

Cette famille faisait partie de la noblesse de Bourgogne, et les gentilshommes de ce nom entraient, à ce titre, aux Etats de cette province, et y étaient, tous les trois ans, nominativement convoqués par lettres closes, pour venir voter dans la chambre de la noblesse.

Cette famille s'est depuis long-tems divisée en plusieurs branches, dont une a existé long-tems en Dauphiné, où elle n'a été éteinte que sur la fin du siècle dernier.

Une autre branche s'est établie en haute Normandie, où elle possédait la terre de Roquemont, et depuis, elle a passé en Brie, où elle avait la terre de la Forêt.

La branche aînée est restée constamment en Bourgogne, où M. de Charpy-Jugny, ancien conseiller au parlement, qui en est le chef, a six enfants, dont trois fils, les comtes Victor, Alphonse et Casimir de

Jugny, tous trois officiers au service de l'empereur d'Autriche, et trois filles mariées. Ses pères ont alternativement occupé soit des emplois militaires, soit des places dans le parlement de Bourgogne.

Un des auteurs de M. de Jugny ayant, dans le seizième siècle, reçu une blessure considérable dans une bataille où il sauva la vie à son colonel, prince de la maison de Lorraine, reçut, pour récompense de ce trait de bravoure et de dévoûment, un diplôme qui lui concéda, ainsi qu'à tous les gentilshommes de son nom, d'ajouter aux armes de sa famille, la croix de Lorraine et l'aigle impériale qui, en effet, depuis cette époque honorable, ont toujours fait partie des armoiries de la branche de Charpy-Jugny.

Armes : d'or, à une aigle éployée de sable, chargée en cœur d'un écu d'azur à trois épis d'or, issants d'un croissant d'argent ; au chef d'azur, chargé de l'ancienne croix de Lorraine d'argent. *Supports* : deux aigles. Couronne de comte. Devise : *Nec spe, nec metu in variis varius.*

DE CHEFDEBIEN, vicomtes d'Armissan, en Languedoc. La famille de Chefdebien, originaire du Poitou, et plus anciennement du duché de Bretagne, selon une opinion traditionnelle perpétuée dans cette famille, s'est établie au diocèse de Narbonne, vers le milieu du 16e siècle, et y tient un rang distingué par ses services, ses alliances et les charges éminentes dont elle a été revêtue. Ses titres, produits lors de la recherche, en 1669, établissent sa filiation suivante.

1. Robert DE CHEFDEBIEN, seigneur de Chavenay (1) et fut père de :

    1º. Charles, qui suit ;
    2º. François de Chefdebien, qui ayant été blessé au genou à la bataille de Cérisoles en 1544, obtint par la protection du duc d'Enghien, la place de général des finances, en Languedoc, et s'établit

---

(1) *Chavenay*, seigneurie située à deux lieues et demie de Loudun.

à Montpellier. Il occupa, pendant long-tems, cette charge, et l'exerça avec honneur ; et pendant les guerres de religion, il eut plusieurs occasions de montrer sa capacité et son dévouement aux rois Charles IX et Henri III, qui lui donnèrent plusieurs témoignages honorables de leur confiance. François de Chefdebien, ne s'étant point marié, fit venir son neveu Réné auprès de lui, et lui laissa une grande partie de sa fortune ; mais ce dernier s'étant refusé à lui succéder dans sa charge, François, dans un moment d'humeur, adopta un particulier de Nismes, qui prit son nom et ses armes, fut président à la cour des comptes de Montpellier, eut un fils qui devint premier président de la même cour, puis conseiller d'état, et mourut sans postérité.

II. Charles DE CHEFDEBIEN, seigneur de Chavenay (1) et de Pamparé en Poitou, servit avec distinction, notamment, à la bataille de Cérisoles, sous les ordres du duc d'Enghien, où il se trouva avec François de Chefdebien, son frère. Charles avait épousé, le 25 décembre 1542, Martine *de Noyèle*, à qui Françoise Rousseau, sa mère, dame de la Busardière, avait fait une donation lors des accords de leur mariage, le 10 septembre précédent ; Charles eut pour fils :

III. Réné DE CHEFDEBIEN, qui, des bienfaits de son oncle et de la vente de ses terres en Poitou, acheta la baronnie de Puisserguier (2) où il s'établit ; mais les guerres de religion s'étant déclarées, et la ville de Beziers ayant pris le parti de Gaston, tandis que Narbonne était alors du parti du Roi, Réné fit l'échange de sa terre de Puisserguier, contre les seigneuries d'Armissan et du Quatourse ; le château et les bois de cette dernière furent brûlés par les ligueurs, pour se venger et le punir du parti qu'il avait pris. Réné s'était voué toute sa

(1) *Chavenay*, seigneurie située à deux lieues et demie de Loudun.
(2) *Puisserguier*, bourg situé sur le Lisson, à deux lieues de Béziers, et à quatre de Narbonne, comprenait deux cent quatre feux, ou environ mille habitants.

IV. 44

vie à la profession des armes, ce qui est prouvé, entr'autres pièces, par la copie de son épitaphe, gravée sur une grande tombe de marbre bleu, placée au milieu du sanctuaire, et devant le maître-autel de l'église paroissiale du lieu d'Armissan; l'écusson des armoiries y est penché et est timbré d'un casque orné d'un cimier et de ses lambrequins; elle est conçue ainsi qu'il suit : « cy gît noble » Réné de Chefdebien, écuyer, seigneur d'Armissan, » et autres lieux; qui, après avoir vécu soixante ans en » homme de bien, et reçu vingt-huit blessures pour le » service du Roi, décéda le XVII janvier MDCXV. » Dieu lui fasse miséricorde, amen. » Il avait épousé à Montpellier, le 27 octobre 1574, damoiselle Marguerite de Bandinel, de laquelle il eut :

IV. Jean François DE CHEFDEBIEN, seigneur d'Armissan (1) et du Quatourse fut fait gentilhomme ordinaire de la chambre du Roi, par brevet daté de Saint-Germain en Laye, du 8 février 1639. Il servit toute sa vie, et fut dispensé de la taxe du ban et arrière-ban, comme gentilhomme ordinaire, et encore, est-il dit dans le certificat de décharge, à cause de la blessure que ledit seigneur d'Armissan avait reçue au service de Sa Majesté, au combat de Leucate, où il eut un cheval tué sous lui, et la jambe gauche percée par un coup de mousquet. Il avait épousé, par contrat du 1er. septembre 1622, damoiselle Marguerite de Vieu, et fit son testament le 25 février 1644. Ses enfants furent :

1°. Henri Réné, qui suit :
2°. Etienne-César de Chefdebien;
3°. Jean-François de Chefdebien;
4°. Jean de Chefdebien;
5°. Gilbert de Chefdebien, qui fonda la branche des vicomtes de Chefdebien d'Armissan rapportée ci-après.
6°. Marie-Marguerite de Chefdebien, mariée à noble François de Casteras.

---

(1) Armissan, généralité de Montpellier, proche la mer, à une lieue et demie de Narbonne, et à cent quatre-vingt-quatre lieues modernes de Paris, comprenait quatre-vingt-neuf feux, ou environ quatre cent cinquante habitants.

V. Henri Réné DE CHEFDEBIEN, seigneur, puis vicomte d'Armissan, gentilhomme ordinaire de la chambre du Roi, par brevet du 26 juillet 1651, fit son testament le 15 mars 1665. Il avait épousé 1°. par contrat du 1er. octobre 1651, demoiselle Marie Anne *Delom*, de laquelle il eut Jean-Henri, qui suit; 2°. damoiselle Isabeau *de Reboul*, dont il n'eut point d'enfants.

VI. Jean-Henri DE CHEFDEBIEN, vicomte d'Armissan, seigneur de Quatourse, fut maintenu dans sa noblesse, par jugement de M. de Bezons, intendant du Languedoc, du 14 janvier 1669. Il épousa N..... *de Chefdebien*, sa cousine germaine, fille de Gilbert de Chefdebien, ci-après nommé. Il n'eut de ce mariage qu'une fille qui porta la terre d'Armissan dans la famille du comte Ponte d'Albaret; mais le titre de vicomte d'Armissan, aux termes des lettres-patentes d'érection (1), dut passer aux

(1) « Louis, etc., n'y ayant rien de plus juste que de
» reconnaître et de récompenser les actions vertueuses
» de ceux qui ont beaucoup mérité de nous et du public,
» en exposant leurs biens et leurs vies pour le service
» de leur prince, la défense et le repos de leur patrie;
» nous avons estimé qu'entre nos sujets, nous devons
» particulièrement considérer les grands services qui
» nous ont été rendus, tant par notre bien amé Henri
» Réné de Chefdebien, chevalier, seigneur d'Armissan,
» le Quatourse et autres places, tant en nos armées de
» Catalogne, qu'ailleurs, où il nous a servi en qualité de
» volontaire, et à ses dépens, et en plusieurs autres ren-
» contres, que par ses prédécesseurs, notamment, par
» Jean François Chefdebien, son père, aussi seigneur
» desdites terres, lequel poussé d'une généreuse émula-
» tion et affection, a passé la plus grande partie de ses
» jours, sous le faix honorable des armes, au service des
» Rois, nos prédécesseurs, entr'autres, au secours de
» Leucate, où il fut grièvement blessé, et dont il est
» mort desdites blessures, et ne le pouvant mieux re-
» connaître qu'en l'honorant de quelque titre d'hon-
» neur, qui passe à ses successeurs, etc. Donné à Poi-
» tiers, au mois de décembre 1651; signé Louis, et au dos
» Guenegaut; scellées du grand sceau en cire verte. »

enfants et successeurs de Gilbert de Chefdebien, frère
puîné d'Henri-Réné, et chef de la famille qui existe
encore.

Vicomtes de Chefdebien d'Armissan.

V. Messire Gilbert DE CHEFDEBIEN D'ARMISSAN, capitaine des chevau-légers, maintenu dans son ancienne
extraction, le 14 janvier 1669, se maria le 31 juillet 1677,
avec demoiselle Marie d'*Auderic de Lastours*, de l'avis
et agrément de messire Etienne-César de Chefdebien
d'Armissan, sieur du Quatourse, gouverneur pour le
Roi du château et vallée de Gueiras en Dauphiné, de
messire Jean-François de Chefdebien d'Armissan, lieutenant pour Sa Majesté, en la ville et citadelle de Bordeaux, ses deux frères, et de dame Isabeau de Reboul,
veuve de messire Henri-Réné de Chefdebien, vicomte
d'Armissan, leur frère aîné. De ce mariage sont issus,
entr'autres enfants :

1º. Jean-François, dont l'article suit ;
2º. N..... de Chefdebien, mariée à son cousin-germain Jean-Henri, vicomte d'Armissan.

VI. Messire Jean-François DE CHEFDEBIEN D'ARMIS-
SAN, seigneur de l'Haute et de la Planasse (1), lieutenant
d'infanterie, se maria le 16 février 1711, avec demoiselle Marie-Marguerite *de Chambert*, dame de Bizanet,
(2) Saint-Amans (3) et autres places, et en eut deux fils :

1º. Jean-Louis-Joseph de Chefdebien, mort de ses
blessures sur le champ de bataille de Rosbach,
étant capitaine de grenadiers au régiment de Piémont, sans postérité.
2º. Anne-François, qui suit ;

VII. Anne-François vicomte DE CHEFDEBIEN D'AR-
MISSAN, seigneur de Bizanet, l'Haute et autres places,

_____

(1) *L'île de la Planasse*, à deux lieues de Narbonne.
(2) *Bizanet*, à deux lieues et demie de Narbonne, comprenait quatre-vingt-cinq feux.
(3) *Saint-Amans*, à deux lieues et demie de Castel-
naudary.

chevalier de Saint-Louis, capitaine réformé du régiment de Piémont, épousa, par contrat du 24 juin 1752, demoiselle Gabrielle de *Solas-de-Mont-Laurés.* De ce mariage sont issus :

1°. François-Marie, dont l'article suit :

2°. Marie-Louis-Paul de Chefdebien, élève d'artillerie compris dans la grande réforme de 1772 ; passé en Virginie, où il fut major d'une brigade d'infanterie nationale en 1778, et d'où il n'est pas revenu depuis plus de 30 ans.

3°. Paul-Serge-Anne de Chefdebien, capitaine d'infanterie au régiment d'Anjou, chevalier de Saint-Louis et de Malte, maire de la ville de Narbonne.

4°. François-Réné de Chefdebien, prêtre, nommé page de S. Exc. le Grand-Maître de Malte Pinto, mort à Toulouse, où il était allé prêcher, le 14 mars 1818.

5°. François-Guillaume-Gabriel de Chefdebien, capitaine de frégate, retraité, chevalier de Saint-Louis et de Malte.

6°. Louis-François-Gabriel, dont la postérité sera rapportée après celle de son frère aîné.

VIII. François-Marie, vicomte DE CHEFDEBIEN D'ARMISSAN, chevalier de dévotion de l'ordre de St.-Jean de Jérusalem, colonel à la suite du régiment des chasseurs de Malte, mort le 30 juin 1814, avait épousé en mai 1792, mademoiselle Eulalie *de Cagarriga,* maison illustre du royaume d'Arragon, dont les aînés étaient comtes héréditaires. La branche aînée, établie en Roussillon, avant la conquête, s'est éteinte dans ces derniers temps, et il n'en est resté que deux filles, dont madame Eulalie, vicomtesse de Chefdebien, est l'aînée. Feu le vicomte François-Marie a laissé de son mariage :

1°. Roch, vicomte de Chefdebien d'Armissan ;

2°. Paulus, chevalier de Chefdebien d'Armissan, élève de la marine de première classe ;

3°. Gabrielle de Chefdebien d'Armissan.

VIII. Louis-François-Gabriel, chevalier DE CHEFDEBIEN, sixième fils d'Anne-François et de madame Gabrielle de Solas, épousa, le 30 mai 1795, mademoiselle

Lucie-Appollonie *Amans.* Entré au service, le 13 septembre 1784, il devint commissaire des guerres le 2 septembre 1793, et commissaire-ordonnateur des guerres, le 22 juin 1811. Il était ordonnateur de la dixième division militaire à Toulouse, lorsqu'il fut appelé à l'armée du midi par S. A. R. Monseigneur le duc d'Angoulême, le 19 mars 1815. Il a été fait ordonnateur en chef de la même armée, le lendemain (rang de lieutenant-général); a servi le Prince jusques au moment où il fut obligé de capituler avec les troupes de l'usurpateur, le 9 avril suivant, a été employé à l'armée prussienne d'occupation en 1816 et 1817, fait chevalier de Saint-Louis, le 27 novembre 1814; reçu par S. A. R. *Monsieur*, comte d'Artois, le 4 décembre suivant, officier de la légion d'honneur, le 9 février 1815, et décoré du lys; fait chevalier de l'ordre royal de l'Aigle-Rouge par S. M. le Roi de Prusse, le 4 septembre 1817; il était chevalier de Malte depuis 1776; il a deux filles et un fils en bas âge.

Armes : d'azur, à la fasce d'argent accompagnée de deux lions léopardés d'or, lampassés et armés de gueules, celui de la pointe contrepassant. Cimier un lion issant, et le timbre orné de lambrequins aux émaux de l'écu.

DE CHEVÉRUE(1), comtes et marquis de Chevérue, par érection du mois d'octobre 1772, maison d'origine chevaleresque de Bretagne, répandue successivement eu Anjou, au Maine et en Basse-Normandie. Elle a fait les preuves pour les honneurs de la cour, par devant M. Chérin fils, généalogiste des ordres du roi, au mois de mai 1789 (2).

---

(1) L'orthographe de ce nom a singulièrement varié; on le trouve écrit dans les titres *Chevrel, Chevereüe, Chévérüee, Chévrüe, Chévreux, Chevrüe, Chevrust, Chevreulle* et *Chevrux,* mais plus communément *Chevérue.*

(2) Nous croyons devoir transmettre ici la lettre écrite, à cette occasion, à M. le comte de Chevérue, par M. Cherin fils, devenu depuis général de division.

Monsieur,

Les preuves que vous avez faites devant moi, au ca-

Roger de Chevreulle est compris dans le rôle des chevaliers et écuyers qui défendirent la tour de Dol, en 1173, et furent faits prisonniers dans cette place, par les troupes de Henri II, roi d'Angleterre. Dans le même temps, un autre sujet de la même famille, défendait le château de Fougères contre le même monarque.

On trouve un Chévérüe au nombre des seigneurs qui accompagnèrent St.-Louis à la Terre-Sainte, et Ranulphe de Chevrel, cité dans un compte rendu, l'an 1268, au duc de Bretagne, Jean le Roux. L'an 1303, un Chévérüe, chevalier de l'ordre des Templiers-non-Conformistes, reçut 30 livres du roi Philippe le Bel. La Roque, dans son histoire de la maison d'Harcourt, fait mention d'un messire Pierre de Chevérüe, chevalier, qui fut présent à une montre des nobles de la province de Normandie, faite en 1347, sous l'autorité de Godefroy de Harcourt, par Robert de Thibouville. Ce Pierre de Chevérüe, périt à la bataille de Poitiers, en 1356. L'an 1458, sous François II, duc de Bretagne, un Chévérüe fit le pélerinage de la Terre-Sainte, et fut chargé d'une offrande, offerte par le duc, au St.-Sépulcre et à Stè.-Elisabeth.

La filiation de cette maison est littéralement prouvée depuis Jean de Chevérüe, chevalier, qui, en 1407, épousa Jeannette d'Orvaux, dame de la Lande, fille de Jean d'Orvaux, écuyer, seigneur d'Orvaux. Il fut com-

---

binet de l'ordre du St.-Esprit, vous rendent susceptible de monter dans les carrosses de Sa Majesté, et de la suivre à la chasse, ainsi que l'atteste le certificat que j'ai eu l'honneur de vous remettre.

Ces mêmes preuves ne vous rendent pas moins susceptible de l'ordre de St.-Lazare, dans le cas où *Monsieur*, grand-maître, vous désignerait pour en porter les marques, puisque votre noblesse est ancienne, pure et militaire.

Je suis, avec un attachement respectueux, monsieur le comte, votre très-humble et très-obéissant serviteur,

Signé, *Chérin.*

Paris, le 8 mai 1789.

pris, pour son hébergement et domaine de Launay, dans la réformation des feux de la paroisse de Vallex, évéché de Nantes, faite, le 10 avril 1430, par les commissaires de Bretagne, et fut maintenu au rang des anciens nobles de la province. Ses descendants ont porté les armes avec distinction, et se sont alliés aux maisons d'Antier de Faulcy, d'Auray de St.-Poix, de Bauldin, de Cadoré, de Cérisay, de Chappedelaine, de Chupin de Mercillé, de Goué, Hadebert de la Giraudaye, Hamel, de l'Huissière, Loriat, de Meaulne, de Pluvié de Kernio, de Poilvilain des Cresnays, des Prés, Provoust, de la Rocque, de St.-Germain, de Scépeaux, Simon de la Roussière, le Vayer, Vaillon, etc., etc.

La généalogie de cette famille est imprimée tom. 12, page 86 du nobiliaire de M. de St.-Allais. On se bornera à citer ici plusieurs sujets de cette famille qui ne s'y trouvent pas compris.

Isabeau de Chevérüe, fille aînée de noble homme Jean de Chevérüe, seigneur de Chevérüe, d'Aigrefeuille et de la Guidocière, et de Jeanne de Coetlogon, fut mariée, par contrat passé au château d'Aigrefeuille, sous le sceau de la cour de Ploermel, le 23 novembre 1490, à Jean de Quelon, IVe. du nom, écuyer, seigneur du Broutay. Elle eut en dot 55 livres de rente qui devaient être assises, après la mort de ses père et mère, sur la seigneurie de l'abbaye en la paroisse de Guer. Elle était représentée sur une vitre du pignon de l'église de la Croix, avec deux écussons aux armes de son mari et aux siennes. Elle fut la 6e. ayeule d'Antoine-Paul-Jacques de Quelen d'Estuer de Caussade, duc de Lavauguyon, pair de France, prince de Carancy, lieutenant-général des armées du roi, commandeur du St.-Esprit en 1753.

François de Quelen, fils aîné de Jean IV et d'Isabeau de Chevérüe, fut déchargé de la tutelle de Claude de Chevérüe, son parent, fils et héritier de feu Gilles de Chevérüe, chevalier, seigneur dudit lieu et d'Aigrefeuille, par sentence du lieutenant de la cour de Nantes, du 1er. février 1526.

Cette maison est représentée par Georges-François-Félix, marquis DE CHEVÉRUE, né à Mortain le 23 janvier 1746, capitaine au régiment de Noailles, dragons,

seigneur et patron de Cerisy, de Saussey, d'Annoville,
de Condé et de Bellefontaine, châtelain de Touchet
etc., etc., marié, le 7 janvier 1778, avec haute et
puissante dame Jacqueline-Françoise-Elisabeth *Richier
de Cerisy.*

M. le marquis de Chevérüe versa dans la caisse de
LL. AA. RR., la somme de soixante-dix-sept mille huit
cent vingt livres, produit d'une somme de cent mille
livres, qu'il avait en assignats, qu'il réalisa à ses frais,
et déclara prêter, sans intérêts, ladite somme pour
être employée à la délivrance du Roi et au rétablissement de la monarchie, et en reçut une reconnaissance
de LL. AA. RR., datée de Schonbornslust, le 1er. octobre 1791, signée *Louis-Stanislas-Xavier*, et *Charles-
Philippe.*

Il a été nommé, le 18 février 1792, par MONSIEUR,
aujourd'hui Sa Majesté Louis XVIII, et monseigneur
le comte d'Artois, officier supérieur dans les brigades
nobles réunies des ci-devant gendarmes et chevau-
légers de la garde du Roi, puis colonel en second des
chasseurs étrangers de Polignac; fit, en cette qualité,
la campagne de 1792, sous les ordres de LL. AA. RR.
qui ont daigné lui donner les certificats les plus
recommandables, comme les plus flatteurs, de ses services et de sa conduite, certificats dont il est possesseur. Il a été successivement nommé prévôt de la cour
prévôtale de la Manche, et le 12 février 1821, maréchal
des camps et armées du Roi.

Armes : de gueules, à trois têtes de chèvre arrachées
d'argent.

CHUPPIN DE GERMIGNY; famille originaire de
Champagne. Jean Chuppin, né à Paris, vers l'an 1572,
fut échevin de cette capitale en 1639. Il existe une mé-
daille de 1640, sur laquelle on voit d'un côté les armoiries de Chuppin, avec l'exergue : *Jn. Chuppin, échevin-
receveur-général des pauvres à Paris ;* de l'autre, on voit
les armes de la ville, avec l'exergue : *Urbis et fori.paupe-
rum tuela.* Le portrait de Jean Chuppin, était à l'hôtel-
de-ville.

Jean Chuppin, notaire au châtelet de Paris, fut élu
échevin de cette ville en 1684, et Nicolas Chuppin
en 1686.

IV.   45

Le fils de Jean Chuppin eut dix-neuf enfants. L'un de ces enfants, nommé Pierre Chuppin, est l'auteur des Chuppin de Germigny, seule branche existante.

Pierre-Nicolas Chuppin, vicomte de Germigny, fils de Pierre, servit dans les mousquetaires de la garde du Roi, et s'allia, en 1731, avec demoiselle de *Neuvilly*. Il mourut en 1769, laissant deux filles et un fils.

Jean-Nicolas Chuppin, écuyer, conseiller du Roi en son châtelet de Paris, administrateur du collége de Louis-le-Grand, épousa Jeanne *Lebeau*, fille du célèbre académicien, auteur de l'histoire du Bas-Empire. De ce mariage sont issus :

1°. Athanase, qui suit ;

2°. Auguste-Charles-Henri, } surnuméraires des
3°. Nicolas Chuppin. } gardes du corps du Roi.

Athanase CHUPPIN DE GERMIGNY, chevalier, conseiller en la cour royale d'Amiens, ancien garde-du-corps du Roi, lieutenant-colonel de cavalerie, est chevalier de l'ordre royal et militaire de St.-Louis et de l'ordre royal de la Légion-d'Honneur.

Une autre branche de cette famille a donné trois trésoriers-généraux du marc d'or de l'ordre du St.-Esprit, un capitaine de carabiniers, puis gentilhomme ordinaire de la chambre du Roi. Elle s'est alliée aux familles de Gallois, le juge de Bouzonville, Roland, Voysin, Verrier, Quentin, Oursel, Mouffle de Champigny et le Couteux.

Les Officiers du marc d'or ayant été supprimés, par édit de janvier 1720, le Roi accorda à Nicolas-Augustin Chuppin, un brevet et des lettres d'honneur et de vétérance pour porter la croix de l'ordre du St.-Esprit, sa vie durant, en considération des services rendus à l'ordre, par son père et par lui, pendant 34 ans.

Armes des Chuppin de Germigny : d'or, au chevron d'azur, surmonté d'une étoile de gueules, et accompagné en chef de deux croissants du même, et en pointe d'un pin de sinople.

La seconde branche portait : d'or, au chevron d'azur, surmonté d'un croissant de gueules, et accompagné en chef de deux étoiles du même, et en pointe d'un pin de sinople accosté de deux pommes de pin du même.

DE CLAIRVAULX, et par corruption DE CLERVAUX, en Poitou; noblesse d'ancienne chevalerie, qui paraît tirer son nom de l'ancienne baronnie de *Clairvaulx*, au diocèse de Poitiers.

Guillaume de Clairvaulx (*de Claris-Vallibus*) est nommé dans l'acte d'une donation faite vers l'an 1165, au prieuré de St.-Martin-de-Josselin, par Eudon, comte de Bretagne, à Alain de Rohan, son cousin.

Thibaut de Clairvaulx, varlet, servit dans les guerres de Saintonge, ainsi qu'il appert d'une quittance qu'il donna pour ses gages le 27 septembre 1338. Sur son sceau paraît une croix patée et échiquetée.

Pierre de Clairvaulx, élu abbé de Saint-Maixent, fut confirmé par le concile de Bâle, au grand déplaisir d'Eugène IV, qui avait nommé François, cardinal du titre de Saint-Clément. Les services signalés que Pierre de Clairvaux rendit à Charles VII, contre les Anglais, lui firent obtenir, le 15 septembre 1442, pour lui et pour ses successeurs, dans l'abbaye de Saint-Maixent, le titre de *conseiller du grand conseil du Roi*, et l'honneur de porter dans les armes de l'abbaye un écusson dont le champ serait de gueules, à une fleur de lys d'or.

Cette maison, qui a constamment suivi le parti des armes, et s'est alliée aux meilleures maisons du Poitou, subsiste en plusieurs branches : l'aînée dite des Clervaux de l'Oumelière à St.-Maixent ; la seconde des Clervaux de Châteauneuf ; la troisième des Clervaux du Crozic ; et la quatrième des Clervaux de Vanzay. Parmi les membres existants de cette famille, il y a un chevalier de Malte, deux de St.-Louis, et deux du mérite militaire. Deux ont été pages du prince de Condé : l'un d'eux s'est offert en otage pour Louis XVI, a émigré et a fait les campagnes de l'armée de Condé.

Armes : de gueules, à la croix patée vairée, *aliàs*, échiquetée d'argent et d'azur, alésée ; l'écu timbré d'une couronne de comte.

DE CLEBSATTEL ou GLEBSATTEL ; cette famille établie en Alsace depuis environ deux siècles, est une branche puînée de l'illustre famille des Clebsattel ou

Glebsattel, qui, depuis plus de quatre siècles, entre dans tous les chapitres nobles d'Allemagne, notamment dans ceux de Wurzbourg et de Fulde, ainsi qu'il est prouvé par les registres des chapitres nobles de ces deux villes, et par les pierres sépulcrales de leurs églises.

Plusieurs membres de la branche d'Allemagne, dite des comtes et barons de Clebsattel, ont été colonels et officiers-généraux au service de Bavière. La branche d'Alsace a donné plusieurs officiers supérieurs, décorés de l'ordre royal et militaire de Saint-Louis, entr'autres, un lieutenant-colonel du régiment Royal-Allemand, dont les tantes ont été reçues chanoinesses au chapitre de Migette, en Franche-Comté.

Cette branche s'est subdivisée en trois rameaux :

1º. Les seigneurs de Cernay, des deux Traubach, barons de Chevenote, etc., dont le dernier est mort lieutenant de Roi de Beffort, laissant des enfants qui existent. Toute cette branche a émigré au commencement de la révolution ;

2º. Le rameau de Clebsattel de Traubach, établi à Thann, dans la haute Alsace ;

3º. Le troisième rameau, qui a également émigré, a pour chef actuel :

François-Dominique de Clebsattel, ancien capitaine d'infanterie, chevalier de l'ordre royal et militaire de Saint-Louis, marié avec Adélaïde *du Bellay*, de laquelle il a :

    1º. Joseph de Clebsattel, établi à Dunkerque, époux de Rosalie de Jeuvernay. Il en a plusieurs enfants :

        a. Etienne-Alfred de Clebsattel, né en 1807 ;
        b. Hippolyte de Clebsattel, né en 1808 ;
        c. Elisa de Clebsattel, née en 1805 ;
        d. Aglaë de Clebsattel, née en 1806 ;

    2º. Eléonore de Clebsattel, mariée à noble Louis Drolenvaux, sous-inspecteur aux revues, chevalier de la Légion-d'Honneur ;

    3º. Flore de Clebsattel, épouse du baron de Lautour, officier-général, chevalier de l'ordre royal et militaire de Saint-Louis, et officier de la Légion-d'Honneur.

La branche d'Alsace, sur quelques difficultés qui lui avaient été faites par le syndic de la noblesse de cette province, à cause de la perte de plusieurs de ses titres, obtint du roi Louis XIV des lettres de réhabilitation en 1683, qui furent confirmées au mois de février 1710.

Armes : Ecartelé, aux 1 et 4 d'or, au sapin de sinople, terrassé du même ; aux 2 et 3 de gueules ; à une tête de bouquetin d'argent.

CONDOM. *Liste des Gentilshommes convoqués à l'assemblée de la Noblesse de la sénéchaussée de Condom, pour l'élection des députés aux Etats-Généraux de 1789.*

Messieurs,

Le comte de Noaillan-Lamezan, président.
Le comte de Marin, commissaire.
Le comte de Montaut, commissaire.
Le comte de Mélignan, commissaire.
Du Bouzet, commissaire.
Le comte de Dijon, commissaire.
Le marquis de Galard-Terraube.
Le comte de Poudenas.
Le comte de Cadignan, pour lui et pour madame la baronne de Cadignan.
Le Baron de Lustrac.
Le vicomte de Noaillan.
Le baron de Trenquéléon, pour lui, pour M. le duc d'Aiguillon, et pour M. de Cambon.
Le marquis de Lusignan.
Le comte de Gélas, pour lui, pour M. le marquis de Flammarens, et M. de Brivasac, comte de Beaumont.
La Grange-Lonspeyroux.
Le baron de Bérauld, pour lui, pour M. de Morin et et M. de Rhimbès du Seudat.
De Paty, pour lui et M. de Virasel, marquis de Pouy.
Le commandeur de Basignan.
De Saint-Germé, pour lui, pour mademoiselle de Lasseran et pour M. de Campagno.
Le comte du Bouzet.
De Lartigue, pour lui et pour madame la comtesse de Beaumont.

Le comte de Poudenas, pour M. le marquis de Dunes, et pour M. le marquis de Roquépine.

Du Bouzet, pour M. de Guichené.

Le baron d'Esparbès, pour lui et pour M. de Berrac.

La Fourcade.

Héron de Malausane.

Mélet, marquis de Bonas, pour lui et pour M. de Mélet de Saint-Orens, baron de Las.

Lissalde de Casteron.

Du Pleix de Cadignan.

Du Puy du Busca, pour lui et M. du Puy du Molé.

Fabars, pour lui et pour mademoiselle du Pleix de Cadignan.

De la Devèze de Charrin.

Redon d'Auriole.

Le Sage.

Le chevalier de Polignac, pour lui et pour chacune de ses deux sœurs.

Le chevalier de Mazelière.

Copin de la Garde.

Le comte de Mélignan, pour M. de Mélignan-Caillavère.

Le baron de Castillon, seigneur de Parron.

De Vigier.

De Caubeyres, pour lui et pour son père.

Du Bernet, pour lui et pour M. le vicomte de Juillac.

De Lafite de Francescas.

Le chevalier de Basignan de Grenelle.

Le comte Dorlan de Polignac, pour lui et pour M. de Ravignan.

Le chevalier du Pin.

Daux de l'Escout.

De Roquevert.

De Coucy.

D'Estrac.

Faulong du Bosq.

De Vigier, pour lui et pour madame de Bigos.

Galard de Lusanet.

Le chevalier de Cambon.

Le baron de Gélas.

Le comte de Cugnac.

Antoine de Castillon.

Le chevalier Joseph de Castillon.

Le chevalier du Mirail.

Declaye.
Du Bernet de Peyriac.
Du Bernet, fils.
Du Bartas de Cavaignan.
Le chevalier de Basignan.
Goyon d'Eoux.
Molié.
Le chevalier de Galard-Terraude-Bonot.
Peyrecave de la Marque.
Le chevalier de Laverny de Lassale, pour lui et pour
madame de Chaseron.
Ducos de la Hité-Saint-Barthélemy.
Le chevalier de Saint-Germe.
Du Bernet de Courrejot.
Lassambelle de Camin.
La Mothe, père.
La Mothe, fils.
Ducause.
De Goyon de la Herrouse.
De Lartigue.
De Lartigue.
De Labat.
De Perricot.
De Lasserre.
Du Bartas.
Lesage de Moras.
De Moncade.
De Civrac.
Montaut de Montréal.
Le chevalier de Mengin.
De Cambon de Lasserre.
Le chevalier de Carrère-Maliac.
De Goyon-Brichot.
Du Chic.
De Cambon de Larroque.
De la Grange.
Larroche-Lauriac.
Goyon-d'Arzac, commissaire-rédacteur et secrétaire
de l'ordre.

DE COQUET, barons de la Roche de Guimps; famille
originaire de Guienne, dont l'ancienneté remonte à
noble Pierre Coquet, écuyer, qui testa le 7 février 1558.

Une branche de cette famille est établie à Agen, depuis environ deux siècles. Elle a donné des magistrats au parlement de Bordeaux, un grand maître d'hôtel d'Henri IV, des officiers supérieurs aux armées, des chevaliers de Saint-Louis, etc., etc.

Armes : D'azur, au chevron d'or, accompagné en pointe d'un coq du même, crêté et barbé de gueules ; au chef cousu de gueules, chargé de deux étoiles d'argent.

DE CORTADE ; famille noble, originaire de Gascogne, au pays d'Astarac, où elle possédait la seigneurie de Lartigue, dès l'an 1130, tems auquel Raymond, Sanche et Bertrand de Cortade, frères, donnèrent à l'église d'Auch la dîme de cette seigneurie ; l'acte de donation est conservé dans les archives de cette église.

De cette souche descendait Pochon de Cortade, qui, en 1490, était receveur pour le Roi au pays d'Astarac, charge très-considérable dans ces tems reculés, où les baillis et sénéchaux faisaient seuls la recette du domaine des Rois.

Pochon de Cortade eut pour fils Jacques de Cortade, qui eut pour fils Antoine de Cortade, lequel se trouve qualifié de messire, dans le testament de très-puissant seigneur Bertrand d'Armantieu de Béarn-Béon, en l'année 1537.

Noble Jacques de Cortade, son petit-fils, paraît dans un acte du 18 septembre 1612, où il traite pour les droits de damoiselle Marie de Verdier, femme de messire Dominique de Cortade, son fils, au sujet d'un certain domaine, situé au terroir de Durban.

Ce Dominique de Cortade, Ier. du nom, écuyer, épousa ladite Marie *de Verdier*, le 14 février 1610, comme il paraît par l'acte de célébration dudit jour.

Le 16 mai 1612, naquit Dominique de Cortade, IIe. du nom, comme il résulte de son extrait baptistaire, où il est dit fils de M. Dominique de Cortade et de damoiselle Marie de Verdier. Il épousa, le 24 mars 1640, damoiselle Jeanne *de Busquet*.

Le 8 octobre 1641, naquit Dominique de Cortade, IIIe. du nom, qui eut pour fils Dominique-François de Cortade, lequel fut marié, en premières noces, avec damoiselle Marguerite *d'Autrave*, de laquelle il n'eut point d'enfants; et en secondes noces, avec damoiselle Jeanne *de Lacoste*, de laquelle il eut François-Christophe de Cortade, lieutenant principal en la sénéchaussée des Quatre-Vallées, qui fut marié avec damoiselle Élisabeth *de Loubet*, alliée avec la maison de la Barthe, des anciens souverains des Quatre-Vallées, duquel mariage est né Jean-François de Cortade, marié, en 1771, avec damoiselle Françoise *d'Affier*. De ce mariage est issu Jean-François-Christophe de Cortade.

Armes : Écartelé, aux 1 et 4 d'azur; au lion d'or accompagné de trois étoiles du même; aux 2 et 3 de gueules; au besant d'argent.

DE COURTADE; famille noble de Gascogne, de laquelle, depuis deux cents ans, sont sortis plusieurs militaires qui ont servi honorablement, et parmi lesquels on distingue particulièrement François de Courtade, aide des camps et armées de Louis XIII, qui, en récompense de ses services, reçut des lettres de noblesse de ce prince, le 4 mars 1643. Il s'était trouvé à toutes les actions qui avaient eu lieu en Lorraine et en Allemagne; aux siéges de Dôle, de Corbie, Fontarabie, Coni, Turin, Tortone et autres, où il se comporta avec la plus grande distinction. Subséquemment à l'obtention de ces lettres-patentes, il se trouva au siége de Roses, en 1645, et au combat de Crémone, en 1648, où il eut le bras cassé d'une mousquetade; il était alors capitaine au régiment de Navailles (1). Jean de Courtade, son fils, créé maréchal des camps et armées du Roi, à la promotion du 8 mars 1718, mort au mois de mars 1721, s'était trouvé à dix batailles, sept combats et quinze siéges, ainsi qu'à plusieurs autres actions de guerre (2).

Louis de Courtade, après avoir servi long-tems dans le régiment de Toulouse, où il eut un bras cassé au siége de Namur, en 1692, fut nommé gouverneur du fort des Bains et de la ville d'Arles, en Roussillon; cette honorable retraite ne fut pas la seule récompense

(1) Voyez la Gazette de France, des 31 mai 1645, et 15 juillet 1648.

(2) Voyez le tome IV du Dictionnaire historique et biographique des Généraux français.

de ses services; Louis XIV le reçut lui-même chevalier de Saint-Louis, lors de la création de cet ordre, au mois d'avril 1693.

De cette famille sont issus des magistrats qui ont occupé des charges dans les cours souveraines de Pau et de Bordeaux. D'autres, enfin, ont servi d'une manière distinguée dans la maison du Roi, dans des régiments, plus particulièrement dans la cavalerie, avec les grades de capitaines et d'officiers supérieurs, jusqu'à l'époque de la révolution, ainsi que dans l'émigration; la plupart ont été décorés de l'ordre royal et militaire de Saint-Louis.

Armes : D'azur, au chevron d'argent, accompagné en chef de deux croissants du même.

CRÉTIEN DE NEUFVILLE, en Normandie; famille des plus anciennes de cette province, où elle est connue depuis Gui *Crétien*, chevalier, ou Guiard, comme le nomme la Roque, qui épousa Marie *de Clerc*, et fut père de Guy Crétien, pourvu de la charge de maître des requêtes ordinaire de l'hôtel du Roi, au lieu de Raoul de Pruelles, par lettres de l'an 1383. Il fut nommé maître ordinaire en la chambre des comptes de Paris, le 22 février 1385, et comparut à l'échiquier de Normandie, tenu à Rouen en 1400. Il avait pour frère, Jean Crétien, chevalier, époux de Jeanne *de Harcourt*, fille naturelle de Jean VI, comte de Harcourt, et père, 1°. de Robert Crétien, chevalier, seigneur du Bacquet et de Launny en 1454; 2°. de Jean Crétien, licencié èz-lois, desquels il est fait mention dans les échiquiers tenus à Rouen en 1463, 1464, 1469 et 1474. L'auteur des *Généalogies des Maîtres des Requêtes* (pp. 57, 58), croit Gui Crétien, frère ou neveu de Gervais Crétien, chanoine de Bayeux, et médecin du roi Charles V, lequel fonda le collège de Bayeux à Paris, l'an 1370.

Cette famille est représentée de nos jours par :

Pierre-François *Cretien de Neufville*, qui, entré d'abord dans les gendarmes de la garde ordinaire du Roi, est passé dans différents corps; a été fait chevalier de Saint-Louis, nommé correspondant de la Société royale et centrale d'Agriculture du département de la Seine, et, lors de l'établissement des préfectures, nommé conseiller de la préfecture du département de l'Eure, emploi qu'il remplit encore aujourd'hui. Le 24 juin 1814, il présida la députation du conseil de cette préfecture, qui vint déposer au pied du trône l'hommage de son respect et de son entier dévoûment. Il prononça l'adresse votée par ce conseil, à laquelle Sa Majesté daigna répondre avec sa bonté toute paternelle, en accordant la décoration du lys au préfet, à la députation et aux autres membres du conseil de préfecture. Madame accueillit aussi, avec bienveillance, les hommages et les vœux de cette même députation. M. Crétien de Neufville a épousé, 1º., en 1769, demoiselle *Rotrou*; 2º., en 1812, demoiselle *le Nez de Cotty de Brécourt*; 3º., en 1818, demoiselle Eugénie *de Bosguérard*, née en 1796, fille de M. de Bosguérard, et de demoiselle Odoard de Bois–Milon.

Il a eu deux sœurs; l'une avait épousé son cousin-germain, capitaine d'infanterie. Devenue veuve, et particulièrement considérée de madame Louise de France, elle se fit religieuse au couvent des carmélites de Compiègne. Elle fut une des seize du même ordre, qui tombèrent martyres sous la hache révolutionnaire de Robespierre, peu de jours avant la fin de ce monstre.

L'autre sœur est veuve de M. *le Vaillant de Valcourt*.

Armes : d'azur, à la fasce d'argent, chargée de trois roses de gueules, et accompagnée de trois fleurs de lys nourries d'or.

DE CROSEY. L'ancienne maison de ce nom, originaire du comté de Bourgogne, est issue de race chevaleresque, et tire son nom des village et fief de Crosey, au bailliage de Baume, qu'elle a possédés consécutivement depuis plus de six siècles; elle remonte sa filiation à Valentin de Crosey, écuyer, vivant en l'an 1200, et la noblesse de son nom à Valérius et Boriard de Crosey, rappelés, parmi d'autres gentilshommes, dans des chartes et fondations de l'abbaye du Lieu-Croissant, de 1132 et 1133.

Cette maison s'est toujours alliée à des familles distinguées de l'ancienne chevalerie; elle a été reçue très-anciennement dans tous les chapitres et corps de noblesse, et notamment au corps de chevalerie de Saint-

Georges, depuis l'an 1600, ainsi que dans les armées de Bourgogne.

Armes : d'argent, à l'ours menaçant de sable.

CUISSOTTE DE GIZAUCOURT; seigneurs de Gizaucourt, de Bierges, Vouzy, vicomtes de Plivôt, etc. Cette maison qui s'éteint de nos jours, est une des plus anciennes et des mieux alliées de la province de Champagne, d'où elle est originaire. Elle a été maintenue par l'intendant de cette province, au mois de janvier 1667, sur preuves remontées à Robert Cuissotte, écuyer, époux de Simonne le Pitancier. Jean Cuissotte, son fils, écuyer, seigneur de Gizaucourt, obtint le 23 mai 1447, du prévôt de Château-Thierry, une sentence par laquelle il fut déclaré noble, et issu de noble race, étant descendu de messire Pierre Balussier, chevalier, seigneur de Dormans, et comme tel exempt des droits qui se levaient au nom du Roi, sur les habitants et bourgeois roturiers. Les descendants de Jean Cuissotte et de Jeanne de Nave, son épouse, ont suivi le parti des armes, où plusieurs se sont élevés à des grades supérieurs ; d'autres ont obtenu d'honorables distinctions, dans la haute magistrature; un entr'autres a été conseiller ordinaire du Roi en tous ses conseils, et honoraire au grand conseil. Cette famille s'est alliée aux maisons et familles de le Folmarié, Godet de Soudé, Goujon de Thuisy, Lallemant de Monthelon, Noizette du Bellay, de Thuisy, de Thurin. etc.

Armes : écartelé, aux 1 et 4 d'or ; à la bande d'azur, chargée de trois alérions d'argent ; aux 2 et 3 de gueules; à l'aigle d'or, sur le tout d'azur : au chevron d'or, accompagné de trois besants du même.

DALICHOUX, (1) barons de Senegra; famille ancienne, originaire du Languedoc, qui compte des services militaires distingués et de belles alliances. Elle remonte d'après les preuves qu'elle a faites par devant l'intendant de cette province, en 1718, et par devant M. Ché-

---

(1) Ce nom se trouve orthographié d'*Alichoux*, dans quelques actes.

rin, généalogiste des ordres du Roi, en 1788, pour le service militaire, à noble Gui Dalichoux, qui épousa demoiselle Hélix de Malafos, avec laquelle il est rappelé dans le contrat de mariage de noble Amans Dalichoux, leur fils, du 11 octobre 1545. Leurs descendants, après s'être alliés aux maisons et familles de Sebeug, de Seguin, de Saint-Julien, de Pascal de Saint-Juéry, du Claux de la Baume, et de Manse de Sauvian, se sont partagés en deux branches, dans l'ordre qui suit :

PREMIÈRE BRANCHE.

VIII. Louis-Antoine DALICHOUX, baron de Sénégra, marquis de Saint-Félix, etc., entra garde marine le 15 mai 1757, et obtint son congé le 27 mars 1766 ; son père lui fit donation de tous ses biens par acte du 14 mai 1770. Il épousa le 1er. juin 1773, demoiselle Marie-Jeanne-Françoise-Félicité-Joséphine-Juliette *de Savelly de Caseneuve*, fille de messire Jean-Paul-Marie de Savelly de Caseneuve et de Louise-Charlotte de Vanel de l'Isle-Roy.

Leurs enfants furent :

1°. Jean-Paul-Marie-Gabriel Dalichoux, baron de Sénégra, qui fit ses preuves de noblesse par devant M. Cherin, généalogiste des ordres du Roi, pour le service militaire, le 10 mai 1788 ;
2°. Louis-Antoine-Henri-Prosper Dalichoux de Sénégra, qui fit les mêmes preuves pour la marine ;
3°. Louis-Marie-Augustin Dalichoux de Sénégra, né le 18 août 1782, qui fit les mêmes preuves ;
4°. Henri-Marie Dalichoux de Sénégra, qui fit les mêmes preuves pour le service militaire, le 10 mai 1788 ;
5°. Armand Dalichoux de Sénégra.

SECONDE BRANCHE.

VIII. Joseph-Marie Dalichoux, frère de Louis-Antoine, chevalier de Sénégra, capitaine au corps royal d'artillerie au régiment de Grenoble , chevalier de Saint-Louis, épousa, en 1784, Marie-Antoinette-Charlotte *de Récourt*, fille, de messire Pierre-Florimond-Charles-Joseph de Récourt, chevalier, seigneur du Sart, et de dame Antoinette Frémyn. De ce mariage sont issus :

1°. Henri-Joseph Dalichoux de Sénégra ;
2°. Jules-Michel Dalichoux de *Sénégra*.

Armes : d'azur à trois croissants d'argent. Supports : deux lions.

Voyez le tome XVIII du Nobiliaire de France.

DE DAMIAN ; seigneurs du Vernegues et de Vinsargues en Provence; famille originaire du Piémont. Charles de France, duc d'Orléans et de Valois, comte d'Ast, aggrégea, le 13 décembre 1460, à la noblesse de son comté, Guillaume Damian, seigneur de Vernegues en Provence, où il était venu s'établir en 1440. Benoît, son frère, qui demeura en Piémont, où il eut la terre de Castelinard, à dix milles de la ville d'Ast, forma une branche qui subsiste avec distinction en la personne des comtes de Castelinard et de Verdun, qui portent les mêmes armes que ceux de Provence. Cette famille, outre des alliances considérables, a fourni un maréchal des camps et armées du Roi, plusieurs officiers supérieurs, des gouverneurs de places, des chevaliers et commandeurs de l'ordre de Saint-Jean de Jérusalem, et s'est alliée aux maisons d'Agoult d'Ollières, d'Albessy, d'Andréa de Barrême, de Bouchard d'Esparbès, d'Aubeterre, de Castellane-Adhémar, de Cambis, de Chapus, de Châteauneuf-d'Entragues, d'Escalis, d'Etienne, l'Evêque de Saint-Etienne, de Florence, de Fougasse, de Franconi, de Galiens des Issards, de Gérente, de Lauris-Taillades, de Malet, de Manville, le Meingre de Boussicaud, de Panisse, de Ravel, de Rodulph-Limans, de Raousset d'Aurons, de Sade, de Seytres, etc.

Armes : de gueules, à une étoile à huit rais d'argent ; au chef d'or, chargé d'une aigle de sable.

DAMBELIN ; maison d'ancienne chevalerie, qui possédait la seigneurie de Dambelin, village du bailliage de

Baume, au comté de Bourgogne, qui relevait du comté de Montbéliard. Joseph, Simon, Guy et Jeannon, successivement seigneurs de Dambelin, firent des donations dans le douzième siècle, à l'abbaye du Lieu-Croissant, dite depuis des Trois-Rois, et à d'autres monastères, qui en ont conservé les chartes.

Jean de Dambelin, chevalier, reprit en 1310, pour certains fiefs, de Guy de Granges, seigneur de Grammont, et épousa en 1338 Alix de Raincourt. Il paraît avoir eu de ce mariage, Marguerite de Dambelin, mariée vers 1380, à Jean de Saint-Mauris, chevalier, laquelle dut être la dernière de cette maison, puisque, dès cette époque, ses fiefs se trouvent tenus par celle de Saint-Mauris en Montagne, et qu'on ne voit plus depuis de traces, ni dans les archives, ni dans les auteurs, de la maison de Dambelin.

Armes : d'or, à trois macles de sable.

DE DAMPMARTIN. Jean-Antoine-Roch de Dampmartin, né à Uzès, dans le bas Languedoc (aujourd'hui le département du Gard), le 25 décembre 1727, appartenait à la famille de Lacroix de Castries, par une double alliance; son grand-père avait épousé en 1691, demoiselle Anne de Lacroix-Caudillargue, et l'une de ses tantes avait épousé M. le baron de Lacroix, seigneur de Gaugeac. Son père, qui avait accompagné M. le cardinal de Polignac à Rome, en qualité de gentilhomme d'ambassade, le fit, dès 1740, entrer en qualité de sous-lieutenant dans le régiment de Limosin, infanterie. Devenu capitaine au même corps, il fut pourvu du grade de colonel à la suite de l'infanterie, en 1755, nommé commandant de la ville et pays d'Uzès, en 1756, et décoré de la croix de Saint-Louis, en 1761. Il épousa, en 1753, mademoiselle Jeanne-Elisabeth-Josephe *de Venant*, fille aînée du marquis d'Yvergny, d'une des plus anciennes familles de la noblesse d'Artois. De ce mariage sont nés quatre enfants, dont deux morts en bas âge, une fille mariée au baron de *Fontarèche*, et décédée sans laisser de postérité. Le quatrième suit :

Anne-Henri de Dampmartin, né à Uzès, le 30 juin 1755, entré au service dans le régiment de Limosin, infanterie, en 1770, capitaine de cavalerie dans le régiment de Royal, en 1778, lieutenant-colonel du régiment des dragons de Lorraine, en 1791, colonel de ce corps en 1792, rejoignit la même année l'armée des Princes au-delà du Rhin; il fut fait chevalier de St.-Louis en 1796, membre de la chambre des députés en 1814, fut nommé officier de la Légion-d'Honneur au mois d'août de la même année; maréchal de camp le 21 février 1816, et décoré du titre de vicomte, par lettres-patentes du 17 août de la même année. Marié trois fois, il a épousé en 1785, mademoiselle Marie-Geneviève *Bignau;* devenu veuf en 1805, il a épousé en 1807 madame la comtesse *d'Amphoux,* veuve de M. le comte d'Amphoux, capitaine de vaisseau de la marine royale; devenu une seconde fois veuf en 1809, il a épousé en 1811 mademoiselle Amélie *de Durfort,* fille aînée du comte Louis de Durfort, mort ambassadeur de France à Venise, et dont la sœur cadette a épousé le maréchal de Beurnonville. De son premier mariage il a eu quatre enfants. L'un des garçons est mort en bas âge; la cadette de ses filles a été ravie à sa tendresse au moment où elle entrait dans sa dix-septième année; la fille, qu'il conserve, est mariée à M. Edouard *de Flaux,* et son fils suit:

Jean-Antoine-Roch-Tancrède de Dampmartin, né à Montségur, département de la Drôme, le 6 novembre 1786, auditeur au conseil d'état en 1809, a rempli différentes missions dans cette place. En 1814, il a été nommé chevalier de la Légion-d'Honneur et sous-préfet de Carpentras; ayant suspendu ses fonctions durant les cent jours, il a repris au retour du Roi en 1815, son poste; il a obtenu en 1816, de passer à la sous-préfecture d'Orange; le 6 mai 1817, il a épousé mademoiselle Marie-Gabrielle-Françoise-Clémentine *Palisse de Mérignargues.* De ce mariage sont nées deux filles, Elisabeth Herminie, en 1818, et Anne-Gabrielle en 1820.

Armes : écartelé aux 1 et 4 d'azur; à trois bandes d'argent; à la bordure denchée d'or, qui est de DAMP-MARTIN; aux 2 et 3 d'or; à une bande componée de sept pièces savoir: quatre compons d'argent, chargés chacun d'une moucheture de sable, et trois compons de gueules, accompagnée de deux fleurs de lys de sinople, qui est de VENANT. Couronne de vicomte. Supports: deux griffons.

DIJON. *Liste de MM. les gentilshommes du bailliage de Dijon, convoqués pour l'élection des députés aux états-généraux du royaume en 1789.*

Messieurs,

De la Tour du Pin de Gouvernet, chargé des procurations de M. Antoine Fremy et de M. Benigne Quillardet.

Le comte de Vienne, chargé des procurations de M. le prince de Condé, et de M. le duc de Saulx-Tavannes.

Antoine-Nicolas-Philippe-Tanneguy-Gaspard-le-Compasseur-Créquy-Montfort, marquis de Courtivron, chargé des procurations de M. le comte de Thésut et de M. le duc de Luxembourg.

Emonin de Dampierre, chargé des procurations de M. Chifflet d'Orchamp et M. le comte de Crécy.

Bernard de Saint-Aubin.

Petit, baron de Meurville.

Leblin.

Le comte d'Auvillars, chargé des procurations de M. Gallet de Pluvault, et de madame la comtesse de Sole, dame du marquisat de Chaussin.

Bouhier de Bernardon, chargé des procurations de M. le comte de Vogué, et de M. Benigne Bouhier-Lantenay.

Hocquart, chargé de la procuration de M. Maltête.

Fardel de Daix, chargé de la procuration de M. Jean-Baptiste Gagne.

Villedieu de Torcy.

De Verchère d'Arcelot, chargé de la procuration de M. de Croonembourg.

Antoine-Louis de Verchère.

Jannon.

De Conygham.

Pierre de Verchère.

Le baron de Drée.

De Virely.

Cottin de Joncy, fondé de la procuration de madame Odelle Rigoley de Juvigny.

Claude de la Troche.

Guillaume de la Troche

Cortois de Quincey.

IV.

Leseurre de Mussey.

Joseph et Bernard de Sassenay.

Champion de Beauregard.

Charles-Richard de Vesvrottes, fondé des procurations de madame la comtesse de Ferdinand, et de M. Richard de Bligny.

Richard de Montogé.

Fevrel de Saint-Mesmin.

Poulletier de Suzenet.

Jobard du Mesnil.

Charpy de Jugny, chargé de la procuration de M. le comte de Clairon-d'Haussonville.

De la Martinière.

Gauthier.

Fyot, marquis de Mimeure, fondé des procurations de M. le comte de Wal, et de M. le marquis de Damas.

Barbier de Reulle, fondé des procurations de M. Raufer de Bretenières, et de madame de Pisc de Reulle.

Cautain.

Lallemant de Villers, chargé de la procuration de M. Comte-Duc.

Canablin de Lantilhac.

Du Bouillet.

De Grenaud.

Pérard.

De Macheco, chargé des procurations de M. Gagnard de Joursevaut, et de M. le marquis de Massol.

Joseph Tardy.

Michel Tardy.

Cortois de Charnaille.

Lemulier de Bressey, chargé de la procuration de madame Bouhier, veuve Fleutelot de Marlier.

Courtot de Cissey, chargé des procurations de M. Seguenot, veuve d'Esternay, et de M. Chauvelot, seigneur de Corberon.

Fyot de la Marche, marquis de la Marche, comte de Dracy.

De la Vesvres.

Catin de Richemont.

De Pradier, marquis d'Agrain.

De Brosses, comte de Tournay, fondé de procuration de M. de Brosses.

Févret de Fontete.

Filzjean, baron de Talmay.

Charles-Gaspard de Macheco.

Guy-Hugues de Macheco, chargé des procurations de M. le marquis Gallet de Mondragon, et de madame du Tillet, marquise de Montoison, veuve Louis-Claude Clermont de Montoison, en qualité de tutrice honoraire d'Anne-Charles de Clermont.

De Berbis, marquis de Longecourt, chargé de procuration de Mme. de Froment, veuve d'Autricourt, et de madame de Berbis, veuve du comte de Malain.

De la Motte, seigneur d'Osilly.

Louis de la Loge, chargé de la procuration de madame le Verrier de Plancey, veuve du comte de Berbis.

Gault.

Armynot du Châtelet.

Petit.

Vautrin.

Parigot, chargé de la procuration de M. de Beaufort.

Viennot de Vaublanc.

Gravier de Chamandrey, chargé des procurations de M. Louis Moussier, et de M. Pierre Routy-Charasdon.

Courtot de Martenot.

Fyot de Mimeure.

Gonthier, chevalier d'Auvillars.

Gravier de la Gellière, chargé des procurations de M. de la Martine, et de M. de Ganay, comte de Lusigny.

Guillemier, chargé de la procuration de madame Chappeau, veuve Brunet.

Quarré d'Aligny.

Le marquis Richard-d'Ivry.

De Bataille de Mandelot, chargé de la procuration de madame de Damas, sa mère, veuve en secondes noces du comte Louis-Claude Clermont-Montoison.

Claude-Joseph-Jean Courtot, chargé de la procuration de M. Brunet de Monthélie.

Courtot de Cissey, chargé des procurations de M. Loppin du Châtelain, et de madame Loppin, veuve Duchamp.

Balliat.

Balliat de Broindon.

De la Folie de Joux.

Lorenchet.

Marey.

Boucheron.

Blancheton, comte de la Rochepot, chargé de la procuration de madame Gagniard, sa mère, et de M. de Guillermin.

Grozelier, chargé de la procuration de M. le comte de Berbis.

Audra.

Gillet de Thorey.

Gillet de Grammont.

Le président Richard, chargé des procurations de M. du Tillet, marquis de la Bussière, et de M. de Mandat.

Basset, marquis de Montchat, chargé de procuration de madame de la Tour du Pin, veuve Bollioud.

De Changey, chargé de la procuration de M. de Villers la Faye.

Le marquis de Jaquot-d'Andelard, chargé de la procuration de M. l'abbé de Sauvigné, et de madame Cotheret, veuve de Samerey.

Perreney de Balleure, chargé des procurations de M. Blancheton, vicomte de la Rochepot, et de M. de Riollet de Morteuil.

Léautey, fondé de procuration de madame Michel, veuve de Chanteau.

Laurent.

Royer.

De Cœur-de-Roi.

Claude-Augustin de Berbis.

Clopin de Bessey.

Suremain.

Pasquier de Messange.

Perreney de Charey.

Le Gouy de Saint-Seine, chargé de la procuration de M. le Gouy de Saint-Seine, son père, et de M. de Valloux.

Le marquis de Richard-d'Ivry.

Nicolas Perrin.

Perrin fils.

Martenne.

Charles Désormes du Plessis.

Jean-Baptiste-Bernard Désormes du Plessis.

Genot.

Quirot de Selongey.

Bougeret.

François-André Jobert de Chambertin.

Bénigne-Alexis Jobert de Chambertin.

Suremain de Flamerans, chargé de la procuration de madame Bustard des Moutots, veuve de Cléry.

Madame la comtesse de Moiria, par procureur.

Durand du Meix, chargé des procurations de madame Perreney-Dathzau, sa mère, et de M. de Bretagne.

Mairelet de Malmont.

Brondeault.

Surget.

Pelletier.

Suremain de Flamerans, père, par procureur.

Perrault de Montrevost, par procureur.

De la Borde, par procureur.

DURNES ou DURNAY; maison illustre et puissante d'ancienne chevalerie et du haut baronnage du comté de Bourgogne, qui tirait son nom d'un ancien bourg et château considérable du bailliage d'Ornans. Elle a constamment contracté les plus hautes alliances, et s'est éteinte depuis environ quatre cents ans. Toutes les chartes que l'on en retrouve depuis l'an 1000 jusqu'à son extinction, dans les archives de Montbéliard, de l'officialité, des abbayes de Thenley, Claire-Fontaine et maisons particulières, portent des fondations et traités si considérables, qu'ils constatent qu'elle a dû tenir le premier rang parmi les plus grands seigneurs des deux Bourgognes.

Quelques généalogistes ont avancé vaguement l'erreur accréditée que Durnes portait un lion dans ses armes; mais deux tombeaux, encore existants à l'église de Mathay, près Montbéliard, l'un de Marguerite de Durnes, femme de Thiébaud de Saint-Maurice-en-Montagne. chevalier, seigneur de Mathay en 1419, et l'autre, d'un de ses fils qui le porte pour quartier, portent distinctement sculptés son nom et ses armes, qui sont trois croisettes fleuronnées, posées en chef; rangées en fasce; et d'anciens manuscrits les blasonnent, en effet, d'or, à trois croisettes fleuronnées de gueules posées en chef.

D'ELBAUVE (Richard-Joseph), né à Valenciennes (ci-devant province du Hainaut), émigré en juin 1791, ancien capitaine ; pay-master des hussards de Salm-Kyrbourg (armées de Condé et du duc d'Yorck sur le continent), chevalier de Saint-Louis, et capitaine commandant la gendarmerie royale de la Somme, obtint des titres de noblesse pour lui et ses descendants, par ordonnance du Roi, du 16 mai 1816, et lettres-patentes, du 12 octobre suivant, enregistrées en la cour royale d'Amiens, le 6 novembre même année.

Armes : d'or, à une tige de trois lys au naturel, et un rameau d'olivier de sinople, couplés et liés de pourpre ; au chef de gueules, chargé de deux épées d'argent, passées en sautoir ; l'écu timbré d'un casque taré de profil, orné de ses lambrequins.

EMOND D'ESCLEVIN, en Provence.

I. N... EMOND, capitaine au régiment de Menou, infanterie, reçut un ordre du Roi, le 4 février 1714, pour passer en la même qualité dans le régiment de Laval. Il devint ensuite capitaine d'une compagnie d'invalides, qu'il conserva jusqu'à l'époque de sa mort. Il avait épousé, le 26 mai 1732, demoiselle *de Terme.*

II. Michel-Joseph EMOND, leur fils, né le 20 septembre 1734, d'abord lieutenant de la compagnie de Montmort, le 15 avril 1746, puis maire de la ville d'Antibes, mort victime des orages révolutionaires. Il avait épousé noble demoiselle *Boyer de Choisy*, dont sont issus :

1°. Charles-Félix, qui suit ;
2°. Joseph Emond, baron d'Esclevin, général de brigade, mort dans la campagne de 1813.

III. Charles-Félix EMOND D'ESCLEVIN, né le 7 octobre 1762, qui entra au service en qualité d'officier, en 1778, et qui, après avoir parcouru la carrière militaire dans différents grades, et avoir obtenu la croix de St.-Louis, jouit maintenant de la demi-solde de commissaire des guerres, emploi qu'il prit en quittant le service actif à la mort de l'infortuné Louis XVI. Il fait partie du collége électoral du département du Var. Il a obtenu un certificat, le 24 janvier 1815, qui atteste que sa famille jouit depuis long-tems des avantages de la noblesse, et qu'elle a toujours marqué par son dévoûment aux Bourbons; certificat signé de MM. de Sabran, Blacas-Carros, Grimaldi, Villeneuve-Trans, Pontevès, Castellane, Panisse, Renaud d'Allen, Raymond d'Eaux, Ruffo de Bonneval, et Bouthillier, alors préfet du Var. S. M. Louis XVIII, l'a confirmé dans sa noblesse par lettres-patentes, du 20 décembre 1817. Il a épousé demoiselle Blanche *Giraud*, fille de Jean Giraud, ancien maire d'Antibes. De ce mariage est provenu :

IV. Jean-Baptiste-Félix EMOND D'ESCLEVIN, né le 4 février 1797, volontaire royal de l'armée du Midi en 1815.

Armes : de gueules, à deux clefs d'or, passées en sautoir, surmontées d'un soleil rayonnant du même, et cantonnées en chef d'un croissant versé, et en flanc et en pointe de trois étoiles aussi d'or.

FALAISE. *État de la noblesse du bailliage de Falaise, convoquée en 1789, pour l'élection des députés aux états-généraux du royaume.*

GENTILSHOMMES POSSÉDANT FIEFS.

M. le duc de Harcourt, pair de France, pour son duché de Harcourt.

M. de Beaudran, baron de Combray, pour son fief d'Acqueville.

M. de Vauquelin des Chaînes, représenté par M. de Vandœuvre, pour son fief à Ailly.

M. de Grimont, pour son fief d'Aisson.

M. du Pont d'Aisy, pour son fief de Quesnay et autres.

M. de Beaurepaire, représenté par M. du Touchet de Bénoville, pour son fief de Damblainville.

M. de Labbé, représenté par M. de Chaulieu, pour son fief dans Ammeville.

M. de Montreuil, représenté par M. le Forestier de Lignon, pour son fief de Saint-Ouen-le-Brison.

M. Bignon, représenté par M. Frotté de Couterne, pour son fief d'Antoigny.

Mme. de Morel, veuve de M. de Morel, marquis d'Assy, tutrice de ses enfans mineurs, représentée par M. de Brossard, pour son fief d'Assy.

M. de Morel, comte d'Aubigny, pour son fief d'Aubigny et autres.

Mme. de Marguerit, comtesse d'Aubigny, représentée par M. de Montcanisy, pour son fief de Fourneau.

M. de Maupeou, représenté par M. le Normand de Victot, pour son fief des Authieux.

M. de Mesanges, représenté par M. le Forestier de Lignon, pour son fief de la Bélière.

M. le vicomte de Chambray, représenté par M. Bonnet de Meautry, pour son fief de Francheville et autres.

M. Cardot, représenté par M. le Doulcet, pour son fief de Bellou.

M. le Forestier, pour les fiefs de la Forêtrie.

M. le comte Turgot, pour son marquisat de Saumont et autres fiefs.

M. le Forestier de Lignon, pour sa seigneurie de Lignon et autres.

M. d'Osmont, pour son fief de Brai en Cinglais.

M. Harel de Bretteville, représenté par M. son fils, pour son fief de Bretteville-sur-Laize.

M. de Grieu d'Estimauville, pour le fief de Grainville.

M. le comte d'Orglandes, représenté par M. le comte Turgot, pour son fief de Briouze et autres.

M. de Costard, seigneur de Bois-Roussel, représenté par M. Picquot de Magny.

M. Graindorge des Chalou, pour leurs fiefs dans Bursard.

M. de Grieu, baron de Morainville, pour son fief du Breuil.

M. le marquis le Veneur, représenté par M. le Forestier de Vandœuvre, pour son fief de Carrouge.

M. du Londel, pour son fief de Caumont.

M. de Matharel, pour son fief de Cény-aux-Vignes.

M. de Basmont, pour son fief du Champ-de-la-Pierre.

M. le Foulon de Saint-Aubin, pour son fief de Saint-Pierre et autres.

MM. Hélie de Bonœuil et Combray, représentés par

M. Hélie de Treprel, pour leurs fiefs de Donnay et autres.

M. le Harivel de Sainte-Honorine, pour son fief de Cossesseville et autres.

M. de Chanteloup, pour son fief du Mesnil-Manicier.

M. de Cauvigny, pour son fief de Livet.

M. Chapelle de Pont-Chapelle, pour son fief de Courteil.

M. Frotté de Couterne, pour son fief de Couterne et autres.

M. de Sainte-Marie, pour son fief de May.

M. Baudouin d'Espins, pour son fief d'Espins.

M. de la Lande de Sainte-Croix, représenté par M. le chevalier Grandin de la Gaillonnière, pour son fief d'Ouilly-le-Basset.

M. de Chiffrevast de Tamerville, représenté par M. le comte de Chiffrevast, pour son fief d'Hiéville.

M. du Parc, pour son fief du Doux-Marais.

M. Grandin, chevalier de la Gaillonnière, pour son fief du Val-Corbet et autres.

M. Grandin de la Gaillonnière du Sacq, pour son fief du Sacq et autres.

M. de Bonvoust, marquis d'Aunay, représenté par M. Fouasse, baron de Noïrville, pour son fief d'Epanay.

M. de Beaudre de Saint-Énoux, pour son fief d'Éran.

M. Wambez de Fleurimont, représenté par M. Dorché, pour son fief de Fontaine-le-Pin et autres.

M. de la Haie de Fourches, représenté par M. de Chaumontel.

M. le Prévost de Fourches, représenté par M. d'Aisy, pour leur fief de Fourches.

M. Gauthier de Fleuriel, représenté par M. de Cheux du Repos, pour son fief de Fleuré.

M. Rondel, représenté par M. de Saffray de Vimont, pour son fief de Gouvy.

M. le Jeune de Grisy, pour son fief de Grisy.

M. de l'Escale, représenté par M. le Boucher de la Boulaye, pour son fief en Harcourt.

M. de Brossard, représenté par M. Fouasse, baron de Noïrville, pour son fief des Iles-Bardel.

M. du Bois-Tesselin.

IV. 48

M. le chevalier du Bois-Tesselin, pour leur fief de Joué du Bois.

M. André de la Frênaye, marquis des Yveteaux, pour son fief des Yveteaux et autres.

M. des Rotours la Chaux, pour son fief de la Chaux.

M. de la Haye de la Lande et Mme. de la Haye du Tertre, pour leur fief de la Lande du Longey.

M. de Doulen de Charleville, représenté par M. de la Lande, pour leur fief de Longey.

M. du Buisson de Longprey, pour son fief de Longprey et autres.

M. le chevalier d'Oilliamson, représenté par M. le comte d'Oilliamson, pour son fief de Lonlay-le-Tesson.

M. d'Arcey, représenté par M. l'abbé de Rannay, pour son fief de Magny-le-Désert.

M. le comte de Courcy, représenté par M. de Piédoue de Charsigné, pour son fief de Magny-le-Freule.

M. de Rosnay, pour son fief de Meslières.

Mlle. de Verdun, pour son fief de Méguillaume.

M. de Subtil de Martinville, pour son fief de Martin-ville.

M. de Blessebois, représenté par M. de Beaudran, pour son fief de Meslay.

M. le Frère de Maisons, représenté par M. Saffray de Vimont, pour son fief du Mesnil-Gondouin et autres.

M. Angot des Rotours, pour son fief des Rotours.

M. Fergant des Parcs, pour son fief de Mesnil-Mauger.

MM. Dandel Dazeville et de la Rivière, pour leur fief à Mésières.

M. Fouasse de Noirville, marquis de Segrie, représenté par M. de Manneville, pour son fief de Mesnil-Vilment.

M. de Morsan, pour son fief de Mithois.

M. le Normand de Victot, pour son fief de Monchamp.

M. Faulcon de Falconner, représenté par M. de Sermentot, pour son fief de la Motte-Fouqué et autres.

M. de Grimont, comte de Moyon, pour son fief de la Rivière-Chèvre.

Mme. de Saint-Sauveur, pour son fief de Noron.

Mᵐᵉ. d'Oisi d'Olandon, représentée par M. Pinel de Boispinel, pour son fief d'Olandon.

M. Picquot d'Oisy, pour son fief d'Oisy.

Mᵐᵉ. de Cheux, veuve d'Oilliamson, pour son fief à Ouilly-le-Basset.

Mᵐᵉ. de Gautier de Tilly-Hotot, représentée par M. le chevalier Grandin de la Gaillonnière.

M. de Saint-Germain-d'Elle, représenté par M. de Mannetot, pour leurs fiefs d'Ouville-la-Bien-Tournée.

M. le comte d'Oilliamson, pour son fief de Perrière et autres.

M. Bourdon, représenté par M. Bourdon de Lisle, pour ses fiefs de Pierrefite en Cinglais.

M. de Morel, représenté par M. Brouard de Clermont, pour ses fiefs en Placy.

M. de Chennevières de Pointel, représenté par M. de la Faverie, pour son fief de Pointel.

M. le baron de Béville, pour son fief de Pont et autres.

M. des Rotours de la Roque, représenté par M. des Rotours de Quatre-Puits, pour son fief de Quatre-Puits.

M. le comte de Rabodanges, pour son marquisat de Rabodanges et autres.

MM. Decheux de Repas, frères, pour leur fief de Repas.

M. le Cordier de Bons, pour son fief de Ronfugeray.

M. le comte de Chambray, représenté par M. Cornet d'Écrameville, pour le fief de Ronay.

M. de Chennevières de Saint-Denis, pour son fief de Saint-Denis et autres.

Mᵐᵉ. le Royer de Changé, représentée par M. des Rotours, pour son fief de Saint-Georges-d'Annebec.

M. le marquis d'Oilliamson, représenté par M. le comte d'Oilliamson, pour son fief de Saint-Germain-Langot.

M. de Cauvigny de Boutonvilliers, pour son fief de Saint-Germain-le-Vasson.

M. de Gruel, représenté par M. des Rotours, pour son fief de Saint-Hilaire-de-Briouze.

Mᵐᵉ. la marquise de Monteaux de Saint-Julien, représentée par M. le Sens de Folleville, pour son fief de Saint-Julien-de-Faucon.

M. de Brienne, pour son fief de Saint-Martin-des-Bois.

M. de Vauquelin de Vrigny, pour son fief de la Fresnaye et autres.

M. Pinson de Montpinson, représenté par M. de Cairon de Barbières, pour son fief de Longey.

M. de Vaumelle de Livet, représenté par M. Hélie de Treprel, pour son fief de Saint-Michel-de-Livet.

M. de Couvrigny, représenté par M. Brunet de Mannetot, pour son fief de Saint-Pierre-du-Bu.

Mme. Auvray, veuve de M. de Wanambras, représentée par M. le chevalier de Wanambras, pour son fief de Saint-Vigor-de-Mieux.

M. d'Avoine le Tilleul, pour son fief de Tilleul.

M. Rosée d'Imfréville, pour son fief de Totes.

M. le marquis de Morand, représenté par M. le chevalier d'Héricy, pour son fief de Thors.

M. de Séran de la Tour, pour son fief de Saint-Pierre-Canivet et autres.

M. Hélie de Treprel, pour son fief de Pierrepont et autres.

M. le Forestier, comte de Vandœuvre, pour son fief de Vandœuvre et autres.

M. Cairon de Vaux, pour son fief de Vaux-la-Campagne.

M. le marquis de Marguerit, pour son fief de Versainville et autres.

Mme. veuve de Croisilles.

M. le Prevost, pour leurs fiefs du Vey et autres.

M. du Mesnil-Morin, pour son fief de Vieux-Fumé.

M. Picquot de Magny, pour son fief de Magny-la-Campagne.

M. des Champs, représenté par M. Picquot de Magny, pour son fief de Rapilly.

GENTILSHOMMES NON-POSSÉDANT FIEFS.

Messieurs,

Le Valois Desbards.
Dunot du Quesney.
Malherbe-Grandchamp.
Du Fay de Boismont.
Féron de Lonchamp.
Godet de Pontramé.

Le Maire de Boisguérin.
De Chaumontel.
De Valois du Roùvré.
De Blanvillain.
De Cauvigny–Fresné.
Le chevalier de Béville.
Philippe de Beaumont.
De Brossard.
D'Oisy d'Olandon.
De Malherbe des Cures.
Filleul de Verseuil.
Bernard du Villers.
De la Vallée des Onfrérie.
Le chevalier de Blanchard de Séville.
Le chevalier de Raunay.
Le chevalier de Boistesselin.
Du Bosq.
Thomas le Valois.
Beaudouin de Grandouit.
De Sainte–Marie du Bois–Thouroude.
Thomas–François de Raunay.
Le chevalier du Haussey.
Eudes de la Faverie.
Philippe de Beaumont.
Bernier.
Harel.
Le chevalier de Pierrefite.
De Cheux de Banneville.
De Croisilles.
De Bonchamps.
Le chevalier de Wanambras.
Blondel.
De Bannes.
Baghois.
Le chevalier de Chanteloup.
Le Frère de Maisons.
Le chevalier Louis de Raunay.
Gouin de Brunel.
Guerchy.
Rondel.
Torcy.
Vaudichon.
Pinel de Bois–Pinel.

Le chevalier de la Lande.
Faucon.
Des Monts de Sainte-Croix.
Le chevalier de Bras-de-Fer.

FARINE (Pierre-Joseph, *vicomte*), maréchal des camps et armées du Roi, chevalier de l'ordre royal et militaire de St.-Louis, et commandeur de l'ordre royal de la Légion-d'Honneur, a été colonel d'un régiment de dragons; il est cité dans les rapports officiels du tems, comme s'étant distingué, en maintes occasions, aux armées d'Allemagne, d'Italie, d'Espagne et de Russie, notamment à la défense de Dantzig, en 1813; il a reçu plusieurs blessures à l'ennemi, a été trois fois prisonnier de guerre de la manière la plus honorable, a eu six chevaux tués sous lui et plusieurs blessés.

Créé baron le 6 août 1811, il obtint du Roi, le 17 août 1816, lettres-patentes de ce titre, qui furent enregistrées à la cour royale de Paris. Sa Majesté a bien voulu, par ordonnance du 1er. mai 1821, lui accorder le titre de *vicomte*, *en témoignage de sa royale satisfaction pour ses services.*

Armes : coupé, au premier parti, à dextre d'azur; au casque antique taré de profil d'or, à sénestre de gueules, au badelaire en bande; au 2 d'or, au sabre de dragons en pal, flanqué de deux dragons affrontés de sinople, soutenus chacun d'une molette de gueules.

DE FAUBOURNET DE MONTFERRAND; la maison de Faubournet de Montferrand, originaire du pays appelé l'Entre-Deux-Mers, dans le diocèse de Bordeaux, et établie en Périgord depuis plus de quatre cents ans, réunit à l'ancienneté, aux services militaires, et à de grandes alliances, l'avantage d'avoir pris son nom d'une terre. Elle porte depuis environ le milieu du quinzième siècle, en vertu d'une substitution, le nom de Montferrand, auquel elle a ajouté, pendant quelque tems, celui de Gontaut, dont elle a conservé les armes.

Le comte de Montferrand, chef actuel de cette maison, ancien capitaine de cavalerie, chevalier de l'ordre royal et militaire de Saint-Louis, a eu l'hon-

neur de monter dans les carrosses du Roi , et de suivre
Sa Majesté à la chasse , le 13 novembre 1786 ; après
avoir fait ses preuves de noblesse au cabinet des ordres
du Roi , et obtenu un certificat de M. Chérin, daté du
31 octobre précédent.

La maison de Faubournet de Montferrand était
alliée, dès le quatorzième siècle, à la maison souveraine d'Albret ; et, dès le siècle suivant, elle a suc-
cédé à celle de Biron , l'une des plus anciennes et des
plus considérables du Périgord , dont les biens ont
passé depuis dans la maison de Gontaut. Elle est connue depuis l'an 1273 , et a pris ses alliances dans les
maisons d'Abzac-de-Montastruc, issue de celle de la
Douze , de Banes, de la Baume, de Béraud-de-Bertin ,
de Biron, de Bourdeille du Brydieu , de Campnac, de
Chancel , de d'Escodeca de Boisse , d'Espeyruc, de
Fanlac-Saint-Orse, de Fars, de Fayard de la Chabrerie,
de Felets , de Gontaut de Biron , de Gourdon , de
Hautefort de Bauzens et d'Ans, et de Hautefort de
Vaudre , de Lagut , de Lavedan , de Lern , de la Borie,
de Longuechaud, de Malet de la Jorie , de Moissac, de
Montalembert, de Montferrand de Bordelois, de
Palanque de Pardaillan, de la Perède , de la Porte-
de la Salle , et de Lusignac , de Poudens , de Sanzillon, de Saunier, de Séguin-d'Escossan, de Souillac,
de Vassal , de Verneuil , etc. Ses branches aînées étant
éteintes depuis long-tems , et ses plus anciens titres
ayant passé dans des familles étrangères , on n'a pu en
remonter les traces au-delà de

Guillaume, ou Guilhem-Garcie de Faubournet, qui
fut témoin de l'hommage que la ville de Bordeaux
rendit , vers la fin de mars 1273, à Edouard Ier., roi
d'Angleterre. L'ordre chronologique le fait présumer
père de Guillaume ou Guilhem de Faubournet, damoiseau , mentionné dans des actes de 1284, 1309 et
1310, et avec Augier de Faubournet, dans un acte de
1291. Après eux , on trouve Raimond-Arnaud de Faubournet, vivant en 1340 ; mais la filiation n'est littéralement suivie que depuis Guillaume ou Guilhem de
Faubournet, damoiseau, seigneur de Faubournet et de
Rinhac, qui épousa, avant l'an 1377, Blanche-Séguin-
d'Escossan, proche parente de Mabile d'Escossan, dame
de Langoiran en Bordelais, femme d'Amanieu d'Al-

bret, seigneur de Verteuil. Leurs descendants ont donné un grand nombre d'officiers de tous grades, la plupart décorés ; gouverneurs de places, un maréchal-de-camp, etc. On peut consulter la généalogie et l'état actuel de cette maison dans le tome 15, pages 276 et suivantes du Nobiliaire.

Armes : écartelé d'or et de gueules.

FAUQUE DE JONQUIÈRES (1). La généalogie de cette ancienne maison a été imprimée d'après les titres originaux au tome 10, page 51 du Nobiliaire de M. de Saint-Allais. Elle est représentée par Jacques-Philippe *Fauque de Jonquières*, dix-septième descendant en ligne directe de Guillen Foulco ou Fauque, l'un des gentilshommes qui accompagnèrent le frère de St.-Louis, lors du mariage de ce prince. Jacques-Philippe, né en 1748, épousa, suivant acte du 9 novembre 1778, reçu par Gollier, notaire à Avignon, demoiselle de *Charlet*, d'Avignon, fille de messire Joseph-Hyacinthe de Charlet de Beauregard, auditeur de rote. De ce mariage sont nés beaucoup d'enfants, dont plusieurs sont morts. Les survivants sont cinq garçons et une fille, savoir :

1º. Louis-Victor, marié, le 17 octobre 1815, à demoiselle Hortense *Bruslé*, fille de messire Antoine Bruslé, capitaine de cavalerie, chevalier de Saint-Louis, et commandant du quartier de la Grande Rivière à l'île de Saint-Domingue, avant la révolution. De son mariage sont issus :

    A. Philippe-Auguste-Victor, né le 1er décembre 1816 ;

    B. Marie-Eulalie-Julienne-Luce, née le 17 mars 1821.

2º. Joseph-Amable ;
3º. Elézard-Vincent-de-Paule ;
4º. Frédéric-Auguste, marié le 15 octobre 1818, à demoiselle Sophie-Elisabeth-Fortunée *Graëb*,

(1) Notice additionnelle à celle imprimée tome Ier, page 248 de cet ouvrage.

fille de M. Benoît Graëb, avocat, ancien inspecteur-général des postes, chevalier de l'ordre
royal de la légion d'honneur ;

5°. Jean-Baptiste-Eugène ;

6°. Louise-Françoise-Eulalie-Philippine, mariée,
1°. à Hypolite de *Bonadona* ; 2°. à M. le chevalier de *Briche*.

FERRÉ ; famille noble et ancienne, originaire du
Limosin, transplantée en Bourgogne en 1689. Claude
Ferré, écuyer, seigneur de la baronnie de Nuits, officier dans la compagnie de deux cents chevau-légers de
la garde du Roi, fut blessé à la bataille de Ramillies,
l'an 1706, et mourut de ses blessures, à Roanne,
laissant plusieurs fils. Sa descendance s'est perpétuée
jusqu'à nos jours. Cette famille a donné des magistrats
distingués, et des officiers supérieurs et de divers grades,
décorés de l'ordre royal et militaire de Saint-Louis.

Armes : d'azur, au chevron d'or, accompagné en chef
d'un croissant et de six étoiles, trois dans chaque
canton, 2 et 1 ; et en pointe d'une salamandre du
second émail, sur son bûcher de gueules.

DE FONTAINES ; seigneurs de Valflorit, de Rus-
tiques, de Canet, de Mezerac, de Freyssenet, de
Logères, etc. ; maison d'origine chevaleresque du Languedoc. Elle tenait rang parmi la noblesse la plus considérable de cette province dès le milieu du douzième
siècle, et a pour premier auteur connu Guillaume de
Fontaines (*de Fontanis*), qui, l'an 1155, fut présent
au partage fait entre Isarn, vicomte de Saint-Antonin,
et Guillaume-Jourdain et Pierre ses frères. Sa descendance s'est subdivisée en plusieurs branches, distinguées
par leurs services militaires et leurs alliances, entr'autres avec les maisons d'Agulhac de Soulages, de
Chambert, de Château-Verdun, de Durfort, de Fer-
rier du Villa, de Mars de Livier, de Nogaret de
Roque-Serrière, de Padiès, de la Tour-Choisinet, etc.
La branche de Fontaines de Logères, qui a donné
deux capitaines de cent hommes d'armes, et plusieurs
officiers dans le service de terre et de la marine, est
représentée de nos jours par :

XVIII. Jean-François DE FONTAINES DE LOGÈRES, seigneur de Freyssenet, du Mazel et de Pommerol, ancien capitaine au régiment d'Auvergne, dont le frère Charles de Fontaines de Logères est grand-vicaire de l'évêque de Mende, fut convoqué et siégea, en 1789, à l'asemblée des gentilshommes du Gévaudan, et se fit représenter, la même année, à l'assemblée de la noblesse de la sénéchaussée de Villeneuve-de-Berg, convoquée pour l'élection des députés aux Etats-généraux du royaume, par M. de Marcha de Saint-Pierreville, qu'il avait chargé de sa procuration. Il a épousé, par contrat du 2 juillet 1767, reçu par Barrot, notaire, Charlotte *de la Bastide*, de laquelle il a eu trois fils vivants :

1°. Jean-Louis-Léon de Fontaines de Logères, ancien capitaine de cavalerie, chevalier de Saint-Louis, marié avec Christine Causebant *de Waspick* ;

2°. Charles de Fontaines-de-Logères, époux de Rosine *Prévôt* ;

3°. Jean-Louis-Victor de Fontaines de Logères, capitaine dans la légion du Loiret, du 30 octobre 1816, marié avec Joséphine *Gondail de Javelin*.

Armes : d'azur, à trois bandes d'or ; au chef d'argent, chargé de trois casques ou heaumes de sable.

On peut consulter la généalogie de cette famille dans le tome 18 du *Nobiliaire Universel de France*.

DE FONTON. La famille de Fonton, recommandable par une longue série de services distingués dans la carrière militaire et la diplomatie, subsiste en deux branches principales établies, l'une à Constantinople, depuis plus de deux siècles, et l'autre en France, lesquelles paraissent originaires de la province de Dauphiné où la branche française a eu des possessions seigneuriales et des emplois marquants. La branche fixée dans la capitale de l'empire ottoman n'a pu soustraire aux fréquents incendies qui surviennent à Constantinople, les titres qui eussent pu établir la jonction de ces deux branches et leur filiation directe jusqu'à nos jours. La branche française de la famille *Fonton* a perdu, en 1792, de la même manière, mais par le fait de la révolution, les seuls titres qui pouvaient suppléer à cette première calamité ; néanmoins on en a sauvé un nombre suffisant pour constater à la fois la noblesse et les illustrations de cette famille; et si la perte irréparable qu'elle a faite de ses titres primordiaux ne nous permet plus de remonter au chaînon qui peut unir les deux branches existantes de son nom, du moins leur identité est surabondamment prouvée par une foule de lettres et de relations qui, depuis plus d'un siècle, attestent la plus intime et la plus cordiale parenté de ces deux branches. Nous donnerons ici une courte notice sur chacune d'elles, selon l'ordre chronologique, et sans préjudice du rang que pourrait ultérieurement leur assigner l'ordre de la généalogie.

BRANCHE ÉTABLIE A CONSTANTINOPLE.

Pierre *Fonton*, né à Constantinople, nommé par brevet, secrétaire-interprète du roi de France, à l'ambassade près la Porte Ottomane, avait, suivant la tradition, pour prédécesseurs *Joachim Fonton*, *Augustin Fonton* et *Jolin Fonton*. Pierre épousa demoiselle Lucrèce *Navoni*, née à Constantinople, mais issue d'une famille noble vénitienne, qui constate une grande ancienneté dans le service de la république de Venise. De ce mariage sont issus nombre d'enfants mâles et femelles : l'aîné des premiers a été Antoine Fonton, nommé par brevet, secrétaire - interprète du Roi à l'ambassade près la Sublime Porte ; employé, en 1752, dans la mission du comte de Broglie, ambassadeur de France à Varsovie, chevalier de l'ordre pontifical de l'éperon d'or, décédé à Constantinople, en 1802, à l'âge de soixante-dix-sept ans. Parmi les secondes était feu dame Thérèse *Fonton*, épouse de feu M. le baron *de Testa*, conseiller-aulique de S. M. l'empereur d'Autriche, chevalier de l'ordre de St.-Léopold, premier interprète et son chargé d'affaires près la Porte Ottomane, et mère, entr'autres enfants, d'Elisabeth, baronne de *Testa*, mariée à son excellence le baron *de Sturmer*, conseiller intime de S. M. l'empereur d'Autriche, ci-devant son inter-nonce et ministre plénipotentiaire près la Porte Ottomane, maintenant grand référendaire à la chancellerie impériale d'état à Vienne, et chevalier de l'ordre de St.-Léopold d'Autriche.

En 1792, cette branche est entrée au service diplomatique de la cour de Russie. Les membres qui la représentent de nos jours sont :

1º. Son excellence monsieur Joseph *Fonton*, conseiller d'état actuel de S. M. l'empereur de toutes les Russies, grand-croix de l'ordre de Sainte-Anne de la première classe, chevalier de l'ordre de Saint-Wladimir de la troisième, premier conseiller d'ambassade à la légation impériale de Russie près la Porte Ottomane, et, en 1812, plénipotentiaire, pour la Russie, au congrès de Giurgievo et de Bukharest, et signataire du traité de paix, entre cette puissance et la sublime Porte, conclu, au mois de mai 1812, dans cette dernière ville, capitale de la Valachie. Ledit Joseph Fonton est fils de feu Pierre Fonton et de dame Lucrèce Navoni, et frère de feu dame Thérèse Fonton, baronne de Testa ;

2º. Pierre Fonton, conseiller de collège au département impérial des affaires étrangères de Russie, chevalier des ordres de St.-Wladimir de la quatrième classe, et de Ste.-Anne de la seconde, ci-devant premier secrétaire d'ambassade à la légation de Russie, près la Porte Ottomane, secrétaire des conférences en 1811 et 1812, au congrès de Giurgievo et de Bukharest, pour le traité de paix mentionné ci-dessus, et actuellement attaché à la légation de Russie à Naples ;

3º. Antoine *Fonton*, conseiller de collège au département impérial des affaires étrangères de Russie, chevalier de l'ordre de St.-Wladimir de la 4e. classe, ci-devant premier interprète à la légation de Russie, près la Porte Ottomane, employé en la même qualité au congrès de Giurgievo et de Bukharest, actuellement attaché au ministère des affaires étrangères à St.-Pétersbourg ;

Lesdits Pierre et Antoine Fonton, fils légitimes d'Antoine Fonton, décédé, en 1802, à Constantinople.

Armes : d'or, à une épée de gueules, et une plume de sable, passées en sautoir, accompagnées en chef d'un croissant de gueules, surmonté d'une étoile d'azur, et en pointe d'un dauphin couché du même émail. Cimier: un soleil d'or. Supports : deux lévriers. Couronne de comte.

Le croissant est une addition faite par cette branche lors de son établissement à Constantinople ; elle y a ajouté l'étoile du nord depuis 1792, époque à laquelle elle a passé au service diplomatique de l'empire de Russie.

Messire Gabriel *Fonton*, écuyer, sieur de Vaugelas, en Dauphiné, maître-d'hôtel de madame la dauphine, acquit, par acte passé devant Béchet, notaire à Paris, le 9 janvier 1690, les deux charges de conseiller du Roi, trésorier ancien et alternatif de la prévôté de l'hôtel du Roi et grande prévôté de France, dont était pourvu Jacques de Vaude, écuyer. Dans son testament, daté de St.-Denis, le 1er. avril 1712, et qui fut déposé, par acte annexé audit testament du 21 mars 1714, chez Bouron, notaire à Paris, il a les qualités d'écuyer, conseiller du Roi, secrétaire de Sa Majesté, maison et couronne de France, ci-devant maître-d'hôtel de feu madame la dauphine de Bavière, conseiller de Sa Majesté, trésorier-général, ancien payeur des gages des officiers de la prévôté de l'hôtel et grande prévôté de France, contrôleur-général de la maison de S. A. R. madame la duchesse d'Orléans, contrôleur ordinaire du gobelet, de la bouche et de la maison de madame la dauphine, gouverneur, pour Sa Majesté, des ville et château d'Alixan, en Dauphiné, seul seigneur en toute justice de la terre, seigneurie et paroisse de l'Étang-la-Ville sous Marly, etc. L'acte de son décès, marqué au 24 avril 1713, porte qu'il était âgé d'environ quatre-vingt-trois ans, et qu'il fut inhumé dans sa chapelle seigneuriale de l'Étang-la-Ville. Il avait épousé demoiselle Geneviève *de Menigand*, nommée dans le contrat de mariage de leur fils unique, qui suit :

Messire-Antoine-Salomon *Fonton*, écuyer, sieur de Vaugelas, en Dauphiné, seigneur de l'Étang-la-Ville sous Marly, est qualifié conseiller du Roi, et trésorier-général alternatif de la prévôté de l'hôtel et grande prévôté de France, dans son contrat de mariage passé, en présence et de l'agrément de Sa Majesté et de la famille royale, devant Clément, notaire à Paris, le 14 février 1694, avec Dlle Marie-Anne-Geneviève *Denis du Choiselle*; il succéda immédiatement à son père dans les charges de trésorier de la prévôté de l'hôtel et de contrôleur-général de la maison de S. A. R. madame la duchesse d'Orléans; qualités qu'on lui donne dans l'acte du décès de son père, du 24 avril 1713, auquel il fut présent. Par contrat du 21 mars 1715, passé devant Rigault et Chèvre, notaires à Paris, on lui constitua sur l'état, 300 livres de rente, sur le capital de 8000 livres par lui payés en conséquence de l'édit du mois de décembre 1713. Il est rappelé avec les qualités de seigneur de l'Etang-la-Ville, gentilhomme servant de la reine, et contrôleur-général de la maison de son altesse royale, dans le partage de sa succession fait devant Doyen et son collègue, notaires à Paris, le 11 février 1744, où son décès est rappelé, sous la date du 1er. avril 1743, entre la dame du Choiselle, sa veuve, et leurs enfants, qui furent :

1º. Edouard-Salomon, dont l'article suit ;

2º. Guillaume-René Fonton de Vaugelas,

3º. Antoine-Guillaume Fonton de la Salle ;

} qui, en 1744, étaient capitaines au régiment de Rohan, infanterie ;

4º. Anne Fonton de Vaugelas, décédée à Paris le 31 juillet 1743, alors veuve de messire François-Quiquebœuf, chevalier, seigneur de Boissy, maréchal-des-camps et armées du Roi ; rappelée dans le partage du 11 février 1744 ;

5º. Henriette-Julie Fonton de Vaugelas, qui, en 1744, était au monastère des dames religieuses de la Croix, rue Charonne, faubourg Saint-Antoine, à Paris ;

6º. Marie-Sabine Fonton de Vaugelas, qui vivait en 1744.

Edouard-Salomon *Fonton de l'Etang-la-Ville*, écuyer, conseiller du Roi, commissaire ordinaire des guerres, gentilhomme servant de la reine, a ces qualités dans le partage de la succession de son père et de celle d'Anne Fonton de Vaugelas, sa sœur, du 11 février 1744. Le même acte porte qu'il était précédemment chargé des affaires du Roi aux cours de Vienne et de Saint-Pétersbourg. Il fut seigneur de l'Etang-la-Ville et de Mareil en partie, et s'allia avec demoiselle Marie-Anne *Perdrigeon*, fille de Martin Perdrigeon, ancien greffier du parlement de Paris. Il existe aujourd'hui de ce mariage :

1º. Denis-Edouard, qui suit ;

2º. Henri-Martin Fonton, écuyer, né à Paris le 17 octobre 1748, colonel d'artillerie en retraite, chevalier de l'ordre royal et militaire de Saint-Louis, officier de la Légion-d'Hon-

neur, actuellement domicilié à Givet, département des Ardennes, s'étant allié par mariage
avec Agathe *de Brunel*, fille de M. de Brunel,
chevalier de Saint-Louis, capitaine d'infanterie, de la ville de Metz, et de mademoiselle
de Bernard, du Saint-Esprit, et sœur de monsieur Jean-Philippe de Brunel, chevalier de
Saint-Louis et de Saint-Lazare, colonel en
retraite, d'une famille noble du pays Messin.
De ce mariage sont issus plusieurs enfants;

3º. Marie-Sabine Fonton, mariée à messire Henri-
Prosper *de Bernard*, d'une famille noble du
Saint-Esprit, ancien capitaine des grenadiers
du régiment de Soissonnais, chevalier de l'ordre
royal et militaire de Saint-Louis, ci-devant
commandant pour le Roi, la ville et le château fort d'Agde et de Brescou; domicilié à
Sorrèze, département du Tarn.

Denis-Edouard *Fonton de l'Etang-la-Ville*, écuyer,
né à Paris, paroisse Saint-Roch, le 13 novembre 1747,
colonel d'artillerie en retraite, chevalier de l'ordre royal
et militaire de Saint-Louis, officier de la Légion-d'Honneur, actuellement domicilié à la Fère, département de
l'Aisne, a épousé demoiselle Marie-Anne *de la Fons*,
fille de messire Philippe-Gabriel de la Fons, chevalier,
seigneur d'Ardecourt, Happoncourt et autres lieux, et
de Jeanne Madeleine Commargon.

Armes : d'or, à une épée de gueules et une plume de
sable, passées en sautoir, accompagnées en chef d'un
dauphin couché d'azur. Cimier : un soleil d'or. Supports : deux lévriers.

Ces armoiries ont été enlevées, pendant la révolution,
de la grille du château de l'Etang-la-Ville, où elles
étaient apposées; mais le soleil qui surmontait le car-
touche y existe encore.

G.

GAULMYN, seigneurs de Montgeorges, de la Gouffe,
de Laly, etc., comtes de *Beauvoir*, par érection du mois
de décembre 1762; famille ancienne du Bourbonnais,
recommandable par les nombreux services qu'elle a rendus dans les divers grades militaires qui lui ont été con-

férés depuis trois siècles, ayant donné deux généraux et
un grand nombre d'officiers supérieurs décorés de l'ordre
royal et militaire de Saint-Louis. Elle a été maintenue,
sur preuves remontées à Hugues Gaulmyn, écuyer, seigneur de Sauzay et de la Guyonnière, vivant le 11 mars
1539, tant par arrêt du conseil d'état du Roi, du 3 mars
1670, rendu sur l'avis de M. Tubeuf, commissaire départi
dans les généralités de Bourges et de Moulins, pour la
recherche des usurpateurs du titre de noblesse, du 15 avril
1669, que par une ordonnance de M. Levayer, intendant en la généralité de Moulins, rendue le 5 février
1698. Elle a formé cinq branches, dont une, celle des
seigneurs de la Goutte, s'est perpétuée jusqu'à nos jours.
Ces diverses branches se sont alliées directement aux maisons et familles d'Aubigny de la Lande, d'Auzanet,
d'Aymier, de Ballore de la Goutte, de la Barre de Lor-
gues, Béraud de Paray, de Bron de la Glolière, Caillé,
Charlet de Garaines, Charon de Culant de Laugère-
Saint-Marc, Dorat de Chatelus, Doutre, de Dreuille,
de Farjonel d'Aubigny, de Forest, de Foullé de Prune-
vaulx, de la Garde de la Chapelle, Gayent d'Ormesson,
Groullard de Torcy, Jehannot de Bartillat, Malvoisine,
Mayat des Berauds, de Montbel de Champéron, de la
Motte d'Aspremont, d'Obeilh, de Rolat de Brughac,
Roux de Moisset, Roy de Bouchesne, le Sesne de
Ménilles, Tallière de Pudigon, etc., etc.

Philippe, comte *de Gaulmyn de la Goutte*, né le 23 avril
1762, officier supérieur en retraite, a émigré et fait toutes
les campagnes au corps de Condé, en qualité de maréchal-des-logis de la cavalerie noble, et y a été nommé chevalier de Saint-Louis. Il a commandé les volontaires-
royaux de l'Allier, en 1815, et a été ensuite colonel de
la garde nationale à cheval du même département.

Louis, chevalier *de Gaulmyn de la Goutte*, né le 20
décembre 1765, officier supérieur en retraite, était officier de chasseurs lorsqu'il émigra en 1791. Il a fait
toutes les campagnes de l'armée de Condé dans les hussards de Mirabeau, Roger de Damas, et les dragons
d'Enghien, comme officier, et fut fait chevalier de Saint-
Louis à la même armée.

Ces deux frères ne sont point mariés.

Armes : d'azur, à trois glands versés d'or.

DE LA GAYE, vicomtes de Lanteuil; maison ancienne et distinguée du Limosin, illustrée par une longue continuité de services militaires, et par des alliances avec les maisons les plus considérables de sa province, entr'autres avec celles d'Escars du Quairoux, d'Estresse de Paunat, de Gaschier de Fongière, de Lavaur d'Argental, de Mirandol, de la Motte-Flaumont, de Moustoula, du Puy, de Renal de Montauban, de Turenne de Beaulieu, et autres familles titrées, également recommandables par leurs illustrations, et l'ancienneté de leur origine. Le premier sujet connu par titres de la maison de la Gaye est honorable homme messire Martin de la Gaye, conseiller au parlement de Bordeaux, lequel fit une fondation en l'église de Blives. Pierre de la Gaye obtint, le 1er. avril 1593, du roi Henri IV, des lettres de retenue dans l'état et office de secrétaire de la chambre de S. M. ; en considération, portent ces lettres, des services agréables qu'il avait rendus à S. M. en plusieurs charges et occasions où elle l'avait employé, et pour l'inviter à les lui continuer près d'elle.

Parmi les officiers que ses descendant sont produits, on remarque Raymond de la Gaye, vicomte de Lanteuil, major du régiment de Gensac; Pierre de la Gaye, capitaine dans Royal-Vaisseau, tué à la bataille d'Hochstedt en 1704; François de la Gaye de Miremont, chevalier de Lanteuil, qui périt à la bataille de Malplaquet en 1709; autre François de la Gaye, vicomte de Lanteuil, capitaine au régiment de Souvré, mort glorieusement à la bataille de Guastalla en 1734, tous décorés de l'ordre royal et militaire de Saint-Louis.

Raymond de la Gaye de Lanteuil, seigneur de Bosredon, fut docteur de Sorbonne, directeur du séminaire de Saint-Sulpice, à Paris, confesseur de la reine, épouse de Louis XIII, et vicaire-général.

Jean de la Gaye, chevalier de Lanteuil, ancien capitaine retraité, après 27 ans et demi de services, est décédé le 18 juin 1820, à Montferrand, département du Puy-de-Dôme.

François, chevalier de la Gaye, vicomte de Lanteuil, capitaine d'infanterie, chevalier de l'ordre royal et militaire de Saint-Louis, et chef actuel de cette maison, habite la terre de la Gaye, canton de Meyssac, département de la Corrèze; il a été décoré du titre héréditaire de comte, par ordonnance de S. M. Louis XVIII, du 4 février 1815; mais il n'a pas encore fait les démarches nécessaires pour obtenir la délivrance des lettres-patentes à l'effet de jouir de ce titre.

Pierre-Charles-Hubert de la Gaye, aussi vicomte de Lanteuil, frère aîné du précédent, faisait partie du corps des chasseurs nobles de l'armée du prince de Condé. Il mourut en avril 1803, des suites d'une blessure qu'il reçut au combat de Camlak, en Souabe.

Suzanne-Madelaine de la Gaye de Lanteuil, sœur jumelle de Pierre-Charles-Hubert de la Gaye est aujourd'hui veuve sans enfants de François de la Faucaudie, chevalier de la Praderie, brigadier des gardes du corps du Roi, compagnie de Luxembourg, et chevalier de Saint-Louis.

Marguerite de la Gaye, sœur cadette de la précédente, a épousé Martial-Pamphille de Villars, écuyer, et en a un fils et une fille.

Armes : écartelé, aux 1 et 4 d'azur, à trois lionceaux couronnés d'or; aux 2 et 3 d'or, à la bande d'azur, chargée de trois lys de jardin au naturel. Couronne de comte.

GOHIER, sieurs de la Fontaine, de Neuville et de Valcourt; famille originaire de Picardie, dont une branche subsiste depuis long-tems à Salces, en Roussillon.

I. Jean *Gohier de la Fontaine*, né en Picardie, épousa Barbe *de Bussy*, d'une maison de chevalerie de la province de Bourgogne. Il servit en qualité de cadet-gentilhomme dans l'artillerie, sous le règne de Louis XIV, et mourut à Salces, en Roussillon, vers 1711, dans l'emploi de garde d'artillerie du fort de ce nom. Il eut deux enfants :

1°. Joseph, dont l'article suit ;
2°. Rose Gohier de la Fontaine, morte à l'âge de 80 ans sans avoir été mariée.

II. Joseph *Gohier de la Fontaine* fut d'abord, comme

son père, cadet dans l'artillerie, et vers 1745, garde-magasin du fort de Salces. Il épousa Rose *Gelcen*, née à Rivesaltes, de laquelle il eut plusieurs enfants :

1°. Joseph, qui servit dans l'artillerie de terre, et passa au régiment de Forès, où il mourut ;

2°. Jean, qui servit dans l'artillerie, succéda à son père, garde-magasin d'artillerie du fort de Salces, puis il entra au corps d'artillerie de la marine à Toulon, où il mourut officier ;

3°. Joseph-Jean-Baptiste, qui suit ;

4°. Rose Gohier de la Fontaine, décédée ;

5°. Marianne Gohier de la Fontaine, décédée.

III. Joseph-Jean-Baptiste *Gohier de la Fontaine* naquit à Salces, le 11 décembre 1755. Il fut employé dans les fermes générales le 26 juin 1772, épousa Marie-Anne *Comte* le 26 septembre 1776, et passa par tous les grades : son courage, son exactitude, son zèle et sa bonne conduite lui procurèrent des avancements rapides ; après s'être signalé dans des affaires marquantes, il fut fait capitaine-général au Montcénis, le 29 avril 1783, passa en la même qualité à Prades, le 29 décembre 1786, où il demeura jusqu'au 31 juillet 1791. Sa capitainerie fut supprimée le 1er août suivant, et érigée en lieutenance d'ordre ; il servit encore dans ce grade à Villefranche et à la Tour de Carol, jusqu'au 31 décembre 1793. Peu de tems après, il fut appelé par les généraux Servan et de la Houlière, au commandement en chef de la légion des chasseurs de montagne, dits miquelets, de l'armée des Pyrénées orientales, et fut nommé à cette place le 27 avril 1793. A la tête de son corps, il se distingua à plusieurs actions, mais ayant été grièvement blessé à l'œil droit, il fut contraint de se retirer en 1794.

Le gouvernement lui accorda, le 11 prairial an 4, une pension militaire de 1200 fr., à compter du 1er. vendémiaire an 3, et ce pour récompense de 25 années 11 mois de services et blessures constatés, dans lesquels services sont compris ceux qu'il rendit dans les fermes générales ; cette pension, convertie en solde de retraite en l'an 7, fixée à 936 fr., a été remise en pension définitive le 1er. septembre 1817. Retiré du service militaire, il entra au service des douanes, où il a gagné une pension civile de 681 fr. qu'il fut autorisé de cumuler avec sa pension militaire par décision de leurs excellences le ministre de la guerre et le ministre des finances, conformément à l'art. 14 de la loi du 15 mai 1818.

Il a trois enfants :

1°. Raymond Gohier de la Fontaine, né à Villefranche, département des Pyrénées orientales, le 31 août 1790 ; voulant suivre la carrière des armes à l'exemple de ses ancêtres, il servit d'abord comme volontaire dans les chasseurs à cheval ; retiré de ce corps, il épousa Madelaine *Burnades*, et passa lieutenant des voltigeurs au 1er. bataillon des chasseurs des Pyrénées. Il est rentré dans ses foyers au licenciment de ce corps ;

2°. Marie-Anne,
3°. Thérèse, } elles sont mariées.

Armes : écartelé, aux 1 et 4 d'azur, au chevron d'or, accompagné en chef de deux coquilles d'argent, et en pointe d'une tête de maure au naturel, tortillée d'argent ; aux 2 et 3 d'argent ; à l'arbre arraché de sinople, accosté de deux étoiles d'azur, l'écu posé sur deux canons, passés en sautoir.

DE GOUJON DE THUISY ; seigneurs et marquis de Thuisy, comtes d'Autry et de Saint-Souplet ; barons de Challerange, de Pacy en Valois, et de Vergeur ; sénéchaux héréditaires de Reims. Cette maison tient un rang distingué parmi les plus considérables de la province de Champagne, tant par son ancienneté, remontée à près de sept siècles, que par ses nombreuses possessions, ses belles alliances, et les emplois éminents qu'elle a eus dans la haute magistrature et les armées de nos Rois. Elle a eu l'avantage de recueillir, par mariage, en 1519, les biens de l'antique et illustre maison des seigneurs de Thuisy, sénéchaux héréditaires de Reims, et d'en perpétuer jusqu'à nos jours le nom et les armes. Elle a perpétué également le titre héréditaire de sénéchal de Reims, attaché à la terre de Thuisy, jusqu'à l'époque de la révolution, où elle a été dépouillée de cette terre, ainsi que de presque tous ses autres domaines. Elle a été maintenue dans son ancienne extraction, par jugement de M. de Caumartin, intendant en Champagne, de l'an 1668, sur preuves remontées par titres originaux à Pierre Goujon, Ier. du nom, seigneur de Marqueny et de Coigny en partie, mort en 1428, et inhumé dans l'église de Saint-Hilaire de Reims, où ses armes étaient sculptées sur sa tombe (1). Il était issu, aux termes de la même production, de Pierre Goujon, écuyer, vivant en 1200, et de Jean Goujon, chevalier, seigneur de Tailly en Ardennes, qui vivait en 1271. (*Noblesse du Beauvaisis et autres provinces*, par Louvet, page 734.) Ses descendants ont possédé les terres et seigneuries d'Aguilcourt, d'Athis et d'Autry, érigées en comté par lettres-patentes du mois de décembre 1695, registrées le 22 février 1696. Bayarne, Belley, Bouzy, Brécy, Bussy-l'Etrée, Challerange, Condé-sur-Suippe, la Croix-en-Champagne, Dontrian, Drouilly, Florent, Herpont, Luches, Ludes, les Maisneux, Monthois, Moronvilliers, Pacy, Prosne, Pugny, Saint-Hilaire-le-Grand, Saint-Marc-les-Rouffy, Sainte-Marie-à-Py, Saint-Remy-sur Bussy, Saint-Martin-l'Heureux, Saint-Souplet, Saint-Pierre-à-Arne, Souain, Soulanges, Thou-sur-Marne, Thuisy, érigé en marquisat par lettres-patentes du mois de décembre 1680, registrées le 7 mars 1681; Vergeur, Vraux, Vandelicourt.

La maison de Goujon s'est alliée directement avec celles de *Bérulle*, des marquis de ce nom; *de Braux*, seigneurs de Florent et de la Croix en Champagne; *de Chertemps*, seigneurs de Bergères et de Vaux; *Cauchon*, seigneurs de Sillery, de Neuflise, de Dugny, d'Avise, de Condé, de Sommièvre (huit alliances avec cette maison); *Coquault*, seigneurs d'Avelon; *Cuissotte de Gizaucourt*, seigneurs de Bierges, de Bayarne et de Soulanges (deux alliances); *le Fèvre de Caumartin*, seigneurs d'Argourges; *Fillette*, vicomtes de Ludes (deux

---

(1) Les mêmes preuves ont été reproduites en 1680, pour l'ordre de Saint-Jean de Jérusalem, dit de Malte : et dans ces dernières, on a recueilli plusieurs faits qui attestent l'ancienneté de cette maison, résultants de la vérification des tombes, pierres sépulcrales et vitraux de l'église de Saint-Hilaire de Reims, constatée par MM. les commandeurs chargés de relever ces mêmes preuves.

alliances) ; *Godet*, vicomtes de Soudé ; *Hennequin* (dont
descendent les marquis d'Ecquevilly) ; *de Linage*, seigneurs de Loysie ; *de la Martellière*, comtes de Fay ; *de
Nettancourt-Haussonville*, comtes de Vaubecourt (deux
alliances); *Noël*, seigneurs de la Panneterie (deux
alliances); *Paris*, seigneurs de Branscourt (deux alliances);
la Place (ancienne maison éteinte) ; *le Rebours*, seigneurs
de Saint-Marc-sur-Mont ; *Salenove*, seigneurs de Gerni-
court et de Ville-en-Tardenois (deux alliances); *de
Thuisy*, seigneurs de Thuisy, de Vraux et des Maisneux ;
de Vauclerois, seigneurs de Courmas; *de Vergeur*, seigneurs de Perthes, barons de Nanteuil, comtes de Saint-
Souplet (trois alliances) ; etc. , etc.

La maison de Goujon de Thuisy s'est divisée en deux
principales branches : 1°. les seigneurs de Condé-sur-
Suippe et de Thou-sur-Marne , éteints en 1788; 2°. les
marquis de Thuisy, dont descendait , au neuvième degré , Pierre Ier., mentionné au commencement de
cette notice;

X. Louis-François *de Goujon de Thuisy* , chevalier,
marquis de Thuisy, comte de Saint-Souplet, baron de
Vergeur, sénéchal héréditaire de Reims, chevalier de
Malte, jusqu'à l'époque de son mariage, contracté le 11
août 1737, avec Marie-Louise *le Rebours*, fille de Jean-
Baptiste-Auguste le Rebours, seigneur de Saint-Marc-
sur-Mont. Il mourut le 2 janvier 1777, et sa veuve le
1er. août 1785, et ils furent inhumés dans l'église de
Saint-Souplet. De leur mariage sont issus entr'autres
enfants vivants :

1°. Louis-Jérôme de Goujon de Thuisy, né le 13
mai 1749, ancien capitaine de dragons, commandeur de l'ordre de Saint-Jean de Jérusalem , et
chargé des affaires de cet ordre en Angleterre ;
2°. Jean-Baptiste-Charles , dont l'article suit ;
3°. Charles-François de Goujon de Thuisy de Vergeur, baron de Vergeur, ancien chef d'escadron,
chevalier de l'ordre royal et militaire de Saint-
Louis et de l'ordre de Saint-Jean de Jérusalem,
né le 14 novembre 1753.

XI. Jean-Baptiste-Charles *de Goujon de Thuisy*, marquis de Thuisy, sénéchal héréditaire de Reims , comte

de Saint-Souplet, baron de Pacy-en-Valois, né le 5 janvier 1751, maréchal des camps et armées du Roi, chevalier de l'ordre royal et militaire de Saint-Louis, et honoraire de l'ordre de Saint-Jean de Jérusalem, a été présenté à la cour au mois de juillet 1776, avec le commandeur et le chevalier de Thuisy, ses frères. Il a épousé, en 1780, Philiberte-Françoise *de Bérulle*, chanoinesse-comtesse du chapitre de Neuville, arrière-petite-nièce de Pierre de Bérulle, cardinal, mort le 20 octobre 1629. De ce mariage sont issus :

1°. Amable-Jean-Baptiste-Louis-Jérôme de Goujon de Thuisy, appelé le comte de Thuisy, chevalier honoraire de l'ordre de Malte, né à Paris le 24 juin 1781 ;

2°. Eugène-François-Sixte de Goujon de Thuisy, né à Paris le 4 août 1782, reçu la même année chevalier de Malte, mort à Cadix le 11 mars 1809 ;

3°. Charles-François-Emmanuel-Louis de Goujon de Thuisy, né à Paris le 5 mai 1784, appelé le comte Emmanuel de Thuisy, chevalier honoraire de l'ordre de Saint-Jean de Jérusalem, marié avec mademoiselle *de Galard de Béarn* ;

4°. Auguste-Charlemagne-Machabée de Goujon de Thuisy, né à Paris le 22 février 1788 ;

5°. Georges-Jean-Baptiste-Louis de Goujon de Thuisy, né à Richmond, en Angleterre, le 21 juin 1795, chevalier de Malte ;

6°. Albertine-Louise-Mélanie de Goujon de Thuisy, née à Saint-Souplet le 17 octobre 1785, non mariée, a reçu, en 1819, la croix honoraire de l'ordre de Malte.

Nota. On peut consulter la généalogie de cette maison dans le tome Ier. de l'Histoire généalogique et héraldique des Pairs de France, des grands dignitaires de la couronne, et des principales maisons du royaume.

Armes : écartelé, aux 1 et 4 d'azur, au chevron d'or, accompagné de trois losanges du même, qui est *de Goujon* ; aux 2 et 3 de gueules, au sautoir engrêlé d'or, cantonné de quatre fleurs de lys d'argent, qui est *de Thuisy*. Supports : deux griffons. Couronne de marquis. Devise : *Sans mal penser.*

GOYER DE VILLERS ET DE SENNECOURT. Cette ancienne famille, originaire du Maine, a formé plusieurs branches; l'une établie en Picardie depuis plusieurs siècles, et dont on va parler; une seconde en Vivarais; une troisième en Angleterre; et une quatrième qui habite la terre de Boisbriou, près Bourges.

Jean *Goyer*, seigneur de Neuvillette en Picardie, mort et inhumé en cette terre, le 1er. août 1775, a laissé quatre fils et une fille:

1º. Jean-Bonaventure-Gabriel-Pierre, mort et inhumé à Neuvillette, le 9 janvier 1820, sans avoir été marié;

2º. Jean-Charles-Bonaventure Goyer de Villers, ancien chevalier de Saint-Louis, émigré en 1792, a servi à l'armée de Condé. Retraité en 1814, comme colonel; il est mort le 8 décembre 1818, laissant huit enfants, quatre garçons et quatre filles; trois de ses fils ont péri aux armées, le quatrième vit sans alliance;

3º. Jean-Bonaventure Goyer de Sennecourt, chevalier de Saint-Louis, émigré en 1792, qui a servi à l'armée de monseigneur le duc de Bourbon, puis en Autriche, retraité lieutenant-colonel en 1814, habite le château de Neuvillette. Il a un fils et une fille;

    a. Henri-Jean-Bonaventure Goyer de Sennecourt, marié avec Charlotte Goyer de Villers, sa cousine germaine, dont deux fils et deux filles en bas âge;

    b. Henriette-Charlotte-Eulalie Goyer de Sennecourt, mariée à M. le comte Dumas de Polart, lieutenant-général des armées du Roi;

4º. Victor-Alexandre Goyer, émigré en 1792, prêtre, curé;

5º. Louise Goyer, morte sans avoir été mariée.

Armes: d'azur, au chevron d'or, sommé d'une merlette d'argent, et accompagné en pointe d'un dextrochère de carnation, tenant une branche de laurier de sinople. Couronne de comte.

H.

HAUTECLOCQUE ; en Artois, famille dont l'article se trouve dans la première série du Dictionnaire de la Noblesse, de M. de Courcelles ; mais c'est par erreur qu'on a joint à cet article un *errata* qui en devait être séparé, et qui, placé à l'endroit où il se trouve, tendrait à faire croire que la maison des Bertoult, seigneurs d'Hauteclocque, et celle des Hauteclocque, seigneurs de Wail, anciens seigneurs d'Hauteclocque, sont les mêmes, tandis que ces deux familles sont entièrement différentes, puisque le nom de l'une est Bertoult, et que celui de l'autre est Hauteclocque. Voyez, au surplus, le tome IX, page 547 du Nobiliaire universel.

HÉBRARD ou ÉBRARD. Ce nom est, dans l'ordre de la haute noblesse, un des plus anciens et des plus illustres du royaume. Il est commun à plusieurs races de chevalerie répandues en Quercy, en Limosin, en Agé-nois, au Comtat et en Languedoc, qui, toutes, descen-dent d'une même souche et ont pour berceau cette dernière province, où le nom d'Hébrard florissait dès le milieu du onzième siècle. Pierre Hébrard, premier auteur connu de toutes les branches de cette maison, fit une donation, l'an 1058, à l'abbaye de Saint-Victor de Marseille, du consentement de plusieurs de ses frères. Pierre-Guillaume Hébrard fut présent à un ac-cord fait l'an 1103, par Guillaume de Montpellier avec Guillaume-Raymond, évêque de Nismes, et son frère, touchant la viguerie de Montpellier. Le même Pierre-Guillaume Hébrard fut présent aux testaments de Guil-laume V, seigneur de Montpellier, des années 1114 et 1121. Guillaume Hébrard vivait en 1125. Il fut présent à l'accord passé cette année entre Bernard, comte de Substantion ou de Melguéil, et Guillaume VI, seigneur de Montpellier. Bernard Hébrard assista à un second accord fait entre les mêmes seigneurs, l'an 1128. Ber-nard et Guillaume Hébrard avaient un troisième frère, Reymond Hébrard, mentionné, avec eux, dans un accord de Raymond, évêque de Maguelonne, et Guillaume VI, seigneur de Montpellier, de l'an 1140.

IV.   51

Ce fut vers le milieu et la fin du treizième siècle que cette maison se subdivisa en plusieurs branches. L'aînée, dite des seigneurs de Saint-Privat, de la Lause et de Mirevaux, alliée aux maisons d'Altier, de Roquefeuil, Saint-Félix, de Tournemire, de la Volhe, etc., etc., subsistait à Montpellier en 1670 (1); celle des barons de Saint-Sulpice, qui a donné un chevalier des ordres du Roi en 1579, deux évêques de Coïmbres en 1260, et vers 1300, un évêque et comte de Cahors, mort en 1600, et qui s'est allié aux maisons d'Arpajon, Balaguier-Montsalez, Cardaillac, Carmain, Cluzet, Cugnac, Durfort-Léobard, Espagnac, Estaing, Felzins-Montmurat, Fumel, Gontaut-Biron, Gordon, Lauzières-Thémines, Levis-Quélus, Lostanges, Pelegrin, la Queille, Ricard-Genouillac, la Roque-Toyrac, la Valette-Parisot, etc. Elle s'est fondue, au commencement du dix-septième siècle, dans la maison de Crussol d'Uzès, où l'héritière a porté la baronnie de Saint-Sulpice. De la branche du Languedoc, s'est formé un rameau, dit des seigneurs de Saint-Julien, établis au Comtat Venaissin vers la fin du treizième siècle, et y subsistait encore vers la fin du seizième. De la branche de Saint-Sulpice sont sorties trois branches principales, l'une dite des barons de la Bastie et des vicomtes de Castelhuniac, en Quercy, qui ont donné deux chevaliers de Malte en 1549 et en 1594, et ont contracté de belles alliances. De cette branche est provenue le rameau des seigneurs de la Croze, alliés, en 1609, dans la maison d'Escairac. La seconde, établie dans l'Agénois, y subsistait, en 1770, en trois rameaux, 1°. les seigneurs du Rocal; 2°. les seigneurs de Montplaisir; 3°. les seigneurs de Saint-Cyr. Ces trois rameaux se sont distingués par de belles alliances et de nombreux services militaires, dans des grades supérieurs. La troisième branche, dite des seigneurs de Veyrinas, en Limosin, alliée dès le douzième siècle à la maison d'Aubusson, et depuis à celles de Manas, de Vassignac,

---

(1) Dans le même temps existait, en Albigeois, une famille d'Hébrard, seigneur de Saint-Félix Beauregard, anoblie, l'an 1496, dans la personne d'Antoine Hébrard, seigneur de Carnous et de Broussac, lequel fit son testament le 8 juillet 1528.

de Villoutrey, de Taillefer, de Gay de Nexon, David de Lastours, de Crozans, de Sanzillon, de Foucauld, de Paignon de la Borie, de Royère, du Garreau, etc., subsistait dans cette province au milieu du dix-septième siècle, dans la personne de :

Jean *Hébrard*, chevalier, mousquetaire du Roi, qui fit son testament le 22 octobre 1694, où il rappelle son épouse feu Françoise *de Douhet*, et ses enfants, en-tr'autres son fils aîné,

Jacques *Hébrard*, chevalier, lieutenant dans le régiment de Coislin, par brevet du 24 novembre 1691. Son fils,

Luc *Hébrard*, chevalier, seigneur de Veyrinas, épousa 1°. le 10 août 1729, Marie *de Loménie*; 2°. le 31 décembre 1733, Marie Jeanne *de Bernis*. Ses enfants furent,

Du premier lit :

1°. N.... Hébrard, mariée, le 18 février 1746, à messire Jean Féréol de Gay, chevalier, seigneur de Nexon, Campagne, Cognac et autres places.

Du second lit :

2°. André, qui fonde le premier rameau ;
3°. Autre André qui fonde le second rameau ci-après ;
4°. Anne Hébrard, mariée avec le seigneur de Crozans ;
5°. Marie-Jeanne, mariée avec le seigneur Paignon de la Borie.

André *Hébrard*, chevalier, seigneur de Veyrinas, gendarme de la garde ordinaire du Roi, épousa, en 1764, Marie *de Sanzillon*, fille de Jean-Baptiste de Sanzillon, chevalier, seigneur des Barrières et de la Bonnettie, dont sont issus :

1°. Jean, dont l'article suit ;
2°. Autre Jean Hébrard de Veyrinas, qui émigra, et fut fait prisonnier en 1793, après avoir reçu seize coups de sabre. Il servait alors dans le régiment de Saxe, hussards ; conduit à Lille et reconnu émigré, il fut fusillé au mois de nivôse an 2 ;

3°. Jean-Baptiste-Féréol Hébrard de Veyrinas ; qui, trop jeune pour émigrer en 1791, est passé à Londres en 1804, et delà à l'île de la Guadeloupe, où il est maintenant préposé en chef de la direction des domaines du Roi et des contributions directes de l'île, résidant à la ville de la Pointe, à Pitre ;

4°. Valerie Hébrard de Veyrinas.

Jean *Hébrard de Veyrinas*, chevalier, servait dans les gardes du corps du Roi, compagnie de Gramont, à l'époque de la révolution. Il émigra, en 1791, avec son second frère ; fit avec distinction toutes les campagnes, soit dans les gardes du corps à l'armée des Princes, soit à l'armée de Condé. Rentré en France, après le licenciement effectué en 1801, il épousa, en 1802, Cécile du Garreau, fille de feu Joseph *du Garreau*, marquis de la Seinie, chevalier de Saint-Louis, mort à l'armée de Condé, en Volhinie. En 1814, il a rejoint les gardes du corps du Roi et a été fait chevalier de Saint-Louis. En 1815, il a suivi le Roi, et a commandé un détachement des gardes du corps à pied jusqu'à Béthune. Aussitôt le retour de sa majesté Louis XVIII, il s'est rendu à son corps, en 1816, et a été mis à la retraite, au maximum de son grade de chef d'escadron, et fait chevalier de la Légion-d'Honneur, par ordonnance du Roi du 16 mai, à prendre rang dans l'ordre, du 15 juillet 1815. Il a de son mariage :

1°. Féréol Hébrard de Veyrinas ;
2°. Antoine Hébrard de Veyrinas ;
3°. Clarisse Hébrard de Veyrinas ;
4°. Louise Hébrard de Veyrinas.

Second rameau.

André II, *Hébrard de Veyrinas*, second fils du second lit de Luc Hébrard, chevalier, seigneur de Veyrinas, servait dans les gardes du corps du Roi. Il épousa, par contrat du 27 septembre 1779, Anne *de Royère*, fille de Helie de Royère, chevalier, seigneur de Champvert, et de feu dame de David de Lastours. Il émigra en 1791, fit la campagne de 1792 à l'armée des princes dans les gardes du corps, et les autres campagnes à l'armée de

Condé, dans les chasseurs nobles. Il obtint la croix de Saint-Louis, et mourut avant la rentrée du Roi en France, laissant un fils :

Claude *Hébrard de Veyrinas*, lieutenant au régiment des chasseurs de la Dordogne, chevalier de la Légion-d'Honneur, qui a épousé, le 26 novembre 1818, Désirée *Dommet de Vorges*, fille de messire Dommet de Vorges, conseiller au parlement de Franche-Comté. Au 20 mars 1815, Claude Hébrard étant officier au 3e régiment de hussards en garnison à Stenay, a rejoint le Roi à Gand, et peu de tems après il a été fait chevalier de la Légion-d'Honneur.

Armes : (1) Branches des seigneurs de Mirevaux et de St.-Julien : *De gueules au lion d'or, armé de sable; à la bande ou cotice du même, chargée de trois étoiles d'or, brochante sur le tout.*

Branches de St.-Sulpice et de la Bastie, en Quercy; du Rocal de Montpellier et de Saint-Cyr, en Agénois : *Parti d'argent et de gueules.*

Branche de Veyrinas, en Limosin : *D'or, au dextrochère de gueules, tenant une lance du même, et accompagné de trois étoiles d'azur. Supports : deux lions. Couronne de comte.*

DU HOUX (2). Les comtes du Houx de Dombasle, fixés, depuis la révolution française, à Prague, capitale du royaume de Bohême, sont la branche aînée de la maison du Houx. Les deux frères, *Jean-François* et *Charles-François*, ont obtenu, le 18 novembre 1760, pour eux et leurs descendants de S. M. François Ier, empereur d'Allemagne, des lettres-patentes de *comte*. Le dernier est mort en 1775, conseiller intime de ce même prince, son chambellan à la clef d'or, feld-maréchal-lieutenant de ses armées, chevalier de l'ordre

(1) On n'a pu s'assurer des armes primitives de cette maison, ni savoir quelle branche les a conservées, ni enfin par quelles substitutions les autres branches les ont changées.

(2) Notice supplémentaire à celle insérée t. III, p. 298 de cet ouvrage.

insigne de Marie-Thérèse, et commandant en chef dans le Hainault autrichien. Cette branche a fourni aussi plusieurs officiers supérieurs au service d'Autriche et quatre chambellans à la clef d'or.

La maison du Houx compte d'ailleurs, outre un maréchal de France, un lieutenant-général des armées du Roi dans la personne d'Antoine-Charles baron du Houx de Vioménil, grand-croix de l'ordre de Saint-Louis, mort à la suite des blessures qu'il reçut à la tête des gardes-suisses, à la fatale journée du 10 août 1792, pour la défense de son Roi, l'infortuné Louis XVI, et trois maréchaux de camp encore existants.

Le maréchal marquis de Vioménil, frère cadet du précédent, aussi grand-croix de l'ordre de Saint-Louis, pair de France, a été nommé par le Roi, le 30 septembre 1820, chevalier de l'ordre du Saint-Esprit.

Parmi les alliances de cette maison, il faut y ajouter celles de Germet, Lignéville, Sauville et Vignacourt.

HUSSON DE PRAILLY, famille de Lorraine.

Sébastien *Husson*, né à Gondrecourt, petite ville de Lorraine, faisant partie du département de la Meuse, y épousa Marie *Hurault* de Vincourt. Son fils *Jean Husson*, reprit la noblesse de sa mère, par suite du privilége dont jouissait alors la prévôté de Gondrecourt, et fut, en conséquense, reconnu *noble* par lettres-patentes du duc de Lorraine, Charles IV, datées de 1631.

Jean *Husson*, seigneur de Chouvillé-les-Sampigny, marié à Habeau de Bincourt, d'extraction noble, eut de ce mariage, entr'autres enfants, Sébastien *Husson*, seigneur de Loisiel, qui, s'étant marié à Louise de Roger, en eut François *Husson*, capitaine au régiment de Picardie, et Catherine *Husson*, qui épousa Hubert *Husson*, son cousin germain, seigneur de Demengeauseau.

Joseph *Husson*, fils unique d'Hubert, ayant été nommé lieutenant-général de l'évêché de Toul, épousa à Toul, Rose de Prailly, dont il eut cinq garçons; François Husson, chevau-leger, tué en Bohême; Nicolas-*Husson*, capitaine de cavalerie, chevalier de Saint-Louis ; Joseph, mort lieutenant-colonel au service d'Autriche ; Etienne et Louis, morts chanoines, le premier à la cathédrale de Metz, et le second à celle de Toul.

Rose Husson, née de Prailly, veuve et restée seule de son nom, ses deux frères, l'un maréchal de camp, et l'autre brigadier des armées du Roi, étant morts garçons, imposa, avec autorisation du Roi, à Nicolas *Husson* (en le mariant à Anne Lacour), l'obligation de faire porter à son fils aîné le nom de Prailly.

Deux garçons vivants sont issus de ce mariage : Nicolas-*Husson de Prailly*, ancien colonel, chevalier de Saint-Louis, créé baron héréditaire par lettres-patentes du Roi, en date du 13 avril 1816, et sous-préfet de Toul, en 1820, et Jean-Etienne *Husson*, lieutenant de Roi, chevalier des ordres de Saint-Louis et de la Légion-d'Honneur.

Nicolas-*Husson de Prailly* est le seul qui ait des enfants de son mariage avec Rose-Françoise *Bertin de Saint-Ligny*, d'extraction noble ; savoir : Jules-Etienne-Nicolas *Husson de Prailly*, sous-lieutenant au corps royal d'état-major ; Eugène, François, Nicolas, et Louise, Rose, Françoise.

Il existe à Chaumont, ancienne province de Champagne, une branche de cette famille, séparée depuis quatre générations, et qui y est connue sous le nom de *Husson de Sampigny* ; N. *Husson de Sampigny*, ancien officier supérieur, chevalier de Saint-Louis, dernier maire de cette ville, y est mort en 18.., victime de son zèle dans l'épidémie dont furent infectés grand nombre d'hôpitaux militaires du royaume.

Un de ses fils est officier dans un régiment d'infanterie.

Armes : d'argent, au lion de sable, marqué sur l'épaule gauche d'une croix de Jérusalem d'or ; à la bordure engrêlée de gueules, chargée de treize billettes d'argent.

I.

D'ISELIN, (1) barons et comtes de Lanan, en Franche-Comté, maison ancienne, originaire de Suisse.

Henri d'Iselin, vivait à Bâle en 1286; il était pro-
tecteur et fondateur du grand hôpital; en 13oo et
13o8, vivait Cunot d'Iselin, grand-juge de la république; Hugo d'Iselin, était en 13oo et 134o, sénateur, et de la compagnie des gentilshommes; en 137o,
vivait Henri d'Iselin, aussi sénateur et qui avait été
édile, et ce fut durant l'élection de ce dernier, que la
république fit bâtir les piles de pierres qui portent le
pont du Rhin où il y a encore une inscription; en 144o,
vivait un quatrième Henri d'Iselin, d'abord membre
du sénat, ensuite envoyé ambassadeur vers l'empereur
Rodolphe VIII, ensuite tribun et chef de la république.
Après celui-ci vivait Jacques d'Iselin, gouverneur du
comté de Warnsbourg. La chronique et l'attestation
rapportent encore tous les monuments qui existaient
dans ce tems; elle y rapporte même la tombe d'Elisabeth de Romerthal, femme de Ferdinand Iselin, qui
n'est pas porté dans la chronique, parce qu'il servait
Louis XII, roi de France. C'étaient le père et la mère
de Wolfgang Iselin, qui vinrent s'établir en Franche-
Comté; on voit par la chronique, que l'on avait ôté de
l'église des Franciscains un tombeau de cette illustre
famille, qui était de 12oo, parce qu'il gênait le service
de la religion actuelle : on mit à la place une pierre,
sur laquelle sont ses armes, avec cette inscription :
Tombeau des nobles patriciens de Bâle. Hyacinthe d'I-
selin, baron de Lanan et du Saint-Empire, seigneur
de Roulans, fut reçu dans la confrérie noble de Saint-
Georges, en 1710. Son aïeul, colonel de cuirassiers au
service de l'empire, avait été reçu dans la même confrérie.

Cette maison subsiste dans la personne de Claude-

---

(1) Article supplémentaire à celui porté au premier
volume.

Louis-Maximilien d'Iselin, comte de Lanan, lieute-nant-général des armées du Roi.

Armes : de gueules, à la fleur de lys d'or en bande.

L.

LAGOILLE DE COURTAGNON; famille originaire de Champagne, sur laquelle on n'a donné, t. III, p. 358 de cet ouvrage, qu'une notice incomplète. Elle remonte par titres à :

I. Honorable homme Remy LAGOILLE, né en 1533, mort le 27 juin 1600, et inhumé au pied de la chaire des Jacobins à Reims. Il avait épousé Jeanne *Fournier*, sœur de messire Antoine Fournier, premicier de Metz, puis évêque de Bazilite. De ce mariage sont issus :

1°. François Lagoille, aumônier du Roi, chanoine, et grand-archidiacre de Metz;

2°. Jacques-Antoine, qui suit.

II. Jacques-Antoine LAGOILLE, épousa Catherine *Oudin*, fille d'honorable homme Toussaint Oudin, et de Jeanne Chertemps. Il en eut huit enfants :

1°. Jacques, qui suit;

2°. Louis, qui fonde la branche des seigneurs de Roquincourt, rapportée ci-après;

3°. François-Jean Lagoille, époux de Jeanne *du Han*, morte le 16 avril 1764, et père de :

    a. Jacques-Louis Lagoille;

    b. N.... Lagoille, chanoine-diacre de Sainte-Balsamie;

    c. Marie-Jeanne Lagoille.

4°. Antoine Lagoille, chanoine régulier, prieur près de Rouen;

5°. N.... Lagoille, religieuse carmélite à Metz, morte en odeur de sainteté, en cette ville, en 1752;

6°. N..... Lagoille, religieuse de la congrégation à Verdun, morte en 1760;

IV.	52

7°. Marie – Françoise Lagoille, mariée à Pierre *du Bois ;*

8°. N..... Lagoille, mariée à M. *de Braitagne.*

III. Jacques LAGOILLE, écuyer, conseiller secrétaire du Roi, près la cour du parlement de Paris, directeur particulier et trésorier de la monnaie de Reims, par provision du 13 mai 1698, mourut en cette ville le 20 décembre 1722, revêtu de l'office de secrétaire du Roi, dont il avait été pourvu le 28 août de la même année 1722. Il avait épousé demoiselle Marie *le Franc*, fille de Jacques, laquelle fit son testament le 10 juin 1734, et mourut à Reims le 12 décembre 1735, âgée de quatre-vingt-trois ans. De ce mariage sont issus :

1°. Antoine Lagoille, écuyer, conseiller du Roi, receveur des tailles de l'élection de Châlons, marié, le 17 mai 1717, avec Marie – Madelaine *Jourdain*, fille de Pierre – Ignace Jourdain, conseiller et procureur du Roi en l'élection de Châlons, et de Marie - Madelaine Cugny. Il mourut le 12 septembre 1730, laissant une fille unique, nommée Marie-Anne Lagoille, mariée, par contrat du 19 août 1732, avec Gabriel-Dominique-Augustin *de la Simonne*, chevalier, seigneur du Hamel, de Saint-Pierre-en-Thiérache, et autres lieux, mort le 20 juin 1790 ;

2°. Louis Lagoille, écuyer, seigneur de Courtagnon, de Preslès, d'Hanogne, de la Hauvette et de Mauvrin, pourvu de la charge de conseiller du Roi en ses conseils, grand-maître-enquêteur et général – réformateur des eaux et forêts de France, au département de Champagne, Brie et Luxembourg, épousa, le 1er. mai 1713, demoiselle Marie-Catherine *le Franc*, fille de Thierry le Franc, conseiller avocat du Roi en la monnaie de Reims, et conseiller échevin de ladite ville, et de demoiselle Catherine Jaquesson. Il mourut sans enfants, le 18 décembre 1741; sa veuve décéda le 26 septembre 1778, et fut inhumée à Courtagnon ;

3°. François, qui continue la lignée ;

4°. Catherine-Thérèse Lagoille, mariée à François *Estuye de Boulongne*, dont postérité.

IV. François LAGOILLE, écuyer, seigneur de Selles, d'Heutregiville et de Saint-Masmes, né le 6 février 1691, épousa, par contrat du 27 septembre 1722, demoiselle Barbe–Louise *le Franc*, sœur germaine de Marie-Catherine le Franc, femme de Louis Lagoille, et mourut en sa terre de Selles, le 17 juillet 1745. Sa femme était décédée à Reims le 13 avril 1734. Leurs enfants furent :

1º. Marie–Louis, dont l'article suit ;

2º. Claude–Joseph Lagoille de Selles, écuyer, né le 13 février 1728, capitaine au régiment de Soissonnais, chevalier de l'ordre royal et militaire de Saint-Louis, mort sans postérité, à Reims, le 22 mai 1816. Il avait épousé, le 20 mai 1766, dame Jeanne *Perrier de Savigny*, morte à Châlons, le 1er. novembre 1788, veuve en premières noces de N..... du Bois de Livry, lieutenant des maréchaux de France, ancien capitaine de cavalerie, chevalier de Saint–Louis, et fille de Jacques Perrier, écuyer, seigneur et vicomte de Savigny-sur-Ardres, secrétaire du Roi près la chancellerie du parlement de Toulouse, et de dame Marie-Marguerite Cadiat ;

3º. Marie-Catherine Lagoille, née à Reims le 16 décembre 1723, mariée, par contrat du 18 mars 1743, à Charles *de Récicourt*, mort à Reims le 17 mai 1770, conseiller du Roi au bailliage de Vermandois ; elle mourut aussi à Reims le 5 février 1804, et fut inhumée paroisse de Notre-Dame ;

4º. Marie-Antoinette Lagoille, née le 27 novembre 1724, mariée, par contrat du 29 juin 1745, à Louis–Charles *Béguin*, écuyer, seigneur de Sausseuil, de Coucy, de Selles et de Branscourt. Ils moururent à Selles, savoir : Marie-Antoinette, le 14 avril 1747, et son mari, le 22 janvier 1782;

5º. Marie–Louise Lagoille, née le 2 mai 1729, mariée, 1º. par contrat du 13 juillet 1746, avec Alexandre-Charles-Jean-Louis *de Fay*, chevalier, seigneur de la Chavatte et autres lieux, né le 30 janvier 1722, mort le 15 mars 1755 ; 2º. par contrat du 24 octobre 1772, à Louis–César, chevalier *de Lance*, colonel au corps royal d'artillerie, et maréchal des camps et armées du Roi,

du 9 mars 1788, mort à la Fère le 17 juin 1802;
6°. Jeanne-Françoise Lagoille, née le 25 avril 1732,
morte à la fin du mois de mai 1734.

V. Marie-Louis LAGOILLE DE COURTAGNON, écuyer,
seigneur de Courtagnon, de Presles, de Mauvrin et de
la Hauvette (terres qui lui furent léguées pour la moitié
par Louis Lagoille, son oncle), de Saint-Remy, de la
Croix, de Tilloy et autres lieux, naquit à Reims le 30 novembre 1726. Il fut fait, le 8 janvier 1743, cornette de
la compagnie de chevau-légers de nouvelle levée du baron
de Romance, au régiment Royal-Cavalerie, et obtint,
le 30 avril 1748, la compagnie de M. de Vaudremont, dans
le régiment de cavalerie de Fouquet. Le maréchal duc
de Belle-Isle lui ayant écrit, le 26 décembre 1760, pour
lui annoncer que le Roi l'avait nommé chevalier de
Saint-Louis, il en reçut la lettre de Sa Majesté, le
19 janvier 1761, et fut reçu chevalier de cet ordre le
12 février suivant. Marie-Catherine le Franc, sa tante,
voulant répondre aux intentions de feu Louis Lagoille
de Courtagnon, son mari, oncle dudit Marie-Louis, lui
fit don de l'autre moitié des château, terres et seigneuries
de Courtagnon, de Presles, de Mauvrin et de la Hauvette,
en faveur du mariage qu'il contracta le 28 septembre
1750, avec demoiselle Madelaine-Benoît *Baudouin*, fille
d'Augustin Baudouin, écuyer, seigneur de Saint-Remy,
de la Croix, en Champagne, de Tours-sur-Marne, de
Bouzy, de Vraux, d'Aulnay, etc.; ancien lieutenant de
Roi de Châlons, et de dame Madelaine Rapinat. Elle
mourut à Reims le 14 avril 1791; son mari décéda dans
la même ville, le 1er. octobre 1797. De leur mariage
sont issus:

1°. Marie-Louis-Augustin, qui suit;

2°. Zacharie-Louis, rapporté ci-après;

3°. Madelaine-Joseph Lagoille de Courtagnon, née
le 26 juillet 1753, mariée le 21 mai 1776, avec
Pierre *Beschefer*, écuyer, trésorier de France, au
bureau des finances de Châlons, mort au château
de Vaugency, le 27 mars 1785, et sa veuve, au
même lieu, le 12 décembre 1788, étant mère
de six enfants;

4°. Marie-Catherine-Françoise Lagoille de Cour-

tagnon, née le 26 février 1754, mariée à Courtagnon le 5 février 1777, avec Pierre-Eléonore
le Dieu de Ville, seigneur de Roday et de Fleury-
la-Rivière, chevalier de l'ordre royal et militaire
de Saint-Louis, capitaine au corps royal d'artillerie, colonel au même corps, le 27 novembre
1792, mort en son château de Raday le 10 décembre 1816, et sa femme le 6 février 1820;
elle l'avait rendu père d'un fils et de quatre filles;

5°. Marie-Benoîte Lagoille de Courtagnon, née au
château de Courtagnon le 23 février 1756, morte
à Reims le 3 novembre 1815;

6°. Marie-Louise Lagoille de Courtagnon, née à
Courtagnon le 26 février 1763.

VI. Marie-Louis-Augustin LAGOILLE DE COURTAGNON,
écuyer, né à Châlons le 19 avril 1752, fut reçu chevau-
léger de la garde du Roi le 1er. août 1767, d'après le
certificat des preuves de noblesse par lui faites devant
M. de Beaujon. Il entra sous-lieutenant au régiment de
Condé, cavalerie, le 1er. juin 1772; fut fait capitaine des
dragons de Condé le 12 juillet 1781, et se trouva à
l'affaire de Nanci. Ayant émigré, il fut nommé le 1er. août
1792, fourrier de la compagnie de Condé; il fut fait ensuite fourrier-major du deuxième escadron de la deuxième
division noble, en remplacement de M. le vicomte de
Romanet, passé major dans le régiment de Bussy, en
novembre 1794; capitaine aide-major du régiment de
Clermont-Tonnerre, en mars 1797; fut breveté lieutenant-colonel le 1er. juillet suivant; nommé adjudant
d'aile de la deuxième compagnie du régiment des dragons
d'Enghien, à la formation, en 1798; lieutenant de la
deuxième compagnie du quatrième escadron du même
régiment, à la nouvelle formation. Il eût été nommé
aide-major à la nouvelle formation du 16 juillet 1800,
si sa santé lui eût permis d'en remplir les fonctions, et
ne l'eût déterminé à rentrer dans la ligne, ainsi que le
constate une attestation de M. le comte Charles de
Damas, du 15 février 1801. Il a été licencié de l'armée
de Condé, à Freistritz, le 22 février de la même année.
Il est chevalier de l'ordre royal et militaire de Saint-
Louis, du 25 mai 1791. Il a épousé, par contrat du 6 mai
1784, demoiselle Jeanne-Thomasse-Victoire *de Cugnon*

sœur de M. de Cugnon, chevalier, seigneur d'Alincourt
et de Branscourt, chevau-léger de la garde du Roi, et
écuyer de main de Sa Majesté. Il n'a point d'enfants.

VI. Zacharie-Louis LAGOILLE DE COURTAGNON,
écuyer, frère du précédent, né au château de Courtagnon le 1er. décembre 1760, entra au régiment de
Bretagne, comme cadet, le 6 juin 1776; il fut fait sous-
lieutenant au même régiment le 25 juin 1778; lieutenant en second le 11 octobre 1782; lieutenant en
premier le 30 décembre 1785; capitaine au mois de
décembre 1791, et chevalier de l'ordre royal et militaire
de Saint-Louis en 1815. Il a épousé, le 31 mars 1791,
demoiselle Ladislas *Coquebert*, morte à Reims le 17 septembre 1804. De ce mariage sont issus :

1°. Constant Lagoille de Courtagnon ;
2°. Emilie-Louise-Françoise Lagoille de Courtagnon ;
3°. Eléonore-Henriette Lagoille de Courtagnon ;
4°. Agathe-Louise Lagoille de Courtagnon.

Seigneurs de Roquincourt.

III. Louis LAGOILLE, seigneur de Roquincourt, garde
du corps du Roi, second fils de Jacques-Antoine, et de
Catherine Oudin, épousa demoiselle Liesse *Droynet*, de
laquelle il laissa :

1°. François Lagoille de Roquincourt, né en 1698,
chanoine de Sainte-Balzamie, mort le 16 janvier
1756 ;
2°. Antoine Lagoille de Roquincourt, né au mois
de mai 1703, religieux bénédictin, mort le 9 février 1782 ;
3°. Barthélemi, dont l'article suit ;
4°. Marie Lagoille de Roquincourt, religieuse à la
Congrégation, morte en 1768 ;
5°. Marie-Anne Lagoille de Roquincourt, mariée à
Nicolas *Caillambaut d'Herville*, fils de feu François
Caillambaut d'Herville, ancien capitaine de cavalerie, ancien exempt des gardes du corps du Roi,
en la prévôté de l'hôtel, et de dame Siméone
Cocquebert ; Marie-Anne Lagoille mourut le

27 janvier 1744, et son mari le 26 décembre de la même année;

6°. Jeanne – Thérèse Lagoille de Roquincourt, mariée, 1°. avec Edouard–Joseph *Charpentier*; 2°. avec Michel *Savoye*.

IV. Barthélemi LAGOILLE, seigneur de Roquincourt, né en 1725, mort à Reims le 8 mai 1770, avait épousé, au mois de mars 1749, demoiselle Claudine *de Villers*, morte à Reims le 18 mars 1787, fille de Nicolas de Villers, et de Jeanne Gantelet. Leurs enfants furent :

1°. François-Nicolas Lagoille de Roquincourt, né le 31 décembre 1749, docteur de Sorbonne, chanoine de Reims, ancien grand-vicaire d'Angers, ex-constituant, chanoine honoraire de Meaux, mort à Reims le 6 septembre 1814;

2°. Jean-Baptiste-Antoine, dont l'article suit;

3°. Thérèse Lagoille de Roquincourt, née le 6 janvier 1751, morte en 1758.

V. Jean-Baptiste-Antoine LAGOILLE DE ROQUINCOURT, né le 8 janvier 1759, auditeur des comptes à Rouen, conseiller-rapporteur au point d'honneur, mort à Champigny le 15 décembre 1807, avait épousé Jeanne-Antoinette-Pétronille *de Beaufort de Lespare*, dont sont issus :

1°. François-Nicolas Lagoille, né à Reims le 25 septembre 1787, mort à Fleury-la-Rivière au mois de février 1788;

2°. Jaqueline Lagoille, née à Reims le 4 juin 1782, morte au mois de septembre de la même année;

3°. Françoise-Paule-Alexandrine Lagoille, née à Reims le 19 avril 1789.

Armes : d'azur, au chevron d'or, accompagné de trois glands du même, la queue en haut.

DE LAUVERGNAT DE LA LANDE, seigneurs du Murault, de la Georginière, des Verrines, de Bourgneuf, en Poitou; famille ancienne, originaire de Guienne, où la branche aînée subsistait encore avec distinction au milieu du 17e. siècle; ayant donné plusieurs jurats de la ville de Bordeaux. On ignore à quelle époque la seconde branche s'est établie en Poitou ; mais elle y existe avec possessions seigneuriales depuis Jean de Lauvergnat, seigneur du Bois de Luché, près Thouars, qui fonda, l'an 1330, une chapelle dans l'église paroissiale de Saint-Jean, près de Couhé. Sa descendance s'est perpétuée par 16 degrés jusqu'en la personne de Louis-Philippe de Lauvergnat, écuyer, seigneur de la Lande, né le dernier mai 1755. Il est entré garde *de Monsieur*, comte de Provence, au mois de septembre 1771, émigra en 1791, fut fait brigadier à Coblentz la même année, et chevalier de Saint-Louis dans l'île de Guernezey le 5 avril 1795, par le comte d'Allonville, sous les ordres duquel il servait alors. Il a épousé, par contrat du 11 janvier 1804, Anne-Catherine du Puy, de laquelle il n'a point d'enfants.

Cette famille s'est alliée aux maisons d'Aucher du Puy, de Bertineau de St.-Eloy, de Bobinet, Bourguignon, de Brouilhac, Caze, du Coudray, Creuzé, Douhet, Laydet de St.-Denis, de Marcirion de Saulx, de Moissin, d'Orbron, Rabault, du Rousseau, de la Touche Vasselot, etc. Elle a donné un capitaine au régiment de Bourbon ; un autre au régiment de Touraine ; trois au régiment des Landes, où l'un devint major et mourut en 1728, et le second fut tué en montant à la tranchée à Philisbourg ; un capitaine au régiment d'Angoumois ; un commandant du bataillon de Libourne, mort en 1763 ; un colonel de hussards en 1746, qui précédemment avait été capitaine au régiment de Bourbon, où il était entré dès l'âge de 10 ans ; un major au régiment de Hainault en 1758 ; et un capitaine au même régiment réformé après le siége de Mahon en 1762 ; un Lauvergnat d'Armenjon a servi dans les mousquetaires ; son fils cadet a servi dans les régiments provinciaux ; M. de Lauvergnat, chevalier du Murault, y servit aussi et fut retraité de grenadiers ; la plupart de ces officiers furent décorés de l'ordre royal et militaire de Saint-Louis.

L'an 1648, Jean de Lauvergnat fut choisi pour assister aux états qui devaient se tenir à Orléans, d'après les ordres de S. M. Le même Jean de Lauvergnat fut député vers le Roi pour les affaires de la ville de Bordeaux. Il existe encore plusieurs membres de cette famille au service.

Armes : d'azur, à l'épervier essorant d'or, perché sur un tronc d'arbre du même.

DE LAVENNE DE CHOULOT ET DE SICHAMPS, en Nivernais ; famille ancienne, qui fut maintenue dans sa noblesse par jugement de M^r. de Tubeuf, intendant en Bourbonnais et en Berri, daté de Moulins le 18 mars 1669, sur titres remontés à François de Lavenne, écuyer, maître-d'hôtel du duc de Bretagne en 1400, époux de demoiselle d'Outréville, et père de Guy de Lavenne, aussi qualifié écuyer, lieutenant de la compagnie d'hommes d'armes de Jean de Châlons, prince d'Orange ; et de Pierre de Lavenne, qui passèrent une transaction pardevant de Larue, notaire, le 4 novembre 1430. Guy de Lavenne a perpétué jusqu'à nos jours la descendance de cette famille, qui s'est alliée entr'autres avec celles de Baudoin, de Cuvilliers, de St.-Memin, de Simonin, de Paris, de Requelset, de Soussy, de Rapine, de Montsaunin, etc., etc. ; et a donné un gentilhomme ordinaire du duc de Nevers, un des 200 chevau-légers de la garde du Roi, et plusieurs officiers de cavalerie.

Florimond *de Lavenne*, écuyer, marié à demoiselle *de Varigny*, eut pour fils :

1°. Laurent de Lavenne, prieur de Montréal ;
2°. François, qui suit.

François *de Lavenne*, écuyer, épousa demoiselle *de Lamoignon*, dont il eut deux filles et deux fils, l'aîné mort sans postérité, le second suit.

Jacques *de Lavenne*, écuyer, épousa damoiselle Marie *de Quinquet de Choulot*, et en eut :

1°. Charles, dont l'article suit ;
2°. Pierre-Florimond, rapporté ci-après ;
3°. Jean-Martin, chevalier de Lavenne de Lamontoise, marié avec demoiselle *de Quinet*, dont quatre fils ; trois sont décédés et le quatrième, François, chevalier de Lavenne de Lamontoise, écuyer, s'est marié en Périgord avec demoiselle de Lamourault, dont un fils.

IV.   53

Charles *de Lavenne*, écuyer, seigneur de Choulot, épousa Anne *de Joumier*, qui le rendit père de :

1°. Jacques, qui suit ;
2°. Deux démoiselles.

Jacques *de Lavenne*, écuyer, seigneur de Choulot, ancien officier au régiment de Limosin, émigré, et rentré dans ses foyers, a épousé, en 1783, demoiselle Publicie Millon, dont sont issus :

1°. Auguste de Lavenne de Choulot, écuyer, officier au 18°. régiment de dragons, tué au combat de la Bérésina ;
2°. Paul, qui suit ;
3°. Une demoiselle.

Paul, chevalier *de Lavenne de Choulot*, écuyer, premier gentilhomme de S. A. S. Mgr. le duc de Bourbon, né à Nevers, au mois de janvier 1794, a épousé demoiselle Elisabeth de Chabannes de la Palice, fille de M. le marquis de Chabannes de la Palice.

Pierre-Florimond *de Lavenne de Sichamps*, écuyer, second fils de Jacques et de Marie de Quinquet, épousa damoiselle Charlotte *de Lavenne de Marcenay*, dont il eut deux fils :

1°. Charles-Florimond de Lavenne de Sichamps, écuyer, né au mois d'août 1756, ancien page de de S. A. S. Mgr. le prince de Conty, capitaine au régiment de Barrois, le 15 juin 1789, mort glorieusement à Quiberon, en 1795 ;
2°. Jacques-François, qui suit :

Jacques-François, chevalier *de Lavenne de Sichamps*, écuyer, né le 5 décembre 1758, vivant en sa terre de Sanizy, près Saint-Saulge, département de la Nièvre. Il a épousé, le 18 mars 1784, damoiselle Alexandrine-Reine *de Saint-Omer*, dont sont issus :

1°. Jean-Noël de Lavenne de Sichamps, écuyer, capitaine-adjudant-major au 19°. régiment de chasseurs à cheval de la Somme, chevalier de l'ordre royal de la Légion d'Honneur, né au mois de mars 1785 ;
2°. Charles-Florimond, chevalier de Lavenne de

Sichamps, écuyer, lieutenant retraité, maréchal des logis de la compagnie de garde nationale à cheval de la Nièvre, receveur municipal de la ville de Douzy, et administrateur de l'hospice dudit Douzy, né le 14 août 1786, marié avec demoiselle Victoire-Geneviève Goy de Villeneuve ;

3°. Victoire de Lavenne de Sichamps, née à Nevers, le 26 août 1796.

Armes : d'azur, à deux lions affrontés d'or, soutenant un cœur de gueules, surmonté d'une couronne d'or, accostée de deux étoiles d'argent. L'écu timbré d'un casque taré de front.

LEBRUN DE RABOT, en Languedoc. Les titres de cette famille, en expéditions certifiées, constatent la filiation et les faits suivants :

I. Noble Jacques LEBRUN, juge-mage de la sénéchaussée de Toulouse de l'an 1495 (1), épousa Jeanne *Roche*, avec laquelle il est nommé; transigea avec noble Guillaume Lebrun, leur fils, dans un acte du 21 août 1516, reçu par Mandenilli, notaire royal à Toulouse ; il fut fait capitoul de Toulouse en 1526, et vivait encore le 20 novembre 1533, suivant un acte reçu par Clavelli à Toulouse. Il eut pour fils :

1°. Guillaume, qui suit ;
2°. N..... Lebrun, père de Jean Lebrun, vivant le 1er. février 1576.

II. Noble Guillaume LEBRUN, rappelé comme défunt, dans un acte du 20 novembre 1559 ; rapporté sur le degré suivant, avec damoiselle Isabelle *de Malrine*, son épouse, alors vivante et mère de :

1°. Antoine, dont l'article suit ;
2°. Guillaume Lebrun, qui, par accord du 18 mai 1559, remit à son frère tous les droits et actions qu'il pouvait avoir sur les rentes nobles du fief de Tersac. Il eut deux fils :

_____

(1) Histoire générale du Languedoc, par D. Vaissète, t. v, p. 87.

A. Géraud Lebrun, } présents au contrat de
B. François Lebrun, } mariage de Louis Le-
} brun, leur cousin, le
} 6 janvier 1619.

Le premier épousa Jeanne *de Ciron*, dont il eut Françoise Lebrun, qui épousa, le 20 janvier 1623, noble Jean *de Fontvielle*, écuyer, seigneur de Maussac, de Saliès et d'Orban, conseiller du Roi, viguier d'Albi.

III. Noble Antoine LEBRUN, seigneur de Tersac, transigea le 18 mai 1559, par acte reçu par Seruye, notaire à Albi, avec Guillaume Lebrun, son frère, acte dans lequel est rappelé un partage des biens paternels entre les mêmes, pardevant Barthe, notaire à Albi; Antoine épousa, par contrat du 24 octobre 1559, reçu par Hilaire Loubeyre, notaire à Toulouse, et par actes du 20 novembre de la même année, passés en présence de Molinier, notaire royal à Toulouse, Anne d'*Olive*, fille de défunt Jean d'Olive, avocat-général du Roi en la cour de parlement de Toulouse, et de damoiselle Souveraine du Mesnil, sa veuve. Il fit son testament autographe à Paris, le 3 février 1575, et mourut le 25 janvier 1576. Il laissa six enfants :

1°. Guillaume Lebrun , } institués héritiers par éga-
2°. François Lebrun, } les parts avec Anne d'Olive
} la mère, le 3 fév. 1575;
3°. Louis, qui continue la lignée ;
4°. Gabrielle Lebrun, légataire de son père, mariée à noble Simon *de Genton*, seigneur de Villefranche ;
5°. Antoinette Lebrun , } légataires de leur père.
6°. Finette Lebrun , }

IV. Louis LEBRUN , écuyer, légataire de la somme de 666 écus 40 sols par le testament de son père, le 3 février 1575, est qualifié homme d'armes de la compagnie d'ordonnance de la reine-mère, dans le contrat de son mariage passé devant Pelissier, notaire royal à Albi, le 6 janvier 1619, avec demoiselle Marie *de Sudré*, fille de feu Antoine Sudré, docteur et avocat en la cour, juge de toutes les terres de monseigneur le comte d'Aubijoux et de damoiselle Catherine de Galaup. Louis Lebrun commanda, l'an 1621, cent hommes de guerre, qu'il conduisit avec une pièce de canon au siège de Bourniquel qui s'était rebellé contre le Roi, et dont le duc d'Angoulême forma aussitôt le siège, ainsi qu'il est prouvé par un acte de la maison consulaire d'Albi, du 17 septembre 1622, signé Chassan, Adhémar, Rieunier, Dumas et Tridoulat, consuls, collationné par Jacques Adhémar, trésorier de l'hôtel-de-ville, viguier et notaire à Albi. Il fit son testament pardevant Bernard Bruel, notaire à Albi, le 13 janvier 1642, par lequel il élit sa sépulture dans la chapelle de Saint-Sébastien de l'église du couvent des carmes d'Albi, à côté du tombeau de ses prédécesseurs, et sa veuve fit le sien pardevant Jacques Nourit, notaire royal à Albi, le 9 septembre 1669. Leurs enfants rappelés dans l'un ou l'autre de ces actes, furent :

1°. Jean Lebrun, qui suit ;

2°. François Lebrun, légataire en 1642, mort avant le 9 septembre 1669 ;

3°. Antoine Lebrun, seigneur de Piols, marié par contrat du 1er. janvier 1661, reçu par Pierre Monestié, notaire royal, avec damoiselle Marguerite *de Durfort de Bonac*, fille de noble Pierre de Durfort, sieur de Bonac. Il est qualifié capitaine au régiment royal, dans le testament de sa mère du 9 septembre 1669 ;

4°. Louis Lebrun,   } légataires de leur père,
5°. Guillaume Lebrun, } le 13 janvier 1642 ;

6°. Antoinette Lebrun, qui épousa noble François *de Rochefort*, seigneur de Sarnhac. Elle ne vivait plus le 9 septembre 1669, et son mari avait eu d'elle trois fils et une fille à qui Marie de Sudré, leur aïeule maternelle, fit quelques legs ;

7°. Catherine Lebrun, légataire en 1642.

V. Jean LEBRUN, écuyer, seigneur de Rabot, institué héritier de ses père et mère en 1642 et 1669, épousa, par contrat passé devant Jacques Noyrit, notaire à Albi, le 15 juillet 1662, damoiselle Rose d'*Arquier*, fille de noble Pierre d'Arquier, ancien capitoul de Toulouse, conseiller du Roi et contrôleur en l'élection de Montauban, et de feu damoiselle de Saluyc de Poussoy.

Il fut assisté, dans son contrat, de noble Antoine Lebrun, écuyer, sieur de Bonac, de Louis Lebrun, sieur de de la Cesquière, ses frères, etc. Il fit son testament pardevant Guillaume Noyrit, avocat en parlement, notaire à Albi, le 20 mars 1694, par lequel il choisit sa sépulture au tombeau de ses ancêtres, dans l'église des Carmes du couvent d'Albi, s'il décède dans cette ville, ou dans l'église de Saint-Jean de Gabriac, s'il décède dans son château de Rabot. Dans ce testament, il a la qualité de capitaine, commandant la garde bourgeoise des lieux de Cadalen et de Tecou, au diocèse d'Albi. Il y nomme et lègue ses enfants dans l'ordre qui suit :

1º. Jean-Chrysostôme, qui continue là lignée ;

2º. Ignace Lebrun, sieur de la Cesquière ;

3º. Pierre Lebrun, sieur de la Durantie, 4º. Antoine Lebrun, sieur de Fontanilles, } qui combattirent à Hochstedt, en 1704, et paraissent y avoir péri ;

5º. Jean-Louis Lebrun, sieur de Montiron, lieutenant de canonniers, qui combattit à Hochstedt, en 1704, ainsi que ses frères ;

6º. Jacques Lebrun de Robot, rappelé dans le testament de son père, comme étant décédé dans les armées du Roi en Flandre, en 1692 ;

7º. Marie Lebrun, mariée, avant 1694, à Antoine *Derripis*, conseiller du Roi et médecin ordinaire de S. M. ;

8º. Rose Lebrun, 9º. Françoise Lebrun, } dont le sort est ignoré ;

10º. Catherine Lebrun, mariée, après 1694, à noble Jacques *de Pierre*, seigneur de la Valade.

VI. Jean-Chrysostôme LEBRUN, Ier. du nom, écuyer, seigneur de Rabot, né le 28 décembre 1667, était au service du Roi, lorsque son père l'institua son héritier universel avec Rose d'Arquier, sa mère, le 20 mars 1694. Il épousa dame Marie *de Fouras de Roquerouge*, rappelée comme défunte dans le contrat de mariage de leur fils aîné. Elle était, lorsque Jean-Chrysostôme fit son testament, au château de Rabot, le 12 avril 1728, pardevant Molinier, notaire à Albi, par lequel il élit sa sépulture dans l'église de Gabriac, et nomme et lègue ses enfants, savoir :

1°. Jean Chrysostôme II, qui suit ;
2°. Jean-Antoine Lebrun de Rabot, officiér dans les armées du Roi, mort en Canada ;
3°. Rose Lebrun de Rabot, mariée, après 1728, avec Louis *de Rey* ;
4°. Françoise Lebrun de Rabot ;
5°. Marianne Lebrun de Rabot ;
6°. Isabeau Lebrun de Rabot ;
7°. Marie-Jeanne Lebrun de Rabot ;
8°. Louise Lebrun de Rabot.

VII. Jean-Chrysostôme LEBRUN, IIme. du nom, écuyer, seigneur de Rabot, héritier universel de son père, servit pendant quelques années dans les armées du Roi avec le grade d'officier, épousa, par accord du 12 août 1730, passé devant Molinier, conseiller du Roi, juge en judicature de terre-basse, consulat de Cadalen, damoiselle Marguerite *Bleys*, fille de Charles Bleys, avocat au parlement, lieutenant principal de la temporalité d'Albi, juge de la ville et baronnie de Monestier, premier consul dudit, et de feu damoiselle Marguerite de la Fon, son épouse. Elle ne vivait plus lorsque Jean-Chrysostôme fit ton testament au château de Rabot, pardevant Jean-Henri Boyer, notaire royal du lieu de la Bessière-Candeil, le 9 mai 1785. Il eut un fils et deux filles :

1°. Jean Chrysostôme III, qui suit ;
2°. Jeanne-Lebrun de Rabot, religieuse bernardine, abbesse de la Falque, au diocèse de Rodès ;
3°. Rose-Charlotte Lebrun, morte avant le testament de son père ; elle avait été mariée à N..... *de Montricoux.*

VIII. Jean-Chrysostôme LEBRUN, IIIme. du nom, écuyer, seigneur de Rabot, né au château de Rabot, le 26 janvier 1739, fut héritier universel de son père qui s'opposa au desir qu'avait toujours eu son fils unique pour le parti des armes. Néanmoins lorsque ce dernier eut placé ses deux fils au service, il céda lui-même à son goût décidé pour la carrière des armes ; et quoiqu'il fût déjà dans un âge mur, il parvint au grade d'aide-major dans la légion de Tonnerre ; fit en cette qualité,

plusieurs campagnes sur mer, et se trouva à la bataille
navale d'Ouessant ; il avait épousé par contrat du 15
janvier 1759, passé devant Jean-François de Monricours,
notaire royal à Graulhet, damoiselle Françoise Marguerite *de Picarel d'Assezat*, fille de François-Joseph Picarel d'Assezat, seigneur de la Garrigue et de dame Marianne de Pontié, son épouse. De ce mariage sont issus :

1°. Jean Chrysostôme IV, qui suit ;
2°. Bernard-Joseph, chevalier Lebrun de Rabot,
    entré sous-lieutenant dans les volontaires de la
    légion de Tonnerre, le 2 janvier 1780, embarque
    le 29 mars sur la frégate l'Amazone, comman-
    dée par M. Galaup de la Pérouse. Il fit en cette
    qualité plusieurs campagnes sur mer, fut nommé
    par le Roi, le 10 novembre 1782, cadet gentil-
    homme dans le bataillon auxiliaire établi à l'O-
    rient ; par ordonnance de S. M. du 25 juillet
    1784, sous-lieutenant au régiment du Port-au-
    Prince ; passé avec le même grade au régiment
    de la Martinique, par ordonnance du 13 août
    1785 ; lieutenant au même régiment le 15 dé-
    cembre 1786 ; commandant la redoute dite co-
    loniale de la Martinique le 20 décembre 1790. Il
    repoussa les insurgés qui vinrent l'attaquer en
    nombre supérieur, et commandait en 1793 un
    camp royaliste dans la même île de la Martinique.
    Le 3 juin il battit complettement les républi-
    cains au Morne dit Pérou, ensuite il protégea,
    avec une poignée de braves, l'embarquement des
    royalistes sur la frégate la Calypso, commandée
    par M. de Mallevaud, et s'embarqua le dernier.
    Il émigra avec la famille de sa femme, mademoi-
    selle *le Gendre de Fougainville*, à l'île de la Trinité.
    Là il s'embarqua avec des officiers de son régi-
    ment sur le vaisseau du Roi *la Ferme*, comman-
    dé par M. de Rivière, qui devait joindre l'escadre
    espagnole aux ordres de M. Arestizabal, mouillée
    à Porto-Cabello. Ce fut dans ce trajet que le che-
    valier Lebrun de Rabot fut atteint d'une maladie
    dont il mourut peu de tems après. La famille a
    conservé plusieurs lettres de l'illustre Galaup de
    la Pérouse, qui constatent l'amitié et l'estime
    particulière que ce célèbre marin portait au che-

valier Lebrun de Rabot. Ce dernier laissa de mademoiselle le Gendre de Fougainville, son épouse, une fille unique nommée Marguerite-Euphrasie Lebrun de Rabot, mariée avec messire Antoine-Henri-Marie-Victor de Sambucy-Miers, écuyer, officier d'infanterie retraité, fils de messire Alexandre de Sambucy, baron de Miers, et de dame Catherine de Fajole.

3°. Marie-Marguerite Lebrun de Rabot, mariée à messire Simon-Bernard de Noël, écuyer, dont plusieurs enfants.

IX. Jean-Chrisostôme LEBRUN DE RABOT, IVᵉ du nom, écuyer, seigneur de Rabot, co-seigneur de Cadelen, né le 8 mai 1760, fut nommé par le Roi, le 22 février 1781, l'un des cadets gentilshommes de la compagnie établie à l'île de Ré; fut nommé sous-lieutenant au régiment de la Martinique par ordonnance du 28 juin 1782; avait épousé, le 11 mai 1786, par contrat passé devant Martin, notaire royal à la Martinique, sénéchaussée du fort Royal, demoiselle Claire-Euphrasie *le Gendre de Fougainville*(1), fille de messire Charles-Alexis le Gendre de Fougainville, ancien garde du Roi, et de dame Barbe-Nicole Millet de la Bourdelière. Ayant perdu son mari, Claire-Euphrasie le Gendre de Fougainville épousa en secondes noces à la Martinique, le 19 mars 1793, et avec dispense du pape, messire Bernard-Joseph, chevalier Lebrun de Rabot, son beau-frère; et en troisièmes noces à la Martinique, le 29 août

***

(1) Son frère, messire Pierre-Charles le Gendre, vicomte de Fougainville, chevalier de l'ordre royal et militaire de Saint-Louis, est conseiller à la cour royale de la Martinique. Leurs deux sœurs sont mariées, l'une, dame Laure-Agathe le Gendre de Fougainville, avec messire Amant-Georges-Artur *du Plessis*, chevalier de Saint-Louis, ancien officier au régiment de la Martinique; et l'autre, dame Rose-Sophie-Adélaïde le Gendre de Fougainville, à messire Charles-François *de Franqueville*, chevalier de Saint-Louis, ancien page du roi Louis XVI.

IV. 54

1796, messire Jérôme-François de Berthelot, chevalier, seigneur de la Villésion et autres lieux en Bretagne, capitaine d'infanterie. Elle eut de son premier mari :

X. Jean-Chrysostôme-Joseph LEBRUN DE RABOT, né le 25 avril 1787, au bourg des Rivières-Pilotes, île de la Martinique, passa en France avec sa mère après la paix d'Amiens ; il entra au service en qualité de sous-lieutenant provisoire au régiment de Latour-d'Auvergne, 1er. étranger, le 25 frimaire an 14, confirmé dans ce grade par décret du 31 mars 1806 ; lieutenant par décret du 8 janvier 1810 ; nommé capitaine sur le champ de bataille de Caldieu, par ordre du prince vice-roi d'Italie, le 14 octobre 1813 ; confirmé dans ce grade par décret du 25 novembre 1813, passé aide-de-camp de M. le lieutenant-général comte Verdier, commandant la 2e. lieutenance de l'armée française d'Italie, par ordre du prince vice-roi, commandant en chef l'armée le 7 novembre 1813 ; confirmé dans cet emploi par commission du ministre de la guerre le 5 février 1814 ; a fait à l'armée française, dans le royaume de Naples, les campagnes de 1806, 1807, 1808, 1809, 1810, 1811, 1812. Pendant ces campagnes, il fut toujours officier d'une des compagnies de voltigeurs de son régiment, et employé, presque continuellement, dans les Calabres contre les insurgés, les Siciliens et les Anglais. Il a fait les campagnes de 1813 et 1814 à l'armée française d'Italie, sous les ordres du prince Eugène. Il fit partie de la division qui occupait le Tyrol, lorsque cette division se replia sur Vérone. Il soutint la retraite à l'extrême arrière-garde avec les voltigeurs. Il remplissait les fonctions d'aide-de-camp auprès du lieutenant-général comte Verdier, au combat d'Ula, le 9 novembre 1813. Son général fut blessé à ses côtés, le 19 novembre, au combat de St.-Michel, en avant de Vérone. Quelques bataillons ayant été envoyés pour soutenir la division Marcognet qui avait été repoussée par des forces très-supérieures, du village de St.-Martin, le capitaine Lebrun de Rabot, à la tête d'une compagnie, contribua à repousser l'ennemi dans sa première position : en cette occasion, il demeura long-tems sous le feu de la mitraille ennemie, qui lui fit perdre presque la moitié de sa compagnie ; le 8 février 1814, à la bataille du

Mincio, il eut le bonheur d'attirer les regards du prince vice-roi, qui, après l'action, le fit porter au nombre de ceux qui avaient mérité la décoration de la Légion-d'Honneur. Elle lui fut décernée par décret du 15 mars 1814, et confirmée par une ordonnance du Roi. Il a épousé, le 17 septembre 1817, Marie-Louise-Antoinette *Besson*, née à la Guadeloupe, veuve de noble Jean-Joseph-Marie de Planet, et fille de feu François Besson, propriétaire à la Guadeloupe, et de dame Marie-Anne-Élisabeth la Prade.

Armes : écartelé aux 1 et 4 d'azur, à neuf losanges couchés d'or; au chef cousu de gueules, chargé d'un lévrier d'argent; aux 2 et 3 d'argent, à deux fasces de gueules, chargées chacune de trois trèfles d'or.

DE LEVAL. André de Leval, abbé commandataire d'Oigny, prieur d'Epoisses, doyen de la Sainte-Chapelle à Dijon, fut reçu conseiller au parlement de Bourgogne, au mois de janvier 1524, et mourut en 1562. Il avait résigné cette charge à François de Leval, son neveu, qui en fut pourvu le 2 novembre 1537.

Armes : de sable, à deux fasces d'argent; au chef du même, chargé de trois étoiles d'or.

M.

MAITRE ; famille ancienne, originaire de la ville de Salins, illustrée par une longue continuité de services militaires, et par de belles alliances. Elle a pour auteur :

I. Jean-Louis MAITRE, seigneur d'Aresches, colonel de cavalerie en Catalogne, fut créé chevalier le 10 décembre 1646. Il eut, entr'autres enfants,

II. Louis MAITRE, premier du nom, seigneur de Sornay, d'Ugier et de Ray, qui mourut gouverneur du fort de Salins. Il avait épousé Jeanne *Pourtier d'Aiglepierre*, d'une ancienne maison originaire de Bourgogne, connue avec les qualifications chevaleresques, depuis l'an 1350. Louis Maître laissa de ce mariage :

1º. Jean-François, dont l'article suit ;

2º. Ferdinand Maître ; major du régiment du marquis de Bay, son frère; il a laissé un fils qui, en 1737, était gouverneur de Fraga, au royaume d'Aragon;

3º. Alexandre Maître de Bay, seigneur de Laer, près de Tirlemont, lieutenant-général des armées de Philippe V, roi d'Espagne, (Philippe, duc d'Anjou, petit-fils de Louis XIV). Il déploya une rare valeur et les plus grands talens militaires dans la guerre de la succession d'Espagne, que voulaient disputer à Philippe V, l'Empire, la Hollande, l'Angleterre, la Savoie et le Portugal. Il se distingua beaucoup dans le combat d'Eckeren, le 30 juin 1703, et chargea plusieurs fois avec le duc de Villeroy, à la tête de la cavalerie et des dragons qui renversèrent toutes les troupes ennemies, qui leur furent opposées. Dans la nuit du 14 au 15 décembre 1706, n'ayant que huit cents hommes d'infanterie et deux cents chevaux, il surprit Alcantara, et s'en rendit maître avec autant de bravoure que de succès. Il s'empara d'un fort qui défendait le pont d'Olivença, et fit sauter ce pont au mois de juin ; et, le 4 octobre, emporta d'assaut, en trois quarts d'heure, la ville de Cieutad-Rodrigo. En récompense de cette belle action, et en *considération de ses grands services*, le roi d'Espagne le créa chevalier de la Toison d'Or (*Gazette de France du* 10 *décembre* 1707), et le nomma ensuite vice-roi de l'Estramadure. Le même monarque, par lettres données à Madrid le 23 juillet 1704, dans lesquelles Alexandre Maître de Bay est qualifié lieutenant-général de ses armées, et premier lieutenant de ses gardes du corps, l'éleva à la dignité de *marquis de Bay*, applicable à telle terre et seigneurie qu'il choisirait tant pour lui que pour ses descendants mâles et femmes. Ce général est décédé le 14 novembre 1715. Il avait épousé Cécile de *Winssinkercke*; née à Louvain, le 7 septembre 1670, dont il a eu :

a. Isidore Maître, marquis de Bay, seigneur

de Laer, lieutenant-général des armées de
Sa Majesté catholique, inspecteur d'infanterie, et colonel du régiment de Flandre,
marié à la fille du marquis de *la Quintana*;
b. N...... Maître de Bay, épouse du marquis
de Texala.

III. Jean-François MAITRE, seigneur de Sornay et
d'Ugier, épousa Claudine *de Pillot de Ghenecey*, dont il
eut :

IV. Louis MAITRE, seigneur de Sornay et d'Ugier,
époux de demoiselle N.... *Baignard*, et père de :

V. Benigne MAITRE, seigneur de Sornay et d'Ugier,
capitaine au service d'Espagne, dans le régiment de
Flandre en 1759.

On peut consulter sur cette famille qui subsiste aujourd'hui dans la personne de M. le marquis de Maître,
le Nobiliaire de la ville de Salins, in-4°., par Guillaume,
p. 172; le Dictionnaire des Gaules, de la France, par
Expilly, t. I, et p. 486; le Nobiliaire in-12, des Pays-
Bas, tom. II, p. 620; et les Tablettes historiques et gé-
néalogiques de Chazot de Nantigny; tom. V, pag. 105.

Armes : écartelé aux 1 et 4 d'azur, à la colombe d'argent, becquée et membrée de gueules; aux 2 et 3 de
gueules, au griffon d'or, armé et langué de sable.

DE MALEDEN, DE MALDEN, DE MALEDENT, ou DE
MALEDAN. Cette famille, originaire, dit-on, du royaume
d'Ecosse, et qui existe en plusieures branches répandues successivement en Limosin, Bas-Limosin et Guienne,
est recommandable par les nombreux services qu'elle a
rendus à nos Rois, et par son dévouement à l'infortuné
Louis XVI et à son auguste famille. Dans les tems an-
térieurs à la révolution, elle a donné tour-à-tour des
ecclésiastiques distingués dans tous les ordres; des magistrats recommandables, un grand viguier de Roussillon,
nommé à cet emploi important, après les guerres d'Espagne; des officiers de tous grades, des mestres-de-camp
dans les gardes-du-corps de la maison du Roi. Trois frères,
gardes-du-corps de Sa Majesté Louis XIV, se trouvèrent
à plusieurs combats et batailles. Ayant été blessés dans
différentes affaires, et y ayant perdu leurs équipages,

Sa Majesté fit remettre à l'intendant de la généralité de Limoges, la somme de trois mille francs pour les indemniser de ces pertes, avec l'invitation de donner à chacun d'eux cent cinquante francs par année pendant six ans. A l'époque de notre funeste révolution, douze officiers du même nom ont émigré ; tous ont fait les campagnes à l'armée des princes, puis à celle de Condé ; et trois ont été tués, ou sont morts des suites des blessures qu'ils avaient reçues durant ces campagnes. Leurs services honorables sont consignés d'une manière authentique dans deux certificats de *Monsieur*, régent du royaume, datés de Ham, le 4 juillet 1793, et de Vérone, le 12 janvier 1795 ; dans une lettre de Monseigneur le comte d'Artois, lieutenant-général du royaume, datée de Brémervorde, le 11 mai 1795, et dans un certificat de Monseigneur le prince de Condé, daté du quartier-générale de Bühl, le 25 janvier 1796.

Les diverses branches de cette famille sont connues sous les dénominations suivantes : 1°. les seigneurs du Puyrembert ; 2°. de Feytiat ; 3°. de Leitat ; 4°. de la Bastille ; 5°. de la Cabanne ; 6°. de la Pouyade ; 7°. d'Envals ; 8°. du Galant.

Louis *de Maléden*, né au château de Leitat, le 24 juin 1752, entra au service le 4 mai 1768, et fut fait capitaine de cavalerie le 18 juin 1783. Il était de service auprès du Roi et de la Reine, aux journées des 5 et 6 octobre 1789. Il obtint la croix de St.-Louis comme une récompense de sa bonne conduite autant qu'en considération d'une blessure qu'il avait reçue au poignet droit dans la journée du 6, où il perdit ses équipages. Emigré au mois septembre 1791, il fit la campagne de 1792, en qualité de garde-du-corps. Il servit ensuite comme cavalier noble dans le deuxième regiment, le 27 septembre 1795. Il fut breveté lieutenant-colonel de cavalerie, par Sa Majesté Louis XVIII, le premier juillet 1797. Il fit toute les campagnes dans les armées royales et celle de 1794, en qualité de colonel au service de LL. HH. puissances les provinces unies de Hollande, dans les chasseurs de Luninck. Il a été fait maréchal-des-logis des gardes-du-corps du Roi, compagnie de Wagram, à la rentrée de Sa Majesté, et nommé chevalier de l'ordre royal de la Légion-d'Honneur. Il est maintenant chef du dépôt royal d'étalons à Saint-Jean-d'Angély.

Jean-François, chevalier *de Maleden*, frère du précédent, né au château de Leital, le 8 octobre 1753, servit dans la gendarmerie de la garde du Roi, depuis le 14 mars de 1771 jusqu'au 25 août 1777, époque à laquelle il fut reçu garde-du-corps, et fut breveté capitaine de cavalerie le 18 avril 1786. Il était de service auprès de LL. MM., aux journées des 5 et 6 octobre 1789, et fut atteint de plusieurs coups de pique. Le 28 février 1791, la noblesse ayant été désarmée au château des Tuileries, il fut blessé au bras et au genou droit. Le 21 juin, il eut l'honneur d'accompagner la famille royale qui se rendait à Mont-Médy, et fut arrêté avec elle à Varennes. Il reçut durant le retour, des coups de baïonnette à la tête et un à la cuisse droite; il fut ensuite mis en prison jusqu'au 17 septembre 1791. Le 18 du même mois, il fut présenté à LL. MM. et à la famille royale. Sa conduite, dans ces circonstances périlleuses, lui mérita la croix de Saint-Louis. Parti le 20 pour Coblentz, il fit la campagne de 1792, en qualité de garde-du-corps, passa ensuite lieutenant des grenadiers dans le régiment de Béthisy, à la solde d'Angleterre, jusqu'au licenciment de ce régiment. Entra, le 29 novembre 1795, cavalier noble au deuxième régiment, armée de Condé; fut fait lieutenant-colonel à la même armée, en 1796. Il resta constamment auprès de Sa Majesté Louis XVIII. Rentré avec ce monarque en 1814, il fut nommé officier supérieur des gardes-du-corps, compagnie de Noailles, et a fait le voyage à Gand, avec Sa Majesté, en 1815. Il est mort peu de tems après le retour du Roi.

Jean *de Maleden de Leital*, frère des précédents, né au château de Leital le 22 février 1756, servit dans la gendarmerie de la garde du Roi, depuis le 14 mars 1771, jusqu'au 25 août 1777, époque à laquelle il entra dans les gardes-du-corps. Il obtint le grade de capitaine de cavalerie, le premier mai 1787. Il était avec ses frères, de service auprès du Roi et de la Reine, aux journées des 5 et 6 octobre 1789. Emigré le premier août 1791, il a fait toutes les campagnes dans les armées royales, en qualité de garde-du-corps du Roi; en 1792, puis de volontaire, au régiment de Broglie, le 3 février 1795, et cadet gentilhomme, le 10 août 1795, jusqu'au licenciment de ce corps, et enfin de cavalier noble dans le deuxième régiment, armée de Condé, le 2 décembre 1795. A été décoré de l'ordre royal et militaire de Saint-Louis en juillet 1796. A la rentrée du Roi, en 1814, il fut promu au grade de maréchal-des-logis des gardes-du-corps, compagnie de Noailles, avec rang de major de cavalerie. Il a accompagné Sa Majesté à Gand, en 1815, et depuis a été retraité comme lieutenant-colonel de cavalerie.

François *de Maleden*, gendarme de la garde du Roi, le 14 mars 1772, fut agrégé aux gardes-du-corps de S. M., le 8 octobre 1791. Il a fait la campagne de 1792 en cette qualité, à l'armée des princes ; entra dans le corps des chasseurs nobles, le 25 juillet 1795, dans celui des cavaliers nobles, le 10 septembre de la même année, et fut fait, en décembre 1796, chevalier de l'ordre royal et militaire de Saint-Louis. Son frère Ignace *de Maleden de Feytiat* a eu sept fils, qui suivent : Pierre-Guillaume *de Maleden de Feytiat*, cadet au régiment de Foix, le 26 octobre 1780, sous-lieutenant le 14 mars 1781, lieutenant le 15 février 1784, servit dans ce régiment jusqu'au 25 novembre 1791, et y fit la campagne de Genève en 1782 ; fit celle de 1792, dans l'armée de son altesse sérénissime monseigneur le duc de Bourbon. Il passa ensuite volontaire au régiment de Broglie, à la solde d'Angleterre ; y fut fait sous-lieutenant le premier août 1795, et y servit jusqu'au licenciment de ce corps ; passa ensuite chasseur noble dans l'armée de Condé, le 2 janvier 1796, et cavalier noble dans le deuxième régiment, le 10 janvier suivant. Il vivait en 1814, décoré de l'ordre royal et militaire de Saint-Louis.

Pierre *de Maleden*, sous-lieutenant au régiment d'Aunis, le 10 janvier 1782, lieutenant le 6 mars 1787, servit dans ce régiment jusqu'au 25 novembre 1791 ; émigra et fit la campagne de 1792 à l'armée des princes. Il a été tué d'un coup de canon à la retraite de l'armée autrichienne de Commines sur Wervick, le 21 octobre 1793, servant en qualité de volontaire dans le corps de Laudon-Vert.

Etienne-Alexandre *de Maleden*, entré sous-lieutenant de remplacement au régiment de Conti, infanterie, le 15 avril 1784, fut fait sous-lieutenant en pied, le 10 mars 1786 ; lieutenant le 5 août 1788, et servit dans ce corps jusqu'au 25 novembre 1791. Emigré, il a fait la campagne de 1792, à l'armée de son altesse sérénissime le duc de Bourbon, et celle de 1794, en qualité de chasseur noble dans le corps de Damas, au service de L. L. H. H. P. P. Il passa ensuite volontaire au régiment de Broglie, à la solde d'Angleterre ; y servit jusqu'au licencîment de ce corps ; entra cavalier noble dans le deuxième régiment, armée de Condé, le 30 novembre 1795 ; fut fait chevalier de Saint-Louis le premier janvier 1797, en récompense des blessures qu'il avait reçues à l'affaire du 13 août 1796. Il est aujourd'hui capitaine dans la légion de la Haute-Vienne.

Louis *de Maleden*, cadet au régiment de Champagne, infanterie, le 14 septembre 1786, agrégé aux gardes-du-corps du Roi, le 20 septembre 1791, y resta jusqu'au 25 novembre 1792 ; émigra et fit la campagne de cette dernière année dans la compagnie de Noailles, avec rang de lieutenant de cavalerie. Il est mort à l'armée de Condé, des suites des blessures qu'il avait reçues au passage des lignes de Wissembourg, en 1793.

Jean-Ignace *de Maleden*, sous-lieutenant de remplacement au régiment d'Aquitaine, le 6 octobre 1785, sous-lieutenant en pied, le 10 janvier 1786 ; lieutenant dans la légion de Mirabeau, le 15 septembre 1791 ; capitaine de grenadiers dans le même régiment, depuis, Roger-Damas, a fait les campagnes de 1792, 1793, 1794 et 1795, à l'armée des princes et à celle de Condé ; fut fait chevalier de Saint-Louis en décembre 1796, en récompense des blessures qu'il avait reçues à l'affaire de Saint-Pierre, le 26 octobre 1796. Il est actuellement major de la légion de la Creuse.

Jean-Gabriel *de Maleden*, sous-lieutenant d'infanterie, émigré, a fait la campagne de 1792, en qualité de garde, dans l'institution de Saint-Louis, armée des princes. Passé à l'armée de Condé, à la solde d'Autriche, il y a fait les campagnes de 1793, 1794 et 1795, en qualité de chasseur noble, dans la compagnie n°. 2, et passa cavalier noble, le 18 octobre 1795, dans le deuxième régiment. Il est maintenant capitaine dans la légion de la Haute-Vienne, chevalier de Saint-Louis et de la Légion-d'Honneur.

François *de Maleden*, sous-lieutenant d'infanterie, émigré au mois d'octobre 1791, a fait la campagne de 1792, en qualité de garde, dans l'institution de Saint-

IV.   55

Louis, armée des princes. Il est mort à Schwelm, le 27 octobre 1794, des suites de ses blessures.

Jean-Baptiste *de Maleden de la Pouyade*, cousin des précédents, officier au régiment de Lafère, infanterie, le 9 août 1768, fit avec ce régiment les campagnes en Corse, en qualité de sous-lieutenant. Il fut fait lieutenant le 18 juin 1781 ; émigra le 2 octobre 1791, et fut fait sous-brigadier dans les gardes de l'institution de Saint-Louis, le 26 février 1792. Il a fait cette campagne à l'armée des princes; passa, le 13 septembre 1794, sous-lieutenant au régiment de Béthisy, à la solde d'Angleterre, et servit dans ce corps jusqu'à son licencîment. Il entra cavalier noble au deuxième régiment, armée de Condé, le 29 novembre 1795, décoré de l'ordre royal et militaire de Saint-Louis, au mois d'août 1796, et mourut des suites de ses blessures, à Stoffen, le 16 janvier 1797. Il est le petit-neveu du grand viguier de Roussillon, et frère d'un des premiers capitaines au régiment de Champagne, infanterie, chevalier de l'ordre royal et militaire de Saint-Louis.

Plusieurs membres de cette famille, représentent encore diverses branches, savoir :

Le comte *de Maleden de la Bastille*, ancien garde-du-corps du Roi, compagnie de Luxembourg, chevalier de l'ordre royal et militaire de Saint-Louis, lieutenant-général des bailliage et sénéchaussée du Bas-Limosin, émigré en 1791. Il a fait la campagne de 1792, dans les armées royales. A la rentrée du Roi, en 1814, il a été fait maréchal-des-logis dans les mousquetaires, avec grade de colonel de cavalerie.

M. de Maleden d'Envals, chevalier de Saint-Louis, son fils, reçu garde-du-corps du Roi, compagnie de Wagram, en 1814, a suivi Sa Majesté à Gand, en 1815.

M. de Maleden du Galant, ancien capitaine de grenadiers royaux, chevalier de l'ordre royal et militaire de Saint-Louis.

Armes : d'azur, à trois lions léopardés d'argent, l'un sur l'autre. Couronne de comte. Supports : deux lévriers.

DE MARCHAL; famille originaire de Lorraine, anoblie, le 15 juillet 1621, par son altesse Henry, duc de

Lorraine et de Bar, en la personne de Jean Marchal, seigneur Saulxerotte, en partie, receveur-général, de son comté de Vaudemont (1), et confirmée dans sa noblesse par des lettres de gentillesse (2), accordées à Lune-ville le 9 mars 1761, par le Roi Stanislas, à Louis-Pierre-Sebastien de Marchal, chevalier seigneur de Sainscy, économe-général du clergé de France, ancien capitaine de cavalerie, chevalier de l'ordre royal et militaire de Saint-Louis, gouverneur d'Abbeville et maître d'hôtel ordinaire du Roi. — Cette famille a donné des officiers dans les armées des ducs Henry et Charles de Lorraine, des capitaines de cavalerie dans les régiments de Mestre-de-camp et du Roi, des chevaliers de Saint-Louis, des gouverneurs d'Abbeville, des maîtres-d'hôtel et gentilshommes ordinaires du Roi; des économes-généraux du clergé de France (3). —Ses alliances sont avec les familles nobles de Hazarls, de Rouyer, de Capie, de Baradel, de Tagèle, de Gircourt (4) de Biocourt, marquis de Fresnoy. (5) De Peau de Rotrou, de Bou-theiller, Chavigny de Mesgrigny, etc.

Louis-Pierre-Sebastien *de Marchal de Sainscy*, chevalier de Saint-Louis et gouverneur d'Abbeville, a épousé Elisabeth-Marie-Suzanne *Meny*, dont il a eu, entre autres enfants :

---

(1) Ses lettres patentes enregistrées à la cour souve-raine de Lorraine et de Barrois, le 11 mars 1621, signées F. la Croix, et entérinées en la chambre des comptes de Lorraine, par arrêt du 12 du même mois, signé Frincourt ; elles se trouvent rapportées en entier dans les lettres de gentillesse du 9 mars 1761.

(2) Signé STANISLAS, Roi; Plus bas, par le Roi, *Renault du Bex.*

(3) Commission nommée par le Roi, et qui a été exercée dans cette famille pendant plus de soixante ans. *Nota.* Il ne faut pas confondre cette place avec celle de receveur-général du clergé, qui était à la nomina-tion de *cet ordre* ; ce receveur était confirmé ou renou-vellé tous les cinq ans *à sa volonté.*

(4) Allemande et de Lorraine.

(5) De Picardie.

1°. N.... Marchal de Sainscy, marié avec mademoiselle *de Montmuquel*, dont la mère était sœur de
M. le comte de Villedeuil. De ce mariage il
n'existe qu'une fille, qui a été mariée à M. Villot,
famille de Metz ;

2°. Anne-Edmée de Marchal de Sainscy, mariée
par contrat signé de la Cour, le 4, et à Paris,
le 8 juillet 1770, et de l'agrément de S. M.
Louis XV, à Louis-Marie, marquis *de Mesgrigny*,
comte de Villebertain, de Moussey et de Briel,
vicomte et grand-bailli héréditaire de Troyes,
maréchal des camps et armées du Roi, à prendre
rang du 15 novembre 1798, dont postérité. Voyez
MESGRIGNY.

N.... *de Marchal de Noroy*, frère de Louis-Pierre-
Sébastien, et père, entr'autres enfants, de :

François-Michel-Sébastien *de Marchal*, comte de
Noroy, né à Paris, le 16 février 1754, ancien
capitaine du régiment du Roi, cavalerie, chevalier de l'ordre royal et militaire de Saint-Louis,
marié dans l'émigration, et existant, sans enfants, à Dijon.

Armes : d'azur au canon monté et apprêté d'or,
dressé et arrêté sur un tertre d'argent, diapré de fleu-
rettes de sinople. Cimier : un canon sortant et bruyant
de l'écu, environné de deux pennes contre-pallées d'or,
d'azur et de sinople. (1)

DE MASSON D'AUTHUME. On a donné, par erreur,
au tome III, p. 427 de cet ouvrage, au mot Léger (nom
de baptême du chevalier d'Authume), une notice in-
complette sur cette ancienne famille de Franche-Comté.
Elle remonte à Claude Masson, écuyer de Philippe-le-
Bon, duc de Bourgogne. Il eut deux fils, Jean et Pierre
Masson, auteurs de plusieurs branches. Celle des barons

---

(1) Ces armes étaient celles d'Anne Rouyer, mère de
Jean Marchal, et aussi son altesse le duc Henry de
Lorraine, dit-il, « et ce en considération de son amé
» et féal Rouyer vivant, contrôleur de son artillerie,
» grand père maternel dudit Jean Marchal. »

d'Eclans, reçue à Malte, s'est éteinte quant à la postérité masculine, en 1820, par la mort de Jean-Léger-
Charles-François Masson, baron d'Eclans, qui a laissé
trois filles ; l'une a épousé le comte de Toulongeon,
et une autre, le baron de Klinglin. Jean Léger, marquis
de Masson, seigneur d'Authume, reçu chevalier de
Malte, le 30 septembre 1711, ensuite chevalier d'honneur en la chambre des comptes de Dôle, était le grand-
oncle du précédent. Il épousa une demoiselle de Mairot,
dont il a eu plusieurs enfants. Leur postérité subsiste
à Authume et à Beaune. Cette branche a donné, ainsi
que la précédente, plusieurs conseillers-maîtres en la
chambre des comptes, un chambellan du roi de Prusse,
et des capitaines décorés de l'ordre royal et militaire de
Saint-Louis.

Armes : d'azur, au chevron d'or, accompagné de trois
glands du même.

MASSOT DE LAUNAY ; famille noble du Perche,
orginaire de la ville de Paris, où, dès l'an 1539, elle
avait fondé dans l'église Saint-Eustache, une chapelle,
sous l'invocation de saint Jean, saint Guillaume et
saint Brice.

I. Honorable homme Guillaume MASSOT, propriétaire de la seigneurie de Launay, près Senonches, au
Perche, épousa, par contrat passé devant Vassan et
Giroux, notaires à Paris, le 26 novembre 1646, Michelle *le Gay*, fille de Robert le Gay, procureur en la
chambre des comptes de Paris. De ce mariage sont issus :

1º. Guillaume Massot, qui embrassa l'état ecclésiastique ;
2º. Philippe Massot, seigneur du Buisson-Béran-
ger, époux de Jeanne *de Grouchy* ; il fut substitut
de M. le procureur-général au parlement de Paris,
protonotaire apostolique, banquier expédition-
naire en cour de Rome. Il fut père de Charles-
Philippe Massot, mort sans postérité ;
3º. Denis-François ; dont l'article suit.

II. Denis-François MASSOT DE LAUNAY, écuyer, conseiller du Roi, correcteur ordinaire en la chambre des
comptes de Paris, charge attributive de noblesse au

premier chef, dont il fut pourvu le 27 mars 1704, et
dans l'exercice de laquelle il mourut au mois de juillet
1731, sous le titre de conseiller correcteur honoraire,
avait épousé, par contrat passé devant Malingre et
Ainfrai, notaires à Paris, le 23 août 1691, Madelaine
Puylon, fille de noble homme Denis Puylon, docteur
régent et doyen de la faculté de médecine de Paris. De
ce mariage sont provenus :

1°. Alexis-Denis, qui suit ;
2°. Une fille, morte sans postérité.

III. Alexis-Denis MASSOT DE LAUNAY, écuyer, fut
reçu conseiller du Roi, président en la cour des mon-
naies de Paris, le 18 février 1727. Il s'allia, par contrat
passé devant Touvenot et Bréaut, notaires à Paris,
le 20 janvier 1745, avec Geneviève *de Vins*, fille de
Jacques de Vins, substitut de M. le procureur-général
au châtelet de Paris. De ce mariage est issu un fils
unique :

IV. Denis-Nicolas MASSOT DE LAUNAY, qui fut
contrôlé dans la seconde compagnie des mousquetaires
noirs de la garde du Roi, au mois de novembre 1763,
servit pendant vingt ans dans ce corps, et n'en sortit
qu'à l'occasion de son mariage avec Marie-Renée *de
Lange*, fille de François de Lange, chevalier, avocat
au parlement, conseiller du Roi, ancien trésorier,
receveur-général et payeur des rentes de l'hôtel-de-ville
de Paris, et de dame Marie du Tremblay, son épouse.
De ce mariage sont issus :

1°. Alexis-Marie Massot de Launay, père de Jac-
ques-Victor-Alexis, qui a servi dans les mousquetaires du Roi, jusqu'à l'entière dissolution
de ce corps. Il suivit Sa Majesté et les princes
jusqu'à Béthune, en 1815, et entra, au licencîment des mousquetaires, comme lieutenant dans
la légion de l'Aisne, où il mourut ;
2°. Barthélemi-Denis Massot de Launay, qui a
servi dans les mousquetaires, et est rentré dans
ce corps, à la restauration, en 1814, où il est
resté jusqu'au licencîment ;

3°. Marie-Louise-Geneviève-Emilie Massot de Launay.

Armes : d'argent, à la croix de sable, chargée de cinq ancres du champ. Couronne de comte.

MÉRY DE LA CANORGUE ; famille originaire d'Italie, établie à Bonieux, au Comtat Vénaissin, vers le commencement du seizième siècle, dans la personne de :

I. Noble Gabriel MÉRY, qui, quelque tems après son établissement à Bonieux, où il avait épousé Catherine *Jauffrey*, ayant appris que son père avait été tué dans les guerres d'Italie, retourna dans sa patrie pour recueillir sa succession. Il se disposait à venir rejoindre sa famille à Bonieux : mais Antoine Colona ayant mis le siége devant Segny, il fut contraint de rester dans cette place. Il obtint un brevet d'officier de la garnison, et reçut, à ce siége, une blessure dangereuse (1). Il mourut à Bonieux, ayant eu de son mariage.

1°. Louis, dont l'article suit ;
2°. Deux filles mortes en bas âge.

II. Louis MÉRY, viguier de Bonieux, épousa, par contrat passé devant Chamelli, notaire à Avignon, le 12 janvier 1563, demoiselle Catherine *de Laurent*, de laquelle il laissa :

III. Jouffroy, *aliàs* Chaffret MÉRY, qui fut aussi viguier de Bonieux, le 15 novembre 1626. Il transigea, le 12 septembre 1639, avec François Rouil et Catherine

_____

(1) Tous ces faits sont consignés dans un passeport que lui donna, après le siége, le 12 septembre 1557, Antoine Colona, pour revenir en France. Il en existe une copie dans les écritures de Louis Barrero, notaire à Avignon, en date du 9 septembre 1560. Elle commence ainsi : *In nomine Domini. Amen. Universis et singulis præsentibus et futuris pateat et sit natum, quod anno à Nativitate Domini 1560 indictione tertiâ, die verò nonâ mensis septembris, pontificatus sanctissimi in Christo patris et Domini nostri Pii divinâ providentiâ Papæ quarti anno primo nobilis Gabriel Meri oriundus ex nobili familiâ Italiæ, etc.*

Magnati, sa mère. Il avait épousé, par contrat passé devant Bathélemi Blanqui, notaire à Bonieux, le 4 novembre 1603, demoiselle Anne *de Blanc*, dont il eut plusieurs enfants, entr'autres :

1°. Joseph Ier., dont l'article suit ;

  2°. Anne Méry, mariée, par contrat passé devant Blanqui, notaire à Bonieux, le 13 février 1643, avec Mutius *Ciceri*, fils de César Ciceri, et de Marguerite Agar, sa seconde femme. Il fit son testament devant Mounier ∧notaire à Avignon, le 7 février 1665.

IV. Joseph MÉRY, Ier. du nom, épousa, par contrat passé devant Blanqui, le 4 avril 1644, demoiselle N..... *de Soliers*, dont il eut ;

V. Joseph MÉRY, IIe. du nom, qui s'allia, par contrat passé devant Joseph Blanqui, notaire à Bonieux, le 6 janvier 1677, demoiselle Marie-Madelaine *Mère*. De ce mariage sont provenus :

  1°. Joseph III, qui suit ;
  2°. Boniface Méry, mort sans enfants ;
  3°. Deux filles., religieuses au couvent de Sainte-Ursule à Cavaillon ;
  4°. Une autre fille, morte jeune :
  5°. N..... Méry, femme de N..... *d'Eyroux*, à Forcalquier ;
  6°. N..... Méry, épouse de N..... *de Garcin*, à Avignon.

VI. Joseph MÉRY, IIIe. du nom, seigneur de la Canorgue, épousa, par contrat passé devant Cortasse, notaire à Apt, le 31 janvier 1700, Marie-Thérèse *de Vaccon*, sœur d'Antoine, conseiller à la cour des comptes et de Jean-Baptiste de Vaccon, évêque d'Apt. Ce fut en sa faveur, et en considération des services importants rendus par sa famille, que le pape Benoît XIV, par bref du 24 avril 1747, registré aux archives du Roi, en Provence, le 17 novembre de la même année (reg. *Fontenoy*, fol. 76, *verso*), érigea en titre de *comté* le fief de la Canorgue, au comtat Vénaissin. De ce mariage sont issus :

  1°. Joseph IV, dont l'article suit ;

2°. Jean-Baptiste, } jésuites ;
3°. Louis de Méry, }

4°. Ignace de Méry, mort prévôt de l'église de Marseille, et grand-vicaire de l'évêque de cette ville;

5°. François de Méry, prévôt de l'église d'Apt, et l'un des vicaires-généraux de ce diocèse. Il eut la vacance de ce siége après la mort de M. de Vaccon, évêque d'Apt, son oncle, en 1751 ;

6°. Hilarion de Méry, chanoine à Apt, puis licencié en Sorbonne ;

7°. Xavier de Méry, ancien capitaine de dragons dans le régiment Colonel-Général, nommé doyen des chevaliers de Saint-Louis et pensionné, comme tel, par ordonnance de S. M. Louis XVIII, du 15 décembre 1820 ;

8°. N.... de Méry, religieuse à l'abbaye de Saint-Benoît de Cavaillon ;

9°. N..... de Méry, religieuse ursuline en la même ville ;

VII. Joseph DE MÉRY, IVe. du nom, comte de la Canorgue, fut reçu conseiller en la cour des comptes de Provence, au mois de juin 1730. Il épousa, par contrât du 21 juillet 1731, passé devant Vogier, notaire à Aix, demoiselle Angélique *de Boyer*, fille de Pierre-Jean de Boyer, marquis d'Argens, seigneur d'Egailles et de Joyeuse-Garde, procureur-général au parlement de Provence, et d'Angélique Lenfant. De ce mariage sont issus:

1°. Joseph-Pierre de Méry, comte de la Canorgue, reçu conseiller au parlement de Provence, le 12 octobre 1757; nommé avocat-général au conseil supérieur de Corse, le 15 juin 1773. Il épousa demoiselle Amable *de Garcin*, de laquelle il eut deux filles, mortes jeunes, et :

    a. Polixène de Méry, mariée à M. *de Viens*, ancien officier dans la maison du Roi ;

    b. Clémentine de Méry, mariée à son cousin-germain Jean-Baptiste-François-Xavier de Méry, auquel elle porta en dot le comté de la Canorgue.

2°. Jean-Baptiste de Méry, dit le comte de la

Canorgue, qui fut d'abord aide-major dans le régiment Royal-Vaisseaux; suivit ensuite le marquis d'Argens en Prusse, et fut nommé gentilhomme ordinaire de Frédéric-Guillaume, prince héréditaire de Prusse, depuis régnant sous le nom de Frédéric-Guillaume II (1), le 24 juillet 1767, mort sans enfants;

3°. Paul-Honoré-François-Xavier, qui continue la lignée;

VIII. Paul-Honoré-François-Xavier DE MÉRY DE LA CANORGUE, capitaine de vaisseau, chevalier de Saint-Louis, servit d'abord dans le régiment Royal-Artillerie, ensuite il fut successivement garde de la marine, le 24 mars 1756; sous-brigadier, le 23 avril 1762; enseigne de vaisseaux, le 1er. mai 1763; lieutenant de vaisseaux, le 1er. juillet 1775; se retira du service le 1er. juin 1782, avec le grade de capitaine de vaisseaux. Il y rentra le 1er. mai 1786, en qualité de directeur des élèves de la marine à Toulon; service qu'il a continué jusqu'au 30 décembre 1791, époque à laquelle il a cessé d'être porté sur les états de revues. Il émigra en 1792, avec son épouse Emilie d'Hainaud, de laquelle sont issus:

1°. Jean-Baptiste-François-Xavier, dont l'article suit;

2°. Auguste de Méry de la Canorgue, qui servit dans la marine jusqu'au moment de la révolution, avec le grade d'élève de première classe; émigra

---

(1) Ce prince honorait le comte de la Canorgue d'une estime toute particulière. Parmi plusieurs lettres des plus flatteuses que Frédéric-Guillaume lui a écrites, et que la famille a conservées, nous citerons celle-ci:

« Monsieur, j'ai été très-charmé d'apprendre par » votre lettre, que votre santé se rétablit peu-à-peu. » Soyez bien persuadé que j'y prends beaucoup de part, » ainsi qu'à tout ce qui vous regarde, et que je suis véri- » tablement, Monsieur, votre très - affectionné ami. » Signé: F. GUILLAUME, pr. d. Pr. » (prince de Prusse.)

A Potsdam, le 9 décembre 1767. Et plus bas, à Monsieur le comte de la Canorgue, à Bourg-en-Bresse.

avec son père et ses sœurs, en 1792; servit successivement dans les régiments de Royal-Louis, d'Hervilly (dans lequel il combattit à la funeste journée de Quiberon, d'où il parvint à s'échapper à la nage) et de Mortemart; est rentré en France avec le grade de capitaine d'infanterie; a été admis à la retraite, et créé chevalier de Saint-Louis, en 1816;

3°. Marie de Méry de la Canorgue, morte en émigration à Cartagène, en Espagne;

4°. Pauline de Méry de la Canorgue, mariée à M. *Stuart Farquharson*, capitaine de vaisseaux et chevalier de Saint-Louis.

IX. Jean-Baptiste-François-Xavier DE MÉRY, comte de la Canorgue, capitaine de frégate, chevalier de l'ordre royal et militaire de Saint-Louis, fut fait, le 18 avril 1782, aspirant, et le 1er. juillet 1783, garde de la marine; fut embarqué avec ce grade, le 18 mai 1784, jusqu'au 3 octobre 1785, sur la corvette *la Brune*; passa sur la corvette la *Flèche*, le 28 avril 1786; sur la frégate la *Pomone*, le 5 février 1788; sur la frégate l'*Alceste*, le 9 mars suivant, d'où il débarqua le 3 janvier 1789; rembarqua le 18 mars 1789, sur la corvette le *Rossignol*; passa, le 14 juillet suivant, sur la frégate l'*Iris*; sur la corvette la *Bélette*, le 30 août; sur la frégate l'*Alceste*, le 13 mai 1790; sur la frégate la *Courageuse*, le 17 octobre; sur la corvette la *Badine*, le 28 décembre de la même année, d'où il débarqua le 9 février 1791; fut fait enseigne entretenu, le 1er. janvier 1792; embarqua, en cette qualité, sur le vaisseau le *Centaure*, le 29 mai jusqu'au 14 août de la même année. Il a été nommé capitaine de frégate en non-activité, le 31 décembre 1814; mis en activité le 1er. janvier 1816, jusqu'au 1er. novembre 1817, époque à laquelle il a été admis à la retraite. Il a été nommé, au mois de novembre 1820, juge de paix du canton de Bonieux (Vaucluse). Il a épousé Clémentine *de Méry*, sa cousine-germaine, qui lui apporta en dot le comté de la Canorgue. De ce mariage sont issus:

1°. Xavier de Méry de la Canorgue, qui est entré au service en 1813, en qualité de garde d'honneur; a fait les campagnes de 1813 et 1814, s'est trouvé aux affaires de Léipsick et de Hanau, et à la plupart des actions qui ont eu lieu dans l'intérieur, lors de la retraite de l'armée. Au retour de S. M. Louis XVIII, il a été placé garde du corps dans la compagnie du duc de Raguse; a été créé chevalier de la Légion-d'Honneur; a suivi le Roi à Béthune, où la maison de S. M. fut licenciée. Au second retour du Roi, il a été nommé lieutenant dans la légion de l'Allier;

2°. François de Salles-Thomas de Méry de la Canorgue, nommé élève de la marine, en 1812; fait, au retour du Roi, lieutenant dans le 7e régiment de l'artillerie de marine, à Toulon, mort à Bonieux, le 10 juin 1816;

3°. Jean-Baptiste de Méry de la Canorgue, élève à l'école royale militaire de la Flèche;

4°. Victor de Méry de la Canorgue, élève au collége royal de Marseille;

5°. Philippe-Ambroise de Méry de la Canorgue;

6°. Gustave-Léon de Méry de la Canorgue, élève à la Flèche;

7°. Charles de Méry de la Canorgue, élève à l'association des chevaliers de Saint-Louis, à Senlis;

8°. Emilie de Méry de la Canorgue;

9°. Honorine de Méry de la Canorgue, hospitalière aux dames de la Charité, à Nevers;

10°. Rosine de Méry de la Canorgue, hospitalière aux dames de Saint Charles, à Lyon;

11°. Pauline de Méry de la Canorgue;

12°. Joséphine de Méry de la Canorgue, élève du Roi, chez madame des Fontaines, à Paris.

Armes : d'argent, au dauphin de sable, sur une mer de sinople; au chef d'azur, chargé de trois étoiles d'or.

DE MESGRIGNY, illustre et ancienne maison de chevalerie de Champagne, à la fois l'une des plus considérables et des mieux alliées de cette province, et des plus recommandables du royaume par les nombreux et importants services qu'elle a rendus à l'état dans la haute magistrature, à la cour et dans les conseils de nos Rois, et notamment dans le commandement de leurs armées de terre et de mer. Elle a pris son nom d'une terre seigneu-

riale située dans l'élection de Troyes, près de Méry-sur-
Seine, dont elle remonte la possession successive, avec
les qualifications chevaleresques, jusques au milieu du treizième siècle. Son ancienne extraction de nom et d'armes,
et sans origine connue, constatée par une longue série de
titres originaux et de brevets de nos Rois, a été juridique-
ment reconnue par sentence du bailliage de Troyes, du
28 décembre 1487 (1), par arrêt du parlement de Paris, du
20 mars 1556, par jugement de M. de Caumartin, intendant en Champagne, du 21 janvier 1668; par les nombreuses preuves que cette maison a faites pour l'ordre
souverain de Saint-Jean de Jérusalem, où elle compte

------

(1) Cette pièce qui nous a été produite aussi bien que
l'arrêt du conseil d'état du Roi, du 7 septembre 1789,
où elle est rapportée avec tous les titres filiatifs de cette
maison, nous oblige à rétracter ici une notice que nous
avons donnée sur le nom de MESGRIGNY, p. 28 du tome
II de ce dictionnaire. Cette justice doit être d'autant
plus éclatante, que l'erreur est plus grave et plus dé-
nuée de fondement. La sentence précitée, du 28 décembre 1487, loin d'être, comme on l'avait dit, une
confirmation de noblesse utérine ou d'anoblissement par
le ventre, constate d'une manière irréfragable, non-seu-
lement l'ancienneté de la noblesse de la maison de Mesgrigny, mais encore son origine pure et militaire. Jean de
Mesgrigny III du nom, écuyer, seigneur de Fontaines de
Roblécourt, d'Origny, de Villers-le-sec et d'Anneville,
qui obtint cette sentence, y est déclaré *noble et gentilhomme, extrait et descendu de nobles et gentilshommes faisant service au Roi dans leurs guerres, et possédant fiefs.*
On y rappelle ses services avec deux chevaux, armés de
brigandine, salade, arbaleste fournie de dague et
épée; ceux de son père Jean II de Mesgrigny avec trois
chevaux; ceux de son aïeul, Denisot de Mesgrigny, sous
les Rois Charles VII et Louis XI, avec deux et trois
chevaux, et enfin ceux de Guyot de Mesgrigny, son bisaïeul, guidon de la compagnie d'hommes d'armes
du duc de Bourgogne, qui servit dans les guerres de
son temps avec trois chevaux, parmi les autres gentilshommes du bailliage de Troyes et ne vivait plus le 12
mai 1395.

beaucoup de chevaliers, commandeurs et dignitaires, depuis Louis de Mesgrigny, reçu au grand prieuré de France, le 6 septembre 1624; pour le chapitre des chanoines-comtes de Brioude, où fut reçu, en 1643, Nicolas de Mesgrigny; enfin par arrêt du conseil d'état du Roi, du 7 septembre 1789, rendu d'après l'examen de toutes les preuves et pièces originales de cette maison, par MM. de Brequigny, de l'académie française des inscriptions et belles-lettres; Désormeaux, de l'académie des inscriptions et belles-lettres; D. Poirier, religieux bénédictin de la congrégation de St.-Maur, de la même académie; D. Lieble, religieux bénédictin de la congrégation de St.-Maur, bibliothécaire de l'abbaye de Saint-Germain-des-Prés, et Louis Prosper Tiron, généalogiste de l'ordre de Malte, commissaires nommés par S. M., le 8 juin 1789, pour procéder à la révision des titres de cette maison. Il résulte de ces différentes productions que la maison de Mesgrigny prouve son ascendance directe et non interrompue depuis Claude, sire de Mesgrigny, chevalier banneret qui servit en cette qualité les rois Philippe-le-Hardi, Philippe le Bel et Louis-le-Hutin, et rendit deux hommages en 1287 et 1316. Ses descendants ont formé plusieurs branches, 1°. Les seigneurs de Mesgrigny, et de Villy-le-Maréchal, éteints vers la fin du quinzième siècle, et dont les biens passèrent par alliance dans l'illustre maison de Molé; 2°. les marquis de la Villeneuve-Mesgrigny (par érection du mois d'octobre 1646), et de Vandœuvre, barons de Colombey, de Lorme et de Louchey, vicomtes héréditaires de Troyes, éteints en 1732, et dont les biens furent portés par l'héritière dans la maison de Bouthillier de Chavigny. De cette branche sortirent deux rameaux; celui des marquis de Bonnivet, comtes de Blin, vidames de Meaux, éteints, au commencement du dix-huitième siècle, dans les maisons de Chastaigner de St.-Georges, et de Frotier la Côte Messelière; et celui des comtes de Marans et de Briel, éteints à la fin du dix-septième siècle; 3°. les seigneurs et barons de Villebertain, comtes d'Aunay, éteints au mois de janvier 1763, et dont les biens sont passés, par alliance, dans la maison le Pelletier de Rosambo; 4°. les seigneurs de Savoye-Villebertain, comtes de Briel, par substitution, et vicomtes héréditaires de Troyes, marquis, comtes et vicomtes de

Mesgrigny; la seule branche existante de cette maison.

Ces diverses branches ont produit une foule de personnages recommandables, dont quelques-uns ont illustré leur nom par de glorieux services. L'histoire a consacré le généreux dévouement d'Eustache de Mesgrigny, seigneur de Villebertain, qui, à la fois magistrat et guerrier, fut choisi par Henri IV pour commander un corps de 6000 hommes, à la tête duquel il pénétra dans la ville de Troyes, qui tenait le parti de la ligue, et eut la gloire de ranger sous l'obéissance de ce monarque la capitale d'une des premières provinces du royaume. Outre un grand nombre de magistrats éclairés et d'officiers de tous grades, distingués par leurs services militaires, cette maison a donné un maître des requêtes, trois maîtres des comptes, six conseillers d'état, dont l'un nommé successivement intendant du Bourbonnais et de l'Auvergne en 1636, de Champagne en 1638, et premier président au parlement de Provence en 1643, rendit sa mémoire chère dans cette province, en faisant cesser, par sa sagesse et sa fermeté, les troubles qui l'agitaient en 1649; un gentilhomme ordinaire de la chambre du Roi, un grand tranchant porte cornette blanche de la couronne, un chef d'escadre des armées navales, qui s'illustra dans les guerres contre les Turcs et les Espagnols, et fut fait gouverneur des tours de Toulon et de Balaguier; quatre maréchaux de camp, et deux lieutenants-généraux des armées de nos Rois, deux commandeurs de St.-Louis, dont l'un officier du génie expérimenté, défendit, en 1709, la citadelle de Tournay (qu'il avait fait construire en 1678), pendant 52 jours de tranchée ouverte contre l'armée la plus nombreuse et l'artillerie la plus formidable qu'on eût vue jusqu'alors en Europe. Les rares talents qu'il fit briller dans cette belle défense, furent publiquement admirés de M. de Vauban, dont le comte de Mesgrigny était le disciple et l'émule; et ce grand homme sut inspirer à Louis XIV et à M. de Louvois la haute estime qu'il portait à cet officier-général.

La maison de Mesgrigny compte aussi dans la prélature plusieurs sujets bien recommandables, entr'autres, trois conseillers aumôniers ordinaires du roi Louis XIII; Jean-Baptiste-Joseph-Ignace de Mesgrigny, baron de Lorme et de Chamesson, qui servit avec distinction dans

les armées du Roi, y devint mestre de camp de cavalerie, et, ayant quitté le service à l'âge de 32 ans, pour se
faire capucin, sous le nom de *P. Athanase*, devint gar-
dien de son ordre, fut nommé à l'évêché de Grave, dont
il prit possession le 12 mars 1712, et mourut à 73 ans,
le 2 mars 1726. Ce prélat, recommandable par une piété
aussi fervente qu'éclairée, a laissé à tout son diocèse la
mémoire de ses vertus apostoliques. Les fondations qu'il
fit à l'hôpital (qu'il avait fait bâtir de ses deniers), sa
charité envers les pauvres, le firent regarder comme un
saint par son ancien ordre et par ses diocésains. A sa mort
le peuple s'arrachait ses vêtemens, dont chacun gardait
une partie avec vénération. Sa sœur, Rénée de Mesgrigny, d'abord religieuse bénédictine à Malnoue, fut
nommée abbesse de Charenton en 1677 et mourut le 26
décembre 1697. Moreri; t. VII p. 408, édition de 1759,
a donné une notice sur la vie édifiante et laborieuse de
cette sainte abbesse.

Les principales alliances directes des différentes lignes
de la maison de Mesgrigny, sont avec les maisons et familles d'Angenoust, Aubeterre, Beuil-Sancerre, Bou-
guier Bouthillier de Chavigny, Broussel d'Ambonville,
Buffevant, Bussy, Chastaignier, Clermont-Tonnerre,
Coiffart-Saint-Pouange, Cossé-Brissac, du Drac, Foissy, Fontaine, Francine, Frotier de la Côte-Messelière
de Lambertie, le Mairat, Marcheville, du Mesnil-Simon, Molé, Montsaulnin, le Pellelier-Rosambo,
Pleurre, Poitiers, Pot de Rhodes, le Prestre de Vauban du Puget, Raguier de Poussey, Régnier de
Guerchy, Rochechouart, Saulx-Tavannes, Tenremonde,
Turpin de Villiers et de Crissé, Vignier, de Villemor,
Vitel, etc., etc.

XIV. Pierre-François DE MESGRIGNY, chevalier,
comte de Villebertain et de Moussey, comte de Briel par
substitution, vicomte de Troyes, chevalier honoraire de
l'ordre de Malte, lieutenant-général d'épée au bailliage de
Troyes, depuis, grand bailli d'épée, ayant, en cette qualité, présidé, en 1789, l'assemblée des trois ordres pour
l'élection des députés aux états généraux, épousa, 1°.,
par contrat du 9 novembre 1732, Louise *le Courtois*;
2°. par contrat du 21 novembre 1741, Marie-Anne-
Louise *Lefébvre de Saint-Benoît*, dame de Saint-Benoît
sur Seine et de la Chapelle Saint-Luc. Ses enfants sont :

Du premier lit :

1°. Anne-Françoise-Louise de Mesgrigny, dame de Blignicourt, de Bussy et de Souligny, mariée en 1753 avec François-Louis, marquis *des Réaux*, colonel d'infanterie, chevalier de Saint-Louis, dont postérité.

Du second lit :

2°. Louis-Marie, dont l'article suit ;

3°. Jean-Charles-Louis, *chevalier de Mesgrigny de Villebertain*, né le 29 août 1745, chevalier profès, bailli-grand-croix dignitaire et commandeur de l'ordre de St.-Jean de Jérusalem, dit de Malte, ancien capitaine des galères de cet ordre, et son envoyé extraordinaire à Palerme. Il a émigré en 1791, et a fait la campagne de 1792 en qualité d'aide-major-général de l'armée des princes. Passé à Malte à la fin de cette campagne, il fut major-général des milices de l'île, jusqu'à l'époque de la capitulation ; est passé alors (1798) en Italie, et n'est rentré en France qu'en 1800. Au mois de janvier 1814, il fut nommé commandant de la garde nationale de la ville de Troyes et commandant de la même ville le 6 février ; chevalier de la Légion-d'Honneur, du 25 du même mois ; officier du même ordre, le 14 septembre, maréchal de camp au mois de février 1815 ; à prendre rang du 31 décembre 1798, avec la retraite affectée à ce grade, chevalier de l'ordre royal et militaire de Saint-Louis le 20 novembre 1816. Il a eu l'honneur de monter dans les carrosses du Roi, et de suivre S. M. à la chasse le 14 septembre 1789 ;

4°. Pierre-Antoine-Charles *de Mesgrigny-Villebertain*, né le 22 avril 1747, commandeur de l'ordre de St.-Jean de Jérusalem, créé maréchal de camp par S. M. Louis XVI, le 1er mars 1791. Il a émigré la même année, fut confimé en 1792, dans le même grade par *Monsieur*. S. M. Louis XVIII le nomma commandant en second de la compagnie à cheval des gentilshommes de la province de Champagne. Il fit cette campagne

IV. 57

(1792) en la même qualité ; et passa ensuite à
Malte avec son frère, et fut fait gouverneur de
l'île du Goze en 1793. Il conserva ce gouvernement jusqu'en 1798, époque de la capitulation.
Il suivit son frère en Italie et rentra avec lui
en France en 1800. Il a été nommé chevalier de
l'ordre royal et militaire de St.-Louis le 20 novembre 1816 ;

5º. Françoise-Nicole de Mesgrigny, née le 21 avril
     1743, mariée à Emmanuel-Aymé-François, mar-
     quis de Balay, en Franche-Comté.

6º. Antoinette-Louise de Mesgrigny, née aussi le 21
     avril 1743, morte la même année.

XV. Louis-Marie, marquis DE MESGRIGNY, comte
de Villebertain, de Moussey et de Briel, vicomte et grand-
bailli héréditaire de Troyes, né le 21 avril 1744, chevalier de l'ordre royal et militaire de Saint-Louis, du 25
mars 1777, chevalier honoraire de l'ordre de Malte,
capitaine et premier aide-major au régiment des gardes
françaises, fut nommé, en 1789, député de la noblesse
du bailliage de Troyes, aux états-généraux du royaume.
Lorsque l'assemblée constituante eût terminé ses séances,
au mois de septembre 1791, le marquis de Mesgrigny se
rendit à Coblentz auprès des princes français. On le
nomma premier aide-major du corps des hommes-d'armes à pied ; il fit en cette qualité la campagne de 1792,
à la suite de laquelle les princes ayant licencié l'armée,
il passa à Malte avec ses frères, et ensuite en Sicile. Rentré
en France en 1800, il trouva ses possessions, dont quelques unes avaient été vendues sous le séquestre, et ne fut
radié de la liste des émigrés qu'en 1802. Il a été nommé
par décision de S. M. Louis XVIII, du 4 février 1815,
maréchal-de-camp, à prendre rang du 15 novembre
1798, et commandeur de l'ordre royal et militaire de
Saint-Louis, par ordonnance de Sa Majesté, du 1er mai
1821. Il a épousé, par contrat signé de la cour, le 4, et
à Paris, le 8 juillet 1770, et de l'agrément de S. M.
Louis XV, Anne-Edmée *de Marchal de Sainscy*, présentée le dimanche 27 décembre 1789, à LL. MM. et
à la famille royale, par madame la duchesse douairière
de Cossé, née de Molé. La marquise de Mesgrigny a été
décorée de la croix honoraire de l'ordre de Malte, par bref

de S. E. le grand-maître de Rohan, du mois d'octobre
1790, et elle a obtenu de S. M. Louis XVI, permission
de la porter au mois de janvier 1791. De ce mariage sont
issus :

1°. Marie-Pierre-François, comte de Mesgrigny,
né à Paris, le 4 juin 1772, chevalier de dévotion
de l'ordre de Malte, en 1790; capitaine d'infanterie et aide-de-camp, le 1er juin 1791. Il émigra
la même année; fut fait officier des hommes-
d'armes à pied, le 1er janvier 1792; rentra en
France avec son père, en 1800; fut nommé chevalier de Saint-Louis, le 10 septembre 1814;
lieutenant-colonel de la légion de Lot-et-Garonne, le 13 janvier 1816; chevalier de la Légion-
d'Honneur, le 18 mai 1820, et passa dans son
même grade au vingt-deuxième régiment de
ligne, le 17 novembre de la même année. Il a
épousé Alexandrine-Julie *Estièvre-de-Tremau-*
ville, dont il a deux fils :

A. Edmond-Edmée-Bruno de Mesgrigny, né
le 30 mars 1803;

B. Emmanuel-Antoine de Mesgrigny, né le
14 juillet 1807;

2°. Adrien-Charles-Marie, vicomte de Mesgrigny,
né le 5 juin 1778, chef d'escadron, officier de la
Légion-d'Honneur, et chevalier honoraire de
l'ordre de Malte, marié avec Marie-Antoinette-
Eléonore *Berthelot de Rambuteau*, dont il a un fils:
Gaston-Edmée-Claude de Mesgrigny, né le 14
septembre 1804.

Armes ; d'argent, au lion de sable. Supports : Deux
griffons. Couronne de marquis. Devise : *Deus fortitudo*
mea.

On peut consulter la généalogie détaillée de cette maison, dans le tome 1er. de l'*Histoire Généalogique et Héral-*
dique des Pairs de France, des grands dignitaires de la cou-
ronne, et des principales familles nobles du royaume.

DE MONTPEZAT (D'AINESY); maison ancienne et
distinguée, originaire de Savoie, transplantée en France
dans le treizième siècle. Sa généalogie dressée avant la

révolution; et détruite à cette époque, établissait sa filiation directe et légitime, depuis un personnage illustre qui vivait dans le onzième siècle. On a suppléé à cette perte par le relevé de divers actes authentiques, et par une attestation en forme, faite pardevant M⁰. Fabre, notaire royal et certificateur à la residence de Grasse, le 20 novembre 1818, par MM. de Rabier-la-Baume, ancien capitaine de cavalerie. chevalier de Saint-Louis; de Lombard-Gourdon, marquis de Montauroux, chevalier du même ordre, maire de la ville de Grasse; Bain-Séranon, ancien sous-préfet de l'arrondissement de Grasse; Théas de Gars, capitaine d'infanterie en retraite; de Gazan, comte de la Peirière, lieutenant-général des armées du Roi; de Calvi de Saint-André, ancien officier d'infanterie; et Court de Fontmichel, ancien capitaine au régiment du Maine. Il résulte de ces preuves littérales et testimoniales, que les auteurs de la maison d'Ainesy de Montpezat ont combattu à la première croisade, et qu'elle a fourni depuis des guerriers, des négociateurs, des magistrats, des députés de la noblesse aux états de Provence, et autres personnages distingués.

Léopold d'*Ainesy*, I⁰ʳ du nom, marquis de *Montpezat*, issu, au dixième degré, de noble Pierre d'Ainesy, qui vivait en 1399 (1), époque à laquelle il signa avec les principaux seigneurs et barons du pays, les conventions et promesses solennelles que fit le maréchal de Boussicaud (le Meingre), à la reine Marie, lors du passage de cette princesse en Provence, épousa, par articles du 15 décembre 1744, noble dame Marie-Honorée-Françoise *de Riouffe de Thorenc*. Il servit l'état pendant quarante-sept ans, fit les campagnes d'Allemagne, en 1733, en qualité de capitaine au régiment de Saintonge, dont il devint ensuite major; s'est trouvé au siége de Philisbourg; a fait la campagne de 1747; a soutenu le siége d'Antibes, à la tête d'un bataillon de gardes-côtes qu'il com-

(1) Il en est fait mention dans l'Histoire de Provence, par Nostradamus, in-fol., p. 530. La descendance directe de cette maison, prouvée seulement depuis Pierre I d'Ainesy, la met au nombre de celles qui pouvaient prétendre aux honneurs de la cour.

mandàit, et cette ville ne fut point prise. Il est mort
l'un des plus anciens chevaliers de Saint-Louis, au
Château Salé, près d'Antibes, le 30 septembre 1781. De
son mariage sont issus :

1°. Léopold-Blaise-Charles-Suzanne d'Ainesy,
comte de Montpezat, ancien officier d'artillerie,
marié, le 18 décembre 1771, avec noble dame
Marie-Madeleine-Rossoline de Villeneuve-Barge-
mont, dont Pauline-Françoise d'Ainesy de Montpezat, mariée, le 7 août 1803, à Louis-Raimond-
Désiré *de Tressemanes-Brunet*, maire de la ville
de Grasse ;

2°. Jean-Baptiste-Marie-Joseph d'Ainesy, comte
de Montpezat, ancien chef de bataillon d'artillerie, chevalier de Saint-Louis, père de César-
Jean-Baptiste d'Ainesy, comte de Montpezat ;

3°. Augustin, dont l'article suit ;

4°. Jean-Paul d'Ainesy de Montpezat, ancien capitaine d'infanterie, chevalier de Saint-Louis, non
marié ;

5°. Elisabeth-Anne-Pauline, mariée à M. *de Raim-
bert*, baron de Saint-Sébastien de Villefranche.

Augustin d'*Ainesy*, comte de *Monpezat*, né à Grasse,
le 25 novembre 1759, ancien chef d'escadron, et chevalier de Saint-Louis, a épousé noble dame Marie-Angélique *d'Autier* De ce mariage sont issus :

1°. Léopold-Augustin-Jean-Joseph, né le 24 octobre
1788, marquis de Montpezat, colonel au corps
royal d'état-major, chevalier des ordres de Saint-
Louis et de la Légion-d'Honneur, et de plusieurs
ordres étrangers, marié, en 1815, avec Marie-
Sophie *Hübedank Potworowska*, d'une ancienne
noblesse de Pologne. De ce mariage sont issus :

A. Henri-Auguste, né le 6 octobre 1817 ;

B. Léopold-ne-Amélie-Séraphine, née le 29
décembre 1820 ;

2°. Marie-Caroline-Thérèse-Amélie, née le 29
août 1793, mariée, le 29 avril 1816, à Louis-
François-Nicolas-Marie-Dorothée, comte de St.-
Belin-Malain, lieutenant-colonel du premier

régiment de dragons, chevalier de Saint-Louis,
et officier de la Légion-d'Honneur.

Armes : d'azur, au chevron d'or, accompagné en chef
de deux étoiles du même, et en pointe d'une colombe
d'argent, portant en son bec un rameau d'olivier d'or.
Tenants : deux hercules ou sauvages armés de leurs
massues. Couronne de marquis.

N.

DE NULLY. La maison de Nully, dont le nom est
alternativement orthographié *Neully*, *Neuilly*, *Nuilly* et
Nully, dans les historiens et les titres originaux, est fort
ancienne, et a acquis beaucoup d'illustration dans la
magistrature. Dès les treizième, quatorzième et quinzième siècles, elle portait déjà les armes avec distinction
pour le service de nos Rois. Elle paraît avoir pris son
nom de la terre de Nully ou Neuilly-sur-Marne, paroisse de cent-sept feux, située sur la rive droite de la
Marne, vis-à-vis de Noizy, à trois lieues de Paris, qu'elle
a possédée de toute ancienneté. Bayle (1) rapporte que
les armes de cette maison (telles qu'elle les porte encore
de nos jours), se voyaient de son tems sur le tombeau
de Foulques, curé de Neuilly-sur-Marne, ce grand
homme dont parlent toutes les chroniques, et notamment Geoffroy de Villehardouin, qui, ayant prêché la
croisade sous les ordres de Saint-Bernard et du pape
Innocent III, revint mourir dans sa cure, et fut inhumé
dans l'église de Neuilly.

Pierre *de Nuilly*, chevalier, fut un des seigneurs établis plèges et cautions pour Gaucher de Châtillon, neveu
d'Hugues de Châtillon, comte de Saint-Pol et de Blois,
de la somme de 1000 livres tournois, payables à Albéric,
évêque de Chartres, pour le rachat du fief et de la sei-

---

(1) Supplément du Dictionnaire historique et critique
de Bayle, Genève, 1732, in - folio, pages 276, 277,
278, où l'on a extrait la plupart des faits énoncés dans
cette généalogie.

gneurie de Perche-Goët, par acte du jeudi, veille de Saint-Nicolas, du mois de décembre 1241 (1).

Noble homme, Jean de Nully, écuyer, fit un échange le 9 septembre 1406, avec noble homme Jean de Fay, chevalier, seigneur de Fay. (*Titre original.*)

Henri *de Nully*, homme d'armes, servit en cette qualité dans la compagnie de trente-neuf hommes d'armes et quatre-vingts archers, du nombre des quarante lances fournies de l'ordonnance du Roi, sous la charge et conduite de messire Jehan Bauchier, chevalier, roi d'Yvetot, dont la montre et revue se fit à Dinan le 2 septembre 1489. Il a la même qualité dans le rôle de la montre faite à Dinan le 12 mars de la même année, au nombre des quarante hommes d'armes et de quatre-vingts archers, formant les quarante lances fournies de l'ordonnance du Roi, sous la charge et conduite de François, seigneur d'Avangour, chevalier (2).

La filiation de cette famille est littéralement prouvée depuis :

I. Charles DE NULLY, chevalier, seigneur de Nully ou Neuilly-sur-Marne, reçu conseiller au parlement de Paris le 10 octobre 1541, pourvu, le 23 juillet 1543, de la charge de maître des requêtes, en laquelle il succéda à M. le président Olivier (3). Bayle observe qu'il y avait

(1) Histoire de la Maison de Châtillon, par André du Chesne, pages 78 et 79.

(2) Mémoires pour servir de preuves à l'Histoire de Bretagne, par dom Maurice, tome III, colonnes 633 et 636.

(3) Voyez le livre des Maistres des Requêtes, par Blanchard, page 278, où il est nommé par erreur *de Milly.* Il est certain que ce fut Charles de Nully, comme de Thou et Mézeray en conviennent, qui fut présent au traité de Crépy, en 1544 ; et il est encore certain que le même Charles avait été nommé maître des requêtes le 23 juillet 1543. Au reste, comme l'observe Bayle, cette faute a été d'autant plus facile à commettre, qu'il y a dans les mots *Milly* et *Nully*, le même nombre de liaisons et de lettres. D'ailleurs, Bayle déclare avoir vu l'original des lettres de cachet du roi François Ier.; ce qui aplanit toute difficulté.

alors peu de maîtres des requêtes, et que ces charges n'é-
taient conférées qu'à des personnes illustres. Charles de
Nully fut le second des trois plénipotentiaires qui, le 18
septembre 1544, signèrent le traité de paix de Crépy;
savoir, le maréchal d'Annebaut, Charles de Nully et
Gilbert Bayard, sieur de la Fond, secrétaire d'état et
contrôleur-général des guerres. Le même jour, le roi
François 1er. écrivit une lettre de cachet à Charles de
Nully, par laquelle Sa Majesté lui donnait ordre d'avertir
le parlement de la conclusion de la paix. On rapporte
que dans les conférences, un jacobin espagnol, de la noble
famille des Gusman, qui négociait pour l'empereur
Charles-Quint, ayant parlé trop arrogamment contre
la France, Charles de Nully, ne pouvant supporter l'in-
sulte faite à sa patrie, s'oublia jusqu'à lui donner un
soufflet. Par cette action, qui parut trop violente, observe Bayle, il perdit la place de chancelier qui lui était
destinée, le cardinal de Tournon ayant remontré qu'une
telle vivacité ne convenait pas au chef de la justice. L'an
1547, Charles de Nully fut l'un des maîtres des requêtes
qui assistèrent aux pompes funèbres de François 1er. La
fermeté qu'il avait fait paraître au traité de Crépy le fit
choisir, en 1548, par le roi Henri II, pour aller faire
le procès à toute la ville de Bordeaux, qui s'était ré-
voltée au point qu'on avait assassiné le sieur de Moneins,
lieutenant de Roi de la province. Le connétable de
Montmorency marcha sur la ville rebelle, et y entra par
la brèche. Deux jours après, Charles de Nully commença
sa procédure, et rendit ce jugement fameux contre les
factieux, par lequel la ville fut déclarée coupable de ré-
bellion, déchue de ses priviléges, le parlement suspendu, les cloches ôtées, les jurats et cent bourgeois
condamnés à déterrer avec leurs ongles le corps du sieur
de Moneins (1). Charles de Nully mourut à Paris, le 23
octobre 1549, et fut inhumé dans l'église des Saints-
Innocents. On voit, par un extrait des registres du parlement, que, sur l'invitation de sa famille, la cour pro-
mit d'assister à ses funérailles. Il avait épousé Anne de

---

(1) Voyez de Thou, livre v, année 1548, qui le confond avec son fils, en le nommant Etienne, aussi bien
que Mézeray.

Paris, de laquelle il laissa, entr'autres enfants, Etienne de Nully, qui suit :

II. Etienne DE NULLY, chevalier, premier président de la cour des aides de Paris, nommé conseiller d'état par le Roi Henri III, fut d'abord pourvu, le 12 avril 1559, de la charge de conseiller au parlement de Bretagne. Il fut ensuite procureur du Roi au châtelet de Paris. L'an 1569, le Roi Charles IX ayant dépossédé tous les officiers de la religion prétendue réformée, M. de la Place, premier président de la cour des aides, fut dépossédé de sa charge. Etienne de Nully, qui lui succéda, fut reçu le dernier février de la même année. Mais, en 1571, M. de la Place ayant été rétabli en vertu de l'édit de pacification, pour indemniser Etienne de Nully, le Roi lui donna, le 17 avril, les provisions d'une charge de maître des requêtes. Le président de la Place ayant été tué le jour de la Saint-Barthelemy, M. de Nully lui succéda une seconde fois, et ses provisions de premier président de la cour des aides sont du 2 septembre 1572, huit jours après cette fatale époque. Il fut élu prévôt des marchands de la ville de Paris, en 1582 (1), et succéda, dans cette charge, à M. de Thou. La ligue s'étant formée, Etienne de Nully y prit une part très-active, et se trouva aux états de Blois. Arrêté après l'assassinat du cardinal et du duc de Guise, il fut à Amboise, d'où il ne sortit qu'en payant mille écus de rançon. Après la mort de Henry III, Etienne de Nully demeura toujours premier président de la cour des aides. Le duc de Mayenne le fit second président à mortier dans l'érection de son parlement, en 1593. Il le fit aussi garde de la bibliothèque du Roi, après la mort de M. Amyot, grand-aumônier et évêque d'Auxerre. Lors de la réduction de Paris, en 1594, il cessa d'exercer la charge de premier président. Il vivait encore en 1606. Il eut trois enfants :

(1) Armorial des prévôts, échevins, conseillers et quartiniers de la ville de Paris, gravé par Beaumont, page 53. On voyait encore les armes de cette famille, à la voûte de l'église de Saint-Jean-en-Grève.

1º. Jacques, dont l'article suit ;

2º. Anne de Nully, femme de Michel *Marteau*, maître en la chambre des comptes ;

3º. Marie de Nully, femme de Pierre *Thiersault*, trésorier de France, à Soissons, dont postérité. Elle est nommée dans un partage du 22 avril 1620. (*Titre original*).

III. Jacques DE NULLY, écuyer, seigneur de Neuilly-sur-Marne et de Courant, épousa, 1º. Marie *de Bernardin*, dont il ne paraît pas qu'il ait eu d'enfants; 2º. en 1606, Gabrielle *Gilles*, de laquelle il eut :

1º. Pierre Iᵉʳ., qui suit ;

2º. Etienne de Nully, qui épousa Marie *Garnier*, dont il eut plusieurs enfants, qui, selon un acte du 6 décembre 1681, étaient sous la tutelle de Jean de Miromont, entr'autres :

　a. Christophe de Nully, chambellan de *monseigneur*, puis prêtre à l'oratoire, où il mourut ;

　b. Anne de Nully, femme de N.....: *de Mursay*, seigneur de la Grandière ;

3º. Charles de Nully, écuyer, gentilhomme ordinaire de la chambre du Roi, ainsi qualifié dans une quittance (*originale*) du 28 mars 1631.

IV. Pierre DE NULLY, Iᵉʳ. du nom, écuyer, seigneur de Neuilly-sur-Marne et de Courant, épousa Marie *le Ber*. Ils sont rappelés comme défunts dans une transaction sur partage, du 22 septembre 1682. Dès le 14 août 1679, Pierre de Nully avait transigé avec les frères et sœurs de feu Jean de Vassan, écuyer, sieur de Mutigny, conseiller du Roi, et président en l'élection de Châlons, tant en son nom, qu'au nom et comme ayant la garde noble des enfants du défunt et de demoiselle Marie Guérard, sa veuve, dont il était fondé de procuration. (*Titre original*). Les enfants de Pierre de Nully et de Marie le Ber furent :

1º. Pierre II, dont l'article suit :

2º. Marie-Charlotte de Nully, mariée à Charles *de Vassan*, écuyer, seigneur de Mutigny, fils de Jean de Vassan et de Marie Guérard.

V. Pierre DE NULLY, IIe. du nom, écuyer, seigneur de Neuilly-sur-Marne et de Courant, transigea sur partage, conjointement avec sa sœur, le 22 septembre 1682, avec messire Salomon le Ber, conseiller et aumônier ordinaire du Roi, et Jeanne le Cousturier, veuve de Claude le Ber, en son vivant, écuyer, seigneur de Malassis, au nom et comme tutrice de demoiselles Madeleine et Élisabeth le Ber, ses filles mineures. (*Titre original*). Pierre de Nully avait embrassé la réforme. Lors de la révocation de l'édit de Nantes, en 1685, il passa en Hollande. Il avait eu de Marie-Anne Hardy, son épouse, fille de Christophe Hardy, seigneur de Beaulieu, et de Marie Gillier, trois enfants :

1°. Pierre-Jean Bertrand, dont l'article suit ;

2°. Gaspard de Nully ;

3°. Charlotte de Nully.

VI. Pierre-Jean-Bertrand DE NULLY, écuyer, habitant en l'île Saint-Eustache, colonie hollandaise, y épousa Catherine *Heyliger*, fille du gouverneur de cette île, de laquelle il eut :

1°. Pierre-Jean-Bertrand Heyliger, qui suit ;

2°. Marie de Nully, mariée à M. *de Ringger*, suisse d'origine ;

3°. Catherine de Nully, mariée avec M. *de Cruger*, né à New-Yorck, aux États-Unis d'Amérique.

VII. Pierre-Jean-Bertrand-Heyliger DE NULLY, Ier. du nom, écuyer, mourut à Copenhague. Il avait épousé Anne-Marguerite *Brown*, fille du général Jean Brown, d'origine écossaise, gouverneur à Trinquebar, colonie anglaise, dans les Indes orientales. De ce mariage est issu :

VIII. Pierre - Jean - Bertrand - Heyliger DE NULLY, IIe. du nom, écuyer, né en 1777, inspecteur-général de la cavalerie à Copenhague. Il a épousé, en 1801, Marie-Anne-Augusta *de Tuite*, d'origine irlandaise. Leurs enfants sont :

1°. Pierre - Jean - Bertrand de Nully, né le 3 ma 1802 ;

2°. Werner-Rodolphe de Nully, né le 13 septeinbre
1803 ;

3°. Richard-Henri-Tuite de Nully, né le 16 septembre 1805 ;

4°. Georges – Guillaume – Richard - Harcourt de
Nully, né le 26 mars 1809 ;

5°. Auguste-Alexandre de Nully, né le 25 février
1813 ;

6°. Mathilde-Catherine de Nully, née le 16 avril
1807.

Armes : de gueules, à la croix fleurdelysée d'or, cantonnée de quatre billettes du même. Supports : deux
cygnes.

O.

OLIVIER. La famille Olivier, dans le comté Vénaissin, jouissait déjà de la noblesse de robe sur la fin
du seizième siècle, à Avignon, d'où elle est originaire,
et en a conservé les qualifications dans les actes publics,
dont les plus anciens sont des notaires, Aulzias Au-
dibert et César Barnioli. Là sont indiquées ses diverses
alliances avec les familles de Ruffi, de Tulles, de Vi-
dar, d'Anselme, de Ste.-Marie, de Joeas, de Terte,
de Bonioli et d'Andrée. L'emploi de chancelier de la
rectorie, qu'elle occupait à Carpentras, avant la révolution, conférait la noblesse transmissible. Le dernier titulaire de cet emploi, comme co-seigneur des lieux de
Venasque et Saint-Didier, fut élu député de la noblesse
auprès de l'assemblée représentative du Comtat, avant la
réunion de cette province à la France. Il est conseiller
honoraire à la cour royale de Nismes, dont il était devenu doyen. Il a publié de nombreux ouvrages sur la
législation depuis 1776. Son fils aîné est conseiller à la
même cour; le second officier du génie, le troisième
débute dans la magistrature.

Armes : d'or, à l'olivier arraché de sinople ; au chef
de gueules.

R.

DE RAIGECOURT - GOURNAY ; maison de race chevaléresque, des plus anciennes et des plus illustres de l'ancienne chevalerie de Lorraine ; elle tire originairement son nom, des fief et village de Raigecourt, du diocèse de Toul, situé aux frontières de la Lorraine et de la Champagne. Elle tint, depuis les commencements du treizième siècle, le premier rang parmi les six premières maisons de l'ancienne noblesse de Metz, revêtue de la pairie héréditaire de cette ville, et partageant avec celle de Gournay le gouvernement absolu et l'autorité souveraine civile et militaire sur cette cité indépendante sous le titre de maître échevin ; dignité à laquelle on ne pouvait être élevé, que l'on n'eût préalablement obtenu celle de chevalier. Elle remonte sa filiation suivie par titres, à Philippe de Raigecourt, chevalier, maître échevin de Metz en 1243, fils de Ponce, mentionné dans un titre de 1218. Sous les ducs de Lorraine cette maison a donné un maréchal de Lorraine et de Barrois, des grands veneurs, grands-voyers et gruyers, des grands-maîtres et généraux de l'artillerie, des gouverneurs, des ambassadeurs, des conseillers d'état, des maîtres-d'hôtel, des chambellans, des sénéchaux, des grands baillis, des colonels et des dames d'honneur. *En France* ; des officiers généraux, colonels gentilshommes, un aide-de-camp de *Monsieur*, et une dame d'honneur de *Madame* Elisabeth. *En Allemagne* ; des lieutenants-généraux, généraux-majors, colonels, chambellans et dames de l'ordre de la croix étoilée. Cette maison soutint également l'éclat de son origine, par une suite constante d'alliances les plus illustres qui la maintinrent, de toute ancienneté, et successivement dans tous les hauts chapitres de Remiremont, Lyon, Metz, Epinal et autres. Elle a obtenu les honneurs de la cour en 1784, en vertu de preuves faites au cabinet du Saint-Esprit. Anne-Bernard-Antoine, marquis de Raigecourt, maréchal de camp, chevalier de Saint-Louis, a été créé pair de France le 17 août 1815. Plaicard de Raigecourt était chanoine de Liége, aumonier du Roi, et évêque d'Aire en 1758.

Armes : écartelé, aux 1 et 4 d'or ; à la tour de sable, qui est DE RAIGECOURT ; aux 2 et 3 de gueules à trois tours d'argent, couchées et rangées en bande, qui est de GOURNAY. Supports : deux sauvages. Devise : *Inconcussibile.*

T.

DE TOURNON. La maison de Tournon est l'une des plus illustres du royaume, tant par son ancienneté, remontée à près de sept siècles, que sur les emplois éminents qu'elle a eus dans la haute prélature, la diplomatie, les conseils et les armées de nos rois. Elle a pris son nom d'une ville située en Vivarais, sur le bord du Rhône, défendue jadis par un château-fort qui, de temps immémorial, était la demeure de ses anciens seigneurs. Tournon était la première des douze baronnies du Vivarais, qui, par tour, donnaient séance et voix délibérative aux états de Languedoc. Les barons de Tournon paraissent avoir joui, en pleine indépendance, de cette terre pendant près de deux siècles ; et ce n'est que vers la fin du 13e, ou le commencement du 14e, qu'ils ont cédé une partie de leurs droits et de leur suzeraineté, sur le domaine de Tournon, aux comtes de Valentinois, qui toutefois, n'en ont été en possession que peu de temps ; car dès le 15e. siècle, la baronnie de Tournon appartenait exclusivement à ses premiers seigneurs.

Le premier sujet de cette maison que les chartes fassent connaître, est Ponce de Tournon, abbé de la Chaize-Dieu, l'an 1094, sacré évêque du Puy, l'an 1102, mort l'an 1128. La filiation est établie depuis Guillaume Ier., seigneur de Tournon, dont le fils Guillaume-Eustorgue, seigneur de Tournon, vivait encore en 1185, époque à laquelle il refusa l'hommage de son château de Tournon à Hugues III, duc de Bourgogne, mari de Béatrix, dauphine de Viennois et comtesse d'Albon. Guillaume Ier. et Guillaume-Eustorgue sont nommés, comme les auteurs de cette illustre maison, par l'historien de Saint-Hugues, abbé de Bonnevaux.

La généalogie de cette maison ayant été traitée d'une manière incomplète, et quelquefois erronée par Guichenon et le Laboureur, je l'ai reproduite avec plus d'exactitude et plus d'étendue dans le 1er. volume de *l'Histoire généalogique et héraldique des Pairs de France, des grands dignitaires de la couronne et des principales maisons et familles nobles du royaume*, d'après plusieurs documents historiques de mon cabinet, et d'après un mémoire dressé par M. Chérin, généalogiste des ordres du Roi, le 8 février 1774, en vertu duquel le marquis de Tournon a obtenu les honneurs de la cour, le 17 février et le 16 avril de la même année. Ce mémoire a été déposé pour minute à Forqueray, notaire à Paris, par acte du 20 décembre 1820.

La maison de Tournon s'est divisée en plusieurs branches.

1°. Les sires, puis barons de Tournon et des états de Vivarais, comtes de Tournon et de Roussillon, barons de Chalençon; seigneurs de Vissac, d'Arlenc et de Murs en Vivarais et en Auvergne, éteints l'an 1644;

2°. Les seigneurs de Meyres, de Rouveyrolles et du Desaignes, barons de la Mastre et de Retourtour, en Vivarais, éteints en 1787, après avoir formé deux rameaux; 1°. les seigneurs du Monteil, éteints vers la fin du 18e. siècle; 2°. les marquis de Claveson, en Dauphiné, par érection de l'an 1755, éteints en 1786;

3°. Les barons de Banon, en Provence, comtes de Tournon-Simiane, par substitution, seule branche existante de cette maison.

Ces diverses branches ont donné à l'église des prélats bien recommandables, entr'autres Claude de Tournon, évêque de Viviers en 1498, jusqu'en 1542 qu'il mourut; Charles de Tournon, chanoine-comte de Lyon en 1501, puis évêque de Rodès, mort en 1504; Gaspard de Tournon, évêque de Valence en 1503, mort en 1520; autre Charles de Tournon, neveu des précédents, évêque de Viviers en 1542; Jacques de Tournon, élevé sur le siége de Castres, en 1531, puis, évêque de Valence, en 1537, mort en 1553; et enfin, François de Tournon, frère de Charles Ier. et de Gaspard, successivement archevêque d'Embrun, de Bourges, d'Auch, de Narbonne, et de Lyon, créé cardinal en 1530, évêque d'Albano, de Sabine, puis d'Ostie; principal ministre du roi François Ier., et ministre d'état sous les rois Henri II, François II et Charles IX; ambassadeur en Italie, en Autriche et en Angleterre; mort à Saint-Germain-en-Laye, doyen des cardinaux, le 22 avril 1562, avec une grande réputation, de savoir, d'habileté, de zèle pour le bien de l'église, et d'amour pour les intérêts de l'état.

La maison de Tournon n'a pas été moins féconde en hommes distingués dans la carrière des armes; elle a donné des chevaliers bannerets dans les 12e., 13e., 14e. et 15e. siècles; des lieutenants-généraux en Languedoc, et sénéchaux d'Auvergne, en ces qualités, commandants des bans et arrières-bans de ces provinces; des capitaines d'hommes d'armes, dont l'un fut tué l'an 1396, à la bataille de Nicopolis; des chevaliers de l'ordre du Roi, dont l'un, capitaine de cinquante lances, et son frère, lieutenant de sa compagnie, et maître-d'hôtel ordinaire de S. M., moururent au siége de Naples en 1528, (leur père avait été tué à la funeste bataille de Pavie, en 1525); un capitaine de cent hommes d'armes, qui remplit avec habileté une ambassade à Rome, et mourut en 1571; enfin deux maréchaux des camps et armées du Roi, dont le dernier périt au siége de Philisbourg., le 6 septembre 1644.

Les alliances immédiates des diverses branches de la maison de Tournon sont avec les maisons d'Adhémar de Monteil, d'Agoult-Sault, d'Alègre, Alleman de Champs, d'Amboise, d'Ancezune-Caderousse, de la Baume-Montrevel, de Beaulieu du Mazel, de Boyard du Bousquet, de Castellane-Grignan, de Chabannes-la-Palice, de Chanaleilles, de Chandée, Charme de la Bruyère, de Chastan, de Clavière, de Coligny, de Corgenon, de Corras, de Crussol, de Fay de la Tour-Maubourg, de Gaucourt, de Giac, de Godet, de Grolée, de la Gruterie de Rosières, de la Guiche-Saint-Geran, d'Hostun-Gadagne, Isoard, de Joyeuse, de Laire de Cornillon, de Lauberge, de Lestrange, de Levis-Lautrec, de Château-Morand et de Ventadour, de Louet-Calvisson, de Lusy de Pelissac, Mareschal de Meximieux, de Maugiron, Mitte de Chevrières, de Montaigny, de Montdragon, de Montgascon, de Montlaur, de Montluel, de Montmorency-Bouteville, de Murol, de Neuville-Villeroy, de Polignac, de Retourtour, de Rie de Varax, de Rochechouart-Pontville, de la Rochefoucault-Marcillac, de la Roche-en-Renier, de Romanet-Baudine, de Rostaing-Vauchette, de la Roue, de Sabran, de Saint-Amour, de Saint-Priest, de Simiane-Moncha, de Souverain de Trélémont, de Thoire-Villars, de la Tour-Turenne (1) de la Tour-Vinay, d'Urgel, d'Uzès, du Vergier, de Villars, de Vissac, etc.

XIX. Alexandre-François-Xavier, comte *de Tournon-Simiane*, marquis de Claveson, baron de Banon et de Retourtour, officier au régiment des gardes-françaises, épousa en 1774, Alix-Geneviève-Aldonce *de Seytres*

_____

(1) Claudine de la Tour-Turenne, épouse de Just II, baron de Tournon, comte de Rousillon en 1535, et fille de François de la Tour, IIe. du nom, vicomte de Turenne, capitaine des cent gentilhommes de la maison du Roi, chambellan de S. M., et d'Anne de la Tour de Bologne de Montgascon, fut dame d'honneur de Marguerite de France, reine de Navarre, et accompagna cette princesse au voyage qu'elle fit en Allemagne pour prendre les eaux de Spa. Ce fut dans ce voyage qu'elle perdit à Liége, Hélène de Tournon, sa dernière fille, morte de douleur de n'avoir pu épouser le marquis de Varembon. La reine Marguerite a rapporté les circonstances intéressantes de la mort de cette demoiselle, à laquelle elle porta beaucoup de regrets; et on en trouve le détail dans Moréri, t. X, p. 302 et 303, d'après le Laboureur. Claudine de la Tour-Turenne, fut depuis dame d'honneur de la reine régente Catherine de Médicis, et mourut le 6 février 1591, avec la réputation d'une héroïne. Cette dame avait fait paraître son courage à la défense de la ville de Tournon. Assiégée deux fois par les protestants, en 1567 et 1570, deux fois madame de Tournon leur en fit honteusement lever le siége. Jean Villemin a célébré cette belle défense dans une pièce de vers ayant pour titre : *Historia Belli quod cum hæreticis rebellibus gessit anno* 1567, *Claudia* de Turenne ; *domina Turnonia*, *auctore Joanne Villemino*, in-4°, Paris, 1569.

IV.

Caumont, fille de Joseph-François-Xavier de Seytres, marquis de Caumont ; et de Marie-Anne-Géneviève de Montboissier-Beaufort de Canillac. Il mourut en 1810. De son mariage sont issus cinq fils et six demoiselles.

Armes : parti au premier semé de *France* ancien ; au deuxième de gueules ; au lion d'or.

DE TOURNON, seigneurs de la Chaise. Cette maison paraît ancienne et originaire d'Auvergne. François de Tournon, chevalier, seigneur de la Chaise et du Val, donna, le 11 novembre 1447, quittance de la somme de 20 livres tournois, pour le temps qu'il a servi le Roi dans ses guerres contre les Anglais (1).

François de Tournon fut père, entr'autres enfants, d'Alix de Tournon de la Chaise, femme d'Antoine de Roche-Baron, seigneur d'Yssac, en 1440. Antoine de Roche-Baron, leur fils, et François de Tournon de la Chaise, partagèrent la terre de Marsat, le 23 mars 1472 (2).

Pierre de Tournon était chanoine-comte de Brioude, en 1371 ; Louis et Claude de Tournon de la Chaise, en 1491, et le dernier de 1531 à 1532.

Cette famille n'existait plus lors de la recherche de 1666.

Armes : de gueules, à la bande d'hermine.

DE *ou* DU TROUSSET ; famille ancienne, originaire du Cambresis, qui s'est répandue successivement en Champagne, en Picardie et au pays de Liége, et a été maintenue dans son ancienne extraction, au mois de janvier 1670, sur titres remontant les preuves filiatives à :

I. Messire Henri, sire *du Trousset*, chevalier, seigneur de Walincourt, de Trenecourt et de Renoncourt, époux de dame Claude *de Herte*, et père de Thomas qui suit :

---

(1) Pièces fugitives pour servir à l'Histoire de France, par le marquis d'Aubays, t. II, p. 59 des Mélanges.

(2) Coutumes d'Auvergne, par Chabrol, t. IV. pp. 334 617.

II. Thomas, sire *du Trousset*, chevalier, seigneur de Walincourt, de Trenecourt et Renoncourt, qualifié seul héritier de Henri, dans un acte de foi et hommage, rendu sous son sceau, le 25 janvier 1549, au seigneur de Malincourt, en Cambrésis. Son père et sa mère sont rappelés, l'un comme défunt et l'autre comme présente, dans son contrat de mariage passé devant L'Escuyer et Convers, notaires à Saint-Quentin, le 24 octobre 1549, avec damoiselle Anne *de Neufville*, fille de Charles de Neufville, écuyer, sieur de Hondecourt, et de damoiselle Gabrielle de Bernecourt. De ce mariage est issu un fils unique, Jacques Ier. qui suit:

III. Jacques *du Trousset*, Ier. du nom, écuyer, seigneur de Renoncourt, de Walincourt et d'Estrée en partie, épousa, par contrat du 15 février 1573, passé devant d'Achery, notaire royal à Bohin, prévôté et ressort de Saint-Quentin, damoiselle Jeanne *de Charlevoix*, fille de Claude de Charlevoix, écuyer, sieur d'Estrée en partie, et de damoiselle Jeanne de Forest. Leurs enfants furent:

1º. Jacques II, dont l'article suit;
2º. Adrien, écuyer, sieur de Rhinville, tué devant Nancy, au service du Roi;
3º. Marie, femme d'Antoine *de Sallazart*, écuyer, seigneur de la Fosse, dont elle était veuve lorsqu'elle fut maintenue dans l'exemption de la taille, comme noble de son chef, par jugement de l'élection de Guise, du 17 mars 1619, lequel condamne les collecteurs aux dépens;
4º. Marguerite, mariée à Jacques, seigneur *de Wailly*, écuyer.

IV. Jacques *du Trousset*, IIe. du nom, écuyer, seigneur de Renoncourt et de Rhinville, partagea avec son frère et ses deux sœurs, par acte du 1er. décembre 1618, passé devant Thourie, notaire, en présence de Jeanne de Charlevoix, leur mère, les biens de la succession de défunt Jacques du Trousset, leur père. Le 15 novembre 1619, il rendit foi et hommage au bailli de Malincourt, en Cambrésis, pour sa terre et seigneurie de Renoncourt; fut pourvu de l'office de secrétaire du Roi, le 23 septembre 1635, dans les provisions duquel il est qualifié écuyer, sieur de Renoncourt, et mourut à Saint-Quentin, le 13 décembre 1656. Il avait épousé, par contrat du 29 mars 1602, passé pardevant Bottée et Moillin, notaires au bailliage et gouvernement de Coucy, signé d'eux, et scellé le 19 mars 1608, damoiselle Marie *de Jourdieu*, fille de Philippe de Jourdieu, écuyer, sieur de Valserin, et de damoiselle Michelle Maigret. Leurs enfants furent :

　1°. Eustache, seigneur de Renoncourt et de Guichaumont, gentilhomme de la maison du Roi, capitaine au régiment de Bourdonné, aide des camps et armées du Roi, premier capitaine et major au régiment de cavalerie de Sainte-Maure, chevalier de l'ordre du Roi. Il fut maintenu dans sa noblesse, par arrêt du conseil-d'état du Roi, du 28 novembre 1663, et par jugement de M. de Caumartin, intendant en Champagne, du mois de janvier 1670. Il avait épousé, par contrat du 31 août 1642, damoiselle Nicole *de Marguenat*, fille de Vincent de Marguenat, écuyer, seigneur de Guichaumont et de Rosières, et de demoiselle Nicole de la Ferté. Il avait pour enfants, en 1670 :

　　　a. François, volontaire au régiment de Tresville, cavalerie ;
　　　b. René ;
　　　c. Marie ;
　　　d. Nicole ;

　2°. Henri, qui épousa Marie du Pré, dont il eut :

　　　a. Jean Henri ;
　　　b. Benigne ;

　3°. Jacques III, dont l'article suit ;

　4°. Philippe, brigadier de la première compagnie des mousquetaires du Roi ;

　5°. François, cornette de la première compagnie de S. A. R. ;

　6°. Marguerite, veuve de Jacques *le Jeune*, écuyer, sieur de Dormicourt ;

　7°. Antoinette, femme d'Ambroise *de Maupoint*, écuyer, sieur de Harville ;

8°. Jeanne,
9°. Françoise , } non mariées en 167ρ.

V. Jacques *de Trousset*, IIIe. du nom; écuyer, lieutenant au régiment de Bourdonné, fut tué au premier siége d'Arras, en 1640. Il s'était établi au pays de Liége, et avait eu pour fils :

VI. Jacques *de Trousset*, IVe. du nom, marié avec Marguerite *de Nicolaï*, qui le rendit père de :

1°. Jacques V qui suit ;
2°. Gilles, ecclésiastique, vivant en 1685.

VII. Jacques *de Trousset*, V^e. du nom, né le 13 février 1652, et baptisé en l'église paroissiale de Moy, au diocèse de Liége, épousa, le 2 juin 1683, Marie *Martin*, fille de Jacques Martin, de laquelle il eut entr'autres enfants, Jacques-François, qui suit :

VIII. Jacques-François *de Trousset*, né le 5 octobre 1685, et baptisé en l'église paroissiale de Moy, au diocèse de Liége, eut pour parrain Gilles de Trousset, son oncle, et pour marraine Elisabeth du Puis. Il épousa dame Anne-Servatie *d'Orfort*, dont il eut entr'autres enfants :

IX. Louis-Laurent *de Trousset de Geneville*, né le 31 octobre 1738, vivant en 1821 ; a été l'un des membres de la cour souveraine de justice de la ville et du pays de Liége, et l'un des conseillers du souverain dans sa chambre des finances, et est encore aujourd'hui l'un des conseillers de la cour supérieure de justice de la province de Liége, royaume des Pays-Bas. Il a épousé noble dame Anne-Jeanne-Hélène *de Melotte*, dont est issu :

X. Georges-Louis-François *de Trousset*, né le 9 novembre 1769, désigné avant la révolution au conseil privé du dernier prince-évêque de Liége; fut employé dans différentes missions, à Vienne, en 1793 et 1794. Isolé de toute fonctions pendant le règne de la terreur et de l'anarchie, il fut nommé pour les souverains alliés, lors de l'occupation de la Belgique par leurs armées,

membre de la commission centrale du gouvernement
du pays de Liége; puis successivement, en 1814, l'un
des députés à Paris, avec MM. les comtes de Géloës,
de Mean et le baron de Stockhem, pour porter aux
pieds des augustes monarques, réunis dans cette capitale, les hommages de leur pays et l'expression des
vœux de ses habitants.

Armes: de sinople, au lion d'or, lampassé et armé de
gueules.

ADDITIONS

ET CORRECTIONS

AUX QUATRE PREMIERS VOLUMES DU DICTIONNAIRE
UNIVERSEL DE LA NOBLESSE.

TOME PREMIER.

PRÉFACE, p. vij, ligne 25, 1785, *lisez* 1782 ; p. 31,
ligne 22 et 26, proposé, *lisez* préposé ; ligne 24, *supprimez* le mot *mais* à la fin de cette ligne ; ligne 32, au
lieu *de* d'Eudes, *lisez* d'Eudes ; ligne 33, au lieu de N....
Compain, *lisez* Guillaume Compaing.

P. 41, article D'AROD, ligne 6, mort 1815, *lisez* mort
en 1815.

P. 63, article AUTIÉ DE VILLEMONTÉE, ligne 10, en
1788, *lisez* en 1781.

P. 93, article BEAUFORT-MONTBOISSIER, ligne 4, à
maison, *lisez* à la maison.

P. 109, article BOULET DE MARANVILLE, voici les
véritables armoiries de cette famille : *de gueules à trois
croissants d'argent.*

P. 132, article DE CALONNE DE COURTEBONNE, avant-
dernière ligne, après le mot Picardie, *ajoutez* : le marquis
de Courtebonne de Thois est le chef actuel de cette
maison. Il n'a que deux filles.

P. 161, article DU CLUZEL. Il semblerait, d'après la
rédaction de cette notice, que la maison du Cluzel ne
subsiste plus que dans la personne du comte du Cluzel,

ancien capitaine aux gardes françaises, aujourd'hui lieutenant-général et commandeur de Saint-Louis. C'est par
erreur qu'on a omis, 1°. le marquis du Cluzel, ancien officier au régiment du Roi, chevalier de Saint-Louis, dont
le père, élevé à l'école des cadets gentilshommes de Metz,
eut le poignet emporté par un biscayen au siège de Prague; l'oncle fut tué à Rosbac, et le grand-oncle Nicolas
du Cluzel, mort le premier à la tête des grenadiers de
Piémont, sur l'ouvrage couronné de Philisbourg;
2°. M. du Cluzel, de la branche des anciens seigneurs de
Brouillard et de Sainte-Pare, ancien mousquetaire du
Roi, les seuls qui restent de leur nom.

P. 168, article CORDOUE, ligne 3, au lieu d'ancienne
extraction, *lisez* d'ancienne chevalerie.

P. 217, article LE DUCHAT, ligne 9, eut confiance,
lisez fut confirmé.

P. 272, article GELLÉ DE SAINTE-MARIE, les étoiles
sont d'argent, et non pas d'or.

P. 288, article GIRAUDY, renvoi (1) au bas de la page
du Chêne, *lisez* du Chesne; renvoi (2) du Clusel, *lisez*
de Clausel.

P. 319, article LE GROS, *lisez* Espinant, partout où
l'on a mis Epinant, erreur occasionée par la prononcia-
tion de ce nom.

P. 341, article GUI DU VAL. Gui est un nom de baptême, et DU VAL le nom de cette famille; ainsi cette
notice, d'ailleurs incomplète, devrait être placée au
t. II, p. 421. Les armoiries de cette famille sont : *de
gueules, à la fasce vivrée d'or.*

P. 368, dernière ligne, et p. 369, ligne 10, au lieu
de Louis XV, *lisez* Louis XVI.

P. 375, entre Beauvilliers et Bédoyère, mettre *Bec-de-
Lièvre de Cany*, (le marquis) a eu l'honneur d'être présenté à Sa Majesté et à la famille royale, en 1770. *Bec-de-
Lièvre de Cany*, (la marquise de) a eu l'honneur d'être
présentée au Roi et à la famille royale, le 30 juillet 1775,
par madame la vicomtesse de Talaru, dame de madame
Adélaïde.

P. 532. Liste des COMTES DE LYON, entre la huitième
et la neuvième ligne, ajoutez *Tour-du-Pin Montauban*
(Louis de la) comte de Lyon en 1698, puis évêque de

Toulon en 1712, mort le 12 septembre 1737. Voyez Gallia Christiana, t. VI. p. 601.

P. 432, art. HUET, au lieu de 6618, *lisez*, 1618.

P. 444, art. JAUNAY, dernière ligne de cet art. au lieu de cinq canettes, *lisez* cinq étoiles.

TOME SECOND.

P. 62, art. MOREL, degré XIV, ligne 5, au lieu de 1565, *lisez* 1665.

P. 153, colonne I, art. des PAIRS DE FRANCE, ajoutez après M. le comte de la Ferronays, le marquis de Frondeville (décédé le 17 juin 1816.)

P. 212, avant dernière ligne de l'art. QUALIFICATIONS, *après ces mots*, la qualité de sire ; *ajoutez :* employée dans ce sens le *Sire* de Coucy, ou Enguerrand, *Sire* de Coucy a toujours exprimé la haute noblesse, et celle de *Sire* ou *Sir*, employée avant le prénom, comme sire Jean, sir Pierre, etc., a toujours exprimé la roture.

P. 359, au lieu de THIBOULT DU PUISART, *lisez* THIBOULT DU PUISAE.

P. *ibid*, art. DE THIEFFRIES comtes de BEAUVOIS; *lisez*, DE THIEFFRIES, comtes de THIEFFRIES DE BEAUVOIS.

P. 421, lig. première, DU VAL, *voyez* GUI DU VAL. On a remarqué plus haut que le nom *Gui* est un nom de baptême ; en conséquence ce renvoi est nul, et la notice qui se trouve au t. I. p. 341, doit y être substituée.

P. 482, art. WILLIN, lig. 3, à Naples, *lisez*, à Malte.

TOME TROISIÈME.

P. 18, art. D'ALBERT DE LAVAL, avant les armoiries, ajoutez au supplément, quatre frères de cette maison qui ont eu des commissions de capitaines:

1º. N.... d'Albert de Laval, capitaine au régiment de Normandie, par commission du 8 mai 1746.

2º. Thomas d'Albert de Laval, capitaine au régi-

IV. 60

ment de Normandie, par commission du premier septembre 1755.

3°. Joseph d'Albert de Laval, capitaine au régiment de Normandie, par commission du 25 janvier 1757.

4°. François d'Albert de Laval, capitaine au régiment de Nice, infanterie, par commission du 27 mai 1757.

A l'article du chevalier Louis d'Albert de Laval (p. 14) retraité capitaine de cavalerie et chevalier de Saint-Louis, il faut ajouter qu'il s'est trouvé en qualité de garde-du-corps du Roi, aux affaires des 5 et 6 octobre 1789; qu'il rejoignit sa compagnie à Coblentz, et qu'il y a fait la campagne de 1792 avec les princes.

P. 20, article D'ALÈS DE CORBET, avant dernière ligne, au lieu de chargée, *lisez*, accompagnée.

P. 44, art. D'AVERHOULT, première ligne, au lieu d'azur, *lisez*, d'or.

P. 124, art. DE BUSQUET, lig. 5, au lieu d'avocat *lisez*, conseiller.

P. 152, art. COLAS, lig. 24, au lieu de Henri II, *lisez*, Henri III.

P. 165, art. DU COUEDIC, lig. 2, après le mot royal, *ajoutez*: tous deux étaient fils de Thomas-Louis, comte du Couëdic, grand-maître des eaux et forêts de Bretagne et veneur de cette province, chef des nom et armes de cette maison, lequel a laissé un autre fils, aîné des précédents, nommé Armand du Couëdic, ancien conseiller au parlement de Rennes, vivant sans enfants; Olivier-Louis du Couëdic, frère du grand-maître des eaux et forêts, après avoir servi dans la marine, passa à l'Ile-de-France et y a laissé un fils, Thomas du Couëdic, qui habite aux quartiers Moka et Port-Louis. Aux armoiries de cette maison, on a mis une branche de *chêne* de trois feuilles; c'est une branche de *châteignier* de trois feuilles qu'il faut lire.

P. 305, art. D'ICHER DE VILLEFORT, *ajoutez*: que Gérard d'Icher était abbé de Saint-Maurin, au diocèse d'Agen, en 1328, et que de son tems les Anglais ravagèrent son abbaye.

P. 333, art. DE JOSSOUIN, Guillaume de Jossouin,

officier au régiment du Roi, cavalerie, créé chevalier de Saint-Louis le 29 mai 1740, était fils de Joseph de Jossouin de la Tour, qui forme le troisième degré, et non pas de François de Jossouin de la Tour, (degré quatre) qui était son frère. Pag. 334, Marguerite-Victoire de Jossouin de Valgorge, mariée le 6 septembre 1796, est sœur et non pas fille de Jean-Roch, IIe. du nom, qui forme le septième degré.

P. 358, art. DE LAGOILLE DE COURTAGNON, dernier mot de la dernière lig., au lieu de 1322, *lisez* : 1722.

P. 367, art. LALLEMANT DE NANTOUILLET, n°. 4, lig. 3, au lieu de père entr'autres enfants, *lisez* : aïeul.

P. 427, art. LÉGER, supprimez entièrement cette notice, et voyez au mot MASSON, tome IV, au supplément.

P. 433, art. LESNÉ-HAREL, note des armoiries, lig. 15 et 18, au lieu du mot d'argent, *lisez* : d'azur.

TOME QUATRIÈME.

P. 56, art. DE LA PASTURE, lig. 14, Offretien, *lisez* : Offretun. Ligne 32, née à Ducarel, *lisez* : née du Carel. P. 57, lig. 1, après ces mots : chambre des députés, *ajoutez* : a été réélu pour la session de 1820.

P. 68, art. DE PINS, deuxième *alinea*, après ces mots : M. de Marca, ajoutez en note (*Marca Hispanica*, fol. 258, n°. 7.). Et pag. 73, dernière ligne de cet article, au lieu de *Cèse de Pinos*, lisez : *Casa de Pinos*.

FIN DU TOME QUATRIÈME.

TABLE DES MATIÈRES

CONTENUES

DANS LES QUATRE PREMIERS VOLUMES

DU DICTIONNAIRE UNIVERSEL

DE LA NOBLESSE DE FRANCE.

A.

B.

C.

E.

F.

G.

H.

I.

L.

M.

N.

R.

S.

FIN DE LA TABLE DES MATIÈRES.

TABLE DES FAMILLES

FIN DE LA TABLE DES FAMILLES.

Répartitions.

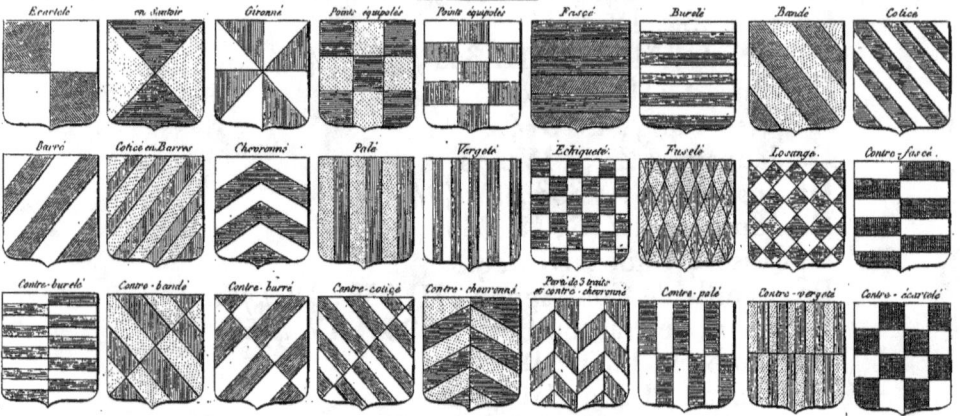

| Écartelé | en Sautoir | Gironné | Points équipolés | Points équipolés | Fascé | Burelé | Bande | Cotice |

| Barré | Cotice en Barre | Chevronné | Palé | Vergeté | Echiqueté | Fuselé | Losangé | Contre-fascé |

| Contre-burelé | Contre-bande | Contre-barré | Contre-cotice | Contre-chevronné | Paré de 3 traits et contre-chevronné | Contre-palé | Contre-vergeté | Contre-écartelé |

Meubles et Figures Héraldiques.

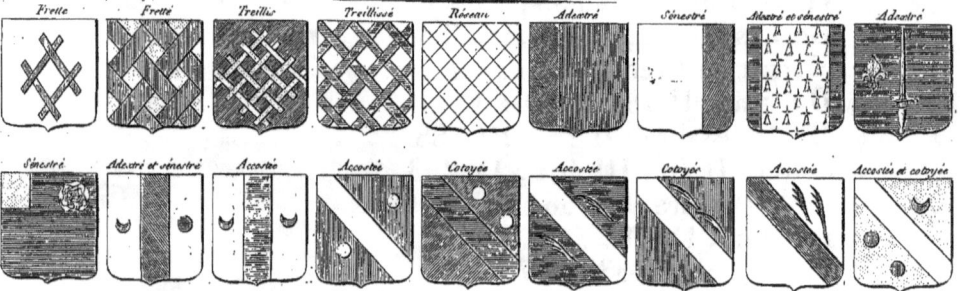

| Frette | Fretté | Treillis | Treillissé | Réseau | Adextré | Sénestré | Adextré et sénestré | Adextré |

| Sénestré | Adextré et sénestré | Accosté | Accosté | Cotoyée | Accosté | Cotoyée | Accosté | Accosté et cotoyée |

Meubles et Figures Heraldiques.

Planche N.º 4.

Rustres. Rangiers. Ranchier. Treflos. Tierçefeuilles. Bastillee. Crénelée. Bretessée. Contre-bretessée.

Ondés. Nébulée. Vivrée. Denché. Engrêlée. Cannelée. Recercelée. Rescarcelée. Fourché.

Fourchetée. Emanche. Emanché. Champagne. Plaine. Trangles. Burèlée. Côtices. Sommée.

Accompagnée. Surmontée. Sur-le-tout. Sur-le-tout-du-tout. Lion. Lion-léopardé. Léopard. Léopard-lionné. Porc.

Sanglier. Bœuf. Taureau. Levrier. Levron. Têtes. Rencontres. Tête. Rencontre.

Tête. Rencontre. Tête. Rencontres. Têtes. Massacre. Ramure. Tête. Hure.

www.ingramcontent.com/pod-product-compliance
Lightning Source LLC
Chambersburg PA
CBHW050548270326
41926CB00012B/1961